불휘 인문학 총서

마산의 근대사회

– 전통의 지속과 새로운 물결 –

불휘 인문학 총서

마산의 근대사회

– 전통의 지속과 새로운 물결 –

지은이 유장근

책머리에

  이 책에 실린 논문들은 거의 40여년에 가까운 세월을 살아온 마산에 관한 나름의 연구 성과이다. 어떤 점에서 나의 마산생활 자전이기도 하다. 천성인 탓인지 새로운 공간이나 관행, 관계 등에 잘 적응하지 못하는 편이다. 마산에 정착한 이후의 생활도 마찬가지였다. 낯선 것들은 많았다. 사람, 언어, 음식, 기후, 자연환경 등등 따지자면 헤아리기 어려울 정도였다. 생선회를 처음 먹은 곳도 마산이었고, '갱상도' 말 중에서는 아직도 처음 듣는 단어들이 종종 있을 정도이다.
  그 점에서 젊은 시절의 마산 이주는 인생에서 낯선 만큼 극적인 것이었다. 반면 한번 자리를 잡으면 잘 움직이지 못하는 천성까지 타고난 것인지 40여년을 용케 버텨왔다. 교육과 연구라는 주어진 과제가 너무 중차대했기 때문에 한눈팔 겨를도 없었지만 나를 믿어준 은사님들이나 경남대학교 당국, 동료 교수들, 가족들의 성원도 나를 버티게 해 주었다.

점차 생활에 익숙해질 정도의 세월이 흐른 뒤, 나는 내가 이곳에서 무엇을 하고 있는가를 자문하게 되었다. 마산사회에서 또 내 수업을 듣는 학생들에게 나의 주전공인 중국근현대사가 무슨 의미가 있는가? 국내에서는 나름대로 학문적으로 공헌한다고 하지만, 학자를 키우기 어려운 지방대 역사학과에서 이러한 고민은 사실상 나만의 것은 아니었을 것이다. 더구나 변방 도시가 안고 있는 특성과 한계도 있었다.

이러한 고민의 결과 내가 택한 방법은 두 가지 정도였다. 하나는 인식론적인 것으로서 나와 내가 사는 곳을 우주의 중심에 놓으면서 더불어 내가 하는 바의 일들 역시 그만큼이나 중요하다고 생각하는 것이었다. 그런 생각이 자리를 잡으면서 마산이 단순히 한국의 변방도시가 아니라 동아시아의 중심지나 결절점이 될 수도 있겠다는데까지 생각이 미쳤다. 또 대륙과 해양을 연결하는 교두보의 기능도 가능하였다. 말하자면 동아시아 지역을 중심으로 사고해보면 기왕의 구조인 중앙과 지방이 안고 있는 지정학적 위계에서 벗어날 가능성이 있었던 것이다. 나아가 이는 변방에서 보는 중심 혹은 주변에서 보는 중앙이나 국가라는 나름의 패러다임으로 자리를 잡아 갔다. 근대역사학의 주요 특징인 국가사나 민족사에 대해 나름대로 대응하는 정합적 지역사의 가능성이 열리게 되었던 것이다.

더불어 중요한 것은 새롭게 설정된 중심지로써 마산을 인식하게 될 때 도대체 이 도시는 어떠한 역사적 과정을 거쳐 오늘에 이르게 되었는가하는 문제였다. 그런 의문으로 마산의 역사에 관한 논저들을 살펴보았지만, 학문적으로 접근한 성과들은 거의 없었다. 결국 관심을 가진 사람들과 함께 마산역사 관련 자료들을 읽고 토론하고 답사하면서 위의 두 가지 문제들을 해결해 나가려고 하였다.

마산에 관한 논문은 2000년대 초부터 쓰기 시작하였다. 마산사의 기본 자료에 관한 것들을 우선 살펴보았고, 이어 도시 사회 자체에 대한 연구로 진행되었다. 허정도 선생과 조호연 교수와 함께 쓴 신마산 사회의 형성에 관한 연구가 그것이다. 신마산은 개항 이후 설정된 대한제국의 조계지였는데, 그것이 어떻게 일본인 사회로 변하게 되었는지를 관찰한 것이다.

나의 주된 관심 중의 하나는 전통과 근대를 이분법적으로 보기보다는 장기적인 전망 속에서 인근 주변지역과 연계시켜 관찰하는 것이었다. 동아시아의 근대를 연구하는 사회사가들 사이에서는 18세기가 '가장 긴 18세기'라는 데 대개 동의한다. 이에 의거하면 마산 역시 18세기 중엽의 조창 개창 전후부터 근대초기로 간주해도 무리는 없을 것이며, 그에 대한 논의가 마산의 근대에 대한 성찰로 시도되었다. 서원골에 대한 검토도 그 일환이었고, 상남동 역시 그러한 의도를 담고 진행된 연구이다. 일본의 조선에 대한 식민지배는 한국의 역사에서 충격적이었는데, 그것은 지역에서도 마찬가지였다. 지역사회는 다양한 방식으로 대응했지만, 저항세력의 형성과 그 양상 속에서 창신학교와 독립운동가 이교재 선생을 다루어 보았다. 이러한 비정상적 지배체제기에 도시민의 일상이 어떻게 펼쳐졌는지도 역시 중요한 주제였다. 목욕탕에 관해 관심을 갖게 된 동기이기도 하다.

항시 그렇지만 글을 쓰고 난 뒤에는 무언가 허전하면서도 아쉬운 대목이 없지 않다. 무지의 영역에 대한 시도인 만큼 만용도 있을 것이고 오류도 적지 않을 것이다. 기회가 된다면 개별적인 연구를 기초 삼아 3세기에 걸친 마산근대통사를 쓰면서 오류를 바로 잡고 좀 더 튼실한 내용으로 독자들에게 다가가고 싶다. 논문을 책으로 내는 과정에서 과도한 분량으로 인해 자료에 관한 고찰과 지역에서 역사를 재해석하고 다시 쓰는 현상을 분석한 글은 싣지 못하였다. 또한 모든 글들은 책 출간에 맞추어 최신의 연구 성과를 반영하고 논문 체제를 동일하게 맞추는 한편 부자연스런 문장이나 맞춤법 등을 수정하였다. 그러나 대의는 손대지 않았다.

또한 마산시가 독립성을 잃은 것을 넘어 역사까지 왜곡되는 사례가 마산 지역에서 출현한 사실도 되짚어보아야 주요 사안일 것이다. 일제의 식민지 시대가 되었다고 해서 그 이전의 역사가 모두 일본의 역사로 환원되지 않듯이 창원시로 통합되었다고 해서 마산의 역사까지 흡수 통합되는 것은 아니다. 사이비 역사가가 아니라면 마산사 전체를 창원의 역사인양 위장해서 서술하는 잘못을 저지르지는 않아야 할 것이다. 이 책은 그 점에서 마산의 역사는 여전히 살아 있고 미지의 탐구과제 역시 금맥만큼이나 많다는 사실을 일깨우는데 도움이 되리라 믿는다.

이 책에 실린 논문을 집필하고 책을 출판하는 과정에서 많은 이들의 도움을 받았다. 경남대학교 당국과 박재규 총장은 물심양면으로 지원을 아끼지 않았고, 오랫동안 호흡해온 학생들과 지역사회로부터도 많은 도움과 영감을 얻었다. 창원상공회의소 한철수 회장의 재정 지원과 성원이 없었다면 이 책의 출간도 어려웠을 것이다. 이 자리를 빌어 고마움을 전한다. 아울러 공동의 연구 성과를 이 책에 싣도록 허락해준 허정도 조호연 두 분께도 감사를 드린다. 그리고 출판을 기꺼이 허락해준 불휘미디어의 김리아 대표와 수고한 편집부원에게도 고마움을 전한다. 건강을 챙겨주느라 애쓴 아내와 각자 일가를 이룬 자녀들에게도 무한한 애정을 보낸다. 손녀 연재가 성장한 다음 이 글을 되새기며 할아버지를 기억하면서 역사의 의미를 되새긴다면 기쁠 것이다. 아울러 살아생전에 못다 한 효도를 이것으로나마 조금쯤이라도 갚을 수 있으면 좋겠다.

코로나 19바이러스가 하루 빨리 소멸되기를 기대하며
2020년 초여름에 아깨골산방에서
저자 씀

차례

책머리에   4

제1부 마산의 근대성 성찰
근대 도시 마산에 대한 인문학적 성찰   12

제2부 전통의 지속과 새로운 물결
1. 마산 무학산 서원골 일대의 다종교 현상과 그 역사적 의미   42
2. 식민지 위생시설에서 다기능의 생활공간으로   82
   - 마산지역 목욕탕의 1백 년 역사

제3부 원마산 주변지역의 변화와 신마산 사회의 형성
1. 20세기 마산 상남동 지역에서 전개된 사회변화와 근대교육의 여러 양상   148
2. 대한제국 시기 마산포 지역의 러시아 조차지 성립 과정과 각국공동조계 지역의 도시화   189

제4부 식민지배에 대한 저항과 그 양상들
1. 일제 시대 마산 창신학교 관련 신문기사의 유형과 특징   258
2. 창원 진전 출신 이교재의 독립운동과 상해 임시정부   310

주석   360
각 논문의 출처   399
색인   400

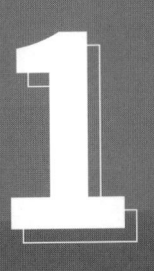

마산의 근대성 성찰
– 근대 도시 마산에 대한 인문학적 성찰

근대 도시 마산에 대한 인문학적 성찰

I. 왜 마산을 역사 연구의 과제로 삼게 되었는가

 마산이라는 지명은 현재 공식적인 행정구역이 아니라 창원시의 일부이다. 마산합포구니 마산회원구라는 명칭으로 남아 있기는 하지만 이미 독자성은 상실하였고, 그에 따라 그곳에서 전개된 역사들도 왜곡되거나 지워지는 추세에 있다.
 그럼에도 불구하고 내가 마산에 집착하는 이유 중의 하나는 30여 년간 혼신을 쏟아 부은 인생이 한갓 헛되이 사라지는 것은 아닐까 하는 서러움이 적지 않았기 때문이다. 마산은 나의 인생에 있어서 황금시절을 보낸 곳이었을 뿐만 아니라, 역사 인식의 기본 틀과 동아시아를 보는 시각, 그리고 현실적으로 지방 사립대학과 학생들에게 동아시아가 무슨 의미를 갖고 있는가를 끊임없이 고민하도록 해온 특별한 공간이었다.

따라서 나에게 마산은 역사 연구와 관련하여 3개의 층위 혹은 서로 다른 범주를 구성해준 의미 있는 도시라 할 수 있다. 그 하나는 마산을 중심으로 하여 동아시아 세계의 역사를 본다는 인식의 문제, 두 번째는 '동아시아'라는 지역 개념이 본원적으로 탈국가적 성격을 어느 정도 포함하고 있기 때문에 마산 지역 역시 동아시아 속의 한 작은 지역으로 볼 수 있다는 것, 따라서 세 번째는 마산지역 그 자체의 역사를 정합적인 단위로 연구할 수 있고, 있어야 한다는 것 등으로 전제할 수 있을 것이다.

근대 식민지 사학의 전통을 물려받은 한국역사학계에서 이처럼 사고를 전환하기란 쉽지 않을 것이다. 잘 아는 바와 같이 경성제국대학의 역사학 연구는 동경제국대학의 그것과 유사하였고, 그 중에서 국사, 동양사, 서양사라는 지역 구분은 아직까지도 우리 학계가 성역처럼 지키고 있는 분야이기도 하다. 동경제대나 경성제대처럼 학자와 관료 양성을 목표로 하는 것도 아니면서 오늘날 한국내의 각 대학은 저와 같은 구분법에 익숙해져 있으며, 따라서 동양사 전공자가 한국사나 지역사를 연구한다고 하면, 사갈시하기가 일쑤였던 것이다.

하지만, 한국의 근대역사학에서 구축해 놓은 일국주의와 동·서양사 사이에 쳐져 있는 경계선을 넘나들면서 새로운 패러다임을 만들지 않고서는 지방의 사립대학에서 역사학 연구는 죽은 바와 마찬가지라고 생각한다. 내가 몸담고 있는 역사학과는 경성제대와 같은 목표를 실현하기가 거의 불가능하였고, 그렇다고 해서 다른 대안도 없었기 때문이다. 또 그렇다고 해서 판에 박힌 듯한 교과과정만을 따르기도 어려웠다. 무언가 돌파구가 필요하였다.

대략 15년 전으로 거슬러 올라간다. 나는 그 때 그간 마산에서 역사 연구와 교육을 겸하면서, 또 이곳에서 생활해 오면서 마음 속에 담아 두었던 속내를 〈동아시아의 근대사에 있어서 중국의 위상〉이라는 에세이 형식의 논문을 발표했다.1 이 논문에서 나는 동아시아의 근대는 이미 18세기 중엽에 시작되었으며, 그것은 중국 중원의 내부 모순, 그 중에서도 특히 인구 과잉, 토지 및 자원 부족과 그것을 해결하는 방식, 그것이 현대 중국의 형성에 기여한 구성 요소 등에 있다고 주장하였다. 나아가 신강이나 티베트와 같은 지역의 변경에 대한 침략과 점령은 식민주의적 양상을 띠고 있으며, 이는 오늘날 다민족 국가의 기본 틀을 구성하였다고 보았다. 곧 영토, 민족 구성, 지배방식, 내부 통합 등등 여러 면에서 오늘날의 중국을 주조한 시대가 시작되었다고 말하였다. 변경에 대한 군사적 지배, 인구 이동, 한족 문화의 대대적 전파, 중앙집권적 지배 방식 등은 사실상 현대 중국을 구성하고 통치하는 주요한 인자들이었던 셈이다.

곧 현대 중국은 18세기에 주조되기 시작하였으며, 그것은 약간의 굴절과 변형을 거쳤지만 19세기와 20세기에 걸쳐 강화되면서 오늘날의 중국을 만들었다고 본 것이다. 중국공산당이 주장하는 반식민과 반봉건에 의한 혁명중국의 성립이란 요컨대 정치전략 이상은 아니었다고 보는 셈이다.2 그것은 예컨대 임오군란 때의 청군의 파병이나 유구 처분에 대한 대처 방식, 1870년대 신강에서의 야쿱 벡의 이슬람 정권 진압, 남부의 안전망 확보를 위한 청불 전쟁 등을 연계시켜 보면 더 분명하게 드러났다.

나는 이것을 주변적 시각에서 중국과 동아시아를 보는 역사의 한 인식틀로 설정하였다. 유용태 교수는 이를 국내에서 처음으로 주변부에서 보는 동아시아상이라고 평가하였고,3 최근에 그를 비롯한 동아시아연구자들이 공동으로 출간한 동아시아근현대사 개론서에서 이 구도를 어느 정도 반영하였다.4 이 책은 기왕의 중국근대사가 아편전쟁 이후부터 시작되었다는 기왕의 정설을 정면으로 거부하고 있다는 점에서 뿐만 아니라 국가사보다는 '지역사'라는 시각, '지역, 국가, 민중'이라는 역사 구성의 세 요소, 각 지역 사이의 상호 관련성 등을 기준으로 삼아 새로운 기준과 서술내용을 제시하였다는 점에서 의미가 있다.

나의 논문과 관련된 이야기를 비교적 장황하게 서술한 이유는 다름 아니다. 이 인식틀은 마산에서 비롯된 것으로 나는 마산에서 발전한 극도의 한국적 주변성을 동아시아 세계를 이해하려는 주요 단서로 파악하려고 했기 때문이다.

II. 변방 도시의 초기 근대화

사실, 마산에 온 직후부터 나는 좀 혼란에 휩싸였다. 본래 주변부적 존재라는 내 자신의 의식 때문이기도 하겠지만, 마산은 종래 내가 살던 지역과는 다른 특징들을 보여주고 있었다. 그것은 강렬한 중앙지향성과 더불어 지역사회에서의 대학과 지역 사회의 괴리감 혹은 경시 풍조였다. 나의 판단으로는 교육과 사회 영역 모두가 서로 힘을 합친다 해도 도시 사회의 발전을 도모하기는 어려울 터였다. 그만큼 이 도시가 안고 있는 모순과 문제는 적지 않았던 것이다. 이곳에 오기 전후에 들었던 '물과 불의 도시'[5]라는 저항과 해양의 이미지는 제대로 보이지 않았다.

나는 지역 사회가 이렇게 되어온 까닭을 역사적으로 밝혀보고 싶었고, 그것이 위의 동아시아 주변부 인식과 어느 정도 맞아 떨어지면서 본격적으로 자료를 읽기 시작하였다. 아마 1990년대 말쯤 되었을 것이다. 관련 자료를 읽어가면서 알게 된 사실은 적어도 도시사의 범주와 관점에서 보았을 때, 이 도시는 매우 가치 있는 역사적 분석 대상이 될 수 있다는 사실을 깨달았다. 도시사의 관점이란 국가 차원보다는 지역 사회 차원에서 도시의 역사적 양상을 보는 틀이라 할 것이다. 도시의 정의는 쉽지 않지만 일단 행정, 종교, 군사, 시장, 사회조직, 주거지, 교육, 노동 등이 비교적 집약적으로 상호 연동되어 기능하는 삶의 공간이라고 할 수 있다.[6] 인구는 현대 한국의 경우 법적으로 10만 명을 기준으로 하고 있지만, 전통시대를 다루는 역사학에서는 이런 기준은 너무 획일적이고 큰 규모라서 대략 수천 명 정도로 구성되어 있으면 소도시로 간주하고 있다. 유럽의 경우 도시 인구의 하한치는 프랑스가 최소한 2,000명, 영국은 5,000여명 정도였으며, 독일의 경우 도시 평균 인구는 400여명 정도였다.[7] 규모보다는 자율적이고 자기 정합성을 가지고 있기 때문에 독립적인 역사 단위로 분석 가능한 대상이 된다는 의미이다. 이러한 공간은 국가의 존재와 직접적으로 연계되는 경우도 있지만, 오히려 독자적으로 생존해 나갈 수 있는 곳이기도 하다. 그리하여 국가는 단명해도 도시사회는 오래도록 지속되는 현실도 이해할 수 있게 된다.

또한 마산은 각 시대별 특징이 도시의 공간에 잘 남아 있는 도시이

기도 하다. 골포시대나 삼국시대 혹은 고려 시대의 도시 모습에 대해 우리가 아는 지식은 별로 없지만, 조선 시대에 들어오면 상황이 달라진다. 도시 중심부의 경우, 1760년대의 도시 구조가 1899년대까지 이어졌으며, 개항 이후에는 조계지에, 러일 전쟁 이후부터 일제 시대에 걸쳐 신마산과 중앙마산이 형성되었고, 1960년대 후반기부터 한국사회에 불어 닥친 산업화가 이 지역에 본격적으로 밀려오기 시작하면서 동마산이 탄생되었다. 곧 공간 구성 자체가 한 시대를 표상하는 의미를 내포하게 된 것이다.

그렇다면, 우리는 마산의 공식적인 역사를 중심부의 형성과 발전에 초점을 맞출 수 밖에 없다. 오늘날 창동에 위치한 도시의 중심부는 관공서인 조창과 그곳을 둘러싼 6개의 마을이 있고, 이 내부에 시장과 주택이 있었으며, 항구도시로서의 면모를 갖춘 두 개의 굴강과 4개의 선창을 갖추고 있었다. 말하자면 초기의 도시화가 진행된 셈이었다. 나는 이 중에서 조창이 들어섰기 때문에 도시가 발전하였는지, 아니면 이미 중심부가 형성된 곳에 관공서가 들어섰는지는 분명치 않기 때문에 단언하기 어렵지만, 여하튼 중심부가 형성되어 오늘날까지 이르렀다는 사실은 매우 중요하다.[8]

또한 그 중심부에 조선시대 '최대의 항구 시설'이 들어섰다는 사실 역시 중시되어야 한다. 아직 다른 항구 도시의 모습을 볼 수 없기 때문에 이처럼 과장된 표현을 할 수 있지만, 1킬로미터 이상에 걸쳐 조성된 항구시설은 이 도시가 안고 있는 해양성을 드러내기에 충분하다. 고려 말부터 중앙 정부에 의해 시작된 방어적이고 폐쇄적인 남해안 정책에서 개방적인 정책으로 전환한 것이기 때문이다. 그것은 인근의 제포 왜관이 삼포왜란과 임진왜란 이후 폐쇄된 지 거의 200여 년이 지난 시점이었다.9 남해안의 항구 지역에 다시 번영의 시대가 온 셈이다. 요컨대 도시화와 개항이 거의 동시에 진행된 것이다.

마산포는 창원부 소속의 일개 포구에 지나지 않았기 때문에 행정도시의 성격은 미흡했던 것 같다. 오히려 주민들에 의해 자발적으로 성장한 도시였다고 보는 것이 더 타당할 것이다. 전통 시대의 한국 도시들이 읍성을 중심으로 형성되고 발전한 것과는 다른 양상이다. 물론 관공서로서 조창이 있기는 했지만, 그 뿐이기 때문이다. 외부의 지원 없이 자발적으로 도시를 발전시킨 양상은 마산 시내 창동이나 오동동 일원에 그 흔적이 남아 있다. 길은 대부분 약간의 직선과 곡선으로 구성되어 있고, 또 어느 정도는 중심지, 곧 조창을 향해 조성되어 있어서 중심지로 올수록 좀 더 넓고 직선화된 길들이 만들어졌다. 또 서쪽으로는 창원부, 남쪽으로는 진주부, 그리고 북쪽으로는 함안으로 향하는 외부 연결도로 역시 바닷가를 따라 정비되어 가고 있었다. 남쪽 도로는 당연히 해로로 연결되었다. 우리는 이 때문에 계획적인 행정도시 이외에 자발적으로 그리고 자유롭게 성장한 항구 도시의 진면목을 조선시대의 마산포에서 볼 수 있게 된다.

이렇게 발전한 마산포의 도시 생활이 어떠하였을까. 이에 대해서는 일부의 선행 연구가 있다. 이곳 항구에는 수천척의 선박이 가능하였고, '일창원一昌原 이강경二江景'이란 말이 있을 정도로 전국의 으뜸가는 항구로 발전하였으며, 동해의 원산과 더불어 3대 수산물 교역지로 명성이 높았다. 특히 마산포는 동·서해의 수산물을 중개하는 교역항으로서 기능하였다.10

동서해의 교역 뿐만 아니라, 인근의 지이포, 사하포, 합포, 여음포와 같은 소포구와 좀 더 먼 거리에 있는 거제, 고성 등에서 생산된 수산물도 집산되었고, 내륙의 함안, 의령, 칠원 일대의 배후지에서 생산된 농산물과 직물이 마산포로 집하되면서 대형 시장을 만들어 냈다. 당시 거래된 품목은 쌀, 보리, 대두, 백목, 생선, 백포, 마포, 주단, 해모海毛, 소, 유기, 노초석蘆草席, 과실, 탄 등이었다.[11]

이 때문에 1800년대 말에 이르면 선창에는 객주가 130여호에 달할 정도로 상업과 중개업이 발달하였고 20세기 초에는 합포사라는 객주들의 협의기관을 조직하여 외래 자금의 침투를 막는 등 조직력이 막강하였다.[12] 어촌의 객주는 어장으로 나가서 주로 자금이 빈약한 어민으로부터 직접 어류를 구입하는 장삿배商帆와 상업적 관계를 갖는 일종의 중개상인이었다. 이들은 물품 집산지에서 숙박, 창고, 대리점을 열면서 유통기구를 장악하고 있었기 때문에 장삿배가 채집한 어류를 거의 독점적으로 처리하였다. 곧 도매기능과 더불어 창고업, 위탁업, 판매업, 운송업, 은행업, 숙박업 등의 다양한 기능을 행사하였던 것이다. 마산포의 객주도 이 범주에서 벗어나지는 않았던 것으로 보인다. 오히려 빈한한 어민에 대해 월리 4~5% 정도의 고리대 금리를 제공하는 수탈적 기능이 더 강조되기도 하였다.[13]

또한 이 포구 도시에서는 조운선이 떠나는 날, 축제를 벌였다. 그것은 포구에서 벌이는 최대 축제였을 것이다. 수많은 조운선이 조량을 가득 싣고 있고, 그 앞에서 술과 음식을 차려 놓은 채 제사를 지내는 것이다. 무사한 수송과 선원들의 안전을 비는 무교적 의식의 성신대제가 하나의 전통으로 굳어졌던 것이다.[14] 이 무교적 의례는 「송조선가送漕船歌」를 지은 김이건(1697~1771)이 읊었듯이, 선원들만의 행사는 아니었고, 관료들도 참여하는 관민일체의 대규모 축제였다. 참여하는 뱃사공이 수백 명으로서 관찰사는 이들에게 일일이 위로의 음식을 내려 주고 기생들이 춤추며 음악을 연주하면 사방에서 모여든 백성들도 즐거워하였다는 것이다. 특히 조창 건물 유정당惟政堂을 지은 영남관찰사 조엄趙曮(1719~1777)을 칭찬하면서, 이 공공건물을 관장하는 관찰사도 백신百神의 가호를 빌었다는 것이다. 이 '송조선가'는 사실 여항에서 불리고 있던 일종의 주문呪文을 한문투로 옮겼다는 점에서 조창과 조운, 뱃사공 등은 마산포 사회에서 중요한 인자를 구성하고 있었던 셈이다.

또한 제1차 개항에 따른 마산포의 발전은 당시 조선 지식인의 시각으로 볼 때에도 매우 의미 있는 것이었다. 예컨대 북학론자들 사이에 제기된 강남통상론은 개항과 그에 따른 해외통상이 가져다주는 이익에 주목한 결과이며, 마산포의 발전은 그 예비단계에 해당될 수 있기 때문이다. 박제가는 『북학의』의 「통강남절강선박의通江南浙江船舶議」 속에서 조선과 같이 작고 가난한 나라가 부강해지기 위해서는 뱃길을 이용하여 먼 지방의 물자를 통하는 것이라고 주장하였다. 이것이 성공하면 점차 다른 해외국들과도 교통할 것이라고 보았다. 정약용 역시 연안에 표착하는 일본, 중국, 여송呂宋, 유구 등의 배를 모방하면 (청의) 강남지역과 교역도 할 수 있으리라는 기대를 하고 있었으며, 박지원도 외국과 선박으로 통하지 못해 가난을 면하지 못하고 있으므로 허생으로 하여금 나가사키와의 무역으로 많은 이득들 취하게 하였다. 이규경과 최한기 역시 해외 통상을 통한 재부의 추구를 주장하였다.[15]

이러한 주장을 정부가 받아들이기 않았기 때문에 조창의 개설과 마산포의 발전이 갖는 의미는 제한적이겠지만, 이는 19세기 후반에 이르러 실제화 되었기 때문이다.

18세기는 한국에서도 실학이 발전하던 시대인 동시에 도시화와 상업화, 인구의 증가와 그에 따른 생태환경의 변화, 산지 개간, 연안 매립을 통한 농지 확장 등이 이어지던 시대였다.[16] 인근의 낙동강 유역에서도 일부 습지가 제언을 통해 농지로 전환되고 있었고, 남지와 같은 나루터가 점차 소도시의 형태로 등장하던 시기이기도 하였다.[17]

이 중에서도 인구 증가와[18] 생태환경 변화는[19] 조선 뿐만 아니라 일본과 중국에서도 동시에 진행된 중대한 변화로서[20] 동아시아 근대의 중요 지표이기도 하였다.[21] 이 시기에 제기된 두 가지 요소는 현대에도 이어지고 있는 장기지속적 현상으로서, 마산포 역시 예외는 아니라고 생각한다. 초기의 도시화는 결국 인구 집중과 생태환경의 변화를 초래하였고, 이는 20세기에 이르러 극적으로 심화되었기 때문이다. 내부 인구의 자연 증가분보다 훨씬 더 많은 외부인이 유입되어, 기왕의 도시 공간에서 수용할 수 있는 범위를 벗어나고 있었고, 이에 따라 끊임없이 산지, 농업, 그리고 해양 생태계를 파괴하면서 도시화와 산업화를 추구해야 했기 때문이다.

이런 까닭에 마산포 지역의 도시화가 고립된 채로 진전된 것이 아니라, 동아시아적 수준에서 진행된 흐름과 유사하다는 사실을 지적할 수 있을 것이다. 곧 자발적인 도시화, 조창의 개설과 연안항로의 발달, 상업과 교역의 발달, 제의 중심의 포구 문화 발전, 인구 증가와 생태환경의 변화 등은 요컨대 마산포의 초기 근대화를 보여주는 중요한 인자들이라 할 수 있다. 이렇게 규정하는 것이야말로 마산포 도시의 역사적 의미를 제대로 포착할 수 있는 첫걸음이라고 생각한다. 우리는 굳이 한국사 전체의 규범에서 근대를 찾아야만 할 것도 혹은 존 K. 페어뱅크 패러다임인 개항=근대라는 도식에 굳이 얽매여 있을 필요는 없을 것이다.

바로 이 점이 우리로 하여금 그간 1899년의 마산포 개항이 근대의 시작이었다는 기왕의 주박呪縛으로부터 벗어날 수 있는 첩경이기도 하다. 도시에 대한 인문학적 성찰은 자신의 지역을 중심으로 역사를 연구하고 재구성할 때 좀 더 현실적이면서 삶의 일부로 다가오는 것이고, 그런 연후에 도시의 정체성이나 그와 연계되는 교육 및 삶의 의미도 복원된다고 여겨진다. 현대 중국의 18세기적 기원을 고려한다면, 마산이라고 해서 전통시대로부터 발전해온 도시화의 역사를 현대와 연결시키지 못할 이유는 없다고 본다.

III. 식민주의와 근대, 그리고 그 유산

일제에 의한 식민 지배는 35년이라는 짧은 기간이었기 때문에, 그 실체나 의미를 지역사회의 구조 및 변화와 연계시켜 검토하기에는 쉽지 않다. 마산포의 도시 역사가 대략 260여년 정도인데 그 중의 35년은 사실상 짧다고 할 수 있다. 하지만, 그 기간에 만들어진 각종 제도와 사회 구조, 그리고 지형까지 오늘날까지 지속적으로 영향을 미치고 있으므로 단순히 기간만을 따질 일은 아니다.[22]

사실 1899년에 있었던 개항은 마산포라는 지역적 관점에서 본다면 제2차 개항에 해당한다. 그것은 제1차 개항이 있었기 때문에 진행되었다는 점에서 다른 항구 도시의 개항과 차별성이 분명히 존재한다. 또한 제1개항과도 다른 점이 있는 바, 그것은 조계지의 설정과 일본, 러시아, 청국, 미국, 호주 등 외국의 문물이 신마산[23]과 원마산[24], 그리고 북마산[25]에 이입되면서 종래와는 다른 형태의 도시화가 진전되었다는 사실에 있을 것이다. 그 개항이 러일 전쟁 이후 일본의 식민체제로 귀결되었기 때문에, 제도상으로 마산사회 역시 일본의 통치 아래 들어갔으며, 특히 개항장에 설정된 조계지는 곧바로 일본사회가 이식된 식민도시의 성격을 띠게 되었다.[26]

　마산의 남부 해안에 자리한 조계지는 본디 월영리의 일부였다. 월영리는 오늘날 경남대가 자리 잡고 있는 곳이어서 번화가인 것처럼 보이지만, 실은 조선시대의 창원부 중심부에서도 서쪽으로 가장 멀리 떨어진 곳 중의 하나였다. 대한제국 정부나 창원부에서 개항장을 둔 이유도 이러한 원격성 때문이었겠지만 여하튼 마산포와 새로운 조계지는 10여리 정도로 먼 거리에 위치하게 되었다. 그러나 이 1899년에 설정된 조계지는 분양이 미처 끝나기도 전에 러일전쟁이 벌어졌고, 그 결과 이곳은 일본에게 급속히 넘어가기 시작하였다.

　이곳에는 일본의 행정관서가 들어서기 시작하였는데, 그것은 1910년 이후 식민통치기구로 자리 잡았다. 일본 영사관은 이사청으로, 다시 마산부청으로 변신하였고,[27] 우체국, 세관, 법원, 경찰 등도 통치의 필수 기구였지만, 이들 기구 역시 식민지통치에 공헌할 수 있었다. 일본인을 위한 학교가 세워졌고, 조계지를 관리하던 신동공사는 일본인 사회의 자치 기구로 변모하였다. 일본인을 위한 각종 사회 문화 시설도 이곳에 들어섰으니 절과 신사는 말할 것도 없고 극장, 목욕탕, 술집, 음식점, 여관 등이 그것이고, 옷집, 목공소, 철공소와 심지어 일본식 유곽까지 이곳에 유입되었다. 1902년의 통계에 따르면 당시 일본인의 직업은 46종류였으나, 1910년에는 169종으로, 종사자도 1,821명으로 급증하였다.[28] 인구 역시 1903년에는 327명이었으나 1910년에는 5,941명으로 증가하였다.[29] 말하자면 일본인 사회가 마산의 조계지에 그대로 이식된 것이나 거의 마찬가지인 셈이었다. 식민도시의 한 유형이었다고 할 만 하다. 다만 같은 해에 개항된 군산의 조계지가 도심을 형성하면서 신도시로 변모된[30] 것과 달리 이 신마산은 원도심인 마산포와 멀리 떨어져서 형성되었기 때문에, 대체로 한국인 사회와 격리되어 존재하였다.

그러나 식민지배가 장기화되면서 이 격리성과 두 도심 간의 이중성은[31] 점차 완화되었다. 신마산의 영역이 원마산 쪽으로 확대되어 갔기 때문이다. 신마산의 경계에 인접하고 있는 오늘날의 중앙동, 장군동 일대에는 신마산의 형성 직후부터 일본인의 거주지가 들어서기 시작하였고, 1905년에 마산역이 건설되었으며 법원과 일본인 사찰들이 논과 밭이 이어지던 이 공간을 채워갔다. 1920년대에 이르면 신마산과 원마산 주민 사이에 행정관서의 위치를 놓고 갈등이 벌어졌다. 원마산에서 볼 때 관공서들이 신마산에 위치해 있기 때문에 행정 문제를 처리하는데 어렵다는 것이었다. 특히 양지역을 대변하는 부의원府議員들이 이 이해관계에 앞장을 서면서, 최종적으로 양 지역의 중간에 새로운 도시를 만들고 각종 행정기관을 이곳으로 이전한다는 정책을 합의하면서 이른바 중앙마산이 형성되기 시작하였다. 앞서 말한 중앙동 뿐만 아니라 한국인 촌이었던 완월리와 자산리가 중앙마산의 범주에 들어 있었다. 이에 따라 1930년대에 이르면 마산부청을 비롯한 관공서와 마산고, 마산여고를 비롯한 교육기관이 중앙마산 지역에 이전하였고, 그 결과 신마산 중심의 일본인 사회는 중앙마산 일대까지 확장되었다. 그곳의 한국인 사회는 규모가 작은데다 바닷가에서 떨어져 산기슭에 위치하고 있었기 때문에 저지대 연안가에서 발달한 중앙마산부는 사실상 일본인 사회에 지배당했다고 할 수 있다. 이러한 중앙마산의 형성은 신마산과 원마산을 이어주는 가교역할을 하기도 하였는데, 그 결과 마산은 해안가를 중심으로 세 개의 도심지가 연결되면서 하나의 통일된 공간으로 재탄생되었다.

일본인 사회의 공간적 확장은 원마산 지역에서도 진행되었다. 마산포의 도심을 중심으로 구성된 원마산은 오랜 시간 동안에 걸쳐 구축된 한국인 사회였지만, 1910년 이전에 이미 상당수의 일본인들이 토지와 건물을 사들이고 있었다. 예컨대 1912년 원마산의 토지 소유 상태를 보면 총 1,157필지 중 일본인이 271필지(23.4%), 중국인 18필지, 정부 5필지, 기업 및 단체 10필지, 그리고 한국인이 853필지(73.7%)를 소유하고 있었다. 중요한 사실은 한국인의 소유는 중심부에서 약간 떨어진 주택가에 위치한 반면 일본인의 그것은 대부분 조창 부근 등 값비싼 요지에 있었다는 점이다. 곧 1912년 이전에 원마산 일대의 중요 상권 대부분이 일본인들에게 넘어간 상태였던 셈이다.[32]

원마산 일대에서 진행된 해안 매립은 이곳에 대한 일본인들의 진출을 더욱 부추겼다. 1911년에 시작되어 1914년에 끝난 남성동 해안 매립은 무려 대지 8,078평, 도로 3,560평으로 도합 1만 1,640평에 이를 정도로 대규모였다. 일본인 하자마 후사타로迫間房太郞(1860~1942)에 의해 진행된 이 매립으로 인해 조선 시대에 조성된 전통적인 항구 모습은 사라졌고, 그 대신 매립지 외곽에 새로운 부두가 만들어졌다. 핵심은 이 매립지가 하자마의 1인용 토지였다는 사실이었고, 그 소유권은 해방 직전까지 이어졌다. 요컨대 마산포 항구 일대의 매립을 통해 일본인은 해안의 선박출입과 하물적하 그리고 상업거래의 중요한 부분을 사실상 장악하고 있었던 셈이다. 매립지에 대한 한국인의 권리는 임대에 한정되어 있었던 것이다.

일본인들이 식민지에서 부를 축적하는 방법은 여러 가지였지만, 위에서 본 바와 같이 토목 건축 사업이 단기간에 큰돈을 벌 수 있는 업종이었다. 그것을 대표하는 인물은 위의 하자마일 것이다. 일본의 와카야마현和家山縣 출신인 그는 부산 개항 이후 조선에 들어와 부산에서 무역업과 수산업, 창고업, 목물무역업, 토지매매중개업으로 돈을 번 다음 부산 제일의 땅부자라고 할 만큼 부산과 경남의 경제를 좌우한 인물이었다. 특히 농지에도 크게 투자하였는데, 경남도내 소작지의 3.9%를 소유하고 있었으며, 소작농이 2천여 호에 이를 정도였다. 러일전쟁 직후에 무라이 기치베에村井吉兵衛(1864~1926)가 개발한 8백십여 만 평에 이르는 대규모 진영농장을 인수한 사람도 하자마였다. 그는 1928년에 무라이로부터 이 농장을 사들였다.[33] 하자마를 비롯한 토건업자들은 1902년 당시 마산에서 전체 직업인 150명 중 50여 명이나 되어 다른 직종을 압도할 정도로 다수였다. 1910년 무렵의 경우 직종은 더 다양해졌으나, 역시 토건업자들이 다수를 차지하였다.[34]

다시 말해 마산의 역사에서 최대 규모라고 할 정도의 개발 붐이 1900년대부터 해방 때까지 진행되었다. 따라서 마산의 식민지배에서 특징적이라고 할 만한 사익적 개발주의가 뿌리를 내린 셈이었다.

위생이나 양조업 쪽에서도 일본 사회의 영향은 적지 않았다. 일제 식민지위생의 한 상징인 목욕은 러일전쟁 직후 일본인들에 의해 마산에 도입된 것으로 보인다. 물론 개화시기에 조선의 개화파들도 문명론의 일환으로 목욕의 중요성을 주장하였지만, 마산 지역에서는 주로 일본인 사업의 일환으로 1910년 이전부터 시작되었으니, 1910년에 이미 8명의 목욕탕 업자가 등장하기 때문이다. 그러나 목욕은 순식간에 원마산에도 도입되었다. 1915년의 기록에 따르면 신마산에 2곳, 중앙마산에 2곳, 그리고 원마산에 2곳이 개설되었는데, 이로 보면 목욕은 한국인 사회에 빠르게 전파된 것으로 볼 수 있다. 목욕에 대한 관심은 1920년대에 있었던 마산조면 노동자들의 쟁의 속에 목욕탕을 설치해 달라는 요구 속에서도 증명이 되고, 심지어 마산에 거주하는 나병환자들이 목욕탕과 음식점에 무시로 출입하여 지역 사회의 문제로 대두되었음을 알리고 있다.35

마산은 일제 시대에 전국에서 술의 도시로 명성을 떨친 바 있다. 이렇게 된 데에는 술 제조의 전통, 비옥한 농경지, 양호한 기후, 양질의 물 등 여러 이유가 있으나, 일본인들에 의한 청주공장의 설립과 제조가 큰 역할을 차지하였다. 한일 합방 이전에 일본인이 마산에 세운 청주공장은 7개처에 이르렀다. 이것은 1911년에 다시 14개처로 증가하였다. 그 결과 1930년대에 이르러 마산은 전국 최다의 술생산지로 올라섰고, 이에 따라 마산은 꽃의 도시, 술의 도시, 벚꽃의 도시, 휴양의 도시라는 별칭을 얻을 수 있었다. 이에 원마산의 한국인들은 탁주 공장을 설립하는 것으로 일본 청주에 대응하였지만 시장 규모나 생산 시설, 기술, 고객 확보 등에서 역부족이었다.36 이러한 청주 제조의 전통은 1970년대까지 지속되었던 것으로 보인다.

이러한 점에서 본다면 마산의 일본인들은 일상 생활 뿐만 아니라 행정, 법원, 치안, 교육, 교통, 통신, 금융, 산업 등 거의 모든 분야에서 새로운 문명적 요소들을 도입하면서 지배력을 강화해 간 것으로 보인다.

일본인 사회의 팽창을 거꾸로 생각해 볼 수도 있다. 마산포에서 발전한 도시의 중심성이 너무 강하였기 때문에 일본사회조차 이곳에 흡인된 것은 아닌가 하는 생각도 할 수 있기 때문이다. 그것은 마산포가 발전시킨 중심성과 시장성이 그만큼 식민도시의 그것보다 더 강하였다는 반증이기 때문이다. 산호동에 자리한 구강장舊江場을 식민도시인 신마산에 옮기려다 실패한 일도 있으므로, 사실상 마산 사회 속에서 일본인 사회는 확장성에 한계를 가지고 있었다 할 것이다. 그 점에서 식민지 시대의 목포와 같이 '완전한 빈민굴'로 묘사되는 조선인 거주 구역과 '늘비한 일본인의 기와집'이 있는 일본인 사회로 대비되는 극단적 위계성은37 보이지 않는다.

이어 덧붙여 우리는 당시의 한국인 사회가 식민지배에 어떻게 대응하였는지도 생각해 보아야 할 것이다. 하나는 항일민족주의 운동을 지역사회에서 전개해 나가는 흐름이 있고, 그보다는 개량적 방식을 통해 민족의 독립의식을 고취하는 흐름도 있었다. 이와는 달리 일본인과 협력관계를 유지하면서 존재감을 드러낸 부류도 있었던 것으로 보인다.

　항일민족주의의 상징은 3.1운동 때 보여준 마산시민 및 학생들의 시위일 것이다. 마산지역 민족주의자인 이형재, 김용환, 명도석, 변상태 등과 창신학교 및 의신학교의 이승규, 손덕우, 박순천 등의 관련자와 학생들이 3월 3일에 이어 10일, 21일, 26일에 연이어 각각 무학산, 환주산의 추산정, 구마산 장터, 마산 석전동에서 만세운동을 이끌어나갔다.38 인근에 있는 창원의 진동, 진전, 진북 3개면에서도 지역 엘리트와 농민들이 연합하여 3월 28일부터 만세운동을 전개하였다. 4월 3일에 행해진 2차 시위에서는 진전과 진동의 경계선에 있는 지산교 부근에서 일본헌병이 쏜 총에 맞아 8명이 숨지고 그보다 더 많은 수의 삼진면민들이 부상을 당하였다.39

　마산 지역의 항일민족운동은 이후 1921년에 '청산리 승전보 배포 및 환주산 태극기 게양 사건'으로 다시 솟아올랐다. 사건의 개요는 1920년 10월에 있었던 청산리 대첩 소식이 국내에 전해지자, 마산 지역의 청년 이정문, 박승수, 강종완, 신경식, 조상록, 전재완, 김응윤 등 7명이 이 대첩 소식을 담은 격문을 일본어로 지어 수백부를 시중의 요소에 배포하였다. 이들은 이 배포건으로 일경에 체포되어 1년의 실형을 받았다. 실형을 마치고 나온 이들은 다시 봉기하였다. 환주산 꼭대기에 올라가 태극기를 게양하고 그 길로 하산하여 길거리를 누비며 대한독립만세를 외쳤던 것이다. 일경에 다시 체포된 이들은 부산 형무소에서 다시 1년씩의 옥고를 치렀다는 것이다.40

　이상과 같이 지역 내에서 행동으로 독립운동을 전개한 이들은 대개 교사나 민족운동가, 청년학생들이었으며, 주로 창신학교 출신들이 다수였다는 사실이 눈에 띤다. 창신학교는 호주선교회에 의해 1906년에 독서숙으로 시작하였는데,**41** 특히 교과과정이나 교사의 구성에서 민족문화와 극일을 강조하면서 식민지체제에 저항하는 특색을 발전시켰다.**42** 이러한 이유 때문에 창신학교는 1923년부터 시작된 고등보통학교 승격 운동에도 불구하고 이에 실패한 것으로 보이며, 최종적으로 호주선교회에서 신사참배를 거부하면서 창신 초등과도 1939년 6월 22일에 폐교되었다.

이와는 달리 1920년대 이후에는 사회주의사상으로 무장한 사람들이 새롭게 등장하고 있었다. 김명규, 김형두 등이 1922년 11월에 조직한 신인회는 이 시대에 등장한 중요한 사상단체라고 할 수 있다. 여기서 말하는 사상단체란 주로 사회주의사상으로 무장하여 노동이나 농민에게 관심을 가진 진보적인 단체라고 할 수 있다. 당연히 목표는 민족해방과 새로운 사회건설에 두고 있었다. 그런 까닭에 1925년에 조직된 '조선공산당'에도 적극 참여하여 조선공산당 마산당원이 되었다. 이들의 활동은 내외의 제약으로 인해 오래 이어지지 못하였으나, 1920년의 사회사조가 점차 분화되어 가는 모습을 보여준다.**43**

그 분화 과정에는 아나키스트의 등장도 한 몫을 하였다고 생각된다. 동아시아의 아나키스트 사조는 이미 19세기 말부터 중국에서는 전제왕조의 타도를 위해, 일본에서는 천황제와 제국주의체제를 타도한다는 명분으로 도입되었고, 한국에는 식민지체제를 극복하기 위한 운동의 일환으로 전파되었다. 1925년에 김형윤을 중심으로 조직된 마산의 아나키스트들도 관련 서적을 탐독하면서 일제에 저항하는 반제국주의 운동을 전개하였다. 김형윤은 마산출신으로 일본으로 건너

가서 톨스토이나 크로포트킨과 같은 러시아의 아나키스트들이 저술한 책들을 읽으면서 무정부주의사상에 심취하였다. 귀국한 뒤에는 지역사회에서 이를 실행하려고 노력하여, 조한응, 김계홍, 최학주, 이석규, 김지병과 같은 동지들을 얻었고, 항일무정부주의자 동맹을 조직하는 한편 기자로서도 명성을 떨쳤다.[44] 이들은 또한 국제 아나키스트들과 연대하기 위해 이석주를 해외에 파견하면서 활동 범위를 넓혔지만, 그가 일제에 체포되면서 아나키즘 운동은 현저히 약화되었다.[45]

이와는 달리 지역에서 민족의 독립과 자강을 위해 노력한 유력인사들도 적지 않았다. 마산 최초의 양의사였던 김형철이나 어시장 객주 출신으로 마산노동야학의 교사생활을 하면서 3.1만세운동을 주도한 명도석(1885~1954)이 그런 사례에 속할 것이다.[46] 이 중 김형철(1891~1965)은 남성동에서 태어나 공립마산소학교(현 마산성호초등학교)를 졸업하고 일본의 오카야마의전을 졸업한 뒤 한국인으로서는 경남에서 처음으로 마산의 불종거리 부근에 삼성병원을 개설한 인물이다. 1918년의 일이다. 그는 3.1운동 때 뿐만 아니라 4.3삼진 의거 때 부상당한 조선인들을 몰래 치료하던 중 일본경찰에 발각되어 구금당한 사실도 있었다. 또한 신간회에서도 활동하는 등 인술과 민족운동으로 지역사회에 기여한 인물이었다.[47]

1920년 6월에 조직된 마산구락부는 문화운동을 통해 실력양성론을 추구하는 대표적인 문화단체라고 할 수 있을 것이다. 구성원은 민족운동가 뿐만 아니라 지역 내의 상공인과 자본가 등이 포함되어 있어서 이념적으로 넓은 스펙트럼을 옹유하고 있었다.

이들은 교육, 산업, 체육, 계몽, 교류 활동에 관심을 쏟았다. 교육의 경우, 창신학교의 설립과 운영에 관한 지원을 들 수 있을 것이다. 앞에서도 말한 바와 같이 창신학교의 설립자는 마산의 호주선교회와 지역내 유지들이라고 할 수 있고, 특히 민족교육에 관심이 많았던 이승규, 손덕우, 이송소, 이규철 등이었다. 이 때문에 지역 사회에서나 당시 창간된 『동아일보』 등에서 이 학교를 '우리의 학교'로 인식하고 있었다. 또 의신여학교를 통해 여성 교육을, 노동야학을 통해 빈한한 청소년들의 교육을 진흥하였으며, 의신유치원이나 1921년에 정법사에서 설립하여 운영한 배달유치원은 유아교육의 중요성을 강조하였다. 마산포의 상업적 전통을 교육을 통해 진흥시키자는 목적으로 1921년에 출발한 마산상업학교 설립 역시 지역 유지인 김병선, 손덕우, 옥기환, 김태권 등이 기성회를 조직하여 건물 신축에 소요되는 비용을 기부하였다. 이 학교의 위치 역시 원마산의 외곽에 위치한 상남리(현 상남동)였으니, 이는 신마산의 일본인 사회에 대항하는 의식의 발로라고도 할 수 있겠다.[48]

산업 진흥은 명도석이나 옥기환 등, 마산포의 객주들이 주도하여 세운 원동무역을 들 수 있을 것이다. 1915년 무렵에 출발한 원동상회를 모태로 삼아 1919년에 명도석, 옥기환, 김철두 등과 함께 일본으로부터의 경제적 자주성을 확보하기 위해 자본금 50만원으로 설립한 회사가 원동무역주식회사이다. 마산에서 한국인이 처음으로 설립한 이 주식회사는 경북 달성에서 조직된 조선국권회복단에 자금을 지원하였고, 해외의 독립운동단체에도 회사의 이익금 일부를 독립운동자금으로 보냈다는 점에서[49] 산업진흥을 독립과 연결시킨 주요 사례라고 하겠다.

1921년에 이들이 주도하여 세운 마산구락부 운동장은 마산사회에서 한국인의 정체성을 드러낸 것이라고 할 정도로 의미 있는 것이었다. 그것은 그 위치가 한국인 사회의 핵심부에 바로 인접한 상남동이었고, 조성 기금 역시 지역의 유지들이 기성회를 조직하여 부담하였으며, 그곳에서의 행사도 각종 운동회와 경기가 한국인들을 중심으로 개최되었다. 예컨대 1923년에 열린 '전조선 자전거 및 마라손대회'가 그렇다. 이 자전거 대회에서 우승한 이는 "떴다 보아라 안창남 비행기, 내려다 보아라 엄복동의 자전거…"로 유명한 엄복동이었다. 극일의 상징이었던 마산야구도 이곳에서 꽃을 피웠다. 그러나 구마산역 앞에 있던 3,000여 평의 이 운동장은 결국 토지의 소유권 문제로 인해 1937년 이후에는 더 이상 활용되지 않았던 것으로 보인다.[50] 마산구락부 구성원들의 이념이 다양했다고 해도 적어도 구락부 운동장을 통해서 본다면 그것은 지역내 한국인들의 자존감을 높여준 상징이었다고 할 만 하다.

1919~20년에 걸쳐 동아시아를 휩쓴 콜레라가 마산지역에도 전파되었을 때, 이 구락부는 방역단을 조직하여 방역 활동에 진력하였다. 10여일 만에 90여명의 환자가 발생하였고, 그 중 50여명이 사망할 정도로 치명적이었던 이 역병은 관청의 힘으로는 도저히 종식시킬 수가 없었기 때문에 구락부가 임시방역단을 조직하고 김태권이 단장을 맡으면서 구호활동을 전개하였다. 이들의 일은 경고문 살포, 소독실행, 환자의 운반, 시체의 매장 등 방역 뿐만 아니라 시신 처리까지 거의 모든 부분에 관여한 것으로 보인다.[51] 식민지 위생체제의 관점에서 보면 이 방역단은 그 체제를 공고히 해주는 주요 수단이었다고 생

각된다. 다시 말해 1919년의 조선 콜레라는 그간 주류적 위치를 차지하였던 식민지배와 저항이라는 이해 방식과는 다른 차원에서의 접근이 필요하다는 사실을 말해준다. 곧 이분법적인 틀보다는 적응, 화해, 그리고 타협이라는 당시의 실정을 적용하는 것이[52] 도시의 리얼리티를 더 잘 드러낼 수 있을 것이다.

이 때문에 일본에 '굴신'하는 한국인들도 적지 않았을 것이다. 1911년에 마산의 한국인 200여명은 일본 국왕의 '송덕표'에 연서하였고, 그해 국치일에는 민의소에서 '병합 기념 축연'을 열면서 민의장 손덕우는 '천황폐하만세'를 삼창하였다. 같은 해에 경찰에 의해 조직된 교풍회矯風會에도 손덕우, 김선집, 옥기환 등 지역내 대표적인 자본가들이 간부로 취임하였다.[53] 지역사회의 자본가들 중 개량주의적 인사들은 일본의 식민지 기관이 요구하는 체제유지적 사항들을 듣지 않을 수 없는 위치에 있었던 것이다. 오히려 시간이 지날수록 이들 유지들은 젊은 사회주의자들에게 대중운동을 넘겨주고, 지역 개발은 일본인 자본가들과 함께 마산·목포간 철도부설이나 상업회의소 추진, 구마산 개발 등을 함께 추진하면서 식민지 권력에 더 예속되어 갔고, 자본의 힘 역시 쇠퇴하여 간 것으로 보인다. 이와는 달리 비타협적으로 민족운동을 전개하던 명도석이나 이형재 등은 위와 같은 타협적 개량주의에 참여하거나 사회주의 성향을 띤 대중운동을 후원하면서 독자적인 영역을 확보하는데 어려움을 겪고 있었다.[54]

일제 시대의 마산사회에는 한국인과 일본인만이 거주하고 있었던 것은 아니다. 근대 문물이 일본사회만을 통해 유입된 것은 아니었다는 말이다. 이미 지적하였듯이 개항 이후 러시아, 청국, 호주, 미국 등의 문물도 창신학교, 의신여학을 비롯한 개신교계 학교와 문창교회, 완월동 천주교 성당 등의 기독교계 교회, 그리고 1920년대 이후에는 『동아일보』, 『조선일보』, 『중외일보』 등을 통해 끊임없이 마산사회에 유입되었다. 예컨대 호주선교사회와 마산의 개신교인들이 연합하여 개교한 창신학교는 악대, 극단, 음악회, 체육대회 등을 마산사회에 소개하는데 첨병 역할을 담당하였으며, 아동교육 역시 창신학교를 통해 지역사회에서 전개되었다.[55]

중국의 문물도 이미 개항 직후에 원마산의 중심부인 부림동과 창동 지역에 화상華商을 통해 소개되기 시작하였다. 1899년에 이미 28명의 중국인이 당시로서는 가장 비싼 땅인 조창의 아래와 좌측에 마치 차이나 타운을 연상시킬 정도로 밀집한 채 존재하였으며, 이들은 1920년대에 산동이나 화북 지역에서 이입된 단순노동자와 달리 광동, 절강 등에 기반을 둔 비교적 부유한 상인들이었다. 이들 수효는 1907년 무렵에 68명으로 증가하고 있었다는 사실을 보면,[56] 중심부가 가지는 흡입력과 더불어 마산 사회에 유입된 문물의 다양성을 짐작할 수 있다.

물론 마산 지역의 일본인 사회는 식민지 당국의 지원과 압도적인 다수로 구성되어 있었으므로, 그들을 여타의 외국과 같이 동등한 차원에서 비교할 수는 없다 해도 마산사회가 단순히 일본의 식민사회였다고는 단정할 수는 없다는 의미이다. 그러므로 일본에 의해 구축된 식민성이 마산 사회 전체를 지배하였다고 단언할 수는 없을 것이다. 따라서 제2차 개항 이후 진전된 근대화에는 일본의 식민성과 더불어 서구와 중국에 의해 도입된 비식민적 요소, 그리고 조선인 사회가 독자적으로 발전시킨 영역도 함께 고려해야 할 것이다.

　지난 세기에 진전된 마산의 역사에서 제2차 개항과 근대화라는 사실 못지않게 큰 변화는 필자가 제3차 근대화라고 부를 수 있는 1960년대 중엽부터 시작된 대규모의 도시화와 산업화이다. 그것은 국가의 전략에 따른 것으로 단기적이었음에도 갯벌 중심의 연안 지역을 수출산업기지로, 비옥한 농경지를 공장터와 주택가와 도로로 완벽하게 개조시킬 만큼 마산을 크게 바꾸어 놓았다. 이러한 변화는 주로 마산의 동부지역에서 전개된 까닭에 우리는 이를 '동마산'의 탄생으로 부를 수 있을 것이며, 이로 인해 소도시 마산은 한국에서 산업화의 중요하고도 모범적인 사례 지역으로 변모하였다. 이제 현대 도시가 안고 있을 수 있는 모든 현상과 모순이 마산에 떨어졌다고 해도 과언은 아니었다. 관공서, 도로, 상가, 주택, 공업단지를 비롯한 물적 조건과 새로운 형태의 인구유입에 따른 외적 성장은 1980년대에 극에 달하였으며, 마산사회의 역사에서 그것은 이른바 '7대도시' 등으로 신화화되었다.

　그러나 이 신화는 국가 전략이 지역 사회에서 점차 후퇴하고 산업의 형태가 바뀌던 2000년대를 지나면서 깨지기 시작하였다. 우리는 그것을 마산사회의 몰락이라고 부르고 있으나, 사실 기나긴 근대의 역사에서 보면 30여년 동안에 진전된 산업화와 도시화는 매우 비정상적으로 팽창한 것이었기 때문에 단순히 '몰락'이라는 개념으로 분석하기에는 복잡한 맥락을 내포하고 있다. 그럼에도 불구하고 이 시기에 전개된 마산지역의 산업화는 국가의 전략이 그렇듯이 극단적인 개발 위주였고, 비인격적인 형태였으며, 현지의 역사적 여건이나 동원 가능한 자원을 고려하지 않은 채 진행된 것이었다는 점에서 지역사회에 상당히 큰 재앙으로 남게 되었다. 예컨대 환경오염이 그러했으며, 농경지와 갯벌, 해양 등 모든 1차 생산의 근거지를 파괴하였다는 점에서도 그랬으며, 노동자의 권리나 주거 문제 등 거의 모든 분야에서 모순이 분출되었다는 점에서도 그랬다. 게다가 그 번영은 국가 전략에 따라 일거에 사라질 수 있는 순간적인 욕망에 불과한 것이기도 하였다.

IV. 장기적 전망 속의 근대화

이상에서 본 바와 같이 지난 2세기 반에 걸쳐 진행된 마산의 근대화는 적어도 3단계로 진행되었다. 제1단계는 중심지의 형성과 도시화, 남해 교역지로의 성장, 그리고 그에 짝해 조성된 조창의 형성 등이다. 그것은 대체로 지역민들이 주도한 자발적인 성격이 강했고, 지역내의 특성을 반영하는 것이었으며, 완만하게 진행된 것이었다. 아울러 국가의 개입이나 역할도 비교적 제한적이었다.

하지만, 개항 이후에 진행된 제2단계의 근대화는 지역사회나 국가의 요구보다는 외국 열강의 요구가 더 강한 것이었으며, 특히 일제의 식민지 체제로 귀결되면서 그것은 식민성과 거의 동일한 개념을 내포하게 되었다. 하지만, 그 식민성은 일본적 요소 이외에 자발적으로 이입된 서구나 중국의 문물 때문에 어느 정도 제한성을 가지며, 조선인 사회의 중심성과 독자성도 여전히 위력을 발휘하고 있었다는 사실 때문에 식민성이라는 잣대로 일제 시대 35년을 평가하기는 어렵다. 일견 동아시적 특징이 이 사회에서 맹아적 요소로 성장하는 측면도 보인다.

이에 비해 제3단계의 근대화는 산업화라는 국가의 전략에 의해 마산사회에 갑자기 밀려들어온 것이었으며, 이는 비인격적이고, 지역의 자원을 고려하지 않은 채 진행되었다는 점에서 급작스럽고 특이한 것이었다.

문제는 제2단계와 제3단계에서 근대화가 지역사회의 요구가 제대로 반영되지 않은 채 진행된 탓에 공공성이 결여되었고, 비교적 일방적이었으며, 특히 제3단계에서 그것은 더욱 심하였다. 그것은 어느 면에서 비민주적 국가체제의 반영이기도 하였지만, 현지 사회의 요구를 무시한 채 진행된 식민주의의 유산이기도 하였다.

그럼에도 마산 사회에 남은 귀중한 역사 유산은 어시장과 공공 시민사회세력이라 할 수 있다. 초기근대화 시절에 이 도시를 특징지은 어시장이 지난 2세기 반에 걸쳐 이 도시를 떠 받쳐 주어 왔다는 사실은 아무리 강조해도 지나치지 않다. 지금에서야 근근이 버티면서 생명을 유지하고 있는 유산이지만, 이마저도 쇠퇴하고 있으므로 이 도시의 근대적 귀결은 이에 의해 판가름 날 것이다.

또한 제2차 개항 이후 식민화의 길을 걷게 된 마산 사회에서 식민성을 비판하고 식민당국과 일본인 상공인을 중심으로 구성된 관상官商 연합의 지배 세력에 저항하면서 민족과 공공 사회의 문제에 관심을 쏟았던 사회세력이 있었다. 창신학교의 일부 교원과 학생, 민족주의 계열의 운동가, 마산주재 일부 기자들, 사회주의 운동가 등이 그들로서, 그 전통은 일제 시대 뿐만 아니라 해방 이후에도 보도연맹 사건, 3.15의거를 중심으로 한 민주화 운동, 중립국추진 운동, 교원노조 활동 등으로, 1970년대 이후에는 민주화 뿐만 아니라 시민사회운동, 환경문제 등으로 폭을 넓히면서 지역 사회에서 독자적인 영역을 구축하여 왔다. 오늘날에도 그 유산이 남아 있는 이 기본 대립 구도의 향방 역시 근대 마산이 풀어야할 주요 과제일 것이다.

전통의 지속과 새로운 물결

1. 마산 무학산 서원골 일대의 다종교 현상과 그 역사적 의미
2. 식민지 위생시설에서 다기능의 생활공간으로
   - 마산지역 목욕탕의 1백 년 역사

마산 무학산 서원골 일대의 다종교 현상과 그 역사적 의미

I. 머리말

 이 연구는 기본적으로 마산 지역의 전통문화 중에서 무학산 서원골 일대에서 발전한 다종교적 현상을 현장답사와 문헌조사를 통해 그 실상에 접근하고 그 의미를 역사적 사회적 문화적으로 분석하려는 데 있다. 이를 통해 마산지역에서 발전한 문화 양상을 검토하여 지역 사회의 역사를 재구성하는데 일조를 하려고 한다.
 이 지역의 다종교적 현상은 외형적으로 관해정과 회원서원을 중심으로 발전한 유교와 원각사, 금룡사, 성덕암 등을 중심으로 발전한 전통불교, 그리고 서원골 계곡과 태각암 등에서 발전한 민간 종교 등이다. 또한 성덕암과 금룡사에 남아 있는 산신신앙과 해양신앙의 절충과 같은 것도 연구 대상에 포함시킬 것이다.
 우리는 이를 통해 마산 지역에서 오랫동안 각기 발전하면서 절충해

온 다종교적 전통이 역사적으로 또 사회적으로 내포하고 있는 의미를 포착하려고 한다. 곧 다종교를 핵심요소로 하는 문화의 전통이 이미 오래 전에 시작되었으며, 그것은 민족간의 교류와 이주, 그리고 타자에 대한 본질적인 이해가 필요한 오늘날 더욱 큰 유용성을 갖는다고 생각한다. 이를 밝히는 것이 이 연구의 또 다른 목적이다.

우리는 좀 더 넓은 맥락에서 이 연구가 무학산 인문학으로 확장되기를 바란다. 무학산은 마산사람들에게 삶의 원천이자 죽은 뒤의 회귀처일 정도로 중요한 곳이다. 그럼에도 불구하고 현재까지 무학산을 인문학적으로 접근한 연구는 거의 없는 형편이다. 이 연구가 그러한 목적에 조금이라도 도움이 되었으면 좋겠다.

II. 서원골 일대의 생태환경과 그 변화양상

서원골은 조선 시대에 회원서원이 있었다고 해서 붙여진 무학산 골짜기 중의 하나이다. 마산 도심지에 면하고 있는 무학산 일대에는 우측부터 앵지밭골, 서원골, 오석골과 같은 큰 골짜기가 있으며, 그 중 서원골은 무학산 정상으로 오를 수 있는 최단 코스이기도 하다. 또한 이 골짜기에는 좌측에 해발 390미터의 학봉 능선과 오른쪽에 290미터의 달맞이 고개 능선이 있으며, 학봉의 주능선은 시내 쪽에 이르러 환주산(높이 144미터)이라고 하는 곳에서 다시 한번 살짝 솟구쳐 올랐다가 마산의 원도심인 원마산 부근에서 바다로 이어지는 산자락이기도 하다. 그 점에서 서원골과 학봉, 환주산 일대는 마산 사람들에게 매우 친근한 공간이라 할 수 있다. 이 글에서 말하는 서원골 일대에 해당되는 영역이기도 하다.

또한 서원골을 흐르는 교방천은 약 3킬로 정도의 길이로서, 골짜기도 깊거니와 바닥이 크고 매끈한 화강암 덩어리로 되어 있어 항시 맑은 물이 바위 위나 돌 사이를 흐르고 있다. 앵지밭골을 흐르는 회원천과 서원골의 교방천 덕택에 이 두 골짜기 사이에는 무학산 자락에서도 비교적 넓은 논과 밭을 만들 수 있었으며, 이로 인해 예부터 회원리, 교방리, 자산리 등과 같은 동네가 형성될 수 있었다. 이 때문에 서원골 일대는 경관으로서, 또 삶의 터전으로서 마산시민들에게 포구와 마찬가지로 오래전부터 매우 다양한 의미를 가진 공간이었다고 할 수 있다.

이와 관련하여 마산은 예부터 '물 좋은 마산'이라는 수식어가 항시 붙어 다니는 곳이다. 그것은 대체로 무학산 자락의 지하수가 도심지에서 용솟음치거나 산간지 중턱에 좋은 샘이 많기 때문이다. 실제로 1911년도에 총독부에서 실시한 마산 지역의 우물 검사에서도 이 사실은 드러났다. 하지만, 그 중에서도 교방천 일대에서 흐르는 물이 제일 좋았으며, 이는 그만큼 수량과 수질 등이 좋았기 때문이라고 할 수 있다.[1]

무학산에서 발원한 물이 마산의 도심지로 흘러가는 곳은 크게 회원천, 교방천, 그리고 장군천이다. 이 중에서 장군천은 완월동 상류에서 흘러나와 장군시장을 거쳐 합포만으로 흘러들지만, 서원골에서 발원한 교방천과 앵지밭골에서 발원한 회원천은 오동동 자유시장 부근에서 합해져 마산바다로 흘러 나간다. 물론 이 합강은 일제 시대에 두 개의 천을 하류에서 하나로 모아놓았기 때문이지만, 회원천과 교방천은 각각의 중류지방에서 상당히 근접할 정도로 가까이 흘렀다. 그 점에서 두 개의 하천은 북마산 일대에서 동일한 천역권川域圈이라고 해도 좋을 것이다. 이 중 회원천은 하천 연장이 3.6킬로에 유역면적은 8.21평방 킬로미터이며, 교방천은 2.8킬로미터에 3.51평방킬로미터, 장군천은 2.5킬로미터에 3.02평방미터이다.[2]

 이처럼 교방천과 회원천의 길이는 큰 차이가 없음에도 유역 면적 상에서 큰 차이를 보이는 이유는 서원골이 그 만큼 경사도가 크고, 계곡이 깊으며, 구부러짐이 없이 바다로 곧바로 물이 빠져 나가기 때문이다. 흥미있게도 서원골을 흐르는 교방천은 평수량平水量/갈수량渴水量 비율이 4인데, 회원천의 그것은 3.96이며, 풍수량豊水量/평수량平水量 은 2.66대 2.64, 풍수량/갈수량은 10.6대 10.5이다.[3] 곧 교방천은 회원천에 비해 수로나 유역이 짧고 좁지만, 풍부할 때의 수량이나 평균 수량 비율이 더 높다는 사실이다. 게다가 마산 지역은 연평균 강수량이 1,430미리로 다우지역이고, 8월의 평균 온도가 26.4도, 1월의 평균온도는 2.4도일 정도여서 여름은 비교적 시원하고 겨울은 따뜻한 해양성 기후를 띠고 있다.[4] 이로 인해 무학산 일대는 항시 물이 풍부하며, 일정하게 흘러내린다는 사실인데, 이것이 교방천변이 안고 있는 또 다른 강점이라고 할 수 있다.

 바로 산세와 수세가 시내까지 연결되기 때문에 이른바 '산수의 기운'이 시내까지 이어진다는 의미로 받아들일 수 있다. 곧 물이 항시 흐르고, 수목이 시내 가까이까지 이어지기 때문에 교방천과 도심지가 만나는 북마산 일대까지 산기운이 미친다고 보면 좋다.

 사실, 교방천이 마산사람들에게 큰 의미를 띠는 이유로는 식수원이기 때문일 것이다. 마산의 상수도 보급률은 1930년대데 13% 정도였다. 이것이 조금씩 증가하여 1960년에 22%, 1968년에 36%였으나, 1970년대 들어 산업화가 추진되면서 61%로 급증한다.[5] 이는 물의 공급이 대략 지하수나 샘물, 혹은 자연유수 등의 방법으로 해결되었음을 의미한다. 지금도 회원천과 교방천, 그리고 장군천 상류지역에 남아 있는 검은 색의 물 호스는 천변에 흐르는 자연수를 음용수나 빨래 등 기타 생활용수로 사용하기 위해 설치된 것이다.[6] 그렇다면, 결국 교방천 물도 1960년대까지 시내의 다수 시민들이 음용수로 사용했다는 사실을 반증한다. 특히 하천의 상류 지역으로 갈수록 소득이 낮은 사람들의 주거지였기 때문에 이들 중 거의 대부분이 교방천의 자연수를 음용하였을 것이다.

실제로 서원골 일대의 수질은 2004년 무렵에도 하천 수질 환경 기준에 맞추어 볼 때 상수원수 1급수의 범위에 포함되어 있으며, 연 평균 pH는 7.0으로 중성상태를 유지하고 있다.[7] 최근에도 관해정 위쪽 계곡물에는 물고기와 다슬기 등이 살고 있음을 필자가 확인하였다.[8] 그만큼 서원골의 물은 여러 모로 시민에게 친숙한 대상이었던 셈이다.

그렇다면 서원골 일대의 자연적 생태환경은 어떻게 변화하였을까. 현재로서는 20세기 이전에 관해정 일대나 그 상하류 지역에 어떻게 주거지가 들어서 있었는지에 대해서는 연구된 바가 거의 없다. 다만, 20세기 초와 중기에 제작된 지도, 그리고 근년의 현지 조사에 의거하여 1920~30년대와 1950년대, 그리고 1980~90년대로 크게 구분하여 검토할 수 있을 것이다.

1919년에 작성된 지도에 따르면,[9] 서원골 교방천 좌측에 자리한 교방리는 네 개 블록 정도의 크기로서, 경전선 철도로부터 또 마산부에서 삼랑진으로 빠지는 국도 변에서도 비교적 고립적으로 존재하고 있었다. 마을의 좌우에는 논밭이 펼쳐져 있고, 그 상류측에 있는 관해정 일대까지는 천연형의 천이 논을 좌우에 둔 채 흐르고 있었다. 다시 말해 1910년대까지 교방천은 교방리 부근까지 아무런 변형없이 자연상태로 흐르고 있었던 셈이다. 이는 서원골 골짜기가 교방리까지 이어졌다는 의미이기도 하다. 그러나 교방동과 회원동에 철도가 놓이고 새로운 도로 개설로 인해 철도와 신도로 사이에 마을이 점차 증가하면서 도심지와 연결되는 양상도 보인다.

이와는 달리 1947년의 항공지도를 보면[10] 교방동과 그 아래쪽의 도시가 연결되어 있다. 이는 1945년의 해방이 교방천변의 주거지와 경관을 적지 않게 바꾸어 놓았다는 사실을 증명한다. 여기에 한국전쟁기에 마산에 형성된 피난민촌은[11] 마산의 현대사에서 매우 특징적인 부분으로서, 이 당시 마산 인구는 1947년에 8만 2천여명으로 1940년대 초기에 4만 1천여명과 비교하면 4년 사이에 두 배 정도 늘어났으며, 한국전쟁 초기인 1951년에는 13만 2천 658명으로 증가하였다.[12]

이 증가분 속에 회원동, 교방동, 상남동 지역의 인구 증가가 포함되어 있는 셈이다. 1950년대 중반에 이 부근의 하천 양변에 판자촌이 많이 들어선 사실도 이른바 '피난도시'로서의 마산이라는 도시성격과 무관치 않다.[13] 그런 까닭에 이 일대를 중심으로 '교방동 공설시장'도 같이 문을 열었던 것이다. 1961년에 마산시에서 이곳 시장에서 공설시장 사용료를 거두었을 만큼[14] 주거지와 시장이 더불어 발전하고 있었던 것이다. 물론 현재는 그 시장기능을 거의 모두 회원천변에서 발전한 북마산시장에서 수행하고 있기 때문에 옛 모습을 찾기는 어렵다. 따라서 해방기와 전쟁기에 상남동과 교방동 일대는 점차 변두리의 판자촌 형태이긴 하지만, 주거지로서 발전하고 있었다는 사실을 알 수 있다.

다만 1950년도 이전까지 교방동의 주거지는 환주산까지는 확장되지 않았으며, 그 덕에 이 산은 여전히 산지로 남아 있었다. 반면 오늘날 이 산의 북쪽 사면에는 거의 8부 능선까지 동네가 들어찼으며, 이는 남쪽 사면에 위치한 자산동의 경우도 거의 유사하다. 이는 결과적으로 일제 시대에 이곳에 들어섰던 성덕암, 낙산사, 금룡사 등이 산지 속에서가 아니라 산지와 주거지의 경계선에 들어선 것처럼 보이는 이유이기도 하다.

한편, 1980년대에 이르면 교방주공아파트의 건설(1983), 서원골의 공원화계획(1983), 무학로의 신설(1979년 시작, 1992년 완성) 등으로 인해 서원골 일대의 경관이 다시 바뀌기 시작한다. 이 중에는 서원골의 공원화계획처럼 아직도 계획단계에 있어서 실현되지 못한 사업도 포함되어 있지만, 여하튼 이러한 개발로 인해 서원골 일대에는 새로운 주거지가 만들어졌다. 특히 석전동과 회원동, 그리고 교방동을 횡으로 가로질러 만들어진 무학로 아래쪽은 그간 농경지로 남아 있었으나, 이조차 모두 사라져 전형적인 도심 주거지로 바뀌었다.

그만큼 서원골의 생태환경이 자연형에서 인공형으로 바뀌어 버린 셈이다. 예컨대 신형 주택지가 자리한 의신여중 위쪽 부분의 주거지는 최근의 신도시처럼 거리와 주거단지가 모두 직선에 직사각형으로 되어 있으며, 이는 교방천에도 그대로 반영되었다. 곧 직강화한 것이다. 물론 이는 1970년대의 수재로 인해 천의 바닥과 제방을 시멘트로 바꾸어 버린 결과이기도 하지만, 그 만큼 자연스런 경관도 붕괴되어 관해정 시절의 그윽하고 유정한 맛도 더불어 사라진 셈이다.

서원골 일대의 개발 바람은 마침내 서원골 상류지역으로 확산된다. 1983년 11월에 문화물산(주)와 마산시가 개발사업 협약을 체결하여, 973억여원을 들여 74만여평방미터에 유원지를 조성하려고 했던 데서 비롯된다.[15] 물론 본격적인 개발계획과 투자 등 구체적인 문제는 1987년 무렵에 세워졌지만, 이 계획은 편입토지보상이 제대로 되지 않고, 투자자간 법적 소송문제마저 발생하는 등 난항을 겪으면서 2012년 단계에서도 여전히 초보 수준에 머물러 있다.[16] 여기서 초보적 수준이라고 하는 것은 1980년대 후반에 시작된 묘의 이전이나 주차장 설치, 도로 포장 등과 같은 시설이 조금씩 진전되었음을 의미한다.

서원골을 공원화하려는 계획은 마산시의 인구 증가에 따른 시민의 휴식 공간 부족을 해결하려는 데 있었지만, 전반적으로는 마산지역 전체를 개발하려는 개발 전략의 일부였다고 생각한다. 당시 마산 지역에는 중리공업단지, 마산항 컨테이너부두 신설, 서원골 개발 등이 줄을 이어 계획되고 있었기 때문이다. 이 때문에 마산 지역의 토지가는 천정부지로 치솟고 있었다.[17] 곧 서원골 유원지 개발 계획은 전반적인 개발 열풍의 일부였던 셈이다.

요컨대 1980년대 후반은 서원골의 경관이 급격하게 변화한 시기라고 볼 수 있다. 이에 따라 유흥객과 등산객 뿐만 아니라 자그마한 비공인 식당들도 증가일로에 있었다. 이렇게 보면, 1980년대 이후 서원골은 전통적으로 간직하고 있던 본래적 의미, 곧 유선적 분위기가 풍기는 맛은 사실상 사라지고 유원지로서의 성격이 강한 골짜기로 변하여 갔다고 생각된다.

III. 서원골 일대의 종교 유산

1. 민간신앙의 형태와 변화 양상

우리는 서원골 일대의 종교유산 중에서 민간신앙을 구체적으로 검토하기 이전에 그 개념부터 정의해 둘 필요가 있다. 이 단어를 그대로 직역하면, '민간 사회에서 숭배하는 신앙'으로 규정될 수 있다. 하지만, 민간사회에서 숭배되는 신앙은 제도 종교인 기독교나 불교, 이슬람교도 포함되기 때문에 이 글에서는 비교적 제도화되지 않은 신앙을 중심으로 논지를 전개해 나가려고 한다. 그것은 종교학자인 폴 티릴히(Paul Tillich)가 말한 종교의 기능주의와 연계되어 있다. 그는 종교를 신앙 시스템과 의례 활동 및 인간사의 궁극적인 문제를 다루도록 설계된 조직상의 관계로 정의한다. 여기서 '인간사의 궁극적인 문제'란 삶과 죽음, 고통, 좌절, 적대감 등 태어나면서부터 죽음에 이르는 동안에 나타나는 모든 어려움을 가리키며, 결국 종교란 인간이 그것을 극복하기 위해 초자연적인 관념에 의해 영감을 받은 정신력 같은 비경험적 영역의 신앙에서 발전한 것이라고 규정할 수 있다.[18]

그 중에서 초자연적 요소를 믿는 종교는 매우 중요한 부분인 바, 그것은 전통 시대의 우리의 삶 속에서 매우 광범위하게 퍼져 있었고, 지

〈그림 1〉 서원골에 만들어진 기도처. 민간신앙의 상징이다.

금도 그 유산이 이어지고 있기 때문이다. 대표적인 것은 무교, 곧 샤머니즘이라 할 것이다. 무교란 기본적으로 전문 사제인 무당이 신내림을 받아 치병이나 구복, 해원과 같이 인간사의 궁극적인 문제를 해결해 주는 종교로서, 외연으로는 가정신앙, 마을신앙을 포섭할 수도 있으나, 또 양자와 구분하여 검토되기도 한다.[19]

이 글에서는 서원골과 환주산 일대를 분석 대상으로 삼기 때문에 가정 신앙이나 마을신앙보다는, 무당이 주도하는 기도처를 중심으로 민간신앙의 문제에 접근해 보고 싶다. 서원골 일대에 무당과 기도처가 언제부터 존재하고 있었는지, 또 그들의 존재 이유나 형태 등을 말하기는 매우 어렵다. 다만, 나 자신이 여러 차례에 걸쳐 현지조사를 한 적이 있고[20], 또 전문 사제를 만나 나눈 이야기들을 자료삼아 논지를 전개해 나가도록 하겠다.

그렇다면 서원골 일대의 기도처는 몇 개 쯤일까. 이것 또한 면밀하게 알기는 어렵다. 실제 이 골짜기 뿐만 아니라 좌우의 산 능선까지 포함하여야 하고, 또 기도처는 대개 드러나지 않는 조용하고 아늑한 곳에 자리하고 있기 때문이다. 게다가 낮에 기도를 드리는 신도나 전문 사제를 만나기는 거의 어려웠다. 거의 대부분은 상주하지 않기 때문이다.

나는 중요하다고 생각하는 몇 군데 들렀던 것이기에 그곳을 중심으로 이야기해 보도록 하겠다. 서원골에서 가장 크고 형태가 비교적 짜임새 있는 기도처는 팔각정 주차장 인근 백운사 뒤편 너럭바위 가에 조성된 기도처이다. 관해정 부근에서 대략 1킬로미터 정도 계곡을 따라 올라가면, 우측에는 매우 큰 소나무들이 경사면을 따라 병풍처럼 기도처를 두르고 있고, 전면에는 넓은 바위와 계곡물이 흐르고 있는 곳이다. 곧 산과 물의 경계선에 자리하고 있는 셈이다.

기도처의 형태는 크게 삼단으로 층 지어져 있는데, 상층부에는 제단이 있으며, 제단 위에는 약 1미터 정도로 축대를 쌓아 제단을 보호하도록 조치하였다. 제단은 벽돌로 3등분하였고, 각 칸 위에는 돌과 시멘트를 활용하여 지붕을 만들어 마치 감실처럼 조성하였으며, 그 내부에 제기와 촛불을 안치하였다.

그리고 제단 아래쪽은 기도를 드리고 굿을 할 수 있을 정도로 넓은 터를 조성하였는데, 이것도 2단으로 구성하였다. 기도와 굿을 할 수 있는 공간은 시멘트를 이용하여 평평하게 조성하였고, 각 단은 돌과 시멘트를 적절히 섞어 만들었기 때문에 공을 들인 흔적이 역력하다. 그 점에서 이곳은 기도처일 뿐만 아니라 오히려 굿당의 역할을 하는 곳이라고 볼 수 있을 것이다.

　이곳에서 저녁 8시 전후에 어두울 때, 기도를 드리는 무당을 한 차례 만난 적이 있다. 나도 그곳에서 기도를 드리고 싶다고 말하였더니, '당신 같은 범인은 불당에 가서 예불을 드리는 것이 더 좋다'라는 말만 들었을 뿐이다. 곧 위의 답변과 일상적으로 상주하는 전문 사제가 없고, 또 일반인들이 기도를 드리는 장면을 보지 못한 것으로 보아, 전문 사제의 전용 공간이라고 생각된다.[21]

　이곳을 이용하여 왔던 전문 사제인 이보살의 말에 따르면, 다른 보살이나 일반인들도 자주 들러 촛불을 켜놓고 잠깐 기도하기는 하지만, 오래 동안 기도하거나 굿을 하지는 못한다고 한다. 이를 위해서는 정병산으로 간다는 것이다.[22] 이렇게 변한 이유는 이곳이 이미 유원지화되어 기도를 하러 오는 사람이 드물 것이며 굿을 하기도 어려운 조건이기 때문이라 생각되기도 한다. 하지만, 아직도 서원골의 기도처로서는 중요한 역할을 하는 곳이다. 김지민의 관찰에 따르면 섣달 그믐날부터 정월, 그리고 초파일에는 아직도 많은 무속인들이 찾아온다고 하기 때문이다.[23]

　이곳에서 행하는 굿에서 어떤 신을 불러들이고 숭배하는지의 여부도 여전히 불투명하다. 김지민은 산신당, 천신단, 용궁 등 여러 형태의 신당이 있다고 판단한 것으로 보아,[24] 산신이나 천신을 모시고 있는 것이 아닐까 한다. 범신론의 차원에서 말한다면, 일반적으로 기도처는 자연물신앙, 산이나 나무, 암석, 강, 바다 등 자연이나 무생물, 그리고 구렁이, 호랑이, 말, 곰 등 자연생물을 신성시하여 신앙하는 곳이므로 사제나 기도자의 필요에 따라 더 다양한 형태의 신일 수도 있다.

이곳을 애용하였던 이보살의 경우 모든 조상신을 모시지만, 주로 장군신을 모신다고 한다.

서원골을 조금 벗어난 학봉 남쪽 사면의 태각암에서는 더 많은 정보를 얻을 수 있다. 태각암의 위치는 학봉 남쪽 사면의 오석골에서 배나무고개로 넘어가는 골짜기인 바, 높이는 해발 약 400미터 정도쯤이다. 이곳은 산자락쪽의 출입구가 분명치 않을 정도로 그 위치를 찾기가 쉽지 않고, 또 높은 곳에 자리하고 있어서 일반인들이 접근하기에도 만만치 않다. 게다가 많은 돌계단을 올라야 하므로, 정성이 없으면 발길을 옮기기가 어렵다.[25]

태각암은 찾는 길이 어려우나 , 그곳에 올라가보면 무학산 일대에서 매우 좋은 길지로서의 조건을 갖추고 있다고 생각한다. 우선 이곳은 까마귀와 돌이 많은 곳이라는 뜻을 지닌 오석골의 최상부로서 세속 세계와는 비교적 멀리 떨어져 있다. 또한 산 아래에서 볼 때 좌측의 능선과 우측에 학봉이 버티고 있어서 바람을 차단해 주어 거센 태풍이 불어와도 그 영향력이 적으며, 수목조차 울창하여 깊은 산중에 들어온 느낌을 준다. 더욱 좋은 것은 장군천으로 흐르는 물줄기가 이곳으로부터 시작된다는 사실이다. 물은 시원하고 깨끗하며, 일정한 양이 바위에서 솟아나와 암자를 돌아 밑으로 내려간다.

또한 그곳에서 마산만을 전망해 보면, 돝섬과 신마산 일대, 그리고 저 멀리 거제도 부근 해역이 한 눈에 들어온다. 곧 바다의 기운, 물의 기운, 산의 기운이 한곳에 모여있는 기분이 드는 것이다. 이곳에는 두 사람이 들어가서 앉거나 누울 정도의 자연 석굴도 있다.

태각암의 요사채에서 좌측 능선쪽을 바라보면, 커다랗고 길게 생긴 바위가 서 있다. 이곳의 사제인 도승이 말하는 장군바위다. 장군바위와 바로 이웃한 곳에 여성의 생식기를 닮았다고 하는 바위가 널찍하게 자리하고 있다. 그 점에서 남녀의 생식기를 닮은 바위가 태각암 바로 곁에 있는 셈이다.

산 아래쪽의 입구에 써 놓은 태각암의 공식 명칭은 '약사도량 태각암'이라고 되어 있다.26 요컨대 치병에 능한 불교 암자라는 뜻이다. 하지만, 현지를 답사해보면 불교와 관련된 불상이나 불구와 같은 것들은 거의 없다. 그 대신 동굴 입구에는 징, 꽹가리, 칼 두 자루 등 무구들이 놓여 있다. 동굴 내부에는 일반적인 형태의 소형 산신상이 한 구석에 놓여 있으며, 동굴 벽에는 세 개의 장군도가 천장에 매달린 채, 아래로 늘어져 있다. 좌측의 장군도는 창을 들고 백마를 탄 모습이 조자룡을 연상케 하며, 중앙의 장군도는 흰 수염에 상투관을 쓴 노인이 동자를 거느리고 용을 타고 있는 모습이다. 오른쪽의 장군도에는 5명의 장군이 그려졌는데, 언월도와 장팔사모를 들고 있는 것으로 보아 장비와 관우, 그리고 유비 삼형제인 것처럼 보인다.27

그러나 이 5명의 장군은 외형상 관우 삼형제를 모델로 하여 그린 그림일 뿐으로 무속인들이 추앙하는 오방장군일 가능성도 높다. 오방장군은 각 방위를 책임진 신장으로서, 각각 동방청제장군, 남방적제장군, 서방백제장군, 북방흑제장군, 그리고 중앙황제장군으로 나누어진다. 그 형상은 위에서 말한 바와 같이 관우삼형제처럼 그려지기도 하지만, 또한 사찰 입구의 사천왕처럼 부리부리한 수염과 부릅뜬 눈, 억센 턱과 얼굴선 등이 그 특징이기도 하다. 따라서 태각암의 장군도는 짐짓 삼국지의 삼형제를 본뜬 것처럼 보이지만, 전통적인 오방장군도에서 크게 벗어나지는 않는다고 하겠다.

나의 눈길을 끈 것은 이러한 신형의 장군도나 용왕도보다 암굴 벽에 천연색으로 그려진 신도神圖이다. 붉은 색의 긴 도포에 옷깃은 녹색으로 표현하였으며, 도포의 중앙부 아래쪽에는 노란색으로 표시된 부분이 있는데 이것이 무엇을 표현하는지는 좀 알 수 없다. 얼굴은 흰 수염과 약간 치켜뜬 눈으로 좌측을 응시하는 것이 약간 분명할 뿐 머리에 무엇을 썼는지는 확인하기 어렵다. 그 신도 바로 아래쪽에 촛불과 정화수를 놓은 것으로 보아, 아마도 이 동굴 내에서는 주신의 역할을 해 온 산신도가 아닌가 한다.[28] 따라서 태각암은 산신과 용신, 그리고 오방장군 등을 모셨다는 점에서, 복합적이고 다신적인 성격의 신당이라고 생각된다.

하지만, 그곳에 상주하는 도승의 설명으로는 이곳이 '용한' 이유는 장군바위와 바위에서 솟는 샘물, 그리고 깊음과 아늑함이 더해지면서 '기자祈子'신앙으로 최상의 곳이기 때문이라고 한다. 그런 까닭에 전국에서도 그 기운을 얻기 위해 이곳을 찾는 무교 사제들이 적지 않다는 것이다.[29] 또한 앞에서 잠시 말한 바와 같이 도승은 이곳을 '약사도량'이라고 명시하였으니, 치병에도 효험 있는 곳이라는 사실을 강조한 셈이다. 기자와 치병은 적어도 최근까지 개인과 가정사에서 매우 중요한 구복형태였으므로 이 산간의 신당이 존재하는 이유 역시 이 지역사회에서 그만큼 중요하였으리라고 본다.

그렇지만, 1990년대 이후 한국 사회에서 기자신앙은 점차 쇠퇴하기 시작하였다. 아들이 덜 중요해서라기 보다 자녀 출산 자체가 줄어들었으며, 이에 따라 자녀 출산에 있어서 아들과 딸의 구분도 점차 희

미해진 탓이다. 그 점에서 '약사도량'이라고 고지한 사실은 도승 역시 이 점을 인식한 대응책이라고 할 것이다. 사실, 이곳은 이제 찾는 이가 그렇게 많지 않았다. 이곳에 오는 길은 낙엽으로 뒤덮여 있었으며, 도승 역시 이를 인정하였다. 민간 신앙에서 신도들이 희구하는 주요 목적도 사실 치병이 절대적 다수를 차지한다.[30] 이보살에 따르면, 자신에게 오는 신도들도 역시 주로 가족문제나 신체 등에 관해 답답한 현실을 해결해 보고자 방문한다고 하다. 이 점에서 보면 최근 들어 도승은 무교巫敎와 불교佛敎의 치유기능을 중시한 무불적巫佛的 사제司祭라 할 수 있다.

도승에게 이 신당의 유래에 대해서 물으니, 무학산 일대에서 사람이 살기 시작하고, 아들 낳는 일을 중히 여겼을 때부터였을 것이라고 답변하였다. 그러니, 언제부터라고 단정하기는 어렵지만, 이 터만큼은 자연조건상 매우 오래전부터 효험이 있는 곳으로 이름난 만큼, 유래를 정확하게 말하기는 어렵다고 답하였다. 맞는 말일 것이다. 그는 부친 때부터 이곳에 들어와 움막을 만들어 놓고, 주위의 땅을 활용하여 채소를 키우기 때문에 적어도 일부는 자급자족이 가능하여, 이곳에서 상주할 수 있다고 하였다. 밥과 같은 주식은 신도들의 시주 등으로 해결한다는 것이다.

이 외에 학봉에서 태각암으로 가는 산길 옆에는 "무학산舞鶴山 산왕대신山王大神 송둘옥宋乼沃 ***(판독불가) 1978년 무오해戊午年 7월 16일"이라고 새긴 바위도 있다. 이 일대가 주민들에 의해 적어도 1970년대까지 매우 신성한 곳으로 받아들이고 있다는 증거였다. 다시 말해 서원골과 더불어 오석골 역시 지역 사회의 무당이나 민간신앙을 숭배하는 이들에게 매우 신성한 곳으로 인식되어 왔음을 알 수 있다.

산신당으로서 역사와 그 기능면에서 좀 더 확실한 내력을 가진 곳은 성덕암 내의 산제당일 것이다. 이곳의 신은 성격도 분명하고, 그 역사 뿐만 아니라 지역사회에서 수행해 왔던 기능도 어느 정도 검토되었기 때문이다. 성덕암은 1933년에 건립된 사찰로서, 그 위치는 환주산 남쪽 산록이다. 추산동 산동네와 환주산 자락의 경계선에 있으며, 바로 아래쪽에 문신미술관이 자리 잡고 있다.

산제당은 지금은 불타 없어진 성덕암 본전의 뒤쪽에 규모가 작은 우진각 지방으로 된 건물이다. 건물 안쪽에는 여늬 산신당에서 보는 바와 같이 흰수염을 늘어뜨리고 익선관과 홍의를 입은 산신이 좌우에 호랑이를, 오른쪽 뒤편에는 산삼과 약탕기를 든 선녀들이 선채로 시중을 들고 있는 모습이다. 배경으로는 오래된 홍송과 폭포, 그리고 학 등과 같이 다소 신비스러우면서도 무속적인 특징이 묻어나는 산수가 둘러쳐 있다. 좀 더 중요한 점으로는 이 제당의 바로 뒤쪽에 국내에서 가장 오래된 것 같은 서어나무가 있으며,[31] 그 좌우에는 매우 큰 바위가 놓여 있다는 사실이다. 곧 산제당이 자리잡기에 매우 좋은 위치이다.

이 산제당은 불행하게도 1933년 4월에 "지난 16일 밤에 추산공원 위 공신산 산제당에 발화되어 전소하였다. 동 산제당은 지금부터 백여년 전 건물로 재래로 마산 백년의 화복을 비는 곳이라는 데 발화원인은 이날 기도 후 촛불이 넘어져 부주의로 발화된 것이라 한다."[32] 화재 때문에 주목을 받은 이 산제당은 조선 시대 후기에 이미 산제당이 있었으며, 마산 지역의 화복을 기원했던 곳이라고 밝히고 있다. 특히 이곳은 마산 어선창에 제당을 세우기 전까지 마산별신제의 상당이었고, 그런 까닭에 산제당의 신격에 잠재된 장군신이 별신과 합해지면서 별신장군으로 자리매김한 것으로 파악하고 있다. 곧 산제당의 신격과 어시장 제당의 신격이 '뱃길의 안전'과 '지역민의 수호'라는 공통의 목적을 위해 결합된 형태라는 것이다.

이로부터 본다면 산제당의 건립은 적어도 조선시대로 거슬러 올라갈 수 있으며, 그것은 지역사회의 수호신으로서의 역할까지 담당하였음을 알 수 있다. 노성미는 더 나아가 이 산제당이 고려말기의 정동행성征東行省 설치 이후 행해졌던 성황당 제사와 유관했을 가능성도 제시하고 있다. 곧 이 신당의 또 다른 명칭이 '공신당公神堂'이었던 이유도 군사상의 승리와 지역사회의 수호 등, '공적公的 신당神堂'의 기능을 수행했기 때문이라는 것이다.33 그 점에서 이 산제당의 위치나 기능은 서원골 일대에 산재한 다른 기도처나 신당과 달리 지역 사회와 국가라는 넓고 큰 맥락에서 이미 고려말기부터 중요한 의미를 갖는다고 볼 수 있다.

이렇듯이 중요한 곳 이외에도 서원골에는 크고 작은 기도처와 신당이 곳곳에 자리하고 있다. 위의 너럭바위 부근에도 필자가 확인한 바로는 적어도 4군데였으며, 학봉 정상이나 학봉 정상에서 서원골의 무학산 기도원 쪽으로 빠지는 고갯마루에도 있다. 회원천 상류에는 돌탑처럼 쌓고, 그 하단부에 감실을 두어 신을 모시는 공간을 만든 신당도 있다. 흥미 있는 것은 감실에 문을 두어 화재와 같은 위험 요소를 미리 제거하였다는 사실이다. 상주하는 이가 없는 곳으로서, 말하자면 최신형 신당이라 할 만하다. 시대에 따라 기도의 주목적과 그것을 위한 형태도 변화하고 있는 셈이다.

2. 유교문화의 이입과 그 계승

서원골 일대의 종교적 다양성을 이해하기 위해서는 민간 신앙 못지 않게 최치원 이래로 이곳에 유입된 유교문화에 주목할 필요가 있다. 그것은 최치원의 '고운대孤雲臺'와 그의 흔적을 찾아 서원골에 들어온 조선시대의 정구鄭逑가 세운 '관해정'에서 증명된다.

최치원과 마산과의 관계에 대해서는 기록과 전설, 그와 관련된 지명, 그리고 그의 흔적을 찾아 나선 수많은 유가적 인물들을 통해서 알 수 있다. 잘 알려진 유적으로는 월영대月影臺가 있으며 지명으로는 월영리, 문창리 등이 있고, 전설로는 돝섬과 금돼지 설화가 있으며, 그의 흔적을 찾아 나선 이들은 고려시대의 정지상 등 시인과 묵객 뿐만 아니라, 위에서 언급한 관해정의 정구가 있다. 특히 구비문학 쪽에서는 최고운의 생장지가 마산 곧 돝섬이라는 이야기도 전하고 있다.[34]

최치원이 이처럼 마산 일대 뿐만 아니라 전국의 여러 곳에 흔적을 남긴 이유는 물론 그의 자연관이나 사상적 편력과 관련이 있기도 하지만, 특히 골품제가 강력하였던 신라사회에서 당한 좌절과 상처가 컸기 때문인 것으로 알려졌다.

이와 관련하여 마산에도 최치원의 자취가 적지 않은데, 그 중에서 서원골과 관련된 것은 고운대일 것이다. 사실 고운대는 전국에 걸쳐 산재하기 때문에 그 명칭이 반드시 마산 지역에만 존재하였던 것으로 한정시킬 수 있는 것은 아니다. 낙동강의 하류인 작원관 언덕 위에는 '임경대'라고 칭하는 고운대가 있으며, 경북 봉화의 청량사에도 그것이 있다. 그렇듯이 고운대는 최치원의 흔적이 남아 있는 곳에는 거의

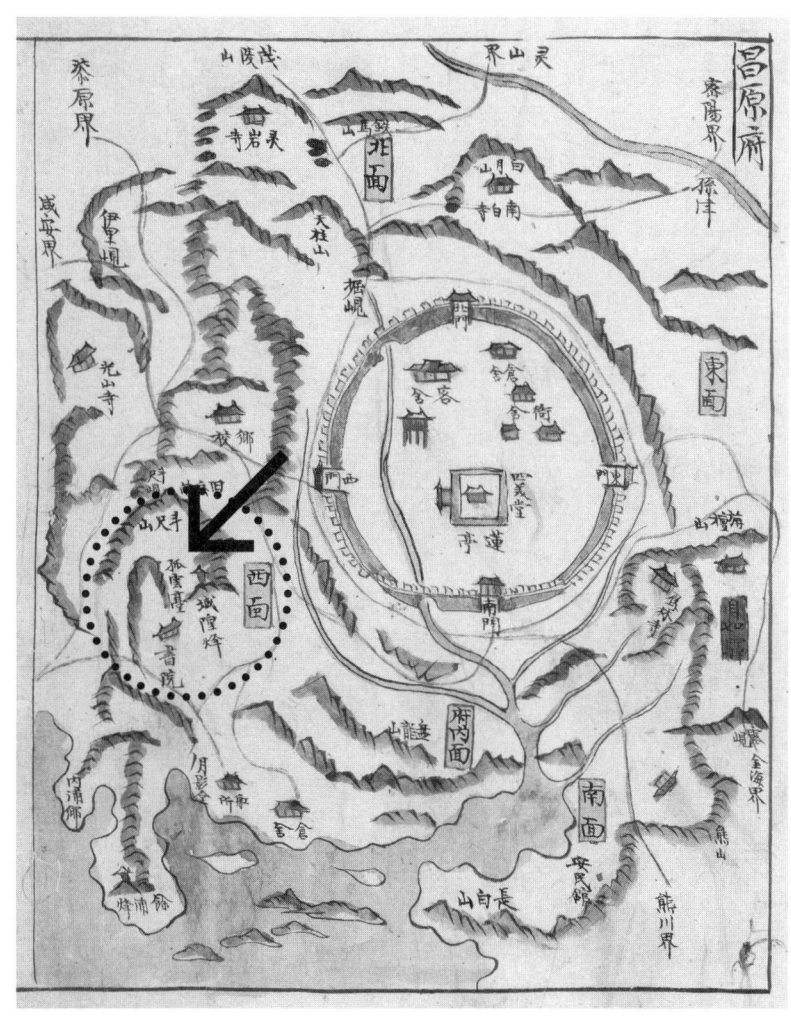

〈그림 2〉 지승지도에 나타난 두척산과 고운대

필수적으로 존재하는 명승지라고 볼 수 있다. 그 형태는 말 그대로 구름이 머물러 갈 수 있는 언덕이나 높이 솟은 봉우리로서, 먼 곳을 조망할 수 있어야 한다.

그렇다면 무학산의 고운대는 어디에 있었을까.『신증동국여지승람』
'경상도 창원도호부'편에 두척산〈회원현에 있으며 봉우리 위에 고운대
가 있는데, 월영대 북쪽 5리 지점에 있다. 이첨의 시에, "우뚝한 두척산
검푸른 빛이 구름 끝에 비꼈네. 동남쪽으로 푸른 바다에 임해서 안개
와 비가 저절로 어두웠다 개었다 한다. 옛날 고운선생(최치원)이 숲 끝
에 집 짓고 월영대에 거닐었는데, 정기가 가을 하늘과 함께 아득하다."
하였다〉는 기록이 참조될 것이다.35 곧 두척산 봉우리에 있다는 것이
다. 그리고 두척산은 월영대 북쪽 5리 지점이라고 명기하였다.

그러나 두척산 봉우리에는 앞에서 말한 바와 같이 높이 솟은 봉우
리는 없으며 '대'라고 이름붙일 곳 역시 마땅치 않다. 그리고 이곳에
오르면 앞 뒤의 여러 봉우리와 능선으로 인해 사방을 조망하기에도
쉽지 않다. 따라서 두척산 봉우리라고 하는 곳은 시내에서 가까우면
서도 합포만을 조망할 수 있고, 높이 솟아오른 대가 있는 학봉을 지칭
한다고 볼 수 밖에 없다.

17세기 후반기에 출간된『지승지도地乘之圖』에도 두척산 속에 '고운
대'가 표기되어 있다.36 이 지도를 들여다 보면, 두척산은 활처럼 휜
모습으로 그려져 있는데, 동쪽 봉우리에 성황수城隍燧가 있고, 두척산
내부에 또 다른 산봉우리를 비교적 원추에 가까운 형상으로 그려넣은
뒤, 그 정상 부근에 '고운대'를, 그리고 고운대 아래쪽 계곡에 '서원書
院'을 표기하여 놓았다. 필자는 이것이 성황봉수와 고운대, 그리고 회
원서원의 위치를 비교적 정확하게 기록하였다고 판단하고 있다.

그리고 위의『신증동국여지승람』에는 흥미있게도 두척산의 위치
를 '회원현에 있다'고 써 놓고 있다. 회원현은 1282년에 합포를 개명

한 것으로 이는 다시 1408년에 의창현과 합해져 창원부가 되었다. 이미 회원현 시절에 고운대가 있었음을 알려주고 있다. 따라서 고려 시대에는 월영대와 더불어 고운대가 경향 각지의 유인儒人이나 과객過客 등에게 잘 알려진 마산의 명승이었다고 할 수 있을 것이다.

이는 조선 시대에도 전국 뿐만 아니라 지역사회의 문인들에게 주목을 받았다. 예컨대 창원의 동면 곡목 출신인 김시겸金時謙(1764~1827)은「고운대孤雲臺」라는 한시를 통해 유선과 이곳을 연결시키고 있다. "천고의 유선 떠난 뒤 고운대만 높이 솟아있어, 절벽을 더위 잡고 낭떠러지 올라도 수고롭진 않아, 석잔 술 다함에 바다는 아득하고 이에 이른 사나이 기개 더 높아지네."37 '높이 솟아…', '절벽을 더위 잡고, 낭떠러지 올라도…', '바다는 아득하고…' 등으로 고운대에 오르는 과정과 그 모습을 묘사한 것을 보면, 그는 실제로 이곳에 올랐던 것 같다. 앞에서 말한 학봉의 모습과 그곳에서 보는 풍경이 바로 이 고운대 시에서 거의 그대로 그려지고 있기 때문이다.

20세기 초에 마산에서 거주하였던 위암韋菴 장지연張志淵(1864~1921)은 분명하게 고운대에 오른 사람이다. 그는 『위암집韋菴集』「등고운대병서登孤雲臺并序」에서 "두척산의 봉상에 고운대가 있다…… 그곳은 여러층의 바위가 겹쳐 있고, 위에는 수십명이 앉을 수 있는 넓은 평상 같으며, 그곳에서 바다에 임해 있는 마산의 전면을 한 눈에 다 볼 수 있다"고 했던 것이다.38 이러함에도 불구하고 고운대는 현재 무학산에서 거의 잊혀진 이름이 되어 있다.

그러나 주의할 것은 고운대와 최치원을 연결시킨 것은 유가적 요소 때문 만이 아니라 그의 신선적 성향이 곁들여졌기 때문에 후대의 유가들에게 주목되었을 것이라는 사실이다. 20세기 전반기까지 지역 사회의 유가들이 고운대에 관해 시를 남긴 이유도 여기에 있을 것이다.

이 점에서 적어도 한강寒岡 정구鄭逑(1543~1620)는 창원 일대에서 최치원의 유선적 성향을 잘 이해하고 그러한 성향을 지상에 구현할 수 있는 공간으로서 서원골에 주목한 첫 번째 인물일 것이다. 그의 고향은 경북 성주이기 때문에 창원부와는 특별한 인연이 있는 인물은 아니다. 관료로서 창녕현감으로 부임(1580년)하고, 함안군수(1586~1588)가 되어 공무를 보는 한편, 인근 지역의 사림들에게 유교를 보급한 것이 그의 뛰어난 업적이다. 예컨대 그는 창녕현감으로 부임하여, 현내에 8개의 서당을 세우고 인근 지역의 청소년들을 모아 교육에 힘썼다. 뒷날 지역 인사들은 그를 기념하여 창녕현의 동쪽에 있는 옥천玉泉에 영당影堂을 세우고 춘추로 제사를 지냈으며, 정구가 문목공이라는 시호를 받으면서 영의정으로 추증되자 관산冠山에 사당을 세우면서 그를 기렸고, 이 사당은 또 그가 재직 시 소망하였던 바와 같이 서당으로 바꾸었다. 따라서 경남에서의 정구는 지역 사회에 유교 이념의 중요성을 강조하면서 그것을 위한 기초시설을 갖춘데 있다.39 그는 또 함안군수로 재직할 때인 1587년(선조 20)에 편찬한 경상남도 함안군 읍지인 『함주지咸州誌』 역시 지방 수령이 갖추어야 할 필수 지식을 지지형식으로 편찬한 조선 전기의 읍지이다. 그만큼 관료로서 또 유교를 지역사회에 보급하려고 노력했던 정구였다.

하지만, 그는 그런 와중에도 자연의 생태계와 인간 사이의 조화에 관심을 가지고 있었다. 예컨대 그는 함안의 진산인 비봉산에서 봉황이 날아가지 않도록 하기 위해 읍 자리에 봉의 알모양으로 흙을 쌓고 군 동북쪽에 벽오동 1천그루를 심어 대동수大同藪를 가꾸었다고 한다.**40** 풍수에 따른 비보의 한 방법이었겠지만, 그가 관료로서는 드물게 숲의 조성과 보존에 힘썼던 사실을 알 수 있다. 오히려 그의 자연에 대한 관심은 사환기仕宦期(1580~1608)보다 조식을 만나 그에게서 배우고, 나이 서른(1572)에 스승의 죽음을 애도하였던 데서도 나타난다. 곧 "과거 시험 멀리하고 초연히 높이 날아, 부귀는 뜬 구름이요 도의 맛을 깊이 즐기셨네"라는 애도시에서 그것을 알 수 있다.**41**

유교의 보급과 생태숲에 대한 관심이 이곳에 남아 있는 최치원의 자취와 만나면서 관해정의 설립으로 나타났다고 생각된다. 그는 이 정자를 세운 연유와 과정, 소회 등을 1832년의 『경상도읍지』「관해정기」에 잘 남기고 있다. 이에 따르면 정구는 1567년에 스승인 남명南冥 조식曺植(1501~1572)을 모시고 김해의 산해정山海亭을 구경하고 난 뒤 산과 바다의 정취를 겸하고 은일의 적합처로서 창원에서 그와 같은 곳을 찾아다녔다. 그리하여 유선儒仙의 구적舊蹟과 같은 곳을 좋아하여 찾아낸 곳이 바로 관해정 자리였다. 하지만 임진왜란으로 인해 그 일을 실현하지 못하고 있었는데, 전쟁 이후 함안 친구들과 함께 논의하여 1604년(선조 갑진년)에 이곳에 초가로 된 정자를 세웠다는 것이다. 10여년이 지난 뒤 초가가 점차 쇠락하니, 다시 제자인 장문재가 땅을 일구어 새로운 형태의 정자를 세웠다. 정구가 보기에 너무 멋진 것이어서 당초 소망하던 바는 아니었으나 30여년의 숙원을 이루었다는 감회를 써 놓았다.**42**

그는 좀 더 분명하게 1587년에 "창원의 회원에 터를 잡아 관해정을 점득하다. 회원은 바닷가에 있는데 최문창공이 옛날에 노닐던 곳이다. 선생이 그 경치를 사랑하고 또 선현의 유적을 흠모하여 오가며 노닐고 완상하였다. 읍중의 선비들이 선생을 위하여 정사를 세우고 부르기를 취백당이라 하였다"라고 적었다.43 최치원과 정구, 그리고 지역 사림들의 관계가 관해정을 통해서 분명히 드러나고 있는 셈이다.

실제로 관해정 앞의 경관은 당시에도 '유상곡수流觴曲水'라고 할 정도로 형승이 뛰어났으며, 이를 찾아낸 것은 정구라고 하였다.『경상도읍지』에서는 "정구는 암반을 흐르는 내 사이에서 이를 발견하였다. 또 돌이 파여 움푹 들어가 물이 고인 석홍石泓과 넓직한 너럭바위인 반석磐石이 있어 50~60인이 앉아있을 수 있는데, 세간에서는 유현명승儒賢名勝이라고 부른다"라고 기술하고 있다.44 요컨대 단순히 산이 뒤를 받치고 있고 바다를 조망하는 경관으로서만이 아니라 세속적인 욕망을 멀리하고 시문을 좋아하는 유현들이 모일 수 있는 탈속脫俗의 장소였던 셈이다.

그는 자연경관을 완상하였을 뿐만 아니라 이곳에 자신이 좋아하는 나무도 심어 학문과 세상을 논하는 친구와 같이 하려 했던 것 같다. 관해정 마루에 걸려 있는 시에서 그는 "나는 가까운 바다 만에 정자를 지으려 하는데, 좌중의 누가 채서산蔡西山이 되려는가? 치자나무, 귤나무, 매화나무, 대나무는 반드시 일찍 심어야 하겠지만 세월 험한 6년간은 가르치지 못할 것이네"라는 시에서45 그것을 본다. 채서산은 주자의 제자 채원정蔡元定(1135~1198)을 지칭하며, 비록 제자이지만 학문이 높아 주자가 친구로 대하였다는 인물이다.

그의 가르침은 창원부 지역사회에서 권을權乙과 같은 인재를 배출한 것으로 보아,46 효과를 거둔 것 같다. 나아가 그의 사후에는 지역의 사림들이 1634년에 회원서원을 지어 정구와 그의 제자 허목許穆 등을 배향하였다.**47** 이는 관해정 일대가 유선의 공간으로부터 좀 더 확실히 유교의 공간으로 변해 갔음을 의미할 것이다. 곧 교방천 골짜기가 '서원곡書院谷'으로 통칭하게 된 계기가 된 것이다. 비록 회원서원은 대원군의 서원철폐령에 의해 사라졌지만, 오히려 서원의 성격은 더 강하게 이 계곡에 남은 셈이었다.

관해정은 정구의 제자들 뿐만 아니라 일부 문인들에게 주목을 받은 것 같다. 관해정 뒷마당에는 성인키만큼 크면서 넓은 바위가 서 있는데, 이곳에는 어느 과객이 "숭정2황마상崇禎二黃馬上/원서호과객元西湖過客"이란 글씨를 세로로 두 줄 새겨놓았다. 이는 "숭정 후 두 번 째 황마년(1738년) 상원(정월 보름날)에 서호과객이 쓰다"라는 의미이다.**48** 이 글을 쓴 서호과객이 누구인지는 알 수 없다. 당시 이 무렵에 '서호'라는 호를 쓴 이가 없는 것으로 보아, 아마 지명으로서 한강의 마포 일대를 지칭하는 것으로 생각된다. 따라서 그곳 출신일 듯도 하지만, 과객이라고 표기한 것을 보면 굳이 자신의 신분을 드러내려고 하지 않는 사람임에는 분명하다.

이러한 암각자岩刻字라도 남긴 사람이 더 있다면, 관해정에 대한 당대 이후 사림들의 인식을 잘 알 수 있겠지만, 현재로서는 불가능하다. 다만, 19세기말 20세기 전반기에 창원의 곡목에서 활동한 유학자 김병린金柄璘(1861~1940)이 '관해정'이란 한시 속에서 '천년 세월에도 이 루樓만 남고… 가지런한 산 바다의 배 구름가에 닿았고, 골짝 가득한 냇물 숲 끝에 흐르네. 선생은 떠났으나 옛 풍류 그대로요, … 그 날 바른 말씀 뉘라 이을손가'라면서**49** 사람은 떠났어도 누각과 경관, 풍류 등은 그대로 남아 있는 관해정을 노래하고 있다. 곧 유선적 공간으로서의 관해정은 20세기 전반기까지 이어지면서, 서원골의 문화적 성격을 다양하게 한 셈이다.

다만 다음과 같은 점은 의문으로 남는가. 정구는 무교사제들의 굿이나 당집을 음사陰祀로 인식하였다. 특히 상례喪禮는 세속에서 무당의 굿과 불가의 의식을 뒤섞어 따르고 있었기 때문에 정구는 이를 오직 『의례儀禮』의 내용대로 하였다는 것이다.**50** 곧 무교와 불교식 의례가 성행하는 지역 사회에서 유교식 예제를 보급하려고 했던 것이고, 이것이 『함주지咸州誌』 편찬과 같은 사업으로 나아갔다. 이 점에서 그에게 유선은 바람직한 사상적 취향이라고 인식하였으나 무巫·불佛과 같은 전통 종교에 대해서는 호의적이지 않았음이 분명하다.

그렇다고 해서, 그가 이 공간을 배타적으로 독점하려고 했던 것 같지는 않다. 이곳으로 들어온 사실 자체가, 말하자면 일종의 은일적인 취향을 보여주고 있기 때문이다. 그는 사환에도 열성스럽게 관심을 보이지 않았고, 과거시험에도 집착하지 않았다. 이는 과거를 통한 관료사회로의 진출은 치열한 경쟁을 통과해야 했고, 진출한다고 해도 그 내부에서 피를 부를 정도로 적대적인 세력들과 마주쳤기 때문에, 오히려 그곳으로부터 도피하려는 성향이 강했던 것이다. 이는 김천에서 고향인 성주에 이르는 명승지를 '무흘구곡武屹九曲'이라 이름하고, 이곳을 피세와 은둔의 공간으로 삼으면서 학문과 시문 짓기에 몰두하는 공간으로 바꾸어 갔던 사실에서도 알 수 있다.**51** 물론 이 구곡의 설정은 주자의 학문 뿐만 아니라 그가 살았던 무이구곡武夷九曲이라는 환경조차 존중했던 조선 사회 유가의 한 단면을 보여주는 것이지만,**52**

산천에 대한 이러한 태도는 예컨대 정구가 고향에 돌아가 말년에 지은 '정사精舍' 형태로 유와 불, 혹은 유와 선의 경계가 모호해지는 공간 속에서 발현되었다.53 따라서 그가 관해정 일대를 선택할 때에는 이곳에 일찍부터 터를 잡고 있었을 기왕의 종교세계를 배척하고는 성립하기 어려웠을 것이다. 그것은 경쟁보다는 은일과 수양과 치유를 위해 공존해야 할 절대적 조건이었기 때문이다. 그것이 오히려 유선으로서의 대선배인 최치원이 이 경관을 통해 얻으려 한 바였다.

3. 불교의 이입 양상과 그 특징

제도 종교로서의 유교가 16세기에 정구 일파에 의해 서원골에서 뿌리를 내렸다면, 또 다른 제도 종교로서의 불교는 언제쯤 이 계곡에 유입되었을까. 1832년에 발간된 『경상도읍지』에는 '만월사滿月寺가 두척산에 있었으나 지금은 없다'라고 쓰여 있는 것으로 보아,54 적어도 조선 후기까지는 무학산에 사찰이 존재하였다고 본다. 또한 그 명칭에서 보자면, 여전히 '둥근달'이 핵심이다. 최치원이 마산에 살면서 월영대를 지정한 이후 지역사회의 상징은 '완월리', '월영리', '신월리' 등 달동네로 표현되어 왔으니, '만월'도 그 전통을 이어받은 것이 아닐까 한다. 그렇다면 그 위치 역시 합포만이 보이는 산사면에 있었으리라 짐작된다.

하지만, 오늘날 우리가 보게 되는 서원골의 사찰 경관은 20세기의 산물이다. 앞에서 언급했듯이 서원골을 환주산까지 포함하는 좀 더 넓은 공간적 맥락에서 본다면, 1912년에 세워진 정법사가 그 시작이다. 그것은 환주산의 신성성이 가져다 준 유산이라 할 수 있다. 잘 알려진 바와 같이 이 정법사는 개항기에 환주산과 신마산 일대에 일본인 사찰이 들어서게 되자, 통도사 주지였던 김구하 스님이 이에 맞서기 위해 환주산의 끝자락이자 조선인 마을의 외곽에 포교당을 지어 포교활동에 들어간 것이 정법사의 시초로 알려졌다. 이 포교당은 한국 불교 역사에서 시중市中 불교의 효시로서, 이후 이곳은 예컨대 1926년에 뒷날 대자유치원으로 이름을 바꾼 '배달유치원'을 열어 지역 사회에서 유아교육의 중심지로도 성장하였다.

시중 사찰이 마산 시내에서 시작되었다는 사실은 마산의 제도 불교가 산중 불교와는 다른 목적으로 출발하였다는 점을 보여준다. 서원골로 깊숙이 들어가서 이 문제를 검토해 보도록 한다. 서원골과 환주산 일대에 세워져 있는 사찰로는 조계종에서 정법사(1912), 성덕암(1933), 낙산사(1945), 도솔암(1956), 용주암(1972) 등 5개처이며, 태고종의 경우 원각사(1918), 금룡사(1935), 백운사(1953), 석봉암(1958) 청연암(1961) 등 5개처이다. 총화종 소속으로는 보행사(1930)로 1개처, 법화종 소속으로는 서학사(1953), 석불암(1967), 약수암(1989) 3개처이다.[55]

이 중에서 일제 시대에 건립된 것으로는 정법사, 성덕암, 금룡사, 원각사, 보행사 등 5대처이며, 해방 직후로는 낙산사 1개처, 한국 전쟁 이후에는 도솔암, 백운사, 석봉암, 서학사 등 4개처, 그리고 1960년대 이후에 세워진 것이 청연암, 석불암, 용주암, 약수암 등 4개처이다. 곧 일제 시대보다는 해방 이후에 들어선 것이 배 이상 만으며, 또한 일제 시대에 세워진 사찰이 주로 환주산과 서원골 중심부에 세워진 데 비해, 한국 전쟁 이후에는 그 주변부에 세워진 것이 많다는 점도 특징이다.

이 중 필자와 대학원생으로 구성된 연구팀이 현지에서 조사한 것은 원각사, 성덕암, 백운사, 용주암, 금룡사 등이었다. 그 조사보고서를 요약하면 다음과 같다.

가) 원각사. 1918년 창건, 태고종. 관의 공식 기록은 1918년이지만, 절의 구전으로는 150여년 되었다고 함. 과거에 오두막집(초산절)에서 시작. 원각사라는 이름을 붙인 이유는 불교의 원융사상에서 비롯됨. 신도수는 700~800명 정도. 주불은 아미타불, 기도원은 관세음보살, 과거에는 마산지역의 부자(최수동 씨)가 주로 다니던 절.
나) 도솔암. 1960년 창건. 주불은 석가모니불이며, 문수보살과 관세음 보살도 모시고 있음. 산신각(나반존재를 모심). 신도수는 100여명, 조계종 소속.
다) 백운사. 창건된 지 90년. 1999년에 화재. 안동 권씨 재실 땅이 넓어서 암자를 세운데서 시작. 주지 스님(석봉 스님)이 범패를 잘해 영산재를 주재. 신도수는 1350여명. 신도의 분포는 창원, 마산, 함안, 진해 등. 주불은 석가모니불, 태고종 소속.
라) 용주암. 1972년 건립. 마산일대의 술집 마담들이 업보를 없애고 복을 빌기 위해 지은 절. 조계종 통도사 소속으로 4년마다 주지 임명. 주로 젊은 신도들이 많이 옴. 석가모니불을 모시며, 산신각이 있음.[56]

현장 방문을 통해 알 수 있는 것이지만, 외형상 위의 절들은 대부분

흔히 말하는 일반적인 가람 배치를 따르지 않고 있다. 곧 불국사나 해인사에서 보듯이 일주문 – 천왕문 – 문루 – 탑 – 법당과 법당 좌우에 강당을 배치하는 가람 배치 방식을 지키지 않고 있다는 것이다. 이는 본래 그러한 의도가 없었다기 보다, 절이 들어선 터 자체가 모범적인 가람배치를 허용할 수 없는 자연조건에 기인할 것이다. 이들 사찰의 입지는 교방천 변이거나 산기슭의 좁은 터이기 때문에 이를 계단형으로 개발한 다음에 법당과 요사채, 탑 등을 두었다. 그런 까닭에 교방천변에 위치한 원각사 같은 곳은 계곡에 만든 인공풀장이 무너져 수해를 입었던 것이고, 학봉 아래쪽 가파른 곳에 자리한 도솔암은 1979년의 수해 때 밀려온 자갈과 돌을 활용하여 절을 다시 지었던 것이다.

  이러한 지형적 조건은 지금도 여전하다. 하지만, 이를 잘 활용한 사찰도 있다. 용주암의 경우 올라가는 계단을 지형에 맞게 구성한 데다, 그 재료도 이 산에서 나는 화강암을 다듬어 사용하였다. 요사채 역시 대웅전 아래쪽에 독립적으로 건축하여 마치 산 중의 별장처럼 보이며, 산신각도 3면의 벽에 계단에 사용한 돌과 같은 장방형의 돌을 둘러, 나무와 흙을 사용한 일반 사찰의 산신각과 차이를 보였다. 전체적으로 지형을 잘 고려한데다, 섬세하게 지었다는 느낌을 준다. 서학사는 이와 달리 오히려 250여미터의 높이에 절을 지어, 한 눈에 마산앞 바다를 조망할 수 있도록 가람을 배치하였다.

  또 하나의 특징은 절을 세우는 시주자들의 성격이 비교적 분명한 곳이 몇 곳 있다는 사실이다. 예컨대 백운사는 안동 권씨 재실 땅을 활용하여 암자를 세울 수 있었으며, 용주암은 마산 일대의 술집 마담들이 업보를 없애고 복을 빌기 위해 절을 지어 창건주인 종견 스님에게 드린 절이다. 또 원각사의 경우, 마산 일대의 부자들이 주로 다니던 절이라는 사실도 주목된다.

그러나 이러한 주도층과는 관계없이 신도들의 주거류지는 마산을 비롯하여 인근의 함안, 진해 등에 걸쳐 있다. 신도수는 백운사가 1350명으로 최다이고, 원각사가 700~800명으로 그 뒤를 잇고 있다. 오래된 절일수록 신도수와 스님 수가 많은 반면, 근년에 지은 절의 경우 신도나 스님의 수가 적다는 것도 특징이다.

이러한 사원 건설의 특징은 마산지역의 인구변화 및 서원골 일대로의 도시 확장과 관련이 있을 것이다. 마산 지역의 인구는 1899년 무렵에 1만명에 미치지 못하였으나, 1910년 무렵에는 1만 6천여명으로, 1920년대에는 2만 6천여명으로, 1930년에는 다시 3만명으로 증가하였다. 일본인의 증가세가 1910년을 정점으로 5천명 선에서 멈춘 사실을 상기하면, 그 이후의 인구증가는 조선인의 유입에 따른 것이라 할 수 있다. 그리고 그들의 거주지는 불종거리 북단의 교도소 부근과 북마산 일대에 집중되었다. 북마산역이나 구마산 역의 개설도 이에 한몫을 담당하였으리라 추정한다. 지도상으로 보면, 1920년대까지 교방리와 성호리, 그리고 자산리는 옛마을로서 시내와 고립된 채 존재하였으나 1930년대에 이르면 교방리와 성호리는 논밭이 사라지고 도시의 일부로 변하였던 것이다.57

이러한 인구증가와 거주지의 변화가 환주산 일대에 불교 사찰이 늘어나는 데 기여하였을 것이다. 곧 환주산 아래쪽의 추산 공원 일대에 사찰이 많이 들어선 이유는 이곳이 도시 팽창과정에서 인구가 크게 증가한 곳이지만, 산중임에도 불구하고 시내와 비교적 가까웠기 때문일 것이다. 특히 환주산은 오랫동안 산제당을 중심으로 종교 제의를 행해온 곳이었기 때문에 종교 시설이 비교적 들어서기 용이한 인문지리적 요건을 갖추었다고 할 수 있다.

마산의 인구는 1945년 이후 귀환민과 피난민으로 인해 다시 급격하게 증가한다. 1943년의 경우 53,265명이었으나, 1946년에는 82,175명으로, 1952년에는 105,416명으로 1959년에는 154,892명으로 증가하였다.58 16년 동안 거의 세배 정도의 증가세를 보인다. 현재 이 시기의 증가분이 어느 지역에서 발생하였는지에 대한 정확한 통계는 없으나, 1969년과 1976년 사이의 지역별 증가가 일부 참고될 것이다. 곧 이 7년 동안에 가장 많이 증가한 곳은 석전동과 양덕동, 산호동으로 모두 200%가 넘으며, 회원2동이 180% 정도이다. 동마산 지역 산업화의 결과이다. 그리고 교방동 100%이다.59 곧 북마산과 동마산 일대의 인구 급증이 서원골의 종교 지형에도 영향을 주었으리라고 본다. 특히 서원골에 가까운 교방동과 회원동의 인구 급증에 주목할 필요가 있다. 이제 환주산 일대에는 절을 세울만한 빈곳이 거의 남아 있지 않았으며, 가능한 곳은 서원골 내의 빈 공간 정도였다. 그것이 1970년대의 용주암과 1980년대의 약수암 건설로 나타난 것이 아닌가 한다. 곧 1970~80년대에 서원골은 사실상 포화상태였고, 이는 각 사원들이 좁은 공간 속에서 공존하면서도 경쟁을 부추겼으리라 생각된다.

내가 이들 절의 설립과 변화과정에서 특히 주목하고 싶은 것은 전통신앙과 불교 신앙과의 절충이다. 종교상의 용어로 '제설혼합주의' 혹은 싱크레티즘(syncretism)이다. 동아시아의 사상계에서는 이미 유불도유佛道 삼교의 혼합이 있었거니와 최치원 사상의 특색 또한 이에서 벗어나지 않는다. 이에 의하면 모든 종교는 동일한 위상을 가지며, 동일한 목적을 추구하고, 조화를 통해 진리의 원천에 도달하려고 한다.60 예컨대 도교의 무無와 불교의 공空이 내포하고 있는 교의의 의미나, '자비'와 '사랑'이 세속세계에서 구현되는 방식으로서 자선과 구제에 관심을 쏟는 일이 그에 해당될 것이다. 이를 통해 예를 들면 중국인들은 20세기 초에 유불도 뿐만 아니라 기독교와 회교도 이 범주에서 이해하면서 각 교의를 혼합하여 새로운 종파를 만들어갔다.

〈그림 3〉 성덕암내 산신당과 서어나무

한국의 사찰에서도 오랜 역사 속에서 산신신앙과 부처신앙을 한 공간 속에서 절충하는 이른바 '습합'이라는 전통을 만들어 내었다. 마산 환주산의 산제당과 성덕암은 20세기 전반기에 전통 신앙과 새로 이입된 신앙이 어떻게 결합하였는지를 보여준다. 산제당은 앞에서 보았듯이 고려시대부터 환주산 정상 부근에 독립적으로 존재한 마산포의 공공성 신당에서 출발하였을 가능성이 크다. 그곳은 특히 지성으로 참배를 하면 영험이 있기 때문에 마산포 사람들에게 더 사랑을 받았던 것 같다.61 하지만, 1930년대 초에 이르면 산당 건물이 썩어가는 상태에 이르러 이를 개축할 필요가 생겼고, 그 결과 1932년에 마산의 일본인 유지와 조선인이 이 문제를 해결하기 위해 나섰던 것이다. 이 사업에 '신앙을 통한 내선융화內鮮融和'를 내걸었다는 점에서62 일본인들의 의도를 읽을 수 있다.

하지만, 새로 지은 산제당은 그 이듬해 4월 16일에 불타고 말았다. "추산공원 공신산供神山 산제당에서 발화되어 전소하였다. 산제당은 지금부터 백여년 전 건물로 재래로 마산 백년의 화복을 비는 곳이라는데, 발화 원인은 이날 기도후 초불이 넘어져"라고 한 사실이 『동아일보』에 보도되었다.63 흥미있게도 동아일보에는 공신산으로 쓰여있으나, 『매일신보』에서는 황신산荒神山이라고 쓴 사실이다. 전자는 전통적 호칭인데 비해 황신산은 일제 시대에 부정적으로 이름한 것이라 생각된다. 당대 무교를 대하는 일본인들의 태도가 여실히 드러난다.

문제는 이곳에 1933년에 성덕암이라는 사찰이 들어서면서 산제당의 위상과 역할이 변하였다는 사실에 있다. 곧 산제당은 적어도 성립 이후부터 일제 초기까지 지역 사회의 공공적 제당으로서 기능해 왔으나, 이후 암자의 한 부속 건물로 바뀐 것이다. 말하자면 제도 불교 속에 공공의 신당이 흡수된 셈이다. 이 작업이 일제의 후원 아래 진행되었는지, 아닌지의 여부는 좀 더 검토되어야 할 사항이지만, 이후 이곳은 암자의 부속 건물로서 민간 신앙의 제당으로서 기능하였다. 예컨대 오동동 기생조합에서 소리를 잘 하게 기도하거나 사업가가 소원성

취하게 해 달라거나, 특히 어시장 상인들의 기도가 성했다는 데서 그것을 알 수 있다.64 곧 국가나 지역 사회 전체를 포괄하는 제당으로부터 개인적 구복을 기원하는 제당으로 바뀌어 갔고, 암자가 들어선 이후에는 오히려 주객이 전도되어가는 변화도 보여주고 있다. 일제 시대에 들어 서원골 일대의 종교 지형상 무교 중심의 민간신앙에서 제도 종교의 불교로 바뀌어 가는 주요한 변화가 초래된 것이다.65

또한 오늘날 이곳에는 용왕당도 존재하고 있다. 그 위치는 산제당 아래쪽이지만 성덕암 본전의 좌측 비탈인 것으로 보아, 성덕암 본전의 건립 이후였을 것으로 추측된다. 또 건물 자체가 시멘트와 슬레이트 기와로 지어져 외관은 아무런 특색이 없다. 다만, 용왕당 입구에 돌거북과 작은 우물을 조영한 것으로 보아, 나름대로 용왕에 대한 예의는 갖춘 구도라고 할 수 있다. 또한 신당 내부의 한 벽을 차지하고 있는 용왕도를 보면, 전체적으로 수궁 궁궐이 있고 그 중앙부에 용왕신이, 좌측에 시중을 드는 동녀가, 우측에는 갑옷과 칼로 중무장한 장군이 호위하고 있는 구도이다. 우리는 이에서 산제당과 성덕암, 그리고 용왕당의 공존이 무학산과 마산포라는 산과 항구를 끼고 있는 도시의 특성을 잘 보여주는 무불적巫佛的 제설 혼합주의의 결과라는 사실을 알 수 있다.

제설혼합주의는 성덕암의 인근에 있는 금룡사(1935년 건립)에서도 볼 수 있다. 이곳에서도 용신지, 산신각, 그리고 대웅전이 좁은 산비탈에서 공존하고 있다.66 이곳의 용신지는 규모상 성덕암보다 훨씬 커서 거북이가 헤엄칠 수 있을 정도다. 본전 좌측에 연못이 있고, 그 중심부에 용왕을 그린 비석과 거북이 등이 비교적 넉넉하게 배치되어 있다. 이 용신 연못과 용왕석 등은 1980년에 개축된 것이지만, 주지의 증언에 따르면 이곳에는 원래 규모가 작은 용왕단이 있었다고 한다. 그러므로 추측컨대 용왕단은 금룡사와 같은 시기에 조성되었거나 그 위치나 크기로 보아 그보다 앞선 시기에 조성되었을 가능성도 있다. 그렇지 않고서야 본전 바로 옆에 그처럼 큰 규모의 용왕지를 두지는 않을 것이기 때문이다. 또한 절의 명칭이 '금룡'인 것에서도 사찰보다 용왕단이 선행하였을 것이라 판단할 수 있는 근거가 된다. 이 금룡사의 존재에서도 불교와 용신 신앙과의 습합을 잘 볼 수 있다.

서원골에서 제설혼합주의가 가능했던 것은 우선 무교巫敎가 발전시킨 다신성과 비배타성, 그리고 한국인의 유교 불교 기독교라는 3개 지층 밑에 뿌리박힌 구조 등에서 그 원인을 찾을 수 있을 것이다.[67] 수많은 신을 숭배하는 다신성은 다른 종교의 신에 대해서도 수용하거나 용인하도록 하는 기제가 되었으며, 이는 마산 지역에서도 예외가 아니었다. 특히 마산은 제도 종교가 도입되기 이전에 전통적으로 무교가 우세한 지역이었으므로 무불의 융합은 쉽게 진전되었으리라 생각한다. 또한 최치원이 이미 유불선 삼교의 통합에 관심이 있었다는 사실도 이에 기여하였을 것이다. 이는 서원골이라고 하는 좁은 공간에서 유교의 관해정, 무교의 기도처와 신당, 그리고 불교 등이 공존할 수 있는 토대가 되었을 것이다.

그에 못지 않게 서원골이라고 하는 특수한 자연 조건도 이들이 공존하면서 서로를 용인하고 중요 교의를 받아들이도록 하는 힘을 발휘하였을 것이라고 본다. 그곳은 무교사제들이 말하는 바와 같이 전국적으로도 신기神氣가 강한 곳이며, 기도에 따른 효험이 좋은 곳이다.

게다가 높은 산과 양질의 숲, 유상곡수로 평가되는 계곡, 그리고 저 멀리 바다까지 보이는 경관은 어느 종교라도 발전할 수 있는 자연 조건을 제공하고 있기 때문이다.

IV. 여론餘論과 맺음말

위와 같은 요인들 때문에 이곳에는 근년에 이르러 기독교 기도원이 두 곳이나 개설되어 서원골의 종교 다원화에 기여하고 있다. 성결교단의 '무학산기도원'은 60여년의 역사를, 감리교단의 소속의 '임마뉴엘기도원'은 40여년의 역사를 가지고 있다. 이들 기독교단이 기도원을 세운 이유는 거의 유사하다. 두 곳 모두 가정과 자녀문제로 고민하는 신도, 몸과 마음의 병으로 상처받은 사람들이 언제나 입원하여 기도드릴 수 있도록 하기 위해서라는 점이다.68 요즘 말로 하면 가정과 개인이 안고 있는 상처를 치유하는 공간이다.

나는 탐방 당시 성결교단에서 파견된 무학산기도원의 조상률 목사에게 서원골이 좋은 이유를 물었다. 그는 이곳이 우선 공기와 물이 좋고, 산세가 좋아 기도하면서 쉬기에 좋은 곳이라고 말하였다. 또한 그는 기도할 때에 종종 성령이 임하는 것을 깨닫는다고 한다. 목사 뿐만 아니라 기도원에 입원하는 신도들에게서도 그것이 나타난다고 한다. 그럴 경우 치유가 빠르다는 것이다. 그는 또한 사찰은 대부분 교방천의 우측에 건립되어 있지만, 기도원은 좌측에 건립되었다면서 위치상의 차이를 설명해 주었다. 이는 일제 시대인 1931~36년에 문창교회에서 시무하던 주기철 목사가 학봉 바로 옆에 있는 '십자바위'에서 기도한 데서 연유한다고 말하였다.

이러한 기도가 가져다주는 '치유의 효과'는 예컨대 민간 신앙의 전문 사제들도 잘 인식하고 있다. 그 점에서 서원골이 본원적으로 안고 있는 생태환경의 특색 덕택에 각 종교는 이곳에서 은일과 휴식과 치유라는 맥락으로 연결되고 있으며, 그것이 서원골의 종교들이 공존하면서 융합할 수 있는 주요인이자 조건이라고 생각된다. 그리고 그것은 하루 아침에 성취된 것이 아니라, 이곳에 무교가 도입된 이래 진전된 역사적 상황 속에 발전된 것이다. 곧 최치원의 유불선 삼교합일이 그 맥락 속에서 진전된 것이고, 그의 전통을 이어받은 조선 시대의 정구鄭逑 역시 유학자임에도 불구하고 이에서 이탈하지는 않았다.

20세기는 마산 사회 전체가 그랬듯이 서원골 일대의 종교적 전통도 크게 요동쳤다. 곧 불교가 도입되면서 민간신앙이 후퇴하기 시작하였던 것이다. 제도 불교의 사찰들은 20세기 전반기에 주로 환주산 일대에, 1950년대 이후에는 서원골의 팔각정 일대에 속속 들어서면서 종교계의 주류로 성장하여 나갔다. 성덕암에서 보듯이 그 확장 과정은 기왕의 민간신앙을 내포하여 부속화하거나 금룡사처럼 공존하는 방식이었다. 오늘날의 상황으로 본다면, 민간신앙의 주요 공간이던 제당이나 굿당은 거의 사라지고 개인적 기도처만이 근근이 연명하는 단계에 이르렀다. 다시 말해 19세기까지 마산사회의 종교적 멘탈리티를 떠받치고 있던 무교 중심의 민간신앙은 공간이나 신도수, 전문 사제 등에서 크게 밀린 셈이다.

여기에 도심지에서 확고히 자리를 잡은 기독교조차 서원골내로 깊숙이 들어오면서 민간 신앙과 불교는 또 다른 경쟁자를 맞게 되었다.

하지만 서원골 일대가 휴식과 은일, 그리고 치유의 공간으로 인식되는 한, 공존과 상호 수용은 불가피할 것이다. 종교조차 구원받아야 할 대상이 되었을 정도로 세속화된 지금은 더더욱 그게 필요할 터이다.

식민지 위생시설에서 다기능의 생활공간으로
- 마산지역 목욕탕의 1백년 역사 -

I. 머리말

1982년에 마산에 온 뒤, 놀란 것 중의 하나가 공중목욕탕이 많은 것과 높이 솟아있는 목욕탕의 굴뚝이었다. 동네마다 공중목욕탕도 많았지만, 공장 굴뚝보다 더 높이 솟아올라 하늘을 찌를 듯이 서 있는 목욕탕 굴뚝은 정말로 이채로운 풍경이었다.

이 글은 어찌 보면 마산 이주 초기에 가졌던 저러한 풍경을 역사적인 시각을 통해 분석하려고 시도한 글에 해당한다. 물론 이에는 사회적 변화의 양상을 각 시대 속에서 살펴보려는 의도가 내포되어 있다. 사실, 마산지역의 목욕탕은 마산의 근대사회를 이해하는데 중요한 부분에 속한다고 생각하기 때문이다.

그것은 크게 세 가지 맥락이 있다고 생각하는데, 하나는 식민지 위생의 일부로 시작되었다는 점이고, 또 하나는 인구 변화와 도시화, 그리고 목욕탕과의 비례 관계를 잘 보여준다는 점이다. 이와 관련해서 이야기를 할 수 있는 또 다른 요소는 이러한 비례관계로 인하여 목욕탕의 성격이 어떻게 변화해 갔을까 하는 점이다. 특히 마산은 1960년대 후반부터 급격하게 산업화가 진행되었고, 인구가 급증하였으므로 목욕탕의 성격도 이러한 도시사회의 변화와 맞물려 진행되었으리라고 본다.

목욕탕은 사회변화 뿐만 아니라 기술적 관점도 중요한 부분일 것이다. 건축적인 요소는 제외하더라도, 온수를 생산하는 보일러의 종류라든가 그에 맞는 연료의 문제, 물의 공급과 수질 문제, 굴뚝과 연기와 같은 부산물의 처리 등이 그렇다. 또한 보건 위생적 시각도 마찬가지로 중요할 것이다. 사실 이 글에서 이 모든 문제를 모두 다루는 일은 필자의 능력상 한계가 있다. 다만 필요한 경우에 조금씩 언급할 것이다.

따라서 이 글은 마산에 공중목욕탕이 등장한 이후 시기를 세 단계로 나누고, 첫째 개화기 및 일제 시대에 발전한 근대위생의 양상, 둘째 1960년대 중반 이후 시작된 산업화 이후 시민의 필수품으로 등장한 목욕, 마지막으로 1980년대 이후 휴식과 건강 등 다양한 성격이 가미된 목욕탕이라는 주제로 나누어 주어진 문제에 접근해 보려고 한다.

II. 개화기 및 식민지 시대의 목욕과 문명론

이 글의 목표가 주로 개화기 이후부터 최근까지의 목욕양상이 마산지역에서 어떻게 변화하였는지를 보려는 것이기 때문에 조선시대의 목욕 양상에 대해서까지 이야기를 할 수는 없다. 다만 대개가 그렇듯이 전통적인 특징이 그 다음 시기에 계승되는 것이므로, 조선시대의 목욕에 대해 잠시 언급하기로 하겠다.

지금까지의 연구나 자료에 따르면, 조선시대의 목욕은 목욕을 질병의 예방과 치료에 활용하였던 것으로 드러난다. 예를 들면 질병 예방의 방법으로 활용된 예는 갓난아기를 목욕시킴으로써 피부질환 및 경기를 예방할 수 있었다는 것이다. 왕실도 예외는 아니어서 피부질환, 안질, 사지의 통증과 마비, 전염성 질환을 치료하는데 목욕요법을 활용하였다고 한다. 아울러 국가도 백성들의 건강 증진을 위해 목욕을 활용하였으니, 말하자면 이는 목욕이 공공의료의 한 측면을 담당하고 있었음을 보여준다. 조선시대에서 왕실에서 자주 활용한 온천의 기능은 더 나아가 위와 같이 질병의 예방이나 치료 뿐만 아니라 의식이나 의례를 위한 목욕, 장례절차를 위한 염습, 사직이나 말미를 청하기 위한 피병을 빙자한 목욕, 그리고 사치의 한 수단으로도 활용되었다.[1] 따라서 개화기에 일본인들이 말한 바와 같이 조선인이 위생관념이 없다거나 목욕을 하지 않아서 불결하다는 인식은 그리 타당하지 않다고 할 수 있다.

그렇다면 개화기에 위생의 일부인 목욕탕은 어떻게 출발하여 발전하기 시작하였을까. 그것은 우선 조선왕조에게 국가적 과제였던 것으로 보인다. 유행병을 막고 백성의 위생을 고려한 대한제국 정부의 위생국과 경무청에서는 다음과 같은 사항들을 신속하게 처리해야 한다고 주문하고 있기 때문이다. 곧 개천의 청결, 길가의 대소변 금지, 물을 끓여먹는 것, 푸성귀를 개천 물에서 씻지 못하게 할 것, 밤에 길가에서 잠자지 못하게 할 것, 아이들을 벌거벗고 다니지 못하게 할 것, 술집에서의 위생 조심 등등과 더불어 의미 있는 사항이 들어 있다. 곧 위생국에서 도성 안 몇 군데에 큰 목욕집을 만들어서 가난한 인민이 와서 목욕을 하도록 하는 것이다. 순검도 밤낮으로 순행하면서 정한 규칙들을 시행하도록 권하고, 그렇지 않으면 엄하게 다스릴 것도 요구하고 있다. 이것이 부국강병으로 나아가는 길이라는 것이다.2

분명하게 콜레라에 대비하는 이 논설에서 목욕탕도 질병을 예방하는 주요 수단이었음을 알 수 있다. 특히 가난한 인민이 와서 목욕을 할 수 있도록 대형 목욕탕을 개설할 것이 제시되고 있음은 눈여겨 볼 만하다. 이는 앞에서 본 바와 같이 목욕과 치병 관계를 중시한 조선시대의 전통과도 맞닿아 있다는 점에서 중요한 의미를 가진다.

1888년 박영효가 내정개혁에 관해 올린 상소문을 보면, "혜민서에 의사를 두어 의업을 진흥시키고, … 병에 걸린 사람들을 신중히 치료하며, 아편과 흡연을 금하며, 종두법을 실시하며, 도로변에 가로수를 심어 공기를 맑게 할 것"과 더불어 마지막으로 "목욕탕을 설치할 것"을 주장하였다.3 목욕이 개화기에 제기된 새로운 국가 만들기에서 중요 항목으로 떠오른 것이다.

『독립신문』에서도 같은 시기에 "병 안나기를 원하면, 첫째 몸을 정하게 하여야 할 터인데, 몸 정케 하기는 목욕이 제일이라… 목욕하는 일은 부지런만 해도 이틀에 한번씩은 몸 씻을 도리가 있을 터이지 이것을 알고 안하는 사람은 더러운 것과 병 나는 일을 자취하는 사람"이라면서 목욕의 중요성을 강조하였다.[4] 이틀에 한번이라는 목욕은 사실, 오늘날에도 지키기 어려운 방식인데다 그렇게 한다고 해도 세균을 박멸할 수 없다는 점에서 거의 강박증적인 인식이라 할 수 있겠다.

『황성신문』1899년 6월 27일자에서도 목욕이 강조되고 있다. 유럽에서는 "인가에는 목욕실을 두고 빈번히 세신하며, 도로에는 양변에 수목을 엄밀히 심고, 노상에는 한 점의 폐물도 버리지 못할뿐더러 매호 측소는 지중은굴로 수십리씩 통하여 해조 출입하는 때에 세척하게 하고…"라고 하여 위생의 척도로 목욕탕에서의 몸씻기, 가로수 심기, 쓰레기 투기 금지, 분뇨의 위생적 처리 등을 지적하고 있다. 곧 목욕과 문명, 위생은 등치되는 개념이었던 것이다.

위와 같이 개화기와 대한제국 시기에 조선의 사대부 사이에서 서양의 위생론을 도입해야 한다는 위생담론이 시작되었다는 사실을 보여준다. 대한제국기에는 위생이 이에서 더 나아가 낡은 삶을 파괴하면서 허허벌판에 인간들을 내동댕이치는 폭력으로 구현된다. 이는 똥이 오염과 악취의 대명사이며, 이를 치우기 위해서는 비용이 들어가는 까닭에 나타난 현상이다. 위생이 모든 이에게 자명한 테제가 되어 버린 세상이 된 것이다.[5]

그렇다면 개화기의 목욕탕은 어떠하였을까. 다음의 1899년의 『독립신문』 기사를 보면 당시 목욕탕의 실상을 짐작할 수 있다.

"음 구월 이십오일은 영친왕 탄신일이라 새문밖 장수정 목욕탕에서 돈을 받지 아니하고 목욕하게하며 무관학교 참위 차만재 씨가 목욕하는 사람에게 수건을 각 한번씩 분급하고 경축한 고로 이 같이 광고하오니 첨군자는 조량하오 고원학高元學 고백"6 하였다는 것이다. 곧 왕의 탄신일에 돈을 받지 않고 목욕을 하였으며, 수건도 나누어 주었던 것이다. 이 목욕탕은 명백하게 한국인이 운영하였던 것으로 보인다.

이것이 조선인의 목욕이었다면 일본인 역시 비슷한 시기에 목욕업에 진출하고 있었던 것 같다. 1901년도의 신문광고에서 그 실상을 약간 알 수 있다. 무교에 있는 취향관에서 목욕탕을 정결하게 수리한 뒤 한증막을 설치하였다는 광고이다.

"무교武橋 취향관翠香館에서 음 칠월 십칠일붓터 목욕탕을 정결이 수리하고서 한증막을 설시設始하왓스니 첨군자는 래임來臨하심을 망望홈. 취향관 고백"7이라는 광고가 있다. 이 집 주인은 본국의 명주와 각색의 안주를 첨비하였다는 말을 하고 있는 것으로 보아 일본인으로 볼 수 있다. 이 목욕탕 광고는 1903년 12월까지 거의 매일, 같은 내용으로 게재되고 있다.

취향관에서는 1903년도에도 목욕탕에 내외국 요리를 갱설하였으니 많이 왕림해 주십사하는 광고도 내고 있다.8 목욕탕과 음식점, 그것도 내외국의 음식을 제공할 수 있는 서비스 시설을 갖추고 있었음을 알 수 있다.

일본인의 목욕탕 개업은 대한제국 초기에 시작된 것으로 보인다. 1897년의 『독립신문』에 따르면, 북청 출신 강학기가 수표교 옆에 있는 일본인의 목욕탕에서 목욕 중 오줌을 싼 것이 빌미가 되어 사회문제화한 것에서 그 사실을 확인할 수 있다.9 이 기사의 핵심은 목욕탕 주인이 강학기를 일본영사관에 인계하려고 했다는 것이고, 이는 잘못이니 내국에서 조치하여야 한다는 당위성을 주장하고 있다. 여하튼 이미 대한제국초기에 일본인이 서울의 수표교 부근에 목욕탕을 개설하여 운영하고 있었으며, 한국인이 그곳을 이용하고 있었다는 사실은 분명하다. 온천으로 이름난 부산의 동래온천에도 1883년 무렵에 진출하여 온천을 이용하였다는 기록이 나온다. 이어 1898년에 일본영사가 한국정부와 계약하여 동래온천을 10년간 부산거류민역소에 빌려주는 계약을 체결하면서 일본식의 온천개발이 시작되었다. 1900년대에 이미 여러 개의 일본인 여관이 개설되면서 동래 온천은 조선시대와 달리 일본인의 상업성이 강한 특색을 띠게 되었다.**10** 이 점에서 부산에서의 일본인들의 목욕업 진출은 이미 개항 이후부터 시작된 것이 아닌가 한다.

특히 통감부는 한국을 지배한 직후에 제도적으로 목욕탕을 조선에 이식하였던 것으로 보인다. "일인의 온탕이축, 온양군 온천리에 주재하는 일인이 육군병원을 건축하기로 1만 5천 평을 정계하고, 부근지에 육군목욕탕을 또 건축하여 이미 있던 원천은 수원이 감축하여 장차 폐지할 지경이니 민묵泯默할 수 없다 하면서 해당 군수 권중억權重億 씨가 내부로 보고하였더라."**11** 육군병원과 목욕탕을 동시에 운영하는 방식이었다는 점에서 식민지 위생 구조라 할 수 있다.

1905년에 인천으로 건너온 일본인 아사노 다사부로淺野太三郎는 그 이듬해인 1906년에 경성으로 이주하면서 목욕탕과 중매상을 경영하였다.**12** 또한 후쿠오카현 출신인 요시키 게이시치吉木惠七은 1903년에 경성부에 이주한 주민의 곤궁함을 보고 셋집을 건설한 뒤 150가구에 목욕탕 4군데를 경영하였다고 한다. 1930년대 초의 일이다. 요시키吉木

木는 그 밖에 학원을 설립하여 원장이 되기도 하였고, 수리조합을 조직하여 조합장이 되었으며, 경성탕옥조합京城湯屋組合 조합장을 맡기도 하였다.13 오카야마 출신으로 1904년에 인천으로 건너온 히로아키지로廣安喜次郎은 인천 축항장에서 가옥임대업을 하다 1907년 경성으로 이주한 뒤, 1921년 당시에 장곡천정長谷川町에 거처를 마련하고 비젠야備前屋이라는 여관과 철냉온천鉄冷溫泉이라 칭하는 약탕을 경영하는데, 철냉온천鉄冷溫泉은 경성의 명물이었다고 한다. 그에 필요한 원료는 일본 사가현佐賀縣의 철냉광천鉄冷鑛泉을 수입하여 사용하였으며, 약탕 목욕업 뿐만 아니라 동시에 여관업, 금융업을 같이 경영하여 최근에 크게 성공한 인물로 일본인들 사이에서 소개되었다.14 이 점을 보면 식민지 시기 이전에 일본인들의 목욕탕 경영은 목욕 뿐만 아니라 중개상, 토목, 학원, 수리조합, 여관, 임대업 등 다양한 업종에 걸쳐 있었던 것으로 보인다.

또한 1907년에는 "경성내 모씨가 협의하여 동소문 밖 정릉 약수 부근에 목욕탕과 음식점을 설치하겠다고 장례원에 청원을 하여 이미 승인 허가하였으므로 방금 설치중이라더라"라는 기사가 떴다.15 허가를 내려주는 기관은 장례원이었다는 사실을 보여준다. 이 경우 설립 주체가 한인인지 일인인지를 구분하기는 어려우나 음식점과 목욕탕을 동시에 설치하고 있었다는 점에서 일본인이었던 것으로 보인다. 또한 정릉 약수 부근에 개설하였던 것으로 보아, 당시의 목욕탕 물은 위의 약탕 목욕과 함께 양질의 물을 사용하는 것이 추세였으리라 생각된다. 반면 기왕의 건물을 강제로 헐고 목욕탕을 내는 곳도 있었다. 곧 고아원의 행랑을 헐었는데, 그 이유인 즉, 목욕탕과 약국을 설치하고

영리적으로 수입금을 고아원의 운영경비에 보태려고 했던 것이다.[16] 분명히 목욕탕이 새로운 사업으로 등장하고 있었던 것이다.

목욕에 관한 이러한 흐름은 일제 시대에 이르러 식민지 위생제도와 결합하면서 더욱 발전하게 된다. 현재 식민지 시대를 연구하는 틀은 주로 정치, 사회, 경제, 문화 부분에서 식민지 종주국이 피식민국에서 행하였던 식민정책을 종합적으로 고찰하는 것이라 할 수 있다. 그러나 아직 위생 부분에 대해서는 그렇게 많이 연구되었다고 하기는 어렵다.

그러나 식민지 시대에 피식민지국에 행해진 위생제도는 근대 식민지 행정을 이해하는데 필수적이라 할 수 있다. 그것은 바로 전통과 근대를 가름하는 주요한 기준이었을 뿐만 아니라 인간의 생사를 구분해 놓을 수도 있는 최첨단 과학이었고, 이 점에서 피식민인들이 비교적 쉽게 받아들일 수 있는 제도였다고 생각된다. 병원이 그러하며, 의학이 그러하고, 그보다는 덜 중요할 수도 있는 목욕을 비롯한 위생시설도 마찬가지이다.

식민지 위생은 특히 일본이 한국을 식민지배하는 데 유효한 전략이었다. 그들의 대전제는 '조선인은 게으르고 더러우며, 몸조차 씻지 않고 사는 비위생적인 존재'라는데 있었다. 갖가지 질병 역시 비위생의 상징이었다. 결국 일본 통치의 주된 목표는 조선을 위생국가로 전환시킨다는 데 두어졌다. 좀 더 넓은 맥락에서 보자면 문명화 전략이었고, 이는 서구에서 배워온 식민지 통치술의 일환이기도 했다.

식민통치 초기인 1912년에 조선총독부는 「탕옥영업취체규칙湯屋營業取締規則」을 만들어 목욕탕의 건립과 운영에 관한 법적 장치를 확보하였다.17 이에 따르면 목욕탕에 관한 관할권은 소속지의 경찰서가 가지고 있었다. 신청시에 반드시 포함되는 항목은 1) 신원, 2) 영업장소와 옥호, 3) 장소의 평수 및 오수배설선, 용수장 및 위치, 평면도, 4) 건물의 도면 및 구조, 5) 최근 동업자와의 거리, 6) 탕질 및 연료의 종류, 7) 낙성기일 등이었다.

목욕탕 건물의 구조에 대해서도 세세하게 규정해 놓고 있다. 건물은 도로에서 3척 이상 떼어 놓고, 욕탕이나 탈의장은 외부에서 보이지 않아야 하며, 내부에는 옷과 신발을 벗어놓을 장소가 있어야 하며, 욕조나 탈의장 등은 남녀 구분하여 설치하며, 천정에는 온기가 빠져나갈 투기창을 만들어야 하고, 탕내에는 오수가 밖으로 잘 빠져나가도록 시설하며, 굴뚝은 불연물질로 시설하고 집의 지붕에서 10척 이상 돌출시키고 상단에는 화염물질에 들어오지 않도록 방지장치를 둔다. 그리고 연료 저장은 불 주입구에서 3칸 이상 떨어져야 하며, 집의 아래 부분은 기와나 금속 등 불연물질로 덮어야 한다는 등이다. 그 밖에 신고사항, 욕조의 관리, 탕수의 순환과 약탕물에 대한 허가, 영업시간, 영업자변경시의 조치사항, 입구의 표지판, 입욕료, 12세 이상의 남녀 혼욕 금지, 욕탕 내의 공중도덕, 조합설립에 관한 사항, 제재규정, 경찰서의 관할 감독 등등 모두 22개조와 부칙으로 구성되어 있다. 말하자면 식민지 시기에 대중목욕탕과 관련해서 만들어진 첫 번째 법령이라 할 수 있다. 오늘날 우리가 보는 목욕탕의 기본 설비와 운영사항 등의 원형을 보는 듯하다.

『중외일보』1926년 11월 27일자에 「목욕을 자조하라 – 피부를 깨끗하게 하고 혈액순환을 돕는다」라는 제목의 글이 있다. 이 글에서는 목욕이 피부를 깨끗하게 하여 땀구멍을 열어주어 신선한 공기가 잘 통하게 하고, 피의 순환을 좋게 하며, 정신도 맑게 한다는 장점을 열거하면서 목욕탕에서의 목욕법이나 예절에 대해서도 주의를 환기시키고 있다. 옷을 벗고 바로 욕탕에 뛰어들 것이 아니라 대강 씻으라든지, 아기를 데리고 갔을 때의 공중도덕 등을 말하고 있다. 공중목욕의 시대가 바야흐로 열리고 있는 것이다.

III. 마산지역 목욕탕의 초기 양상

그렇다면 마산지역에서는 목욕탕이 언제 들어와 어떤 형태로 발전하였을까. 현재까지 이를 입증할만한 자료는 그렇게 많지는 않다. 우선 초기 사실을 전해주는 것으로는 히라이 요시오平井斌의 『마산馬山과 진해만鎭海灣』의 직업별 인원수에 따르면 1910년 7월 말 현재 탕옥업이 8명이다.[18] 종사자가 8명이란 뜻이라기 보다는 운영자가 8명이란 뜻일 것이다. 같은 시기의 진해에서 일본인이 개설한 목욕탕은 3개였다. 일본인이 거주하는 곳에는 반드시라고 해도 좋을 정도로 목욕탕이 운영되고 있었던 셈이다. 다만 위의 책에서는 점포수만 기재되어 있을 뿐 상호나 주소, 주인 등 자세한 정보는 담고 있지 않아서 한계를 보이고 있다.

그러나 1915년에 발행된 『마산안내馬山案內』에는 좀 더 상세한 정보를 싣고 있다.[19] 이 책에 따르면 당시 마산지역에는 모두 6개의 목욕탕이 있었던 바, 그것은 양로온천養老溫泉(도정都町 1정목町目, 오늘날 중앙동 1가), 신탕新湯(경정京町 3정목町目, 오늘날 두월동 3가), 욱탕旭湯(수정壽

町, 오늘날 수성동), 대공온천大功溫泉(유정柳町, 오늘날 신창동), 송내온천松迺溫泉(통정通町 2정목町目, 오늘날 장군동 2가), 명문탕鳴門湯(행정幸町, 오늘날 서성동)이었다. 지역상으로 구분을 한다면 신탕, 대공온천은 신마산 지역, 양로온천, 송내온천은 중앙마산 지역, 욱탕과 명문탕은 원마산 지역에 위치해 있었다. 곧 신마산 2곳, 중앙마산 2곳, 원마산 2곳이었던 셈이다.

 신탕의 위치가 두월동 3가였다면 오늘날에는 대곡천과 월남교가 만나는 지점에 있었다는 의미가 될 것이다. 현재의 앵화탕이 자리하고 있는 곳이다. 또한 송내의 경우 장군동 2가이므로 중앙동 주민센터의 남부 지역 일대에 해당하는 곳이다. 또 양로온천은 중앙동 1가이므로 신월동 주민센터를 중심으로 마산중부경찰서와 옛 마산극장 일대가 해당된다.

 여기서 주목해야 할 사항이 하나 있다. 두월동 3가에 있었다고 하는 '신탕'인데, 이는 아마도 앵탕의 오류이거나 앵탕 이전에 잠시 동안 신탕이라는 이름으로 쓰였을 것이라는 추측을 가능하게 한다. 앵탕의 위치는 두월동 3가였으며, 당시로서도 신마산에서 이름난 목욕탕이었기 때문에 상호를 잘못 적었을 가능성은 적다. 다만 김형윤의 회고록인 『마산야화』에서 신마산에 앵탕이 있다고 소개하였으므로 어느 시점, 곧 『마산안내』 발행 직후에 신탕을 앵탕으로 개명하였으리라고 본다. 1905년 이후부터 조계지인 신마산 지역에 일본인들이 본격적으로 진출하기 시작하였고, 또 1910년에 이미 8명의 운영자가 있었으므로 신탕도 그 중의 하나였을 것이다.

 여기서 말하는 앵탕은 오늘날의 앵화탕으로써, 이 목욕탕이 있는 두월동 일대는 조계지가 도시화되던 1905년 전후에 신마산 일대에서 번화가로 또 유흥가로 꼽혔다. 고급 요정이 즐비했고, 여관이나 극장도 적지 않았다. 이러한 변화를 이끈 것은 1905년 이후 이곳에 입주한 일본인들이었다. 당시 신마산 일대에 거주하는 일본인이 5천여 명 정도였다는 사실을 감안하면 적지 않은 일본인들이 신마산에 있는 목욕탕을 이용했을 것이라 생각한다. 그 중 하나가 앵화탕이었을 것이다.

앵화탕과 관련된 사실을 토지대장으로 확인해 보았다.[20] 이곳에 처음으로 지번이 부여된 시기는 1914년이었다. 일제가 조선에 대한 토지사정을 마무리한 시기이다. 당시 주소는 '경정京町 3정목'으로 오늘날의 두월동 3가 1-1이다. 등급은 36. 대지 면적은 186평, 과세가격은 2,418원이었으며, 연혁은 '다이쇼大正 3년 8월에 등급개정'으로 기술되어 있다. 곧 1914년이다. 소유자의 주소는 효고현兵庫縣 니난군 仁南郡 오오시오무라大鹽村, 씨명은 가지하라 겐지로梶原健次郎이다. 등급 설정은 초기에 46등급이었다가 다시 10등급을 낮추었으니, 그만큼 과세액이 줄어들었을 것이다. 1933년 무렵에 신마산에서 가장 비싼 토지는 두월동 일대였으니, 이 목욕탕의 토지도 그에 포함되어 있었을 것이다. 당시 최고 높은 등급지는 남성동에 있는 77등급의 토지였다.[21] 지금의 남성동 파출소 대각선 맞은편에 있는 땅이다. 해방 직전에 이곳을 구입한 설재창가는 1950~60년대에 앵화탕 부근이 가장 좋은 곳이라고 하였으니, 사실에 가깝다.[22] 그만큼 좋은 곳이었다고 할 수 있다.

그렇다면 주인인 가지하라는 누구일까. 현재 찾을 수 있는 자료는 국사편찬위원회에서 보관하고 있는 『조선총독부및소속관서직원록 1939년도』의 것이다. 이에 따르면, 가지하라 겐지로는 지방관서중 경상남도 소속의 공립학교인 삼천포일출심상소학교 훈도로써, 월 52라고 기술되어 있다. 다만, 이 기록에 있는 가지하라와 토지대장에 있는 가지하라가 같은 사람인지 알 수는 없지만 같은 이름을 가진 사람이 마산이나 삼천포에 동시에 살았다고 보기는 어려울 것 같다. 곧 1910년대에 두월동에 살던 가지하라가 1939년에 삼천포의 심상소학교 훈도로 있었던 것이 아닌가 한다. 삼천포일출심상소학교는 1905년에 문을 연 사립광명의숙이 1938년에 위와 같이 개명을 한 곳이다

이 건물은 1928년에 마코토 요우實藤要라는 사람에게 이전되었다. 마코토에 대해서는 확실한 기록이 있다. 『조선은행회사조합요록』 (1935년판)에 의하면, 그는 1925년에 설립한 (주)마산무진馬山無盡의 이사 6명 중 한사람으로써, 대표이사인 가토오 코이치로加藤歡一郎과 함께 대주주에 포함되어 있다. 그는 1908년에 마산에 진출하여 구마산에서 된장을 제조하면서 간장을 판매하였으나 부친의 서거 이후 목욕탕이 위치한 두월동으로 이주하였다고 한다. 또한 목욕탕과 함께 신탄상薪炭商을 운영하였다고 하므로 여러 분야로 사업영역을 넓히면서 돈을 벌어들인 것 같다. 자신의 이름을 딴 마코토상점實藤商店이라는 점포를 가지고 있던 그가 땔감과 숯을 팔았다는 사실은 목욕탕에 필요한 땔감 뿐만 아니라 상업용까지 공급받으면서 사업을 확장한 것으로 보인다. 그의 목욕탕이 갖는 강점은 번화한 지역에 위치하고 있고, 또 탕에서 쓰는 물을 개선하여 인삼탕이라는 성가까지 얻었던 데 있었던 것 같다.**23** 당시 목욕탕을 경영하던 일본인들의 특징이 여러

종류의 사업체를 동시에 소유하고 있었다는 사실을 앞에서 지적한 바와 같이, 마코토의 사업방식도 이들과 유사한 것이었다. 여하튼 건축 등기부에서 해방 때까지 아무런 변화가 없는 것으로 보아 마코토는 해방 직전에 설씨네가 인수할 때까지 이 건물과 목욕탕을 소유하고 있었던 것 같다.

앵화탕의 구조는 어떠하였을까. 설재창과 그의 이종제인 강선백이 함께 증언한 바에 의하면 다음과 같다. 앵화탕의 구조는 1층에 남탕 여탕이 구분된 형태였으며, 뜨거운 물은 장작 보일러를 데워서 만들었다. 앞에서 본 마코토 때에도 연료로 장작을 썼으므로 그 구조가 해방 이후까지 이어졌던 것으로 보인다. 외관은 목조건물이었다. 이 건물의 2층은 주인이 사는 생활공간이었다. 설재창이 아직도 보관하고 있는 물품 중에는 일제 시대의 주인이 갖고 있던 자수품이 있는데, 일설에는 이 목욕탕의 주인이 옹주였다는 말이 있었으며, 이 자수품도 그녀의 것이었다고 한다. 이 점에서 목욕탕의 구성은 1층이 이용자, 2층은 주인이 거주하는 공간이었다고 할 수 있다.

목욕탕의 생명은 뭐니 뭐니 해도 좋은 물일 것이다. 앞서 앵화탕을 운영한 마코토는 목욕물을 새로이 끌어들여 인삼탕과 같았다고 할 정도로 수질의 약효성에 관심을 두었던 것 같다. 탕의 물에 관심을 쏟았던 것은 마코토 뿐만 아니라 1921년에 서울에서 목욕탕과 여관업을 겸업했던 히로아키의 경우도 이른바 약탕목욕업으로 성가를 높였으므로 당시 일본인들의 목욕탕물에 대한 높은 관심을 알 수 있다.

인삼탕과 같다는 앵화탕 물의 출처나 수질을 확인할 길이 없으나, 해방 뒤의 물 사용에서 그것을 어느 정도 짐작할 수 있다. 해방 뒤 앵화탕을 운영한 설·강 두 사람의 회고에 따르면 앵화탕의 물은 두 군데서 끌어 썼다고 한다. 한 곳은 집 앞에 있는 우물이었고, 또 하나는 무학산 자락의 관음사 뒤편에 물관을 만들어놓고, 탕까지 끌어 쓴 것이다. 지금도 무학산에 오르면 플라스틱으로 만든 긴 호스가 개울을 통해 시내로 연결되어 있는 것을 볼 수 있다. 앵화탕이 창원천변에 있으므로, 관음사에서 창원천으로 이어진 물호스를 상상할 수 있다. 앵화탕에서 이 물을 사용한 덕에 목욕탕에 양질의 물을 공급할 수 있었다고 한다. 말하자면 앵화탕은 적어도 1970년대까지 지하수를 사용한 셈이다. 이러한 용수방식은 일제 강점기의 전통을 이어받은 것이라 생각한다.

목욕탕에서 또 중요한 것은 연료일 것이다. 앵화탕의 경우 장작을 연료로 사용하였다고 한다. 설재창도 어릴 때 보일러 앞에서 장작을 던졌던 기억이 있다. 장작을 많이 소모했기 때문에 목욕탕 안쪽에 별도로 커다란 장작창고를 만들어 두었다. 마산에서 어린 시절을 보낸 60대 지인의 회상에 따르면 목욕탕에 갈 때에는 장작을 들고 갔다고 한다. 그것으로 목욕비를 계산한 셈이었다. 목재 연료는 공기오염이 적은 점이 좋지만, 나무를 구하는 것이 쉽지 않았을 것이다.

그러나 전국적으로 볼 때 다른 지역, 예컨대 서울에서는 나무보다는 석탄을 더 많이 사용한 것으로 보인다. 일제 시대의 신문에는 "석탄에 궁한 경성, 목욕탕과 각 공장의 곤란"이라는 제목으로 만주 푸순 撫順지역의 대산탄광이 폭발한 뒤로 이곳에서 서울로 들어오는 석탄이 부족한데다 추운 날씨로 수요가 증가하여, 목욕탕과 공장이 큰 어려움을 겪고 있다고 보도하였다.**24** 결국 석탄 공급이 되지 않으면 목

〈그림 1〉 100년의 역사를 간직한 창원천변의 앵화탕과 벚꽃

욕탕도 문을 닫아야 했다는 것이다. 황해도의 겸이포兼二浦에서는 석탄이 부족하여 목욕탕이나 기타 석탄을 사용하는 영업자는 곤란이 막심하여 휴업하는 목욕탕도 있었다.25

그렇다면 이 시기의 목욕탕에 대해 한국인은 어떻게 기억하고 있을까. 이에 대해서는 김형윤이 남긴 『마산야화』 속에서 「공중목욕탕」을 소개하고 있기 때문에 참고가 된다. 그는 60여 년 전 마산 인구가 2만 명을 넘지 못하였을 때, 곧 1920년대 전후에26 신마산의 목욕탕으로는 불로탕不老湯, 앵탕 등 두 군데, 구마산에 상반탕常盤湯, 명호탕鳴戶湯, 오동동에 조선인이 경영하는 곳이 고작이라고 기록하였다.27

이에 근거하면 1920년대 전후에 모두 5개 처가 있었다는 의미가 될 것이다. 오동동에 있는 것을 제외한다면 모두 일인 경영의 목욕탕으로 볼 수 있다. 그러나 앞의 『마산안내』와는 약간 다른 면이 있다. 우선 명칭에 있어서 양자가 한 군데도 일치하지 않고 있다. 신마산의

불로탕과 앵탕은 양로온천과 신탕이고, 원마산의 상반탕과 명호탕은 욱탕과 명문탕으로 기록되어 있다. 이름이 비슷한 것은 양로와 불로, 명문과 명호이다. 중앙마산 지역의 것에 대해서는 기록을 남기지 않았으나, 조선인이 경영하는 오동동 소재 목욕탕을 기록한 것은 특기할 만하다. 곧 마산시내에는 일본인 뿐만 아니라 조선인도 목욕탕을 운영하였다는 사실을 증명해 주기 때문이다.

이러한 양상은 1930~40년대에 이르러 변화하였다. 원마산의 3개 탕은 폐업하였고 오처탕吾妻湯, 오동동 입구의 오동탕, 현재(1970년대)의 청락탕 자리(마분馬糞저장소)에 웅천 사람이 탕업을 차린 조일탕, 남성동 매립지에 소금탕, 현(1970년대 당시) 철도 PX 이웃에 일본인이 경영하던 곳과 철도 합숙과 기관구에 직원용의 큰 목욕탕이 현재도 영업을 하고 있다고 기억하였다.28 기록자의 추측이 맞는다면 1959년에 남성동에서 영업하던 소금탕이라 불리던 목욕탕은 남성탕일 가능성이 있고, 오동동에는 무명(중앙탕?)탕과 은하탕이 있었으며, 철도 합숙소의 목욕탕은 철도요양원이 있던 신마산의 월영대 인근에 있었으리라 짐작된다.29 오처탕의 위치는 앞에서 잠시 본바와 같이 부정, 곧 부림동에 있었다고 하므로 원마산에 있었을 것이다. 여기에 기재되지 않은 앵탕까지 포함하면 공식적으로 신마산에 2개, 원마산에는 5개가 있었던 셈이다. 그러나 철도 합숙소의 목욕탕은 대중탕인지 아닌지가 불명확하기 때문에 전체적으로 본다면 신마산보다는 원마산에 목욕탕이 더 많았던 것이 아닌가 한다. 이는 해방 이후 신마산 지역에서 일본인이 이탈한 여파일 것이다.

위의 『마산야화』에는 주목할 만한 기록도 있다. 곧 철도합숙소에 직원용 목욕탕이 있었다는 것이다. 공공기관에서 철도노동자를 위해 목욕시설을 갖추고 있었음을 의미한다. 이와 관련하여 마산 조면공장의 노동자들도 1924년의 쟁의 요구 조건 속에 목욕탕을 설치해 달라는 사항을 제시하였다.

> 마산 조면공장 노동자 120여 명이 임금 4할 인상, 해고시에 일급 10일분 지급, 퇴직의 경우는 일급 20일분 지급, <u>마스크 지급</u>, <u>목욕탕 설치</u> 등을 요구하며 파업에 들어갔다. 회사측의 회유와 협박이 이어지고 20일 이후에 임금을 올려주겠다는 약속이 이루어져 해결되었다.**30**(밑줄은 필자)

마산 조면공장은 1923년 마산부 상남동 96-1 일대에 설립되었던 조면공장으로 마산 최초의 섬유공장이기도 하였다. 설립 직후 급격하게 확장하였으나, 그 과정에서 노동환경은 열악하였고, 저임금이었기 때문에 1924년 3월 1일에 직공 18명이 파업을 단행하였던 것이다. 이 당시의 요구 조건의 핵심에는 임금과 관련된 사항이 다수였다. 그러나 1924년 12월의 쟁의에서는 요구 조건이 이보다 더 다양하였으니, 위의 기사에서 보듯이 마스크와 목욕탕 설치와 같은 위생 관련 조항이 첨가되었다. 이 쟁의에는 경찰이 개입하고, 파업이 뒤따르는 등 3월의 그것보다 더 격렬하였으며, 결국 마산노동동우회가 조정에 나서면서 해결되었다.**31**

노동자에게 목욕시설을 갖추어야 한다는 주장은 언론에서도 제기하였다. 무산계급을 위해서는 신용조합을 설립하고 기타 식당이나 이

발소, 탁아소, 목욕탕도 설시設施하여야 한다는 것이다. 그래야만이 무산계급의 경제 상태를 완화해 줄 수 있다는 것이다.32 목욕탕의 공공성은 1920년대 말부터 1930년대에 하나의 사회적 트렌드였던 것 같다. 평양의 어머니회는 5월에 아동애호주간을 설정하고 의사회와 더불어 아동위생에 대한 강화를 추진하고, 6세 이하의 어린 아이에게는 부내의 목욕탕을 모두 개방케 하는 것이 좋겠다는 계획을 세웠다. 또한 아이들을 위한 무료건강 검진을 진행하며 일반 세궁민층細窮民層의 임산부에 대해서는 산파를 파견하여 무료로 진료하는 프로그램을 마련하였다.33

당국의 목욕탕에 대한 공공인식도 민간인에게 목욕탕 신설을 권장하는 쪽으로 진행되었다. 서울의 동대문서에서는 관할 지역에 있는 3개 처, 곧 신당리, 안암리, 청량리 세 곳에 목욕탕 신설을 종용하였고, 이미 신당리와 안암리에서는 공사에 들어갔다고 한다.34 동부 주민의 갈망인 신체의 청결을 해결하려는 노력을 행정당국에서도 시도하였던 사실을 볼 수 있다. 이러한 공중성은 서울에서만 진행되었던 것 같지는 않다. 같은 시기에 전남 순천군 송광면에서 산간벽지로 알려진 곳이나 면민들이 농사와 위생을 일찍 각성한 곳에 남녀별도의 공동목욕탕과 세탁소를 각 동리에 완비되어 모범으로 삼았다는 것이다.35

마산지역과 마찬가지로 노동자들의 목욕탕 설치 요구는 다른 지역에서도 제기되었다. 1937년에도 해주조선시멘트회사 노동자 600여 명이 대우개선, 임금인상, 노동시간단축, 목욕탕 설비, 수당지급, 서무주임 배척, 사택임대료 폐지 등을 요구하며 파업을 벌였으며, 이 중에서 임금인상 이외의 4개항은 곧 실행할 것이라는 조건에 타협하였다고 한다.36 노동자들이 목욕탕 설치를 쟁의의 한 조건으로 내세웠다는 사실은 목욕이 이미 사회생활의 중요한 부분으로 자리 잡았으며, 그것이 식민지 시기 내내 지속되었음을 의미한다.

또한 이 시기에는 마산 인근에서도 일본인에 의한 온천개발이 창원군 북면에서 1920년대에 시작된 듯이 보인다. 오늘날 북면온천으로 혹은 마금산 온천으로 알려진 곳이 바로 그곳으로서, 이곳은 일찍이 마산에 온 일본인 의사 도쿠나가 고이치德永吾一이 주목한 곳이다.37 쿠슈제국대학 의학사 출신의 도쿠나가는 1905년에 마산에 와서 사립마산병원을 개업한 뒤 한동안 의료 활동을 하다 1922년에 이를 도립으로 넘기고 온천개발에 주력했던 인물이다. 그에 따르면 세간에는 잘 알려져 있지 않지만, 조선인들 사이에서는 치병에 확실하다 하여 목욕객이 많을 때에는 하루에 300여명 가까이 몰리기도 하였다. 마산과 창원 뿐만 아니라 인근의 밀양, 함안, 창녕, 김해와 멀리 진주, 하동, 사천, 고성을 넘어 경북의 경산과 경주에서도 찾아온다는 것이다. 그는 온천수의 수질 뿐만 아니라 치병효과까지 분석하였고, 이용자를 위하여 욕실, 여관 등의 설비에도 관심을 쏟았다고 한다. 이를 보면 마산 인근에서도 오랫동안 목욕, 특히 온천욕이 치병에 효과가 있었다는 사실을 말해준다.

Ⅳ. 목욕탕의 사회상

일제시기에는 목욕탕과 관련해서 수많은 이야깃거리들이 만들어진 것 같다. 신문명의 일환이기도 했지만, 시기가 흐를수록 조선인의 일상과 깊은 관계를 맺어갔기 때문이다. 신문명의 상징인 목욕탕은 민족의 갈등이 표출되었을 뿐만 아니라 신종 도둑을 만들어내었고, 각종 사회만상을 보여주었던 것이다.

목욕탕에서 조선인과 일본이 사이에 차별이 존재하였는가? 3.1 운동 직후 재한선교사들의 보고문건에 따르면, 일본인들은 조선인들이 차별을 철폐하라는 요구가 있지만 사실 차별은 거의 없었다는 것이다. 이 자리에 참석한 일본인 세키야는 자신과 가까이 지내는 조선인 판사 친구와 소송대리인들의 불만은 목욕탕 문제를 제외하고는 없다고 말하였다. 그것은 매우 사소한 것이었는데, 한국인들은 오후 9시까지 목욕을 할 수 없다는 것이고 이것 외에 불만은 없었다고 전한다.[38] 이 회의는 3.1독립운동에 대해 외국인 선교사와 일본인이 모여 사건의 원인이나 일본인에 의한 차별, 모욕 등을 논의하는 자리였으나, 여하튼 목욕탕의 이용시간에 있어서 한국인은 제한을 받았다는 사실을 보여주고 있다.

사실 목욕탕에서의 민족간 차별은 종종 있었으며, 그것이 사회문제화 되고 있었던 것으로 보인다. 영암 사람이 서울의 학의탕에 입욕하려고 하였으나, 주인은 12시가 되어야 문을 여니 기다리라고 하였다. 12시가 되어 입욕하려고 하니 내지인, 곧 일본인은 12시에 들어갈 수 있지만, 조선인은 오후 3시부터 가능하다고 하였던 것이다. 규정에 없는 조치였기 때문에 목욕하려던 조선인은 항의를 하였으나 결국 뜻을 이루지 못하고 분해서 기관에 하소연하였던 것이다.[39] 요컨대 일본인이 청결한 물을 먼저 사용하고, 그 뒤에야 조선인이 그 목욕물을 사용하도록 한 셈이니 이것은 명백한 차별이었던 것이다.

그보다 더한 사실은 이른바 '내지인'이 운영하는 목욕탕에는 '조선인'을 들이지 않았거나 제한하는 경우가 있었다고 생각된다. 3.1운동 이후 당국에서는 '내선융화니 무엇이니 말을 하지만, 조선인은 더럽다'는 등의 이유를 들어 목욕하는 시간을 제한하는 방식으로 차별을 하고 있다는 것이다.**40** 일본의 오사카에 있는 한 목욕탕에서는 조선인이 일본인의 발등을 밟은 것이 계기가 되어 싸움으로 비화하였고, 이를 들은 인근의 조선인 노동자들이 무장한 채 목욕탕으로 진입하여 일본인을 공격한 바, 결국 어느 일본인이 허리에 곡괭이를 맞아 즉사하였다는 소식도 전하고 있다.**41**

그렇다고 해서 목욕탕이 민족내부의 모순을 해소해 주었다고 보기는 어렵다. 목욕을 자주 할 수 있는 사람과 그렇지 못한 사람이 분명히 나누어져 있었기 때문이다. 서울에서는 오전 11시에 목욕탕 문을 열었는데, 이 때를 기다려 목욕을 할 수 있는 사람들은 '팔자 좋은 영감들'이었다. "생존경쟁이 치열한 정오를 앞두고 유유히 수건을 어깨에 걸고 목욕탕에 들어서는 인생이 있다 하면 그의 행운은 경성에서 뛰어나다고 할 것"이었다.**42**

마산지역의 목욕탕에서 위와 같은 민족차별이 있었는지는 확인하기 어렵다. 기록이 없는 까닭도 있겠지만, 그보다 이곳에는 일본인이 거주하는 신마산과 조선인이 거주하는 '구마산'으로 도시가 양분되어 있어서, 목욕탕에서 두 민족이 마주할 경우는 많지 않았을 것이기 때문이다.

마산은 이와는 다른 사안으로 시끄러웠다. 목욕탕의 불결함이 문제를 일으켰던 것이다. "마산부내의 욕장의 불결함과 경영자의 불친절함은 전조선에 그 예가 드물어서 목욕탕 내에 전염병환자의 출입은 말할 것도 없거니와 경영자에게 이를 고언하여도 마이동풍격이고 욕객의 소지품의 도난사건이 빈발하여도 변상은 고사하고 미안도 느끼지 아니하여 일반 부민은 의례히 목욕탕에 갈 때에는 대적을 방비하는 듯이 욕장의 비난은 날로 높아 위생당해지자들의 엄중한 취체와 단속이 있기를 바란다"는 당시의 신문기사가 남아 있다.43 청결을 위해 목욕탕에 가는데, 도리어 불결하니 이러한 모순도 없다는 이야기다.

목욕탕의 불결문제는 사실 전국적인 문제이기도 하였다. 목욕탕의 증가로 인해 병이 확산될 우려가 있었다는 것이다. 목욕하는 사람 중에 피부병이 있다거나 다른 전염성 질환이 있는 경우 그 병이 쉽게 퍼져나갈 수 있다는 것이다. 이발소도 이 점에서는 마찬가지였다. 이를 위해 전염병 예방 시설과 소독에 신경을 써야 한다는 것이다.44 실제로 유행병이 돌면 음식점이나 대극장 뿐만 아니라 목욕탕도 소독의 주대상이었다. 매독이나 임질의 전염성도 경고하고 있다. 한 신문은 하루에 수백 명이 드나드는 목욕탕은 균의 집합소와 다름없으며, 그 중에서도 매균이나 임병에 감염될 위험이 크므로 사람이 앉았던 자리는 반드시 물로 씻은 후에 사용할 것을 권하고 있다.45

마산 지역내의 목욕탕에는 위와는 다른 문제가 있었다. 나병환자들의 목욕탕 출입이었다. "이들이 음식점과 목욕탕에까지 말없이 출입하고 식수에까지 손을 뻗쳐 마산부민들의 공포에 빠져 있으며, 경찰의 권위도 무용지물"이라고 하였다. "나병환자가 가장 많은 경남의 마산에는 구마산의 매축지나 오동동의 매축지에 바라크 건물을 지어놓고 살다 경찰에게 쫓겨 추산정 뒷산으로 옮겨 영주하고 있다"는 것이다. "하지만 때가 되면 구마산 일대를 습격하여 목욕탕과 음식점 등을 말도 없이 출입하고 다시 제각기 가지고 있는 부서진 주전자에 끈을 달아 몽고정의 물을 길어다 먹는다"는 것이다. 이 물은 좋은 물이라서 2만여 명의 마산부민들이 먹지만, 경찰들도 이들을 어찌할 수 없어서 일반시민은 당국을 원망하고 있다는 것이다.46

다른 지역에서는 나병환자의 양상이 어떠한지 알 수 없기 때문에 이것이 마산만의 독특한 현상이라고는 할 수는 없을 것이다. 그러나 일제 시대의 마산은 치료와 휴양의 도시라고 알려져 있었으며, 특히 폐질환자를 위한 시설이 많았으므로 관련 환자들은 꽤나 많은 편이었다. 마찬가지로 나병환자들도 치료를 기대하면서 마산에 밀려들어 목욕탕에 출입하고, 양질의 식수를 이용하였을 것이라 생각된다.

「욕객浴客이 기화奇禍」란 제목의 기사를 보면47 마산부 부정富町(오늘날의 추산동)에 있는 오처탕吾妻湯에서 많은 사람들이 목욕을 하고 있다가 지붕에 매달린 유리창이 아래로 떨어지면서 두 사람이 다쳤다고 한다. 이를 치료하기 위해 만정萬町(오늘날의 동성동)의 학산과 삼성 양 의원에 각각 입원시켰다. 이 기화를 당한 마산창신학교 교무주임 현용택은 머리를 크게 꿰맸다는 것이다. 욕탕 뿐만 아니라 그 외의 시설도 양호하지는 않았던 것이다.

일제 시대의 목욕탕과 관련된 신문의 사회면 기사 중에서 제일 많은 숫자를 차지한 것은 도둑관련 기사일 것이다. 목욕탕도둑이라는 새로운 사회현상을 만들어냈던 셈이다. 언제부터 도둑질이 시작되었는지는 확인할 수 없으나 목욕탕이 만들어지고 난 뒤에 생겨난 신풍속임에는 틀림이 없다. 신문에서 보이는 초기 기록은 1919년이다. 경성부내 초음정初音町(오늘날의 중구 오장동)의 이경조李景照(19세)가 종로목욕탕으로 가서 이곳에서 손봉길이라는 손님이 벗어놓은 18금 시계 한 개 외에 여덟 종류의 물건을 절도해 도주한 일이 발생하고 있다.**48** 그는 잡혔지만, 귀금속이 목욕탕에서 절도의 대상이 되었음을 알 수 있다. 당시 언론에는 '새옷 입고 도망가는 목욕탕집 전문 도적' 이야기를 싣고 있다.**49** 강원도에 사는 김용철 씨가 서울의 낙원동에 있는 한양탕에서 목욕을 하기 위해 옷을 벗어놓은 사이, 의복 전부와 돈 3원을 도둑맞은 것이다. 그는 일본인의 옷을 빌려 입고 돌아갈 수 밖에 없었다고 한다. 『매일신보』에서는 의부에게 효도하기 위해 목욕탕에서 전문적으로 절도한 범죄자 부부를 소개하기도 하였다.**50**

마산지역의 목욕탕에서도 도난 사건이 기사를 통해 소개되었다. 창원군 대산면 일동리에 사는 김모씨가 대산산업조합 서기로 근무 중 지난 3일 오후에 동조합금 2천원을 지니고 마산에 왔다가 밤에 마산부 오동동 앵탕櫻湯**51**에 들어가 옷을 벗어놓은 채 목욕을 마치고 나와 보니 2천원 전액이 없어졌다는 것이다. 원정元町의(오늘날의 남성동) 파출소에 알리고 수색을 하였으나 찾지 못하였다고 한다. 문제는 그의 언행에 진실성이 없다는 점이다. 대금을 탕주에게 맡기지 않은 것이나, 잔돈으로 바꾸기 위해 가져왔다는 등, 여러 가지로 의심나는 점이 많았다는 사실이다.**52** 목욕탕에서 도난 사건이 빈발하니, 저와 같이 도난을 빙자하여 금액을 편취하려고 하는 엘리트 도둑도 있었던 듯이 보인다.

그렇다면 조선인들은 1년 혹은 1개월에 몇 회 정도의 목욕을 했을까. 여기에서의 횟수란 집에서 물로 씻거나 대야에 물을 받아 몸을 씻는 행위는 포함되지 않는다. 1940년대 초의 조사에 따르면, 10일 이내에 1회 정도-34호, 10일~1개월에 1회-126호, 1개월~2개월에 1회 정도-162호, 2개월에서 6개월에 1회 정도-83호, 6개월에서 1년에 1회 정도-27호, 아직 목욕탕에 가본 적이 없다고 하는 경우-64호, 미상 60호. 총계 556호로 계산되어 있다.53 이 조사의 주기註記에는 "조선인은 일반적으로 목욕횟수가 적고, 중류가정에서도 자택에서 탕전湯殿을 갖춘 가정은 극히 드물다"고 말하는 것에서 목욕이 일상화되어 있지 않았다는 사실을 알 수 있다.

그래도 10일 이내에 1회 정도로 목욕탕에 가는 호구가 34호이고, 1개월에 1회 정도로 목욕탕에 가는 호구가 126호 정도이므로, 적어도 1개월에 한번 이상 목욕을 하는 인구는 약 29% 정도라고 할 수 있다. 반면 목욕탕에 가지 않는 인구는 11% 정도이다. 그렇다고 해도 이들이 1년 내내 목욕을 하지 않는 것은 아닐 것이다. 집에서나 혹은 여름이 되면 자연스레 목욕을 할 수 있기 때문이다. 일본인들의 척도는 그 점에서 일본식 목욕탕을 기준으로 삼은 것이라서 한국인의 목욕회수를 재는데 썩 좋은 것은 아니다.

마산의 경우, 그 횟수를 헤아리기는 어렵지만, 여하튼 목욕탕의 숫자도 제한되어 있고, 습관화되지 않은 사정을 고려하면 거의 연례행사로 처리 지지 않았을까 한다. 좀 뒤늦은 시기의 것이지만, 1948년생으로써 초중등 시절을 마산에서 보낸 이의 증언에 따르면, 어릴 때에는 1년에 두 번 정도 목욕탕에 갔다고 한다.⁵⁴ 겨울에는 이가 득실거릴 정도였다고 하니, 1950년대와 1960년대 전반기의 풍경이었다고 생각한다. 그만큼 목욕이 대중화되지는 않았던 것이다.

V. 생활필수품으로서의 목욕문화

목욕탕의 역사는 1960년대에 이르러 새로운 변화를 맞이하게 된다. 그것은 제도적으로 일제 때부터 제정되어 내려오던 탕옥법이 1961년에 이르러 「공중목욕장업법」으로 바뀐 것에 기인한다. 전문과 13개조 및 부칙으로 구성된 이 법은 공중목욕탕의 시설과 풍기단속 사항을 규정하고 공중보건과 공중도덕 향상에 이바지 할 것을 목적으로 하였으며 온수, 냉수, 해수 및 온천수를 사용하여 공중에게 목욕이나 수영을 할 수 있도록 하기 위한 것이었다. 이 법에서는 특히 목욕을 하는데 방해가 될 수 있는 정신병자 명정자는 입욕을 거부할 수 있도록 조치하였다.⁵⁵

이 직후인 1963년에는 그간 지켜오던 목욕탕간 거리제한제가 대법원에 의해 무효화되는 결정이 내려졌다. 1963년 8월에 대법원은 '공중목욕탕은 상호간 위치나 거리에 제약을 받지 않고 공중의 편의를 위해 허가할 수 있다'는 새로운 판결을 내렸던 것이다. 이에 따라 '공중목욕장업시행세칙' 제4조에서 '서울시장 또는 도지사는 공중목욕장이 한 곳에 몰려 편재 않도록 해야 한다'는 규정과 '공중목욕장의 상호간의 거리는 5백미터 이상이어야 한다는 지방자치단체장의 지시 역시 법적 효력을 잃게 되었다.⁵⁶

그러나 이 거리 제한 문제는 1980년대에도 여전히 해결되지 않은 채 남아 있었다. 에너지파동이 있은 뒤 에너지절약 시책으로 인해 다시 3백미터 거리제한을 두었으나, 1980년에 이르러 이를 폐지한 것이다. 지자체는 이에 근거하여 목욕탕을 허가하였으나, 1981년 4월에 이르러 보사부 주도로 공중목욕장업법을 개정하여 거리제한 규정이 살아난 것이다.[57]

마산에서 1960년대는 신법의 창제 못지않게 지역사회 내부에서 커다란 변화가 초래된 시기이기도 하다. 해방 이후 마산지역에는 적어도 1960년대 중반까지 일본인들의 유산이 짙게 남아 있었다. 도시의 구조, 항만 개발, 학교, 행정, 건물, 음식, 술집 등등에서 그 양상이 많이 남아 있었던 것이다.

하지만 1960년대 중반에 이르자 그 양상들이 변화하기 시작하였다. 일제 강점기의 산업화와 제2차 도시화 이후 한국정부에 의해 새로운 형태의 도시화와 산업화가 시작된 것이다. 동마산의 탄생으로 기록될 수 있는 이 현상은 1967년에 양덕뜰에 한일합섬을 세운 것이 효시였다. 뒤이어 1969년에 봉암동 일대에 국내 최초로 수출자유지역이 들어선 것은 동마산 지역의 산업화와 도시화를 부추긴 결정적인 계기였다. 비옥한 농경지와 갯벌이 순식간에 공업지대로 변모한 것이다.[58]

이로 인해 목욕탕을 비롯한 위생시설이 전반적으로 확대되었고, 이에 따라 목욕 자체에 대한 인식이나 시설, 이용자 등도 변한 듯이 보인다. 해방 전에는 주로 신마산과 원마산 일부에 목욕탕이 소수로 산재하였으나, 산업화와 도시화가 본격화된 1970년대에 이르면 그 숫자나 소재지, 규모가 증가하는 것이다.

먼저 잠시 해방 직후에 마산의 목욕탕 사업이 어떤 양상이었는지를 조금쯤 살펴볼 필요가 있다. 설재창과 강선백[59]의 회고에 따르면, 해방 직후 마산에는 목욕탕이 두 군데였다고 한다. 신마산에는 앵화탕이, 원마산에는 중앙극장 부근에 청락탕이 있었다고 한다. 그러나 이러한 증언은 상공인 자료와 잘 맞지 않는다. 1959년의 『마산상공명감』에는 13개의 목욕탕이 등재되어 있기 때문이다.[60]

〈표 1〉 1959년 마산시내 목욕탕 현황[61]

이름	대표	위치	설립일	인구(1961)	지역
남성탕	이상수	남성동 (전화 638)		동성동(4,295)의 일원	원마산
앵탕	설금도	두월동		창포(4,983) 및 월남동(7,685) 일원	신마산
도화탕	최선학	부림동		4,373	원마산
?	황경도	상남동		12,969	북마산
북마산역전탕	김용갑	상남동			북마산
?	김위조	오동동 159 (현 중앙목욕탕)		8,911	원마산
은하탕	최종은	오동동			원마산
?	지계순	월남동 4가 8 (현 창원시 축협 합포지점)		7,685	신마산
중앙탕	이남순	장군동 2가 11 (중앙동사무소 맞은편)		9,550	신마산
시민탕	감문옥	중성동		4,613	원마산
동명보육원 직영탕	안상이	중앙동 1가 8 (옛 마산극장 뒤편)		7,926	신마산
중앙목욕탕	권오복	중앙동 3가			신마산
청영탕 (청락탕의 오기일 것)	김차순	추산동		4,573	원마산
13개처				154,892(1959)	

* 참고: 지역구분은 다음과 같다.
 · 원마산지역은 중성, 오동, 남성, 부림, 추산동으로서 마산포 지역

- 신마산지역은 두월동 중앙동 장군동 월남동 등으로서 조계지와 그 인접지역
- 북마산 지역은 상남동과 교방동,회원동 등으로서 북마산역 일대
- 서마산은 회성동 일대
- 동마산은 양덕, 합성, 산호동, 구암동, 봉암동 등으로 농업지대에서 산업화지역으로 바뀐 곳.

위의 『마산상공인명감』에는 앵화탕이 영화목욕탕으로 기재되어 있다. 주인은 설진섭, 주소는 마산시 두월동 3-1, 전화는 7180이다. 이들 정보 중 중요한 세 가지는 오류이다. 목욕탕의 이름은 영화탕이 아니라 앵화탕이며, 주인의 이름도 설진섭이 아니라, 설전섭偰全燮이고, 주소는 두월동 3가 1-1번지이다. 그리고 상남동에 소재한 황경도의 목욕탕은 청수탕이 아닐까 한다. 이곳에서 목욕을 해본 50~60대 마산토박이들의 증언에 따르면 청수탕은 매우 오래된 목욕탕이었다고 한다. 2015년 현재도 '청수탕여관'으로 등록되어 있다. 또한 김차순이 주인으로 되어 있는 추산동의 청영탕도 청락탕의 오기일 것이다.

앵탕의 주인은 목욕탕을 운영하면서 많은 재산을 모은 것 같다. 목욕탕 이외에 잠수기배와 일본을 왕래하는 배를 운영하고 있었기 때문이다. 앞의 배는 물고기나 조개를 잡는데 쓰는 배였지만, 뒤쪽의 배에 대해서는 별다른 보충설명을 하지 않았다. 여하튼 1960~70년대에 마산에서 목욕탕 운영은 돈이 되는 사업이었음에 틀림없다. 앵화탕의 경우 명절 무렵이면 밖에서 순서를 기다릴 정도로 손님이 많았으며, 평소에도 역시 사람들이 바글바글하였다고 한다.

조금 과도한 표현일지도 모르지만, 1970년대에는 목욕탕을 운영해서 재산을 축적한 '목욕탕 재벌'이 출현했을 정도였다. 예컨대 성호동

에 있는 성호탕을 운영하던 사람에게서 그것을 엿볼 수 있다. 인터넷에 올려진 구술기록에 따르면 이 목욕탕의 운영자는 서씨였는데(1974년의 『상공인명감』에는 이영자가 주인으로 등록 되어 있다), 그는 1960년대에 미곡장사로 시작하여 대성하였다고 한다.[62] 『명감』에는 1969년 8월 14일로 개업한 것으로 되어 있다. 당시 이 목욕탕은 연일 대만원을 기록하였는데, 이는 성호동, 교방동, 추산동 일대에 인구가 밀집해 있었기 때문이었다. 이 주인은 1980년대에 초에 돈을 많이 벌어 성호동에 성지온천이라는 목욕탕을 더 열었고, 합성동을 비롯하여 마산 지역에 5개의 목욕탕을 더 운영하였다고 한다. 말하자면 목욕탕 재벌이 등장한 셈이다.

〈표 2〉 1963년도 마산시내 목욕탕 현황 및 인구 대비[63]

	명칭	주인	주소	설립(존속) 연도	동별 인구	지역
1	남성탕	이기야	남성동125	59년 이상수	동성동(4,783명) 일원	원마산 9곳
2	남창탕	윤무선	동성동 전화-1453		4,783	원마산
3	현대탕	이병운	두월동 2가3		월남동/창포동 (5,981/6,516) 일원	신마산 5곳
4	앵탕	설전섭	두월동 3가1 전화 1009	59년		신마산
5		최봉련	부림동74의 4		2,958	원마산
6	역전탕	김용갑	상남동 128 전-1063	59년	5,870 (1개탕별 2,935명. 이하동)	북마산 2곳
7	북마산	권한구	상남동25			북마산
8	수성탕	신귀동	수성동 104	74년 하정자	서성동(7,661) 일원	원마산
9	중앙탕	김용조	오동동		8,897(4,449)	원마산
10	은하탕	김형렬	오동동	59년		원마산
11	천지탕	박순곤	월남동2가2		5,981	신마산
12	중앙	이남순	장군동 2가11	59년	9,550(4,775)	신마산

13	무학탕	박종근	장군동 4가23	무학탕 최복영		신마산
14	시민탕	감문옥	중성동10	59년	4,398	원마산
15	홍마차	김연순	중성동31 전-523	74년 천흥탕 천윤옥		원마산
16	청학탕	김차순	추산동 33	59년, 청락탕의 오기	4,398	원마산
총계	16개처				총인구 158,039	

　1963년의 경우 〈표 2〉에서 보듯이 1959년에 비해 목욕탕은 3개 증가하였으나, 이 중에서 부림동의 도화탕이 보이지 않는다. 1959년도의 것이 이름 그대로 승계된 곳은 역전탕, 앵탕, 중앙탕, 시민탕, 청학탕(청락탕), 은하탕, 남성탕 등 7곳이지만 불분명한 곳도 몇 곳이 보인다. 예컨대 월남동 4가 8번지에 있는 무명탕은 1963년도에 월남동 2가 2번지로 등록된 천지탕일 가능성이 있으며, 동명보육원 직영탕은 1974년에 양노탕으로 등록되어 있는데 1963년 명단에는 빠져 있다.

　시내 중심지인 〈지도 1〉에서 보듯이 시내 중심지인 남성동, 동성동, 오동동, 중성동 일대에 목욕탕이 많다는 사실을 알 수 있다. 이것은 물론 주민을 위한 것이지도 하지만, 접객업소나 금융기관의 사무실이 많은 것과도 관련이 있을 것이다.

　위의 동별 인구통계는 1963년도의 것이기 때문에 1959년의 목욕탕개수와 인구비율을 분석하는 것은 조금 무리가 있다. 다만, 1959년의 마산 인구가 154,892명이었고, 1961년이 151,652명으로서 2년 전에 비해 약간의 감소가 있었다. 곧 1961년의 인구를 1959년에 대입해도 크게 무리는 없을 것이다. 추측이긴 하지만, 이 인구감소는 실질적이었다기 보다 4.19혁명과 5.16군사쿠데타 등 정국혼란의 과정에서 제대로 계산되지 못한 부분이 있었을 것이라고 짐작한다. 그것은 1963년에 다시 158,039명으로 증가하기 때문이다.[64] 이를 감안하면 약 11,914명에 목욕탕 1개가 있었던 셈이다.

이러한 상황은 1970년대에 이르러 급변한다. 1970년대에 들어서면서 마산에는 목욕탕이 급증하였기 때문이다. 1974년도의 조사에 따르면 목욕탕은 36개였다. 해방 직후에 두 곳이었다는 사실과 비교해 보면 천문학적으로 증가한 셈이다. 1963년도 『마산상공인명감』에 따르면 1963년도에 마산에는 모두 16개의 목욕탕이 있었다. 지역별로 본다면 원마산에 9개, 신마산에 5개, 북마산에 두 개였다. 이 규모가 1974년에는 36곳으로 증가하였으나, 10여년 사이에 두 배 이상 증가한 것이다.

이렇게 증가한 이유로는 마산 지역의 인구 증가와 시역이 확대된 데에 기인할 것이다. 1961년의 마산 인구는 15만여 명이었으나 1976년에는 33만 8천여 명으로, 15년 사이에 배 이상 증가하였다. 또한 시역도 1973년의 대통령령으로 창원면, 상남면, 웅남면 전역과 내서면, 구산면 일부 지역이 편입되면서 크게 넓혀졌다. 1974년의 인구는 종래의 마산지역에서 증가한 수 뿐만 아니라 새로이 편입된 지역의 인구가 더해져서 나온 결과이다.[65]

〈표 3〉 1974년 마산시내 목욕탕 현황[66]

	이름	대표	위치	설립일	당시 동별 인구 (1975년도)	지역별
1	남일탕	남현우	교원동 26		8,393	북마 6

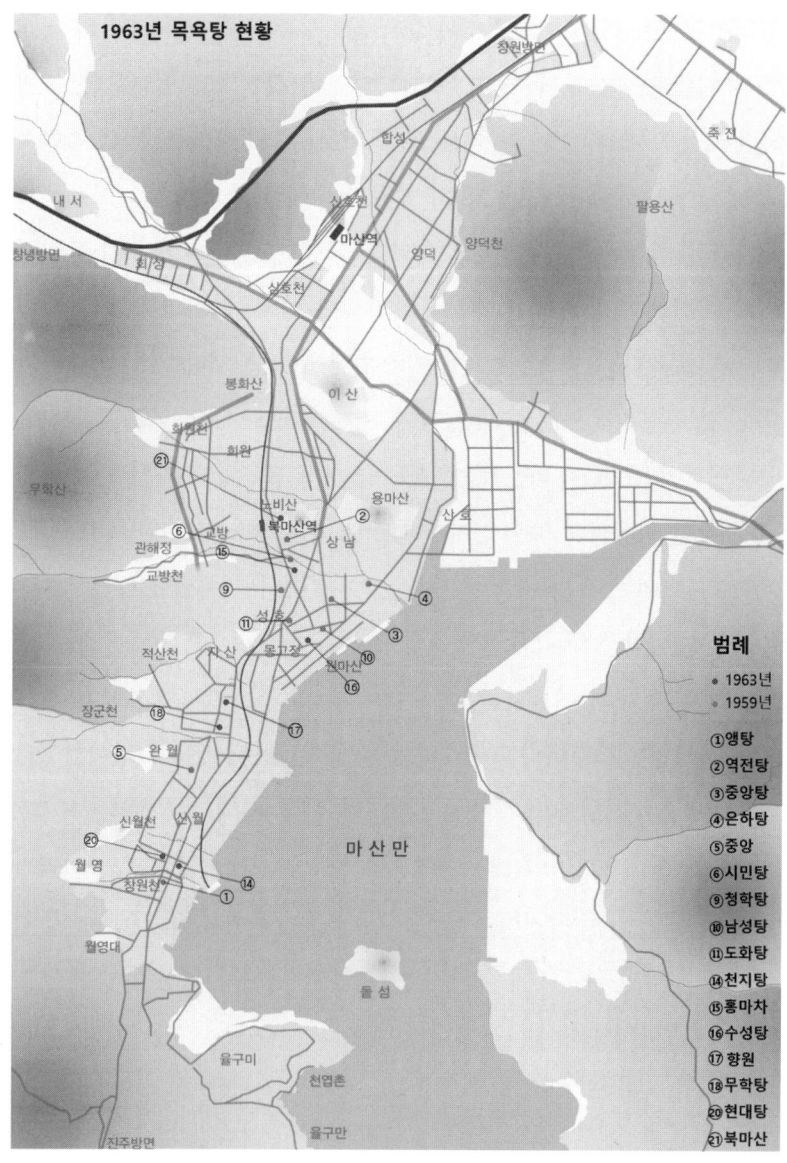

〈그림 2〉 1963년 마산지역 목욕탕 분포지도(지도제작 신삼호)

2	동성탕	남정규	남성동 110	59년 남성탕?	동성동(5,130)일부	원마10
3	백일장	배종호	동리동(?) 105-4	1974.5.25.		원마
4	부일탕	김상두	두월동 1가 8		창포(6471) 및 월남동 (7,840) 일부	신마 8
5	영화(앵화의 오기)	설진섭	두월동 3-1	59 설금도, 63 설전섭	탕별 인구 7,000여명	신마
6	산호탕	김원순	산호동 169		29,940 (탕별인구 14,800명)	동마 5
7	영광	김점덕	산호동 32			동마
8	역전탕	김용갑	상남동 108	59, 63 김용갑	18,301	북마
9	동양탕	윤윤석	상남동 14-1		탕별인구 6,000여명	북마
10	청수탕	박몽선	상남동 250	59년 황경도?		북마
11	은천탕	변호석	상남동 250			북마
12	낙면탕	정흥묵	상동(?)		기재없음	창원 3
13	보수탕	서옥임	서상동		기재없음	창원
14	대성	황윤성	서성동 68		10,821	원마
15	성호탕	이영자	성호동 32		7,679	원마
16	수성탕	하정자	수성동 104	63년 신귀동	서성동일원	원마
17	신광탕	송복동	신흥동 7		중앙동 완월동 일원	신마
18	덕창탕	노점자	양덕동 197		28,928	동마
19	신화탕	노연수	양덕동 197		탕별 인구 9,200여명	동마
20	동마탕	박승일	양덕동 87			동마
21	신화탕	임빈자	오동동 235		11,236	원마
22	은하탕	김형열	오동동 55	59, 63년 김형열	탕별 인구 5,618명	원마
23	브니엘탕	장판순	완월동 255		16,873	중마 2
24	천지	박순곤	월남동 2-2	63 박순곤	7,840	신마
25	남포탕	김영조	월남동 4가 8	59년, 지계순	탕별인구 3,920	신마
26	대창	김관배	자산동 299-50		15,421	중마

27	중앙	최숙자	장군동 2가 11	59, 63 이남순	완월동 일원	신마
28	무학탕	최복영	장군동 4가 26	63 박종근		신마
29	창원탕	이동구	중동(현 소답동 부근)		기재없음	창원
30	시민	김차석	중성동	59, 63년 감문옥	5,389	원마
31	천흥탕	천윤옥	중성동 31-1	63년 은마차	탕별인구 2,695	원마
32	양노탕	김순이	중앙동 1가 8	59, 동명보 육원직영탕	13,779	신마
33	청락탕	김차순	추산동 33	59, 63년 청학탕 김차순	6,685	원마
34	월영	이일국	해운동 1-6		기재없음	남마 2
35	평화탕	문진곤	해운동 2-3			남마
36	금호	최영구	회원동 104		29,230	북마
총계 36개처					마산시인구 360,265명	마산시인구 / 목욕탕수 10,007

　　마산의 목욕탕 증가는 그 점에서 인구 증가와 비례관계에 있다고 할 수 있다. 인구당 목욕탕 수를 따지면, 9천 4백 여 명 당 한 개인 셈이다. 이웃 도시인 부산의 경우, 1980년대 초에 약 400여개의 목욕탕이 있었으며, 당시의 부산 인구는 약 3백만 명 정도였다.**67** 7천 5백 명에 1개 꼴이므로 마산지역의 비율보다 좀 더 높은 셈이다. 그러나 부산에서도 1990년대에 이르면 목욕탕이 1천여 개로 급증하였다. 당시의 인구는 대략 370만 명 정도로서 3,700명당 1개꼴이다. 서울의 경우 1957년 2월 17일 경향신문의 보도에 따르면 103개가 개업 중이었다고 한다. 1959년의 서울시 인구가 200만 명 정도였으므로 평균 1만 9천 4백여 명 당 1개의 목욕탕이 있었던 셈이다. 일설에는 1957

년에 113개, 1961년에 174개, 1971년에 711개로 증가하였다고 한다. 1971년의 서울 인구가 585만 명 정도였으므로, 인구 8,229명당 1개꼴이었던 셈이다. 12년 사이에 목욕탕 개수는 103개에서 711개로 증가하였고, 이용인구는 1개당 19,400명꼴에서 8,229명꼴로 절반 정도 증가한 셈이다.**68**

1974년 직전에 마산 지역에 분포한 목욕탕을 원마산, 신마산, 중앙마산, 북마산, 남마산, 동마산, 그리고 창원이라는 6개 지구별로 살펴보면 다음과 같다. 원마산 10곳, 신마산 8곳, 북마산 6곳, 동마산 5곳, 남마산 2곳, 중앙마산 2곳, 창원 3곳. 동별로 치면 상남동 4곳, 양덕동 3곳, 그리고 두월동, 산호동, 오동동, 월남동, 장군동, 중성동, 해운동 등이 각각 2곳이다. 원마산과 신마산에 절반이 몰려 있었음을 알 수 있다. 〈그림 3〉을 보면 그 양상이 뚜렷하게 나타난다.

VI. 목욕탕의 급증과 성격변화: 위생에서 휴식처로

마산지역내 목욕탕의 또 다른 변화는 목욕탕의 성격과 관련되는 것으로서, 1970년대 말부터 1980년대 초에 걸쳐서 일어나지 않았을까 한다. 동네별로 많아지기도 했지만, 건물 형태가 종래의 단층 구조에서 2층 구조로 바뀐 것이 단적인 사례다. 대부분 1층은 여탕으로, 2층은 남탕으로 구별되면서 욕탕의 크기나 부대 시설도 증가하였다.**69** 곧 목욕탕의 면적이 넓어지면서 기능이 다양해지고 좀 더 많은 인원을 수용할 수 있었던 것이다.

이 시기의 목욕탕의 변화를 상징하는 것은 1986년에 법령을 새로 개정한 일일 것이다. 공중위생, 특히 목욕탕과 관련된 법령 중에서 오늘날에도 효력을 발휘하고 있는 목욕탕 관련 개정법이라고 할 수 있겠다. 기존의 공중목욕장업법은 산업화와 인구증가, 다양한 서비스산업의 발생 등에 따라 더 이상 기능할 수 없게 되자 숙박업, 목욕탕업, 이용업, 미용업, 유기장업을 포괄하는 공중위생법을 새로 제정하게 된 것이다.70 이에 따라 기왕에 별도로 존재하였던 공중목욕탕업법, 숙박업법, 이용사 및 미용사법, 유기장업법 등은 폐기되었다. 이를 총괄하는 부서는 보건복지부였고, 시행령은 보건복지부령이었다. 일제시대의 위생 감독 기구가 경찰이었던 것과 대비되는 부분이다. 앞의 관할 업무 부분에서 이미 예견된 바와 같이 이 법은 위생이 핵심인 듯이 보이지만, 유기장업이 별도로 포함되어 있는데서 보이듯이 서비스의 성격도 강한 법이라고 하겠다. 말하자면 이용객들이 위생차원 뿐만 아니라 편안하게 쉬고 즐길 수 있는 기능이 강화된 셈이다.

좀 더 의미 있는 사항으로는 목욕장업이 세분화된 점이다. 1986년에 만들어진 공중위생법시행령에 따르면 목욕장업은 가. 일반목욕장업 1)공동탕업, 2)가족탕업, 3)한증막업으로 구분하고, 나. 특수목욕장업은 1)사우나탕업, 2)증기탕업, 3)복합목욕탕업(헬스클럽과 연계하여 운영되는 목욕탕업) 등으로 분류되었다.71 일제 시대와 1961년 이후의 목욕탕이 대체로 공동탕업 중심으로 운영되었던 데 반해 1986년의 법령에서는 가족탕과 한증막업이 추가되었고, 특수목욕장업인 사우나탕, 증기탕에 복합목욕탕업이 새로이 덧붙여진 것이다.

공동탕을 제외한다면 나머지는 가족 중심의 위생과 함께 다양한 형태의 목욕탕이 공존하면서 운영될 수 있도록 한 점이 주목할 만하다.

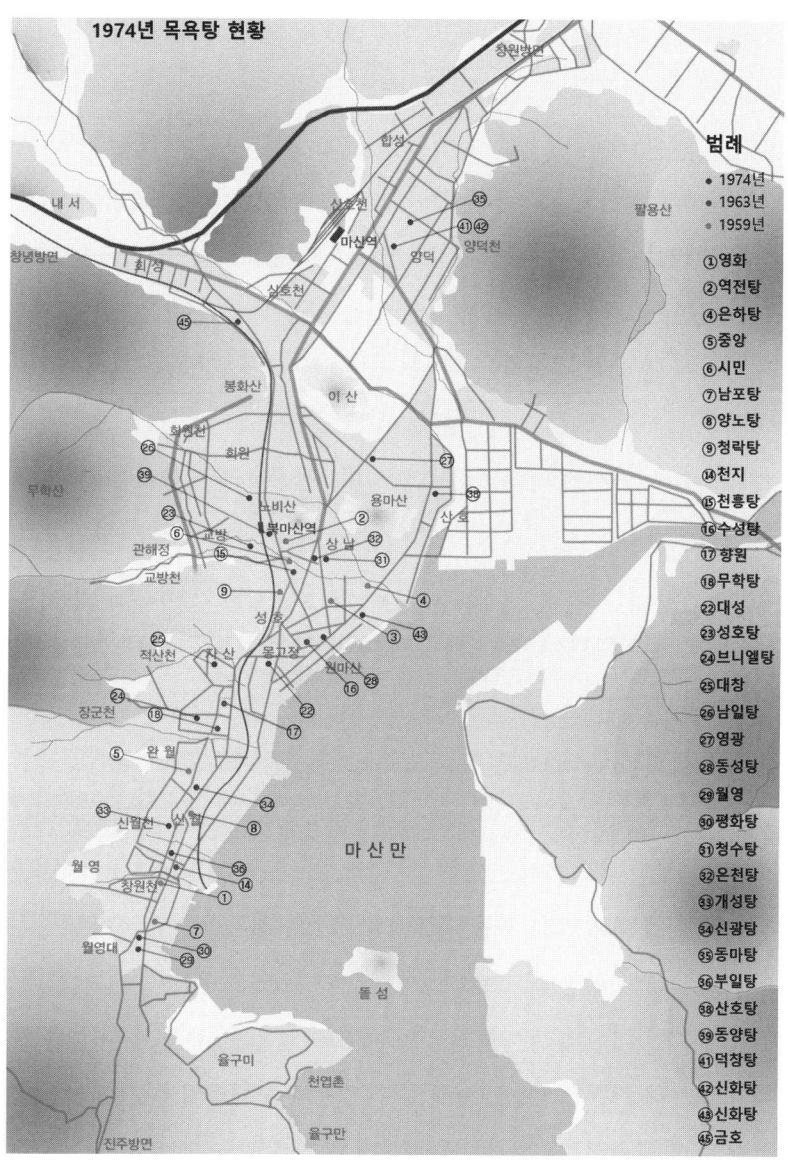

〈그림 3〉 1974년 마산지역 목욕탕 분포 지도(제작 신삼호)

특히 복합목욕탕업은 목욕 뿐만 아니라 헬스클럽도 겸할 수 있는 분야였기 때문에 목욕에 체력강화라는 기능을 첨가한 것이라고 할 수 있다. 곧 목욕탕의 종류도 다양해졌고, 그 기능 또한 단순히 위생을 넘어서서 휴식하고 체력을 강화할 수 있는 종합성 목욕탕으로 발전한 셈이다. 이는 그만큼 사회가 이러한 시설을 필요로 하고 있다는 사실을 반영한다. 곧 가족 단위의 휴식이나, 건강에 대한 관심, 도시 사회의 팍팍한 일상에 편안하게 쉴 수 있는 공간으로 전화하였음을 보여준다.

시설 기준 역시 세세하게 규정하였다. 일반탕의 경우 예컨대 욕실의 면적이나 바닥의 재질, 오수조의 처리, 냉온수도전 및 샤워기설치, 발한실 설치, 욕조 등이 규정되었고, 화장실도 탈의실과 연결되게 수세식으로 설치하도록 정하였다. 또한 한증막의 경우, 나무연료를 사용하도록 한 것이나, 휴식실을 둔 것은 목욕탕이 자연친화적인 연료를 사용하면서 충분히 휴식할 수 있는 공간으로 기능하도록 한 조치였다고 본다. 사우나탕업의 경우에는 휴식실과 더불어 안마실에 대한 규정이 있고, 특수한 것으로는 터키탕업으로 하여금 별도의 시설을 갖추도록 규정하였다. 복합목욕탕업의 경우 헬스클럽의 바닥면적은 100제곱미터 이상이어야 한다는 점도 명시하였다.[72]

그러나 일제 시대의 법령에 삽입되어 있던 굴뚝에 대한 규정은 보이지 않는다. 1986년에 제정된 관련법령내 시행규칙에는 「위생접객업 및 위생관련영업의 시설 및 설비기준」이 있으나, 목욕장업 부분에서 굴뚝과 관련된 조항이 없는 것이다. 공동탕의 경우 구조, 욕실, 탈의실 및 휴식실, 화장실, 기타 부대시설로 각각의 시설규정이 세세하게 정해져 있으나, 굴뚝 부분은 보이지 않는다. 이 점은 미해결의 과제로 남겨둔다.

위생업자들이 준수해야 할 사항 중 목욕장업자는 특히 원수의 수질 중에서 색도, 탁도, 수소이온농도, 과망간산칼륨 소비량, 대장균군의 수효 등에 관한 기준을 정하여 관리하도록 하였다. 예컨대 대장균군은 50밀리리터에서 검출되지 않아야 했다. 또한 터키탕에는 20세 미만인 자와 고등학생을 출입하지 못하도록 하였고, 침대를 두어서도 안 되며, 조명은 60룩스 이상이 되어야 할 정도로 비교적 엄격한 규정을 만들어두었다.[73] 당연히 이들 규정을 어겼을 경우 그에 해당하는 각종 행정처분기준도 만들어졌다. 위반회수에 따라, 그리고 법조항에 따라 경고나 개선명령을 내리는 것에서부터 시작하여 영업정지 5일~1개월이 있었고, 4차 위반의 경우 대부분 영업장 폐쇄명령을 내릴 수 있었다. 반면 특수목욕장업은 일반목욕장업에 비해 3차 위반으로 영업장 폐쇄명령을 내릴 수 있었으므로, 훨씬 엄격하게 법이 적용된 것으로 보인다. 특히 터키탕과 관련한 사항이 많은 것을 보면, 이곳에 대한 지도와 감독이 철저하였고, 그것은 그만큼 이곳에서 '부도덕한 행위'들이 자주 일어나고 있었음을 반증한다고 하겠다.

또한 1990년대 말에 이르러 새로운 법제가 만들어지면서 목욕업계에도 변화가 초래되었다. 1999년 2월 8일 식품위생법과 공중위생법이 공중위생관리법으로 통합되면서 그간 신고제였던 각종 업종들이 자유업종으로 변경되어 규제가 폐지되었다. 특히 목욕업계는 그간 1주일에 1회 휴무하고 1일 15시간 영업해야 한다는 규정이 지켜져 왔으나, 규제완화 조치에 따라 자유업종으로 전환하면서 24시간 심야

영업을 하는 목욕탕도 증가하게 되었다. 이 때문에 영세 목욕탕이 타격을 입었고 자유업종으로 전환되면서 위생교육조차 폐지되었다. 목욕탕의 수질기준 검사도 단속하기 어려워, 공중위생관리법이 형평성을 잃은 것이다.[74]

그렇다면 1980년대에 이르러 마산 지역의 목욕탕은 어떻게 변화하였을까. 먼저 1981년의 목욕탕 현황을 통해 이 문제를 살펴보기로 하자. 1981년의 조사에 따르면 모두 57곳이다. 지역별로는 원마산 14곳, 신마산 13곳, 중마산 3곳, 북마산 8곳, 남마산 2곳, 동마산 16곳, 서마산 1곳 등이다. 1963년에 비하면 숫자로 16개처에서 57개처, 비율로는 350% 증가한 셈이다. 특히 동마산의 경우 1963년도에는 한 군데도 없었으나, 1981년에는 16개로 마산 전역에서 목욕탕이 가장 많은 지역으로 변화하였다.

〈표 4〉 1981년 마산시내 목욕탕 현황[75]

일련번호	명칭	주인명	주소	설립연월일	동별 인구 (1982년 기준) 및 탕별 목욕인수	지역
1	남일탕	남현우	교원동 26-1	71. 1월 10일	8,509(4,254)	북마산 8
2	대성탕	변이식	교원동 69-7	74.9.30		북마산
3	새마산	권두살	구암구획정리 56B 7L	78.12.14	17,790(8,895)	동마산16
4	구암탕	이현수	구암동43b6L4호	78.11.1		동마산
5	동성탕	남정규	남성동 110	72. 5. 26	동성동(3,518) 일원	원마산14
6	부일탕	김수정	두월동 1가 7-6	79.4.14	창포(5,867), 월남(8,545)일원	신마산
7	앵화탕 40	설문섭	두월동 3가 1	65.2.27 63년 설전섭		신마산
8	수운장	구형선	부림동 75	77.6.2	2,624	원마산
9	청은 50	박금선	산호 3-26	78.1.29	40,162(10,040)	동마산

10	동호	윤윤석	산호2동 405-47	77.3.10		동마산
11	산호 30	최쌍호	산호동 16-11	78.4.15		동마산
12	수정탕	구정관	산호동 26-37	78.4.1		동마산
13	영광	김점덕	산호동 32-7	71.9.10		동마산
14	역전목욕	김용갑	상남동 108	76.2.14, 63, 김용갑	15,972(3993)	북마산 8
15	온천	변호식	상남동 219	74.1.12 목욕 여관		북마산
16	청수탕	박용선	상남동 250-34	73.10.30		북마산
17	애림옥수	이용애	상남동 52	78.1.5		북마산
18	부성	황윤성	서성동 68-10	68.9.30	9,539	원마산
19	석전탕	이순임	석전동 156	77.1.31	31,051(10,350)	동마산
20	삼성	김귀남	석전동 262	77.1.31		동마산
21	정수탕	감곡자	석전동 5-9	79.1.20		동마산
22	성호탕	이영자	성호동 32-11	69.8.14	7,149	원마산
23	수성탕	김기억	수성동 103	68.5.11	서성동(9,539) 일원	원마산
24	수성목욕	한점순	수성동 103	68.5.11 63,신귀동, 74 하정자		원마산
25	신광탕	이경란	신흥동 7	75.12.20	중앙동(1,2348) 완월동(17,601) 일원	신마산
26	동아목욕	김복남	양덕 1동 87	77. 9.20	43,120(10,780)	동마산
27	양덕탕	전봉록	양덕 3동 12-4	77.4.16		동마산
28	수은탕	도무평	양덕 3동 62-18	77.8.20		동마산
29	덕창	김외선	양덕1동 12-20	78.12.20		동마산
30	남도탕	유환근	오동동 152-23	79. 6월 6일	8,423(2,105)	원마산
31	중앙	지옥희	오동동 159	77…2.1 63, 김용조		원마산
31	신화탕	정소석	오동동 18-6	79.11.1		원마산
33	은하	천상순	오동동 55-10	63.6.3 63, 김형렬		원마산
34	산수탕	장판순	완월동 255	69.11.10	17,601	중마산 3
35	천지	박순곤	월남동 2가 1	66.3.9, 63, 박순곤	8,545(4,272)	신마산
36	남포탕	김영조	월남동 4-8	67. 4월 28		신마산
37	자산	김또연	자산동 298-1	74.9.27	15,865(7,932)	중마산

38	대창	김관배	자산동 299-50	69.12.27		중마산
39	중앙	최숙자	장군동 2-11	60.5.16, 63, 이남순	반월(14,124) 중앙(12,348) 완월(17,601) 일원	신마산
40	영남	김남련	장군동 3가 12-4	77.4.16	탕별 8,814명	신마산
41	무학탕	최복영	장군동 4가 26	77…131		신마산
42	무학탕	김영범	장군동 4가 26-63	78.9.1, 63,박종근,		신마산
43	크리스탈내	김무연	장군동 4가 3-6	76.2.19		신마산
44	시민탕	김부연	중성동 10-6	77.7.27, 63년 감문옥	3,835(1,917)	원마산
45	남진목욕	김남진	중성동 164-1	77. 1월 14		원마산
46	유천탕	장기남	중앙동 1가 8	74.2.29	12,348(4,116)	신마산
47	개성탕	김또순	중앙동 1가10	74.4.25		신마산
48	향원	박동석	중앙동 3가 2	63.6.11		신마산
48	청운탕	박흥걸	추산동 ?가 4	75.11.5	6,934(3,467)	원마산
50	청락탕	김차윤	추산동 33-1	72.1.5,63 청학, 김차순		원마산
51		서문수	합성동 228-3(?)	78.1.2	35,593(17,796)	동마산
52	경남탕	문수영	합성주택정리지구2B 4C	79. 5월 9일		동마산
53	평화탕	문진곤	해운동 112-23	73.1.1	월영2동(16,309) 일원	남마산 2
54	월영목욕	이일규	해운동 14-6	72.7.1	(탕별 8,198)	남마산
55	남향목욕 여인숙	김옥순	회성동 54-1	79. 11.1	13,478	서마산 1
56	동아목욕	노수권	회원동 195-9	77. 12.26	41,039(20,519)	북마산
57	회원탕	이정분	회원동 45-2	79.10.3.		북마산
총계	57개처				400,501(7,026)	

    1981년 마산시내 목욕탕 현황표는 많은 사실들을 말해준다. 우선 눈에 띄는 것은 새로이 도시화된 곳에 목욕탕이 줄지어 들어섰다는 점일 것이다. 동마산지역이라 부르는 양덕동, 석전동, 산호동, 구암동,

합성동 일대는 산업화 이전에 농촌지역이었다. 예컨대 오늘날 공설운동장이 있는 양덕동 일원은 반냇들이라 하여 마산 지역에서 최고의 농경지로 꼽히던 곳이었고, 합성동 역시 넓은 구릉지에 비옥한 농경지가 천주산쪽에서 발원한 산호천과 만나면서 양덕동 못지않은 넓은 들을 가지고 있었다. 그 인근의 산호동과 구암동 역시 유사한 상황이었다고 볼 수 있다. 물론 산호동은 일부 바닷가와 접해 있었고, 또 일부 주민이 어업에 종사하고 있었지만 대부분의 지역은 농업지대였다.

그 점에서 1970년대에 마산에서 진행된 산업화란 이곳의 농경지와 해안갯벌을 매립하여 공장용지와 주거지로 바꾸는 작업이었고, 이것이 각종 도시 시설의 증가로 이어졌다고 할 수 있다. 전통적인 농촌이면서 분산되어 있던 합성리, 구암리, 석전리, 양덕리, 산호리 등에 공장과 주거지, 도로 등이 들어서면서 새로운 도시지역으로 탄생된 것이다. 그런 까닭에 다른 편의시설과 마찬가지로 위생시설인 목욕탕도 필수적으로 증가하였다고 생각된다.

1981년도를 기준으로 한다면 동마산지역에 모두 16개의 목욕탕이 들어섰는데, 이는 1974년의 5개처에 비해 3배 이상 증가한 수치이다. 1974년에 목욕탕이 있던 산호동과 양덕동의 인구는 각각 29,240명, 양덕동 28,928명이었고, 나머지 구암동, 합성동, 석전동 등에는 목욕탕이 없는 것으로 기록되어 있다. 1975년에 이들 3개 동 중에서 석전동은 11,621명, 합성동에는 11,609명이 살고 있었다.[76] 구암동이 마산시의 인구통계에 잡힌 때는 1981년으로서, 창원시가 독립하고 난 직후의 일이다. 1981년에 구암동 인구는 14,927명이므로[77] 다른 동마산지역의 인구 규모에 비해 매우 적은 숫자이다. 당시 양덕동은 약 4만여 명, 석전동은 2만 3천여 명, 합성동은 3만 1천여 명 정도였다. 1974년과 1975년의 동마산 지역 인구는 대략 7만1천여 명이었으며 여기에 구암동 인구를 더하면 대략 8만여 명이 거주하고 있었다는 의미이다. 이에 비해 1981년에는 위의 5개동 인구가 146,480명이며, 여기에 봉암동의 8,619명까지 포함하면 155,099명에 이른다. 약 1.9배의 증가율이다. 요컨대 동마산지역은 1970년대 이후 산업화와 도시화가 급속하게 진전된 곳이며, 그에 따라 1970년대 후반부터 1980년대에 이르러 목욕탕도 증가하면서 목욕과 위생이 도시 전체 사회에서 주요 기능을 담당하였다고 할 수 있다.

마산시의 통계에서 목욕탕이 동별로 합산된 시기는 1984년 이후였다.**78**「환경위생관련 영업소현황」이란 항목에서 1978년도부터 1983년도까지의 업소현황을 숙박업, 이미용업, 목욕탕업, 유기장업별로 가로열에 합산하여 배열하였고, 그 아래 부분에 이 업소들이 각 동별로 얼마나 되는지를 표기하였다.

〈표 5〉 1983년 마산시내 동별 목욕탕 현황

연별 및 동별	총계	공동탕	가족탕	한증탕	수영장 및 실내수영장	동별 인구	1개탕별 사용가능인구
1978	64						
1979	68						
1980	70						
1981	89						
1982	100						
1983	108	103	2		3		

현동	–	–			4,619	
가포	–	–			2,659	
월영 1	–	–			5,339	
월영 2	3	2		1	16,227	5,409
창포	1	1			5,849	5,849
월남	4	4			8,337	2,084
반월	–	–			14,458	
중앙	6	6			12,601	2,100
완월	4	3		1	17,435	4,358
자산	2	2			15,713	7,857
서성	2	2			9,360	4,680
동성	5	5			3,498	700
부림	2	2			2,435	1,218
추산	2	2			5,556	2,778
중성	5	4	1		3,787	757
성호	3	2		1	6,923	2,308
교원	5	5			7,580	1,516
교방	–	–			12,498	
상남 1	5	5			10,151	2,030
상남 2	1	1			6,085	6,085
오동	7	7			8,525	1,217
산호 1	8	8			28,668	3,584
산호 2	3	3			12,439	4,146
회원 1	5	5			21,970	4,394
회원 2	2	2			20,840	10,420
석전 1	3	3			15,430	5,143
석전 2	2	2			15,958	7,979
회성	3	3			14,192	4,731
양덕 1	6	6			17,707	2,951
양덕 2	–	–			6,247	
양덕 3	1	1			17,542	17,542

합성 1	5	5			18,986	3,797
합성 2	1	1			17,628	17,628
구암	11	10	1		26,432	2,402
봉암	1	1			10,553	10,553

위의 표에서 주목할 만한 것은 동별 목욕탕 수효와 사용가능인원이 동별로 크게 차이가 난다는 사실이다. 예컨대 중성동은 목욕탕 4개, 가족탕 1개로 1개탕별 사용가능인원은 757명에 불과하다. 반면 양덕 3동이나 합성동은 인구가 1만 7천명이 넘는데도 공중탕 1개 뿐이며, 인구 1만 2천명이 넘는 교방동이나 1만 4천명이 넘은 반월동에는 한 개도 들어서 있지 않다. 물론 이를 인접 지역과의 연계성을 고려하지 않고 계산하는 것은 바람직하지 않다. 반월동은 시장 일대를 제외하고는 대부분 지대가 높은 곳에 주거지가 위치하고 있으며, 이 때문에 사실상 목욕탕이 들어설 곳이 마땅치 않다. 대신 인근의 월남동에 4개의 탕이 있으므로 이를 이용할 수 있을 것이다.

그렇다고 해도 중성 5개, 월남 4개, 교원 5개, 동성 5개, 상남 6개, 오동 7개, 회원 7개, 양덕 7개, 합성 6개, 구암 11개 등 일부 동은 다른 동보다 월등히 많다고 할 수 있다. 흥미있게도 원마산에서도 중성, 동성, 오동에 많은 반면 그보다 인구가 많은 서성동이나 성호동, 추산동 등은 그에 미치지 못한다. 곧 원마산 중에서도 핵심지역인 중성, 동성, 오동동에 많이 세워진 반면 그 주변 지역은 그렇지 않았던 것이다. 따라서 이들 지역의 목욕탕은 거주인구보다 상업이나 서비스, 행정사무 등 주간에 이곳에서 일하거나 목욕을 위해 시내로 나오는 사람들을 위해 개설되었다고 생각하고 싶다.

그렇다면 북마산에 해당하는 상남동이나 교원동에 목욕탕이 많았던 이유는 무엇일까. 이곳의 공통점은 모두 철도역이 있던 동네였다는 점일 것이다. 상남동에는 구마산역이, 교원동에는 북마산역이 있었기 때문에 이곳을 이용하는 이동자들에게 목욕 서비스를 제공하였던 것은 아니었을까 짐작해 본다. 특히 이곳에는 외지, 곧 북마산에는 함안 일대, 구마산에는 창원과 진영 일대에서 오는 내방객이 많았다는 것이 중요한 이유일 것이다. 김형윤은 "멀리 진영, 창원, 칠원, 진동 등지 주민들은 마산의 닷새, 열흘 만에 개장하는 장날을 틈타서만 목욕"할 수 밖에 없는 여건이었음을 지적하고 있다.**79** 물론 이 지적은 일제 시대의 상황을 설명하는 것이지만, 두 역이 사라지기 전까지의 상황은 오히려 이전보다 더 흥성하였던 것으로 보인다. 예컨대 북마산역은 1967년에 경전선이 개통된 이후 이전보다 더 북적거렸고, 구마산역 역시 1977년에 폐쇄되기 전까지 북마산역보다 더 많은 여행객과 장터이용자가 출입하였다. 이 부근에는 목욕탕 뿐만 아니라 여관도 적지 않았고, 역 앞에는 넓은 광장이 있어서 신문, 우편물, 술 등 각종 문물들이 이곳을 통해 출입하였고, 아침 8시 무렵부터 11시에 파장하는 번개시장도 형성되어 있었다.**80** 곧 번개시장, 많은 내왕객, 물품 이동 등으로 구마산역은 1970년대 중반까지 활력이 넘치는 공간이었다. 이러한 조건이 목욕탕의 증가를 부추겼을 것이다. 1950년대 말부터 역전목욕탕이 있었던 사실이 이를 증명한다.

이러한 시대적 수요에 맞추어 변화해 간 양상을 예컨대 앵화탕에서 볼 수 있다. 이 목욕탕은 1980년대에 주인이 바뀌면서 건물구조 역시 이전과 달라졌던 것이다. 설재창은 앵화탕이 1980년대에 다른 이에

〈그림 4〉. 1981년 마산지역 목욕탕 분포지도(제작 신삼호)

게 팔렸을 것이라고 짐작하였다. 창원지법 마산지원 등기계에서 보관하고 있는 「폐등기부 증명서」에 따르면, 앵화탕은 1985년에 철근 콘크리트조 및 시멘트 벽돌조 슬래브 지붕 3층 근린생활주택으로 개조되었는데 1, 2층은 근린생활로, 3층은 주택으로 기재되어 있다. 「토지대장」에는 1983년에 소유권이 이전되었으므로, 1985년에 옛 목조건물을 헐고 오늘날과 같은 시멘트 건물로 신축하였으리라고 생각한다.

그곳에 들어가 보면 1층은 여탕으로, 2층은 남탕으로 구성되어 있으며, 남탕에는 온탕과 열탕, 냉탕이 있고, 또 사우나실이 있다. 홀에는 운동기구가 놓여 있기도 하다. 내가 종종 이용하는 자산동의 ㅎ탕은 별도로 스포츠 센터를 운영하고 있다. 곧 1980년대의 목욕탕은 단순히 몸을 씻는 위생공간이라는 성격을 넘어서서 건강을 증진시키는 기능을 부가한 공공적 시설로 전환하였다는 사실이 시설에서 확인되는 셈이다.

〈표 6〉 마산 각 지역의 시기별 목욕탕 증가율

	1959	1963	1968	1969	1970	1974	1981	1993	증가율 (1993/1959)%
원마산	6	9				10	14	21	350
신마산	6	5				8	13	21	350
중마산						2	3	13	1,300
북마산	1	2				6	8	39	3,900
남마산						2	2	5	500
동마산						5	16	60	6,000
서마산							1	4	400
창원						3	창원 독립		
계	13	16(20)	(22)	(27)	(30)	36(51)	57	(163)	1,254%

*참고, 원마산은 수성동, 오동동, 부림동, 성호동, 추산동, 남성동, 중성동, 신마산은 두월동, 중앙동, 장군동, 월남동, 신흥동, 중마산은 자산동, 완월동, 서마산은 회성동, 남마산은 해운동, 북마산은 상남동, 교원동, 회원등, 동마산은 산호동, 석전동, 양덕동, 합성동, 구암동, 봉암동, 창원은 서상동, 중동, 상동(?) 등이다.

*1968, 1969, 1970년도의 총계는 각각 『제6회 통계연보 1970』(마산시, 1970), pp.118~119 및 『제7회 통계연보 1971』(마산시, 1971), pp.108~109에 의거하여 작성하였다. 이 기록에 따르면 『상공명감』과 약간 다른 수치를 보여주고 있는데, 1963년(도표의 괄호안)에는 20개, 1964년에 19개, 1965년에 19개, 1966년에 19개, 1967년에 20개, 1968년에 22개이다. 1968년의 수효는 양측 자료가 모두 같으나 1963년의 경우는 시 통계가 4개 더 많다. 양측의 기록에는 장단점이 있는바, 시통계의 경우에는 연도별 변화를 세세하게 기록한 반면, 목욕탕의 위치나 명칭, 설립연월일, 주인 등의 항목이 빠져 있다.

목욕탕이 이처럼 다기능 공간으로 변화한 이유로는 아파트의 증가에도 그 원인이 있을 것이다. 다시 말해 아파트 속에 목욕시설이 독립적으로 갖추어져 있기 때문에 공중목욕탕에 대한 의존도도 점차 줄어들었을 것이라고 예상되는 것이다. 곧 공중목욕탕은 아파트내의 목욕탕과 경쟁을 해야 하는 처지였던 셈이다. 신흥의 단독주택에도 목욕시설이 갖추어져지고 있던 때였으므로 목욕탕의 사회적 수요는 1970년대와는 비교할 수 없을 정도로 줄어들었을 것이고 목욕탕의 다기능화는 그에 대한 대비책이었으리라 본다.

마산지역의 경우 1978년도에 주택에서 차지하는 아파트의 비중은 미미했다. 당시 총가구수가 3,555호였는데, 이 중 350호 정도가 철근콘크리트였지만 이 중에서 아파트가 차지하는 비중이 얼마나 되었는지는 확인되지 않는다.[81] 1978년도에 용마맨션아파트가 완공되면서 아파트가 건립되기 시작하였다고 하니,[82] 1980년대 전후에는 거의 미미한 수준이었을 것이다. 이러한 비율은 1988년에 크게 변한다. 철근콘크리트 건물이 55.6%로 증가한 것이다.[83] 이 중 아파트의 비중이 얼마인지는 불명확하지만, 1992년도의 통계에 따르면 총 66,350호 가운데, 단독주택이 38,965호(58.7%), 아파트 17,962호(27%), 연립주택 3,020호(4.6%), 다세대주택 1,756호, 비거주용 건물내주택 4,647호의 분포다.[84] 아파트와 연립주택의 비율이 전주택 중에서 약 32%에 해당한다. 그러나 이 비율은 총 89,903호 중 단독주택은 49,256호인데 비해 아파트는 32,982호, 연립주택은 3,815호로 아파트 및 연립주택의 비율이 41%로 증가하며, 2005년에는 총 111,910호 중 아파트만 60,923호에 이르러 총 주택의 54.4%를 차지하기에 이른다.[85] 다시 말해 1990년대와 2000년대 초기는 적어도 목욕시설이 주거양식에 거의 보편화된 시기였다고 할 수 있다. 주거 내에 설치된 목욕시설이 공중목욕탕의 강력한 경쟁자였던 셈이다.

그렇다면 1990년대에 마산 시내에서 동네별로 목욕탕은 종류별로 어느 만큼 있었는가. 다음의 표를 보면 1980년대와는 또 다른 양상들을 볼 수 있다.

〈표 7〉 1993년 마산시내 동별 인구 및 목욕탕 현황[86]

	공동탕	가족탕	한증탕	인구	1개탕별 사용인구
〈합포구〉					
현동	–	–	–	4,163	–
가포동	–	–	–	2,813	–

월영동 1/2	1/5			3,943/17,917	3,643
창포동	3			7,537	2,509
월남동	2	1		7,224	2,408
반월동	6			12,286	2,047
중앙동	8			10,627	1,328
완월동	6		1	14,678	2,097
자산동	5	1		17,707	2,951
서성동	4			7,327	1,831
동성동	3			2,387	795
부림동	–	–		1,267	–
추산동	2			3,999	1,999
중성동	3	1		2,275	568
성호동	3			1,323	441
교원동	2			1,617	808
교방동	4			4,582	1,145
상남동 1/2	5/3		/1	2,195/1,199	377
오동동	5			1,756	351
산호동 1/2	9/4		3/	6,363/2,480	553
소계	83	3	5	191,604	2,105
〈회원구〉					
회원동 1/2	9/7			5,161/6,931	756
석전동 1/2	6/6		2/	3,916/4,108	573
회성동	4			4,381	1,095
양덕동 1/2/3	7/1/3			4,947/1,287/2,860	826
합성동 1/2	5/9			5,691/4,967	761
구암동 1/2	4/4			5,732/4,235	1,246
봉암동	2			2,369	1,185
소계	67		2	201,324	2,918
총계	150	6	7	392,928	2,455.8

이 표에서 알 수 있는 사실은 현동과 가포동처럼 마산시의 외곽지에는 여전히 목욕탕이 없었다는 점이다. 다시 말해 도시권역에 들어 있기는 하지만, 종래의 농어촌 모습이 변치 않은 채로 남아 있었던 것이다. 이와 달리 도시권역으로 편입된 회원구의 양덕동이나 합성동 등에는 다른 어느 지역보다 많은 목욕탕이 세워졌다. 양덕동에는 11개, 합성동에는 14개, 구암동에는 8개, 석전동에는 12개, 그리고 동마산과 이웃하고 있는 회원동에는 16개, 산호동에는 13개, 상남동에는 8개 등 모두 82개가 동마산과 그 이웃 지역에 몰려 있었던 것이다. 비율상으로는 57.3%이다.

그러나 1개 탕 별 사용인구로 계산하자면 이와는 조금 다른 양상이 펼쳐진다. 곧 오동동이 351명, 상남동이 377명으로 두 곳이 3백 명 대이며, 성호동, 산호동, 석전동, 합성동 순으로 사용인구가 증가한다. 반면 월영동 지역은 3,643명으로 인구대비 목욕탕의 숫자가 가장 적다. 이는 월영동 일대, 특히 해운동 일대가 매립되고 이곳에 대규모 아파트 단지가 들어선 상황이 반영되었으리라고 본다. 급격한 도시화에 비해 목욕탕을 비롯한 편의시설이 제대로 따라주지 않은 탓일 것이다. 전체적으로 본다면 합포구의 1개탕별 사용 인구는 2,105명이고, 회원구의 그것은 2,918명으로 합포구보다 약간 높다. 이들의 평균은 2,456명이다. 곧 1993년대 마산지역 시민들 2,456명이 하나의 목욕탕을 이용할 수 있었다고 볼 수 있다. 이는 1959년에 11,915명이었던 사실과 비교된다. 곧 동네 당 목욕탕 수가 증가하면서 이용자들에게 많은 편의를 제공하였다고 말할 수 있다. 적어도 목욕탕의 증가율이 주춤하던 21세기 이전까지는 이러한 흐름이 계속되었던 것이다.[87]

이 시기의 중요한 변화는 땔감과 물에서도 나타났다. 앞서 본 바와 같이 일제 시대나 해방 이후에는 땔감으로 장작과 석탄을, 물은 주로 지하수를 사용하였다. 그러나 산업화가 본격적으로 시작되던 1970년대에 이르러 용수로는 지하수보다 상수를, 연료로는 장작이나 석탄보다는 액체연료나 전기로 전환한 것이 아닌가 한다. 1970년 12월 28일자『매일경제』에 따르면 서울시에서는 연료를 유류로 전환할 것을 적극 권장하면서 목욕료를 대폭 올려주었음에도 불구하고 100여개의 목욕탕 중 30여개 만이 이를 따랐다고 보도하였다. 또한 1990년대에는 양질의 액체 연료로 전환하는 과정에서 업체와 서울시 사이에 갈등이 있었다고 한다. 마산에서도 이러한 변화가 거의 같은 시기에 미치지 않았을까 한다.

　1980년대의 목욕탕의 변화와 관련해서 언급되어야 할 것은 목욕탕의 굴뚝이 왜 저렇게 높아야 했을까 하는 점이다. 굴뚝을 높이는 이유는 통상 아궁이의 화력을 높이면서 연기가 멀리 날아갈 수 있도록 하기 위한 데 있다. 곧 기류의 흐름을 이용하는 것인데, 연기가 상승하는 기류를 탈 수 있는 데까지 굴뚝을 높이는 것으로 건축용어에 따르면 배연이 최종적으로 도달하는 연기축의 높이인 유효굴뚝높이에 해당한다.

　일제 시대의 경우 관할 당국은 10척 정도의 높이로도 연기가 비산될 수 있었으리라 믿었던 것 같다. 반면 1939년대에 이르면 굴뚝 높이는 15미터 이상으로 만들도록 법이 바뀌었다. 1935년에 제정된 총독부의 시가지계획령에 따라 경기도에서는 이에 수반하는 시행세칙을 만들었던 바, 이 중에 '기관汽罐 목욕탕 등 다량의 연료를 사용하는 집은 높이 15미터 이상의 굴뚝을 세울 것'을 법제화하였던 것이다.[88] 경기도 뿐만 아니라 다른 시도에서도 이를 받아들였기 때문에 마산에서도 1960년대까지 이 높이의 굴뚝이 존속되었던 것으로 보인다. 1960년대에 서울에서 무너진 굴뚝 사진을 보면 사각형의 15미터 굴뚝이기 때문이다.[89]

그러나 도시화와 산업화가 진전되면서 기왕의 굴뚝높이로는 매연을 감당하기 어려웠던 것 같다. 1970년대에 이르러 매연굴뚝이 사회문제로 부각되었던 것이다. 서울시의 경우 1971년에 41개 사업장의 매연굴뚝에 대해 개수령을 내렸으며,[90] 1973년도에도 51개 매연굴뚝에 대해 다시 개수령을 내렸다. 여기에는 공공기관이나 빌딩 및 호텔과 같은 사업소도 있지만, 천일탕, 대명탕, 제일탕, 한성탕과 같은 목욕탕도 포함되어 있다.[91] 도시의 공기가 산업화로 인해 나날이 악화되어 가던 사정을 잘 보여준다. 목욕탕의 굴뚝이 그 주범 중의 하나로 지목되고 있는 것이다. 이에 도시화가 진전된 1970년대 이후에는 그 높이만으로는 연기를 날려 보내는 것이 불가능하였을 것이라 생각한다. 그런데다 아무리 높이고 싶다고 해도, 굴뚝을 쌓는 기술이 동반되지 않으면 30미터짜리 굴뚝을 만들 수는 없었을 것이다. 기술이 부실할 경우 무너지는 경우가 종종 있었기 때문이다.[92]

30미터짜리 공장굴뚝은 이미 1960년대에 보인다. 1963년에 광주의 벽돌공장에서 새로 쌓아올리던 25미터 높이의 콘크리트 굴뚝이 무너져 위에서 일하던 인부가 떨어져 숨졌다는 기사에서 그것을 알 수 있다.[93] 1964년에는 부산의 한 공장에서 25미터 굴뚝을 쌓는 바람에 이웃 학교와 주민들이 진정을 하였다는 기사도 출현하고 있다.[94]

또한 의처증에 걸린 한 가장이 30미터 높이의 공장굴뚝에 올라가 자살소동을 벌였다는 신문기사가 1969년에도 실리고 있다.[95]

높은 굴뚝이 탄생할 수 있었던 배경에는 시멘트가 건축재료, 특히 고층건물에 널리 쓰인 데에 있을 것이다. 고층의 굴뚝은 기왕의 벽돌 굴뚝과 달리 철근으로 거푸집을 만든 다음 그곳에 시멘트를 부어서 콘크리트를 양생하는 방식이었다. 따라서 벽돌 쌓기로는 높이를 올리는데 한계가 있는 반면 콘크리트 굴뚝의 높이는 30미터나 그 이상도 가능하였을 것이라고 생각한다.

또한 기후가 굴뚝의 높이를 좌우하기도 한다. 바람이 강한 곳의 가옥은 어디서나 굴뚝이 높은데, 이는 섬 뿐만 아니라 해안을 따라 나 있는 마을이나 도시에서 볼 수 있는 현상이다. 그에 비해 바람이 약한 내륙에서는 민가의 굴뚝이 낮은 편이다.[96] 마산 목욕탕의 높은 굴뚝도 이러한 해안지대의 기후 특성이 반영된 것이라고 할 수 있다. 이는 마산과 유사한 경도와 해안에 위치한 부산에서도 잘 드러나는 현상이다. 인터넷 사이트에는 부산에서 눈에 뜨이는 경관 중의 하나로 목욕탕의 높은 굴뚝을 지적하고 있는데,[97] 그 높이나 모양이 마산의 그것과 조금도 다르지 않다.

요컨대 마산지역 목욕탕의 굴뚝이 높은 것은 산업화에 따른 오염의 증가, 굴뚝 쌓는 기술의 발전, 해안지대의 기후 특성 등이 어우러진 1980년대의 산물이라고 할 수 있다.

마산 지역의 언론 기사에 따르면 높은 굴뚝은 이미 기능을 다했지만, 철거하는데 비용이 많이 들어가기 때문에 그대로 존치시키고 있다고 말한다. 이를 철거하다 사망사고가 난 경우도 있었다. 2014년 7

월에 추산동 몽고정길에 있는 목욕탕 굴뚝을 해체하던 중 작업 인부 두 명이 추락하여 1명은 사망하고 1명은 중상을 입은 것이다.[98] 실제로 굴뚝은 있는데, 목욕탕은 이미 사라진 곳도 있다. 또 어떤 곳에서는 목욕탕 이름을 지우고 자신의 광고물로 쓰는 경우도 있다. 최근에 지어진 목욕탕에서는 굴뚝이 거의 보이지 않는데, 이는 그만큼 좋은 연료를 사용한다는 의미일 것이다.

그러므로 1980년대 이후의 상황을 종합한다면 2,000년대에 이르기까지 마산지역의 목욕탕은 수효가 크게 늘었을 뿐만 아니라 지역 분포에 있어서도 새로이 도시화가 이루어진 동마산 일대에서 놀랄 만큼 증가하였다. 곧 1970년대 초반까지는 신마산과 원마산 중심에서 벗어나지 못하였으나, 1970년대와 1980년대를 거치면서 전지역에 분포하게 되었고 이에 따라 목욕탕 1개당 사용인구도 크게 감소하였다. 구조와 기능면에서도 목욕 기능만을 수행하던 이전의 시설과는 달랐다. 1층 건물이 2층 건물로 바뀌면서 대형화하였으며, 물이나 연료 사용에서도 위생적이면서 오염을 배출하지 않는 시설이 갖추어졌고, 굴뚝 역시 시대의 산물이라고 할 정도로 변모하였다. 또한 탕 내에도 여러 종류의 증기탕, 두 종류의 온탕, 약탕 등 여러 기능을 수행할 수 있는 시설이 있었고, 외부에는 운동을 하면서 휴식을 취할 수 있는 다목적 공간으로 바뀌어 갔던 것이다. 곧 1980년대 중반 이후, 목욕탕은 제도적으로도 그렇지만 실질적으로도 목욕, 건강, 휴식 등을 겸하는 새로운 공공 위생 공간으로 재탄생되었다고 할 수 있다.

장기간에 걸친 변화가 지역별로 또 시기별로 어떻게 나타났는지를 다음의 표를 통해 알 수 있다.

〈표 8〉 마산 각 지역의 시기별 목욕탕 증가율[99]

	1959	1963	1968	1969	1970	1974	1981	1993	증가율 (1993/1959)%
원마산	6	9				10	14	21	350
신마산	6	5				8	13	21	350
중마산						2	3	13	1,300
북마산	1	2				6	8	39	3,900
남마산						2	2	5	500
동마산						5	16	60	6,000
서마산							1	4	400
창원						3	창원 독립		
계	13	16(20)	(22)	(27)	(30)	36(51)	57	(163)	1,254%

* 계 항목의 괄호 내 숫자는 해당연도의 『마산시통계연보』에 의한 것이다.

이에서 보듯이 1959년과 1963년도에는 신마산과 원마산에 집중적으로 분포되어 있었고 그 숫자도 크게 차이가 나지 않았다. 이는 일제강점기의 전통을 이어받았다고 생각된다. 상남동이 속해 있던 북마산에도 목욕탕이 운영되고 있었는데, 이는 이곳에 구마산역과 북마산역이 있었기 때문이었을 것이다. 오고가는 승객들이 많았던 것이 일찍부터 목욕탕의 개설을 부추겼으리라고 본다. 반면 반면 중앙마산과 남마산, 동마산, 그리고 서마산 지역에는 1970년대에 들어 목욕탕이 들어서며, 그 증가율 역시 가파르다. 동마산의 경우 34년 동안에 무려 6,000%의 증가율을 보이고 있으며, 유동인구와 함께 도시화가 진행되면서 유입인구가 증가한 북마산 지역의 증가율도 3,900%에 이르러, 동마산 다음가는 증가율을 기록하였다.

그에 비한다면 전통적으로 목욕탕의 중심성을 유지해 왔던 원마산과 신마산의 증가율은 350%로 가장 낮다. 이는 그만큼 인구증가나 도시화가 다른 지역에 비해 큰 규모로 진행되지 않았음을 의미한다.

반면 완월동과 자산동을 포함하고 있는 중앙마산 일대에 1970년대 이후 목욕탕이 크게 증가한 것은 그간 전통적인 촌락형태를 유지하고 있던 이곳이 완전히 도시화되었기 때문일 것이다. 예컨대 완월동의 경우, 성지여고 앞에 위치한 옛 완월리는 1950년대 중반까지 예전의 촌락형태와 규모를 유지하고 있었다.[100] 그러나 1970년대에 들어 동네 아래쪽에 배치되어 있던 농경지가 주거지로 바뀌면서 완전한 도시의 일부로 편입되었다. 완월리 중심부에 있던 완월동 사무소가 1992년에 이르러 그보다 훨씬 아래에 위치한 완월초등학교 아래쪽으로 이전한 사실은[101] 완월동의 도시화가 사실상 끝났음을 보여준다. 인근의 자산동 역시 유사한 양상이었다. 이 점에서 중앙마산은 일부 관공서와 학교를 제외하고는 1960년대까지 도시화되지 않은 채 전통적인 농촌마을로 남아 있었던 듯이 보인다. 요컨대 마산의 목욕탕은 도시화의 상징이었던 셈이다.

VII. 맺음말

마산에 처음 왔을 때 느낀 도시 경관중의 하나는 목욕탕의 굴뚝이 매우 높다는 점과 그 수효가 많다는 사실이었다. 낯선 이방인의 눈으로 볼 때는 조금 경이로운 풍경이었기 때문에, 언젠가는 검토해 보고 싶은 주제였다.

검토에 따르면, 초기의 마산지역 목욕탕은 통감부 시절에 일본인들이 이주민 사회를 구축하였던 신마산 지역에서 시작되었다. 그것은 이미 개화기 및 일제의 통치를 거치면서 발전한 문명론적 위생론의 일부로 출발한 것과 거의 동일한 성격의 위생시설이었다. 특히 이 목욕탕은 새로 이주한 일본인에 의해, 일본인들에게 서비스될 수 있는 새로운 문명이기였다. 일본인에게 중요한 돈벌이 수단이었던 이 목욕탕은 거꾸로 조선이 문명화되지 못한 더러운 사회라는 것을 홍보하는 역할도 잘 수행하였다. 그리하여 1920년대에는 신마산 뿐만 아니라 조선인이 많이 거주하던 원마산 일대에도 목욕탕이 세워졌으며, 지역에서 일하는 섬유노동자의 노동조건 개선 요구 사항에 목욕탕 설치가 들어 있었다. 마산 인근의 북면에서는 온천 개발이 시작되었으니, 1920년대는 목욕탕이 문명의 이기로써, 또 식민지 위생의 필수 영역으로 자리잡은 시기라 할 수 있다.

이러한 구조는 마산 지역에서 1970년대에 변화하기 시작하였다. 도시화와 산업화가 진전되고 인구가 급증하면서 원마산과 신마산 중심의 목욕탕시설은 거의 전도시로 확산되어 갔다. 특히 양덕동, 합성동 등 이전의 전통적인 농업지대는 상전벽해라 할 정도로 공장지대로 그리고 주택가로 변모하였기 때문에 목욕탕 역시 이에 발맞추어 곳곳에 세워졌다. 이 점에서 목욕탕이 동네의 생활필수품이 된 시기였고, 지난 역사 중에서 가장 번성했던 시대였다고 할 수 있다.

제3기는 1980년대 중반 이후 목욕탕 관련법이 정비되고 종류도 다양해지면서 목욕 기능 뿐만 아니라 건강증진, 휴식 등과 같은 관련 기능이 복합적으로 작용하던 시기였다. 또 당시에 발흥하던 개인주거의 목욕탕이나 온천탕, 건강탕과도 경쟁해야 하던 시절이었다. 그 점에서 1990년대 이후의 목욕탕은 고급화된 위생시설이었던 셈이다. 요컨대 마산지역의 목욕탕은 도시 사회의 역사를 상징하는 중요한 부분이었다고 하겠다.

3 원마산 주변지역의 변화와 신마산 사회의 형성

1. 20세기 마산 상남동 지역에서 전개된 사회변화와 근대교육의 여러 양상
2. 대한제국 시기 마산포 지역의 러시아 조차지 성립 과정과 각국공동조계 지역의 도시화

20세기 마산 상남동 지역에서 전개된 사회변화와 근대교육의 여러 양상

I. 머리말

한국의 역사 연구에서 지역사나 도시사 연구는 대부분 국가사의 하위 범주에 속해 있다고 해도 과언은 아니다. 지역사 연구라고 하더라도, 동아시아 세계 혹은 지구사와 연계시켜 고찰하는 경우는 더욱 드물다. 따라서 이 연구는 마산 지역의 일부인 상남동의 역사를 독립적인 도시사의 한 단위로 설정하고 좀 더 넓은 동아시아적 맥락 속에서 주어진 주제에 접근해 보려고 한다.[1]

이 글의 주제는 1899년의 마산포 개항 이후와 1960년대 중반 이후에 나타난 도시 사회의 변화를 상남동이라는 작은 공간 속에서 살펴보려는 것이다. 조선 시대에 마산포 도심지의 주변 농촌에 불과했던 이곳은 개항 이후 신식학교, 새로운 종교, 신작로와 철로로 상징되는 근대형 도로, 각종 공공기관과 산업시설 등 근대문물의 도입과 이를 통한 식민지배의 요소가 중첩되는 양상이 나타났고, 그것은 다시 1960년대에 들어 세 번째의 산업화와 도시화 과정을 겪으면서 다른 양상으로 변화하게 된다. 도심지가 형성되고 조창이 만들어지던 18세기 중엽의 초기 도시화를 포함한다면, 적어도 세 번에 걸친 변화를 겪은 셈이다.

그렇다면 이 변화를 왜 하필 상남동2과 연결시키는가. 앞에서 잠시 언급한 바와 같이 마산의 도시공간은 몇 차례에 걸쳐 의미 있는 변화를 겪으면서 만들어졌다. 적어도 3세기에 걸쳐 형성된 도심지인 창동 일대의 원마산, 개항 및 식민지 시기에 발전한 신마산, 그 중간 지대인 중앙마산, 중앙마산과 같은 시기에 형성된 북마산, 그리고 1960년대 중반 이후 시기에 형성된 동마산 등은 그 변화의 상징이라 할 수 있다. 조선시대의 상남리는 중심지인 원마산의 주변에 위치하면서 그 동쪽에 자리한 양덕리 일대의 농촌지대와 접경되어 있었다. 이 때문에 상남리는 개항 이후에 전개된 도시화와 산업화 과정에서 배후지로서 또 원도심과 외부 지역을 연결하는 결절지로서의 기능을 할 수 있었던 것으로 보인다. 곧 옛 도심지의 주변부가 근대화 과정에서 어떻게 변화하는지를 살펴볼 수 있는 대표적인 공간일 것이라는 점이 매력적이었다.

이러한 공간적 특징을 지닌 상남동에 주목한 사실상의 이유는 세 가지 유형의 학교들이 20세기에 약간의 시차를 두고 들어섰기 때문이다. 대한제국기에 출발한 인문계 기독교학교인 창신학교, 식민지 시기에 상업도시 마산의 특징을 반영한 마산상업학교, 그리고 1960년대에 도시빈민층의 교육열과 새로운 산업화를 상징하는 선화고등공민학교라는 학교가 그것이다. 그러므로 이 글에서는 개항 이후의 지역 사회 변화와 교육기관의 설립 및 전개를 상호 연계시켜 마산 지역의 근대화 양상을 조명해 보려고 한다.

II. 상남동의 역사와 사회적 양상

1. 상남동의 공간성과 조선시대의 모습

우리가 먼저 주지해야할 사항은 상남동의 지리적 위치이다. 마산 지역은 크게 다섯 개의 역사적 공간으로 구분할 수 있다. 마산포를 중심으로 성장한 원마산 지역, 개항 이후 조계지를 중심으로 발전한 신마산 지역, 1930년대에 이르러 원마산과 신마산의 중간에 위치해 있으면서 양지역을 연결한 중앙마산지역, 대한제국 말기와 식민지 시기에 형성된 북마산 지역, 그리고 1960년대 중반 이후 도시화와 산업화의 과정에서 탄생한 동마산 지역 등이다. 이 다섯 개의 공간은 단순히 지역의 위치 때문이 아니라 역사적으로 시대에 따라 형성된 공간이라는 점에서 의미가 있다.

그렇다면 상남동은 이러한 공간 구성에서 어떠한 위치에 있는가. 상남동의 위치는 마산포를 중심으로 형성된 원마산 지역의 동북쪽 외곽에 있다. 지형상으로는 무학산에서 발원하여 마산만으로 흘러가는 두 개의 하천, 곧 회원천과 교방천이 합류하는 삼각주 부근에 위치하고 있는데, 역사적으로나 지리적으로 보면 이곳이 상남동의 원조에 해당한다. 공공건축물을 중심으로 이야기한다면, 상남초등학교 아래

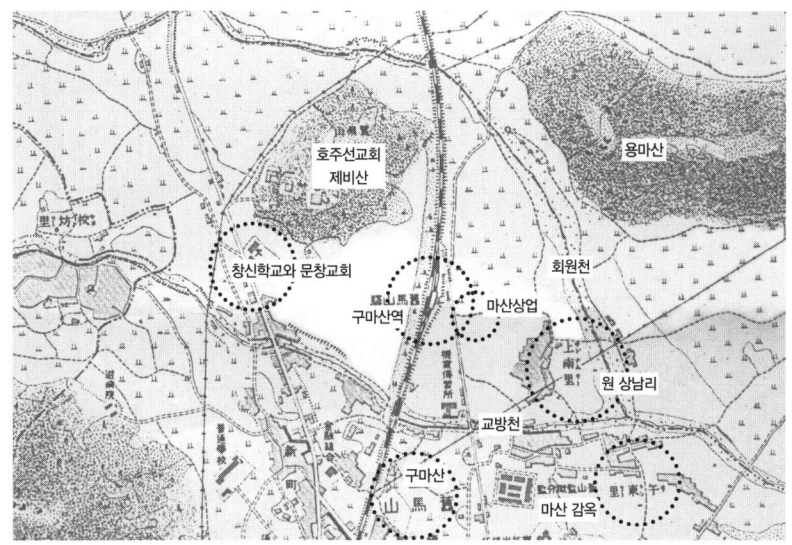

〈그림 1〉 1910년대 상남리와 그 일대. 상남리의 위쪽에는 회원천이, 아래쪽으로는 교방천이 흐르며 좌측에 구마산역, 좌상부에 제비산, 우하부에 오동리, 하부에 구마산 등이 표기되어 있다. 상남리의 동북쪽에는 논이 펼쳐져 있다. 아울러 교방천변을 중심으로 구마산과 상남리, 그리고 교방리가 서서히 연결되어 가는 모습도 보인다.

쪽에 해당한다. 그리고 특히 일제 강점기와 1960년대 이후에 확장된 제비산 인근의 지역이 포함된다. 따라서 지형상 상남동은 제비산 일대와 양 하천의 합류지 일대를 포함한 곳이라 할 수 있다.

특히 교방천의 하류는 원마산의 오동동 지역과 상남동의 원마을 지역을 분리시키고 있다. 여기서 상남동의 원마을 지역이란 조선시대에 존재하고 있던 창원부 서면 상남리를 가리킨다.

조선시대의 상남리에 대해서는 알려진 바가 거의 없다. 조선 시대 창원부의 행정조직은 부 아래 면이 있으며, 각 면에는 크고 작은 운運이 16개로 나누어져 있었다. 그 아래에 리가 있었다. 부내면에 1운, 2

운, 3운이 있었으며, 서면에도 1, 2, 3운 등 3개의 운이 있었다. 서면 1운 지역은 오늘날 구암, 양덕, 근주, 두척, 안성, 평성 일대이며, 2운 지역에는 예곡, 평촌, 호계, 중리, 신감, 원계, 감천, 삼계, 용담 등이 속해 있었다. 3운 지역은 창원부의 관문에서 서쪽으로 30리의 거리에 위치하고 있었다. 그에 소속된 리는 구강리, 회원리, 교방동리, 상남리, 오산리, 성산리, 서성리, 완월리, 월영리, 두룽리, 내포리 등 모두 11개였다.3 이렇게 보면 상남리가 포함된 서면 3운 지역은 오늘날 마산에서 창동 일대의 원마산과 개항 이후에 형성된 신마산을 포괄하는 곳에 자리하고 있지만, 좀 더 정확하게는 양덕 일대의 1운 지역과의 경계선에 위치하고 있다고 보면 좋다. 곧 창원부성에서 1운 지역의 끝 동네인 양덕리를 지나 용마산을 좌측으로 끼고 돌면 회원천을 마주하게 되고, 이 하천과 교방천이 합류하는 곳에 조선시대의 상남리가 자리하고 있었던 것이다.

창원부에서 서면의 월영리 쪽으로 이동하는 데에는 대개 두 개의 통로가 있었던 것으로 보인다. 1895년에 편찬된 『영남읍지』 '창원조'의 지도를 보면, 창원부에서 서진하면 구병영과 근주역 부근에서 마산포와 함안쪽으로 갈라지는 길이 있으며, 다시 마산포행 길을 따라오면 진주 쪽으로 나아가는 육로와 조창 쪽으로 나아가는 해안로로 나누어진다. 이 길을 구분하여 주는 자연지형은 용마산이며, 용마산의 서남쪽 기슭에 자리한 상남리는 창원부와 마산포의 내지를 왕래하는 결절지에 위치해 있었다고 할 수 있다. 바꾸어 말하면, 마산포의 중심부에서 가장 가까운 주변부이며, 양덕 일대의 농업지대에서 본다면 도심지에 들어가는 관문 지역에 해당된다.

상남동의 변경성은 그 이름이 공식적인 행정사무에서 살았다 죽었다를 반복한 이유가 될 듯하다. 예컨대 1832년에 발간된 『경상도읍지』에는 상남리가 서면에 소속되어 있지만, 그보다 60년쯤 뒤에 편찬한 『영남읍지』에는 이 이름이 빠져 있다. 서면 3운에 속한 마을은 회원리, 교방동리, 부남리, 산호리, 오산리, 성산리, 서성리, 완월리, 월영리, 두릉리, 내포리 등 11개이다. 구강리, 상남리가 기록에서 사라지고 오산리, 서성리, 부남리가 다시 기록에 등장하는 것이다.**4**

이 점에서 부남리孚南라는 마을이 새로 생긴 것은 주목할 만하다. 『역주 창원부읍지』에 따르면, 상남리가 부남리로 마을 이름을 바꾸는 한편 성산리에 통합되었던 오산리 서성리가 다시 분리되어 나왔기 때문에 그럴 것이라고 판단하였다.**5** 곧 부남리는 새로 생긴 마을이 아니라 상남리를 개명한 것이라고 생각된다.

한편, 상남에서 부남으로 바뀐 경위나 내용은 무엇이었을까. 사실 상남이라는 지명의 의미도 현재로서는 알 수 없다. '상'이라는 글자가 방위의 '위'를 뜻하는지 아니면 '최상'을 뜻하는지의 여부도 분명치 않다. 일반적으로 지명을 지을 때, 상은 위쪽 동네를 의미하지만, 그렇다면 하남동도 있어야 하지만 그것은 없다. 부남으로 바뀐 것이 사실이라면, 이 지명의 중심 의미는 '남'이 옳을 듯하다. 또한 '부孚'의 의미는 '미쁘다, 듬직하다'는 것이므로, 이와 관련해서 본다면 상남의 상자는 좋다는 의미가 더 크지 않은가 생각한다. 그리고 남쪽은 양덕들 일대에서 볼 때 상남리의 위치가 남쪽에 있었으므로, 상남의 뜻은 아마 좋은 남쪽 동네쯤이 아니었을까 한다.

그러나 부남의 명칭은 『영남읍지』보다 몇 년 뒤에 서술된 『창원읍지』에서 다시 상남리로 바뀌고 있다. 이에 기술된 서면 3운에 속한 마을이 구강리, 마산포리, 성산리, 상남리, 회원리, 교방동리, 완월리, 월영리, 두역리, 내포리 등 10리로 구성되어 있는데, 이곳에 상남리가 있는 것이다.6 상남에서 부남으로, 다시 상남으로의 명칭 변경이 왜 있었는지에 대해서는 알 수 없다.

그렇다면 조선 후기에 상남리의 호구와 인구는 어느 정도였을까. 순조 31년(1831)을 기준으로 창원부의 호적에 올라 있는 가구는 7,290호이며, 인구는 29,509구이고, 그 속에 남자가 11,434구, 여자가 11,079구이다.7 그러나 각 면별 인구는 이 자료에는 나와 있지 않다. 현재 알 수 있는 자료는 1789년에 조선 정부에서 남긴 인구통계로서, 구체적으로 각 면당 인구는 부내면 4,386명, 남면 6,059명, 서면 7,898명, 북면 5,056명, 동면 6,053명이다. 이를 보면 마산포를 포함한 서면의 인구가 여타의 부내면, 북면, 동면, 남면보다 거의 2,000여 명에서 크게는 3,500여명 정도 많았다는 사실을 알 수 있다.8 서면의 각각 동리수는 1운이 10개, 2운이 10개, 3운이 11개로서 모두 31개 동리이므로, 단순한 셈으로는 각 동리에 254.7명꼴로 거주하고 있었던 셈이다. 하지만, 서면 중에서도 조선 시대에 마산포 중심지에 성립된 6개리가 있었다는 사실을 감안한다면 7,898명 중 상당수는 이 6개리 일대에 거주하고 있었으리라 생각된다. 예컨대 1899년에 마산포의 인구는 1만 명에 미치지 못하였으나 1910년에는 약 1만 6천여 명이 거주하고 있었다. 곧, 조선 후기의 7,898명 중 적어도 5천명 이상이 마산포 일대에 거주하고 있었다고 생각할 수 있으며, 이들 중 일부가 상남리에 거주하였다고 판단하면 좋을 것이다.

위에서 말한 바와 같이 상남리는 마산포의 도심지에서 약간 떨어진 외곽에 있었기 때문에 남성, 서성, 오산, 성호 등 중심지의 인구수나 밀도에 미치지 못하겠지만, 적어도 촌락의 형태를 띠고 있던 회원, 교방, 자산, 완월 등지의 인구보다는 많았을 것이라고 짐작된다. 그러므로 적어도 조선 후기인 19세기 후반기에 상남리의 인구는 500명을 넘었을 것이며, 호구 역시 100호가 넘었을 것이다. 오늘날 상남초등학교가 포함된 상남동 1동에 해당하는 지역의 사정이다. 이것은 18세기 중엽에 시작된 마산포의 도시화가[9] 도심지의 외곽에 있는 상남리 지역에도 어느 정도 반영되었음을 의미한다.

2. 20세기 상남동의 도시화와 산업화

상남동은 조선시대에 도심 외곽의 농촌형 마을에서 20세기에 이르러 크게 변모하기 시작하였다. 그 중요한 양상은 교통시설, 학교, 교회, 산업과 공공시설이 이곳에 들어오기 시작한 것이다. 도심의 외곽에 자리하여 넓은 토지를 확보할 수 있는 데다, 노동력 역시 도심지로부터 쉽게 충당할 수 있었고, 필요한 물자를 이동시킬 수 있는 교통로가 확보되었기 때문일 것이다. 마산의 근대화의 과정으로 치면 두 번째 시기이다.

우선 산업화 부분에서 중요한 것 중의 하나는 조선기기, 마산국자 주식회사, 그리고 주식회사 마산조면공장 제면부 등이 상남동에 자리를 잡았다는 사실이다.[10] 이 중에서 조면 공장은 상남리의 터 1,300여 평의 지역에 세워진 것으로, 본점은 오사카에 있었으며 1923년 6월에 조선면화마산공장을 인수하여 그해 10월부터 작업을 시작하였다.

이 조면 공장은 식민지 당국의 육면 증산계획과 오사카 본사에서 파견한 츠시마 마에요시津島末吉이 노력한 결과 6백만근까지 생산할 수 있는 공장을 신축할 수 있었다고 한다. 그 결과 공장부지 1,300여 평, 22평의 2층 사무소, 280여 평의 철근콘크리트 공장, 2층에 올린 50여 평의 포장장, 20여 평의 동력실에 21마력과 52마력의 라스톤 분유식 발동기를 갖출 수 있게 되었다. 그리고 56대의 조면기와 압력 300파운드의 수압식 하조기 1대를 들여놓았으며 위생설비, 소화시설 등까지 설비한 것으로 보아 당시로서는 최신식 공장이었던 것 같다.[11]

1929년에 출간된 『마산현세록馬山現勢錄』에 따르면 이곳에는 1백 수십 명의 남녀공이 일하고 있었다. 미국에서 면작 대풍년이 들던 1925년 무렵에는 어려움을 겪기도 했지만, 1928년에는 제면부를 신설하는 한편 소매부까지 개설한 사실을 보면 판매에도 힘을 기울였던 것 같다. 이 점에서 마산조면공장은 제품의 질이나 규모, 판매량 등의 부분에서 지역 내 시장의 영향력이 큰 공장이었던 것으로 보인다.

일제 시대에 상남동에는 공공시설로는 구마산역과 북마산경찰관파출소가 있었다.[12] 도심지인 창동에도 비슷한 시기에 '원정경찰관파출소'를 설치하였다는 사실과 관련시켜 보면, 상남동은 치안에서도 매우 중요한 지역이었다고 생각된다. 그것은 이곳이 북마산역과 구마산역, 그리고 불종거리의 끝자락이자 양덕 쪽으로 나가는 교통 요시였기 때문에 사람들의 왕래가 많고, 또 물자의 거래가 많았던 데서 연유하였을 것이다.

상남동의 산업화와 도시화에 기여한 또 다른 시설은 마산선의 개통과 신설된 구마산역, 그에 뒤이어 개통된 경남선과 이 철도에 부설된 북마산역일 것이다. 1905년에 개통된 마산선의 역 중에서 구마산역은 그보다 5년 뒤인 1910년 7월 5일에 신설되었다. '구마산' 주민들의 요청에 따른 것이었다. 역의 개설은 이른바 '구마산'을 다른 지역과 철도로 연결해 주는 기제로 작용하였다. 곧 창동 일대의 시장과 어시장을 이어주었으며, 이용객의 증가와 원마산의 번영에 따라 1936년에 역구내를 확장하고 새 역사를 신축하였다.[13]

이와 달리 1923년에 조선철도회사에 의해 건설된 경남선 중에서 마산－군북 사이의 노선이 개통되면서 마산에서는 북마산역을 중심으로 영업을 개시하였다. 이 노선은 1931년에 국유화된 이후 함안, 진주 등 서부 경남으로 왕래하는 요충지가 되었으며, 이곳에서 생산된 농산물들이 철로를 이용하여 마산시내로 들어오면서 구마산역과 더불어 상남동이 도시화하고 물자가 집산되고 인구 이동이 많아지는 계기가 되었다. 여관이나 목욕탕, 상점 등 그에 부수된 시설들이 상남동 일대에 많이 들어섰던 까닭이 여기에 있다.

이러한 변화에도 불구하고 일제 시대에 있어서 상남리는 전형적인 조선인 사회의 특징을 더 강화시켜 나간 것으로 보인다. 그 상징은 창신학교나 마산상업학교와 같은 한국인을 위한 교육시설에서도 증명되지만, 마산부민들이 자발적으로 기금을 모으고 조성한 마산구락부 운동장에서 더욱 분명하다. 1920년에 발족한 마산구락부는 마산의 지식청년과 부호들이 중심이 되어 조직한 사회단체로서, 그해 9월에 운동장 조성을 결의하여 기성회를 조직하고 7천원의 기금을 모아 시내 상남동의 제비산 자락, 곧 구마산역 오른쪽에 있는 경작지를 매입하여 운동장으로 만들었다.**14** 대략 3천 평 정도에 조성된 이 운동장은 그 뒤 창신학교 운동회, 마산소년 야구대회, 전국자전거 경기, 전선 축구대회, 마라톤대회, 시민운동회 등 지역과 전국을 아우른 경기장으로 발전하였다. 이 점에서 마산구락부 운동장은 마산내 조선인들의 자부심이었던 셈이다.

하지만 상남리는 전체적으로 본다면 1920년대까지도 여전히 촌락 사회의 면모를 대부분 유지하고 있었던 것으로 보인다. 1919년에 발간된 마산지도를 보면 이 점이 분명히 드러난다.**15** 위의 지도에서 보는 바와 같이 두 개 천 하류 합류지점에 위치한 상남리는 원도심인 오동리와 하천을 두고 격리되어 있는 농촌 마을의 모습을 보여 주고 있는 것이다. 구마산역 역시 다른 건물이 없는 채로 홀로 있는 형편이며, 제비산 부근에도 산록에 호주 선교부와 창신학교 건물이 들어서 있는 정도이다. 다만, 교방천을 따라 일제 당국이 세운 기업전습소와 그 주위의 주택가를 따라 시가지가 조금씩 확장되는 모습을 보여준다.

상남동의 또 다른 변화는 1960년대 말에 시작되었다. 마산의 근대화에서 세 번째 단계에 해당한다고 볼 수 있는 시기이다. 이 변화는 마산 지역 전체에 불어 닥친 인구집중 및 새로운 형태의 공업화와 관련되어 있으며 그것은 국가의 산업전략 속에서 진전된 것이었다. 1960년대와 1970년대 마산지역의 인구변화는 매우 극심하게 진행되었는데, 이는 마산 지역이 산업화되면서 나타난 현상이다. 그 변화는 상남동에도 반영되었다. 예를 들면 1969년에 상남 1동의 인구는 6,748명, 2동은 6,412명으로 모두 13,160명이다. 그러나 1976년에 이 인구는 각각 10,782명, 7,534명으로 그 증가율은 1동의 경우 59.7%, 2동은 17.5%이다.[16] 그간 농지 등으로 남아 있던 상남 1동에서 매우 큰 증가율을 보이고 있으므로 도시화의 비율 역시 상남동 내에서도 달랐던 셈이다. 오동동과 연해 있는 상남 2동의 증가율은 도심지와 비슷하다. 이는 이미 이곳이 중심지와 거의 같은 수준으로 주거와 상가, 공장 등이 밀집되어 도시화가 진행되었기 때문이라고 할 수 있다.

그러나 1950년대 말에서 1960년대에 이르는 시기에는 제비산 일대의 상남동에서 소규모 산업시설이 자리를 잡게 되고 이에 따라 주거지도 확산되면서 서서히 산업화와 도시화가 전 지역으로 파급되어 가는 사실을 볼 수 있다. 이 지역의 유명한 성냥공장이었던 마산쌍마성냥공장은 옛 마산상업학교 자리에 1956년에 들어섰으며, 문화장유는 1957년에, 미정味井장유는 1967년에 설립되어 간장과 된장 등을 만들어냈다.[17] 그 밖에 삼성연탄, 대창제제소와 대창연탄, 삼성라디에터, 국일양조장, 신광메리야스 공장 등이 1950~60년대에 줄지어 들어섰을 뿐만 아니라 변전소, 조산원, 시장, 병원, 도축장, 양로원 등 도시의 필수 시설들이 이곳에 둥지를 틀었다.[18] 또한 소기업 형태의 신흥가발공장도 상남동 공업 시설의 한 상징이었다.[19]

반면 1970년대의 철도선 철거와 구마산역 및 북마산역의 폐쇄는 교통의 요지인 상남동에 큰 변화를 초래하였다. 역 주변과 철로 주변에 촘촘히 들어섰던 상가들은 쇠퇴하였고, 소규모 형태의 공장들 역시 다른 곳으로 이전하였다. 특히 1960년대 중반에 문을 연 한일합섬과 1971년에 완공된 수출자유지역은 상남동에 적지 않은 타격을 주었다. 상당수의 공장들이 새로이 조성된 동마산 지역의 공장지대로 이전하거나 시대의 흐름에 떠밀려 문을 닫은 상태였기 때문이다. 예컨대 1963년부터 자동차 부품인 라디에터를 생산하던 삼성라디에터는 한 때 국내 시장의 80%를 차지할 정도로 큰 기업이었으나 1977년에 창원으로 이전하였고, 1942년에 시작되었던 성냥공장 역시 1965년 무렵에 폐업을 한 상태였다.[20] 그 대신 이곳과 그 일대의 노동자에 필요한 숙소가 상남동에 많이 세워지면서 상남동은 성격이 애매한 도심지의 일부로 바뀌어 갔다. 학교와 공장은 떠났으며, 교통의 요지라는 특징 역시 소멸되었고, 농지 역시 사라졌기 때문이다. 그 점에서 상남동은 마산 지역사회의 변화를 상징적으로 보여주는 곳이기도 하다.[21]

III. 상남동에서 진전된 근대교육의 여러 양상

1. 인문계 기독교 학교인 창신학교

상남리 일대에서 조선시대에 어떠한 형태의 교육이 진행되었는지는 현재 알 길이 없다. 통상적으로 서당과 서원을 중심으로 지방교육이 진행되었을 것이지만, 마산 지역에서는 회원서원 이외에는 서원의 존재양상이 잘 알려져 있지 않다. 서당 역시 곳곳에 있었을 터이나 조사된 바는 없다.

이에 비하면, 마산이 대한제국 정부에서 개항한 1899년 이후인 20세기 초에는 여기저기서 '근대교육'이 진행되었다. 여기서 근대교육이란 시기상 개항기 이후이고, 그 내용상 오늘날의 교육과정과 교육제도 등에 토대가 된 것을 말한다. 곧 교육제도가 초·중·고등 교육으로 위계화 되고, 교육내용은 전통적인 유교와 한문 중심의 교과과정으로부터 인문, 사회, 자연, 예술, 체육 등을 교육하는 실용 중심의 교과과정으로 전환한 것을 말한다. 당연히 이를 가르치는 교사들도 새로운 교육제도에 의해 탄생되었고, 학교 역시 각 지역의 주요 도시에 세워졌다.

마산 지역 사회에서도 이러한 경향은 예외가 아니었다. 대한제국 정부에 의해 '창원항공립소학교', 곧 오늘날의 성호초등학교가 1899년에 한국인들이 집중적으로 거주하는 성호리에 세워졌는데, 이는 개항장에 초등학교를 개설해야 한다는 대한제국 정부의 결정에 의한 것이었다.22 이와 달리 개항장의 조계지였던 신마산 지역에는 1902년 일본인거류민회에 의해 마산심상소학교가 월영리에 세워졌으며, 이는 주로 마산에 거주하는 일본인 자제를 위한 학교였다. 이 점에서 개항 이후의 마산에서는 한국인과 일본인들이 각각 자신의 거주 지역에 소년 자제를 교육시키기 위해 초등 수준의 학교를 건립한 셈이다.

이에 비하면 기독교 선교회와 지역민들이 '독서숙讀書塾'을 개설하고 그것을 발전시켜 창신학교라는 공식학교로 진행한 사실은 마산 지역의 교육사에서 매우 의미 있는 사건이라고 할 수 있다. 특히 그 일이 상남동에서 진전되었다는 사실도 상남동의 역사에서 주목할 만하다.

창신학교는 오늘날 공식적인 설립 연월일을 1909년 8월 19일로 잡고 있다. 독서숙과 창신학교의 개교 상황을 전하고 있는 『문창교회

100년사』에서도 이를 중시하고 있다.23 그러나 초보학교 형태인 '독서숙讀書塾'이 만들어진 것은 그보다 3년 전인 1906년 5월 17일이었다. 마산포교회 초대 교역자였던 호주 선교사 손안로 목사가 목회에 참석한 학생 중 10여명을 모아 교회 안에서 독서숙을 연 것이 그 시초였던 것이다. 또한 독서숙을 설립한 지 2년이 지난 1908년에는 남녀공학제를 실시하였다. 남녀의 구분이 엄격하던 당시 사회에서 교육 현장에서나마 공학이 실현되었다는 사실은 바로 남존여비의 타파와 남녀평등의 민주적 사상을 구현하는 계기가 되었다는 점에서 의미가 있었다.

독서숙을 설립한 주역에 대해서는 약간 불분명한 점이 있다. 문창교회 측에서는 '창신학교 초대 설립자가 이승규, 다음은 맹호은, 손덕우 등으로 명의가 변경된 것은 학교의 대표자를 편의상 선정하여 사용한 것이었다'고 증언한다.24 이 말은 독서숙이 이승규 씨에 의해 독자적으로 설립된 것이 아니라, 호주선교사회와 지역내 교인들의 협력에 의해 진행되었음을 의미한다. 영국, 프랑스, 미국이 중심이 된 동아시아의 선교 사업에서 의료와 교육, 그리고 자선사업이 핵심 사업이었음을 감안한다면,25 호주선교회가 포교 방법의 하나로 독서숙을 만들면서 창신학교로 발전시킨 일은 당연한 과정이었다고 할 것이다.

독서숙은 결국 1909년에 창신학교 설립으로 나아갔다. 대한제국 말기인 1909년 8월 19일에 초등과 4년 과정으로 인가를 받았고, 학교 인가서의 설립자 명의는 마산포 교회의 당회장이던 손안로였다. 학부대신 이재곤李載崑이 승인한 이 문서에 따르면26 주소는 '경상남도 창원항 성호'이며, 창설자는 '손안로'로 적혀 있다. 본문은 '융희

2(1908)년 칠경 제62호 사립학교령에 의하여 창신학교의 설립을 인가시認可事. 단 좌기 각항을 유의할 사'가 명기되어 있다. 당시 사실상 대한제국 정부를 장악한 것은 통감부였기 때문에 이 승인문서 역시 이 기관의 허락을 거쳐 발급받았을 것이다. 당시에 많은 사립학교들은 가혹하다고 평가되는 '사립학교령'에 의해 통제되었기 때문에, 1895년의 소학교법에 근거하여 세운 상당수의 학교들이 재인가를 받지 못하였다. 다만, 선교사들이 신청한 기독교학교건은 모두 인가되었으므로,27 기독교 선교 단체의 학교 설립은 사실상의 특혜였을 것이라고 생각할 수도 있다.

그렇다면 창신학교의 상남동 시대는 언제부터 시작되었는가. 창신학교사에 따르면 상남동 74번지에 마련된 1천여 평의 토지에 세워진 새 교사 상량은 1909년 8월 14일이었고, 3개월 뒤인 1909년 11월 7일에 새 교사를 낙성하였다고 한다. 이 건물을 신축하는데 드는 비용은 학교측과 마산포교회가 모금운동을 주도한 것으로 알려졌다. 마산에서 낙남서점을 경영하고 있던 김지관의 기부금 모금 활동, 마산포 교회 신도들의 헌금, 손덕우, 이상소 등 마산 지역 유지, 경남 일대에서 모금한 돈, 호주 선교부 보조금 등 각계 각인들이 이에 참여하였다.28 이 점에서 상남동의 신교사는 마산을 비롯한 경남 지역 인사들의 기부금과 호주선교부에 의해 세워진 것이었고, 이는 이 학교가 지역 공동체와 선교부의 적극적 지원을 받으면서 출발하였다는 사실을 의미한다.

그러나 학교사에서 상남동에 새 교사를 지은 것이 1909년이라고 보는 것은 약간의 문제가 있다. 창신학교는 1912년에 고등과를 개설하게 되는데, 교사 신축도 이와 함께 진행된 것은 아닐까. 다시 말해 1909년에 처음 문을 연 창신학교는 초등과였고, 이때는 성호리의 마산포 교회에서 교회의 예배와 학교의 교육이 같이 진행되었던 것 같기 때문이다. 마산포 교회는 1911년 7월에 제비산 아래 상남리 87번지에 예배당을 신축하여 이전하였는데, 이 직후에도 동일 건물을 두 기관이 같이 사용하였던 것이다. 따라서 창신이 상남동에서 독립된 건물을 가진 것은 고등과를 개설한 1912년이 아니었을까 한다.

그렇다면 설립의 주체들이 창신학교를 상남동 일대로 옮기면서 교사를 신축한 이유는 어디에 있을까. 그것은 몇 가지로 추측할 수 있을 것인데, 우선은 이곳이 한국인 도시사회와 가장 가까운 곳에 있다는 점을 들 수 있을 것이다. 앞에서 말한바와 같이 상남리는 인근에 오동리를 비롯한 이른바 '구마산', 곧 마산포 일대의 바로 외곽에 자리하고 있는 곳이었기 때문에 한국인 자제들을 교육대상으로 선정하기에 좋은 위치였다. 말하자면 학생들을 쉽게 공급받을 수 있는 곳에 자리를 잡았던 것이다. 실제로 초기 창신학교 출신들은 대부분 마산포 일대의 원마산에서 활동하고 있었으며, 지역엘리트들 역시 창신을 '우리의 학교'라고 인식하고 있었고, 1921년에 상남리에 조성한 마산구락부운동장 역시 창신 출신들이 적극적으로 주도하였다. 사실, 이 운동장은 창신, 의신학교의 연합대운동장으로 자주 쓰였을 만큼 창신학교와 떼어 놓을 수 없는 시설이기도 하였다.[29] 이런 점에서 상남동 일대는 호주선교회, 창신학교, 의신학교, 마산구락부운동장, 문창교회 등이 어우러진 한국인 사회의 핵심적인 공공 공간이었다고 할 수 있다.

창신학교는 설립주체의 한 당사자가 호주선교회였으므로, 호주선교회가 확보하고 있던 부지에 설립하는 것이 선교회나 학교 모두에 바람직하였다. 1894년에 한국에 들어와 부산, 마산 등지에서 포교를 시작한 호주선교회는 1901년 무렵에 손안로 목사부부가 마산에서 선교활동의 중심지로 마산포교회를 설립하면서 상남동의 제비산 일대에 본거지를 마련하게 되었다. 이후 호주선교회는 교회 창립 뿐만 아니라 창신학교, 의신여학교 등 학교 설립에도 주도적인 역할을 하면서 상남동을 호주선교회의 본거지로 성장시켰다. 호주선교회는 창신학교의 신사참배 거부로 잠시 한국을 떠났지만, 해방 이후에 다시 이곳에 돌아와 1972년의 폐회 때까지 빈민구제와 포교, 창신학교 지원 등의 사업을 하면서 선교회의 임무를 마쳤다. 호주선교회가 상남동에 자리를 잡은 이유 역시 도심지의 외곽에 있는데다 비교적 넓은 용지를 확보할 수 있었고, 자연경관이 좋았기 때문이었다.30 이 점에서 창신학교의 입지는 호주선교회와 뗄 수 없는 관계에 있었다고 할 수 있다.

또한 창신학교 인근에는 1905년에 개통된 마산선과 1910년 7월 1일에 신설한 구마산역이 있어서 통학에 편리한 점이 작용하였다.31 마산선의 마산역이 일본인을 위한 역이었다고 한다면, 구마산역은 인근의 원마산에 거주하거나 왕래하는 한국인을 위한 역이었다. 이 역에는 심지어 목욕을 위해 '멀리 진영, 창원, 칠원, 진동 등지의 주민들이 장날이 되면 목욕을 하기 위해' 마산에 들어왔는데,32 그 주요 교통수단이 기차였고, 그 중에서도 구마산역은 특히 진영, 창원, 칠원, 함안 등지에서 오는 내방객들로 붐볐다. 심지어 맹휴가 잦았던 1928년에는 학생 90여명이 교원 2명을 기차에 태워 보내기 위해 회원교까지 끌고 갔던 사건도 있었던 바,33 이 역시 철로와 창신고와의 밀접한 관계를 보여주는 사례라 할 수 있을 것이다. 구마산역 인근에 다시 북마산역이 1924년에 개설되어 이 일대의 교통은 더욱 편리하게 하였다.

이 학교의 위치는 마산포 외곽에서 가장 가깝기도 했지만, 농지와 산지가 비교적 많이 남아 있어 지형과 지리상으로 유익한 곳이기도 하였다. 상남리의 상징인 제비산은 92.5미터의 낮은 산으로 특히 마산만 쪽으로 사면이 펼쳐져 있어서 활용하기에 좋았으며, 교방천 덕택에 그 인근에 조성되어 있던 논 역시 새 교사를 신설하기에 적절한 면적이었다.

또한 학교의 주변 환경도 상당히 좋았던 것 같다. 동북쪽 뒤편에 있는 제비산에서는 주민들이 단오날 등 명절에는 그네놀이를 할 만큼 숲이 울창하였고, 남쪽에는 오늘날 교방천이라 부르는 상남천이 흐르고 있었다. 민가는 학교의 서쪽, 곧 상남천 위쪽에 조금 있었던 것 같다.34 이와 같이 상남리는 여러 가지 면에서 근대형 학교를 짓는데 필요한 조건을 갖추고 있었던 것이다.

학교 건물의 구조는 건평 56평으로, 교실 하나에 30명을 수용할 수 있을 정도의 규모였다. 1층짜리 이 목조 건물은 외형상 전통적인 한국의 기와집이 아니라 호주식이었다. 건물의 중앙에 출입구가 있으며, 그 좌우에 교실이 있는 형태였다.

창신학교 초기의 교과과정은 개화기의 교육이념에 맞도록 설계되어 있었던 것으로 보인다. 기독교 정신을 함양하기 위해 성경을, 애국사상과 신지식을 위한 것으로 국어, 산수, 한문, 지리·역사 과목을 개설하였으며, 윤리교육과 예체능 교육에 주력하기 위하여 윤리, 도화, 음악, 체육 과목을 개설하였다. 이 중 가장 많은 시간을 배정한 과목은 4년간 24시간을 배정한 산술이었고, 체조 역시 4년간 12시간을 배정하고 있다. 한문 역시 16시간을 배정하였다. 그에 비하면 지리는 3학년에 2시간, 역사 역시 4학년에 2시간을 배정하여 수업 시수가 가장 적었다.[35] 창신학교에서 명성을 떨친 부분 중의 하나가 병식체조였던 바, 이는 집단이 하는 형식으로 극일의 한 방법으로 고안되었다.[36]

이러한 요인들 외에 창신에는 이윤재, 안확, 이극로와 같은 민족문화주의자가 드러내 놓고 활동할 수 있었고, 거기에 이윤재의 거처가 상남동에 있었기 때문에 상남동은 한 때 마산지역 민족문화의 요람이었던 것처럼 비춰지기도 하였다. 이러한 분위기 탓인지는 알 수 없으나 시인이자 카프서기장을 지냈던 임화와 그의 부인 지하련도 1935년부터 2년여 동안 상남동에 거주하면서 병 치료와 문학 활동에 전념하였다.[37]

1912년부터 시작되었을 상남동 시대는 회원동에 새로운 건물을 짓고 이사한 1924년까지 약 12년 동안 이어졌다. 신축 건물을 지었음에도 불구하고 10여년이 못 되어 교사들과 학생들은 불만을 쏟아내기 시작하였기 때문이다. 보통과 건물은 건물이 낡아서 참혹한 형편인데도 불구하고 교장은 아무런 관심이 없으며, 고등과는 인원수가 증가하여 노동야학교를 빌려 수업을 한다는 것이다. 또한 유년운동기구와 교육에 필요한 제반 설비도 부족하였으며, 음료수 시설도 불량하였다. 이 때문에 학생과 교원은 1921년 11월 내로 교사를 신축하고 초등 · 고등 양과의 사무실을 분리해 주도록 학교측에 요구하였다.38 교사를 신설하였다고는 하지만, 보통과와 고등과가 같이 사용하는데다 학생수도 증가하였고, 교육기자재 역시 부족하여 불만이 많았던 것이다.

따라서 상남동은 작은 규모의 근대형 신식학교를 신설하고 운영하는 데에는 적절하였지만, 학생의 증가나 그에 따른 시설확충을 위해서는 더 넓은 면적이 필요하였던 것이다. 그렇다고 해도 새로이 이전한 회원동 역시 말하자면 상남동이라는 지역권을 벗어나지 않았다. 예전의 농촌지역이자 상남리와 인접하고 있는 회원리에는 학교가 이주하고 북마산역까지 생기면서 북마산권이라는 새로운 소지역권이 만들어진 셈이다.

2. 관민합동의 마산상업학교

창신학교가 상남동에서 출발한 대한제국기의 한국인 학교라고 한다면 그에 뒤이어 세워진 마산공립상업학교는 같은 곳이지만 다른 맥락에서 출발하였다. 마산상업은 본래 1921년 12월 26일에 3년제 을종으로 설립인가를 받았으며, 그 이듬해에 창동에 소재한 사립 노동야학교사를 가교사로 삼아 개교하였다. 이를 보면 출발 자체가 일제의 식민지 통치 정책이 3.1운동 이후 이른바 문화정책으로 바뀐 것과 유관하다고 할 수 있으며, 다른 한편 한국인 사회의 교육욕구를 충족시키기 위한 요인도 포함되어 있었던 것으로 보인다. 1921년에 발족한 마산상업학교 기성회의 주장에 따르면, 마산은 오래전부터 상업이 발전한 곳이기에 그 바탕이 되는 상업지식을 보급할 만한 교육기관이 필요하다는 점을 강조하고 있었기 때문이다.39 창신학교가 종교와 인문계 교육에 치중하면서 극일克日하는 쪽에 강조점을 두었다면, 마산상업은 이와는 달리 상업도시의 특징을 살리면서 식민지 체제를 유지하고 발전시키는데 필요한 인재를 양성하는 쪽에 더 초점을 맞추었던 것으로 보인다.

그렇다면 마산상업학교가 상남동에 신축교사를 건축한 이유는 무엇일까. 앞서 기성회가 밝힌 것처럼 상업이 발전한 마산도심지에 가까이 있어야 한다는 점이 크게 작용하였을 것이다. 특히 당시에 세워진 전국 각지의 상업학교는 상업이 발달한 도시지역에 집중적으로 세워졌으며, 마산도 예외는 아니었다. 상업의 중심지가 원마산 일대였음을 고려한다면, 상남동시대의 마산상업학교는 이 취지에 잘 부합되었을 것이라 생각한다. 그리고 그 위치는 '구마산역전舊馬山驛前 상남야上南野에 있는 전답 3,500여평'을 관민이 매수하였다는 것에서40 '구마산역전과 넓은 전답'이 중요한 기준이었음을 알게 된다.

또한 이곳은 원마산으로부터 구마산역으로 이어지는 주도로의 끝이기도 하다. 요컨대 위치상으로 보면, 원마산의 동북쪽 외곽에 자리 잡고 있었던 것이다. 이는 마산중학이 신마산의 외곽이자 중앙마산 지역인 완월동에 자리 잡은 것과 비교된다. 곧 원마산 일대와 인근의 상남리, 회원리, 교방리, 산호리, 양덕리 등 오랜 전통마을의 한인들을 입학대상으로 삼았다고 볼 수 있다. 공간이 내포하는 사회적 성격과 통학에 따르는 거리 등을 감안하여 보면, 그 위치의 사회적 성격을 이해할 수 있을 것이다.

건축은 그 이듬해인 1922년 11월에 시작되었고 그 이듬해 5월 31

일에 낙성식을 거행하였는데, 1회 졸업생이 3학년으로 진학할 무렵이었다.41 단 1년 동안이었지만, 구마산역을 중심으로 위쪽에는 창신학교가, 아래쪽에는 마산상업학교가 공존하고 있었다는 사실은 이곳이 안고 있는 지리적 이점을 잘 드러낸다고 생각한다. 건물신축에 들어가는 비용 42,000원 중 1만원은 당지 유지들의 기부금으로 충당한 것을 보면42 당시 유지들이라 할 수 있는 기성회 멤버들, 예컨대 회장인 김병선, 부회장 손덕우, 총무 옥기환, 김태권 등 지역 엘리트들이 적극 참여한 사실을 알 수 있다.43 이렇게 보면 설립 주체와 교육목표가 다를 뿐 창신학교의 입지 조건과 거의 일치한다고 할 수 있을 것이다.

초기에 3년제였던 마산상업학교는 1939년 3월 31일에 5학년제로 개편하기에 이르렀다. 신임 교장 오카히사岡久는 신교사 건축 등에 관해서 전임 교장의 뒤를 이어서 시내의 여러 유지와 상의한 끝에 상남동 마산성터 부근의 논 1만평을 교사 부지로 결정하고 1941년 봄에 기공식을 거행하였다.44

마산상업학교는 1923년에 독자적인 교사를 가졌기 때문에 이 학교의 본격적인 행보 역시 상남동에서 시작되었다고 보아야 할 것이다. 그 위치는 오늘날 상남동성당이 있는 곳으로, 상남동 255번지이다. 상남동 성당 자리는 원 상남동의 북단에 자리 잡고 있으며, 옛구마산역의 아래쪽에 해당한다. 또한 위의 학교가 5년제로 승격한 뒤에는 상남동 인근의 마산성터 부근에 있는 논으로 이전하였다. 마산성터란 오늘날 용마산 정상에 일부 유적으로 남아있는 마산왜성을 의미한다. 마산상업학교가 이주할 당시의 산호리는 이른바 '구강舊江'이나 '구강장舊江場', '구강포舊江浦'라는 지명에서 알 수 있는 바와 같이 마산포 못지않게 오랫동안 번성해 왔던 또 다른 한국인 사회였다.**45** 따라서 마산상업학교는 사실상 상남동과 그 일대를 떠나지 않은 채 오늘날까지 이르고 있는 셈이다.

그렇다면 1923년부터 1941년 사이의 상남동 시대에 마산상업학교는 어떤 양상이었을까. 상남동 시대의 마산상업학교에 대해서는 많이 알려져 있지 않다. 마산상업고등학교 동창회에서 펴낸 『마산상업70년사』**46**에도 이 시기의 서술은 3쪽 정도의 분량에 지나지 않는다. 『마산상업70년사』에 기술된 상남동 시대는 '개교 초기의 교세'란 주제 아래, 교사 신축이나 교장들의 면모, 출신학생, 졸업생들의 활약 등에 초점을 맞추고 있다.

입학정원은 50명이었지만, 1회 입학생은 30명 뿐이었고, 그 중 일본인 2명은 우대입학이었다. 1922년에 인근의 창신학교에서 배출한 졸업생 42명(고등과 6인, 초등과 36인)이 모두 한국인이었던 것과 비교되며, 또 일본인의 입학이 우대되었던 것도 이 학교의 성격을 보여준다. 입학은 5대 1의 경쟁이었다고 하니, 이곳에 입학하기 위한 청소년들이 매우 많았다는 사실을 알 수 있다. 1920년대의 진학률은 유례없이 높았기 때문에 예컨대 목포의 경우 소학교 졸업자는 넘치는데 중등학교 입학인원은 턱없이 부족하여 모집정원의 12배 적어도 4~5배가 될 정도로 지원자가 많았다고 한다.**47**

1922년의 신문에 실린 관련기사를 보면 '금년 봄에 개교하기로 하였으며 신입생을 모집 중이기는 하나 그 정원은 불명이며, 시험은 4월 9일부터 3일간 마산공립보통학교에서 시행한다'는 것이었다.**48**

1920년대 말에는 학생모집광고가 신문에 실리면서 모든 사항이 명료하게 제시되었으나[49] 초창기에는 이러한 사항들이 분명치 않았던 것 같다.

마산상업학교의 교과목은 주산, 상업부기, 경제통론, 상사요항, 상업영어, 그리고 수학, 한문, 역사, 습자 등이었고 일본어 교본을 사용하였다.[50] 교원은 일본인 교장의 책임 아래 조선인과 일본인 교사가 교육을 담당하였으므로, 이 학교는 그야말로 식민지 사회의 실업에 필요한 인재를 양성하는 학교였다고 보면 좋을 것이다. 선린상업, 대구상업, 부산제2상업 등 5년제 갑종 형태의 상업학교가 아니라 3년제 을종 상업학교였기 때문에 교과과정도 위와 같이 짜여졌을 것이다. 이 때문에 졸업생들은 은행, 금융조합, 회사, 상회 등에 취업을 하였다. 위의 70년사에 따르면 이 때문에 마산상업학교의 기질을 '졸업 뒤 취직에만 집착하면서 봉급자 인생을 살게 되었다'고 평가하였다. 이 점 역시 창신학교에 대한 세간의 평가와 다른 점이다.

상남동 시대 마산상업학교의 건물은 상업학교의 갑종승격 운동 관련 기사에 잘 실려 있다.[51] 2층 벽돌 건물로 교실은 각 층마다 3개씩이었던 것 같다. 지붕의 중앙에 환기창이 있고, 건물의 앞에는 약간의 단을 두고 운동장이 보인다. 당시 한국인 농촌지역이던 상남리에 이러한 근대풍의 거대한 공공건물이 들어선 일은 창신학교 신축과 더불어 유례없는 사건이었을 것이나. 전통적인 농촌경관에서 새로운 근대식 도시 경관이 출현하고 있었던 셈이다.

1924년에 학교를 마친 제1회 졸업생은 31명으로 그 중 2명은 일본인이며 나머지 29명은 한국인이다. 29명의 출신지를 분류해보면, 마

〈그림 2〉 1923년에 새로 지어진 마산상업학교 상남동 교사. 현 마산상남동 천주교 성당자리에 있었으며, 1941년에 산호동으로 이주할 때까지 사용하였다.

산시 10명으로 가장 많으며, 창원군 6명, 함안군 3명, 통영군 3명, 김해군 1명, 산청군 1명, 창녕군 1명이다. 경남지역 출신자가 25명이며, 경남 외의 다른 곳으로는 경북 선산군 출신 1명, 경주시 출신 1명이 있으며, 전남은 여수시 출신 1명, 그리고 서울시 출신 1명이 있다.[52] 전체적으로 보면 마산과 창원, 그리고 함안 출신이 모두 16명으로써 마산권 출신이 절반을 넘는다. 경남의 큰 도시 중 진주, 밀양 출신들이 보이지 않고 인근 지역이라고 하더라도 고성 출신 역시 없다. 2명의 일본인도 마산에 거주하였다고 생각한다면 절반 이상이 마산과 그 인근 지역 출신으로 채워졌다고 할 수 있을 것이다. 이는 그만큼 지역성이 강한, 다시 말해 마산지역민을 위한 학교라는 의미가 강하다 할 것이다.

2회로 졸업한 학생들은 어느 지역 출신이 많았을까. 모두 25명의 졸업생 중 일본인은 2명이고, 한국인 중 마산출신은 4명, 창원군 출신은 3명, 통영군 출신 5명, 그리고 함안, 거제, 하동, 밀양, 산청, 합천, 의령, 거창이 각각 1명씩, 전남출신이 1명을 차지하고 있다.[53] 제1회 졸업생과 비교해 볼 때 의미 있는 변화가 보인다. 마산 창원 출신은 7명으로 약 35% 정도로 줄었으며, 함안 역시 3명에서 1명으로 줄었다. 그 대신 통영 출신이 증가하였고, 제1회 입학생에는 보이지 않던 거제, 하동, 밀양, 산청, 합천, 의령, 거창 등에서 충원된 모습이 보인다. 경북 출신은 사라졌고, 서울 역시 마찬가지이다. 곧 마산 창원을 벗어나 경남 전 지역 출신들이 마산상업학교를 채우고 있다는 의미일 것이다.

또 1929년 3월 13일자 『매일신문』에는 마산상업학교 제5회 졸업식을 소개하고 있다. 3월 8일에 동교 강당에서 성대히 거행한 졸업식에서 졸업생 36명을 배출하였고, 그 중 우등생은 정창윤, 김경수 양군이며, 3년간 개근한 학생은 이지환, 문정규, 김홍식, 와다 다케시和田武, 이누이乾丈丈 등 5인이라고 쓰고 있다.[54] 이 중 일본인으로 보이는 두 명의 졸업생이 포함된 것으로 보아, 초기부터 5회까지 일본인들이 끊임없이 학교에 재학하였을 것이라 짐작된다.

창신학교, 마산상업학교의 상남동 시대란 사실 긴 시간이 아니었다. 창신학교는 13년 정도, 마산상업학교는 17년여의 세월을 상남동에서 보냈기 때문이다. 하지만, 이 두 학교가 상남동에 자리 잡은 것은 마산의 원도심 지역에서 상남동이 차지하는 중요성을 보여준다. 그곳은 농촌 지역의 끝자락에 있었지만, 오히려 도심지의 주변이라는 양면성을 내포한 곳이었다. 도심지 한 복판에 넓은 토지를 얻을 수 없었으므로, 최선의 방책은 그 인근에 교지를 확보하는 것이었다. 또한 20세기 초의 상남동은 원상남리를 제외하면 대부분 농지와 산지, 그리고 하천으로 둘러싸여 있었다. 그만큼 교육 용지로 사용할 공간이 많았던 셈이다.

이 점에서 교육의 상남동 시대란 인재를 공급받을 수 있고, 토지 확보가 용이한 곳이었으며, 오래된 한국인사회를 배경 삼아 시작되었다는 특징을 갖는다. 반면 1920~30년대에 이르러 도시화가 진전되고 학교의 규모가 커지면서 기왕의 터에서는 더 이상 존속하기 어려웠다. 창신학교는 5년제 고등과 승격을 목표 삼아 1924년에 회원동으로 옮겨갔고, 마산상업학교는 그보다 늦은 1941년에 오늘날의 산호동 쪽으로 이전하였는데, 이는 1939년에 5년제 갑종 10학급으로 학제가 변경되어 학교 규모가 커졌기 때문이다.

곧 두 학교 모두 학교의 승격과 관련하여 상남동을 떠났던 것이다. 이 점에서 두 학교의 상남동 시대는 마산 지역에서 비교적 작은 규모로 출발했던 근대교육의 초기 양상을 상징한다고 하겠다. 그러나 창신학교의 장래는 잘 알려진 바와 같이 고보 승격에 실패하였고, 또 신사참배 거부로 인해 폐교까지 당하였던 반면, 마산상업은 이와 달리 승승장구의 길을 걸었다. 이는 상남동에서 진전된 근대교육의 양상이 갈수록 식민지 체제에 부합되는 쪽으로 나아갔다는 의미일 것이다.[55]

그렇다고 해도 이들이 옮겨간 회원동과 산호동이 한국인 사회로부터 멀리 있는 곳은 아니었다. 이곳 역시 도심지 부근에 위치한 전형적인 한국인 사회였기 때문이다. 결국 학교의 설립과 이전을 통해 전통적인 공간들은 근대적인 경관을 가진 공간으로 탈바꿈하였고, 그것은 작은 점을 넘어 권역 수준으로까지 형성하게 된 요인이라 할 만하다.

3. 빈민 여성 교육기관인 선화고등공민학교

창신학교가 대한제국기에 전개된 기독교적 계몽교육의 특성을, 마산상업학교가 식민지 초기의 산업사회에 맞는 상업계 인력을 양성하는 특성을 지녔다면, 1960년대에 상남동에서 시작된 선화고등공민학교는 상남동이 안고 있는 또 다른 특성을 반영한다고 하겠다.[56] 곧 가난하거나 도시의 일시노동에 종사하는 청소년들의 학습 열망을 수용하는 한편으로, 이 지역이 안고 있는 주변성과 산업성을 다시 한번 더 드러낸다고 생각되기 때문이다.

우선 이 학교의 명칭부터 정확히 해 두는 것이 좋을 것이다. 마산시 교육청에서 공식적으로는 사용했던 명칭은 '선화고등공민학교'이다.[57] 하지만 그곳을 졸업한 졸업생들은 대부분 '선화중학교'라는 명칭을 애용하는 듯하다. 인터넷에 만들어진 동창회 카페에 '마산선화중학교'로 되어 있는 데서 그것을 알 수 있다.[58] 다른 명칭도 있다. 당시 선화고등공민학교를 취재한 『경향신문』에서는 '선화여자고등공민학교'라고 표기하였다.[59] 여학생을 중심으로 학교를 운영하였기 때문에 붙여진 이름일 것이다.

이름이 개인이나 조직에서 하나의 정체성을 의미한다고 한다면, 다양한 명칭은 그만큼 이 학교가 지니는 의미가 복합적이었다는 사실을 보여준다. 나는 이 글에서 공식적으로 표기할 때는 선화고등공민학교를 사용하겠지만, 졸업생들의 생활이나 인식, 추억담 등을 이야기할 때에는 선화중학교라는 이름을 쓸 것이다. 그것이 이 학교를 이해하고 접근하는데 더 좋다고 생각하기 때문이다.

현재 남아 있는 관련기록에 따르면, 선화고등공민학교가 경상남도 교육위원회로부터 설립인가를 받은 것은 1966년 9월 30일이었다. 목적은 대한민국 교육이념에 입각하여 국민생활에 필요한 공민적 사회교육을 실시하는데 있었으며, 명칭은 선화고등공민학교, 위치는 마산시 상남동 31-1, 학급수는 3학급, 학생정원은 180명, 개교연월일은 1967년 3월 1일, 사항은 학칙과 같음(야간 여) 등이 이 문서에 적혀 있다.[60]

여기서 주목할 부분은 주목적이 공민적 사회교육인 점, 위치가 상남동 31-1번지라는 점, 마지막으로 야간 여학교라고 밝힌 점 등이다. 사회교육의 필요성은 이미 해방직후에 제기되었고 이에 따라 공민학교와 고등공민학교는 미군정기인 1946년 5월에 교육법상 정규교육기관으로 인가를 받았으며,[61] 대한민국 정부 수립 이후인 1949년에 다시 사회교육법안 제정으로 제도화되었다. 곧 높은 문맹률 문제를 해결하고 국민 전체의 공민적 자질을 함양하여 민도를 높이는 것이었고, 이 목표의 실현을 위해 공민학교와 고등공민학교의 설립이 법제화된 것이다.[62]

당시 제정된 교육법 제81조에 학교의 설치 중 제4장 및 그 아래의 제137조에는 공민학교와 고등공민학교는 초등교육을 받지 못하여 학령을 초과한 자 또는 일반 성인에게 국민생활에 필요한 보통교육과 공민적 사회교육을 실시함을 목적으로 한다고 규정하였다. 그리고 설립과 폐지에 대한 인허가권은 교육구 교육감에 있었다. 이곳의 수업 연한은 1년 이상 3년 이하로 초등학교 또는 공민학교를 졸업한 경우에 입학할 수 있었다. 학교 시설의 경우 '공장, 사업장 기타 교육에 이용할 수 있는 모든 시설은 그 본래의 용도에 지장을 주지 아니하는 한 교육을 위하여 이용'할 수 있도록 규정하였다.63

선화고등공민학교도 교육법이 정한 사회교육의 목표에 충실하려고 했던 것 같다. 사회교육은 1960년대에 중요한 사회적 과제로서 도시화와 산업화가 진전되는 과정에서 더욱 필요한 부분이었다. 특히 도시로 나온 이농가족이나 단독으로 일자리가 필요한 청소년들의 경우 정규교육의 기회가 제대로 주어지지 않았고, 이러한 악조건은 빈민 여성들에게 더 심하였다. 도시의 가난한 집안 소녀들에게 중등교육의 기회는 쉽게 오지 않았던 것이다. 1966년 당시 마산 시내 초등학교 졸업생은 4,107명, 진학희망자수는 3,284명, 미진학자는 823명으로 조사되었다. 이 때문에 마산시교육장 정진효는 교육위원회에 올린 「의견서」에서 '불우한 생활환경으로 고등학교 과정을 이수치 못하고 있는 학도들을 위하여 사재를 털면서 학교를 지어 이들을 구제하려는 사회적 독지를 높이 평가'한다고 의견을 밝혔다.64 이런 유형의 학교는 국가기관이 아니라 '독지가'의 몫이었던 것이다.

그렇다면 이 학교를 왜 상남동에 지었는가. 당시 마산시내에는 선화 이외에 1951년에 출발한 의신여자고등공민학교를 포함하여 4개의 고등공민학교가 설립되어 있었다.65 위의 「의견서」에서 이들 학교는 모두 시내의 변두리 산 밑에 위치하고 있는데다, 선화고등공민학교는 대체로 생활수준이 낮은 주거민을 끼고 있는 시내중심지 상남동에 위치하고 있다는 점을 강조하였다. 곧 이용도가 높을 것이라는 점, 근처 일대의 주민들에게 좋은 이미지를 줄 것이라는 점, 또 인구가 급증할 것을 예상하여 교육기관을 설립하여야 한다는 점 등이 중요 이유였다. 상남동이 안고 있는 두 가지 특징, 곧 시내 중심지와 가깝고, 주민들의 생활수준이 낮다는 이유가 선화고등공민학교의 위치를 선정하는데 중요하게 작용하였다는 사실을 알 수 있다.

그러나 이곳에 선화가 자리 잡은 데에는 인근 지역에 노동인력을 공급한다는 또 다른 목표가 있었던 것으로 보인다. 그것은 상남동 일대가 1920년대 이후 마산의 공업지대로 성장한 것과 관련이 있다. 앞에서 말한 바와 같이 일제 시대에는 조면공장을 비롯한 근대형 공장들이 들어서기 시작하였고, 해방 이후에는 더욱 증가하여 마산지역에서 최대의 산업지대로 부상한 곳이 상남동이었다. 봉제공장, 탁주공장, 양말공장, 방직공장, 연탄공장, 가발공장, 성냥공장 등 소형 산업들이 줄을 잇듯이 들어서 있었다.[66] 이들 중소형 기업에 필요한 인력을 쉽게 공급할 수 있다는 점도 위치 선정에 크게 작용하였으리라고 본다. 학교의 운영을 야간여학교로 설정한데에서도 그 점을 알 수 있고, 실제로도 이곳의 학생들이 낮에는 인근 공장에서 작업을 했기 때문이다. 또 창동, 오동동 등 도심지에도 걸어서 갈 수 있을 정도로 가까웠으므로 이곳에서 필요한 인력을 충당하는 데에도 유리하였을 것이다.

개교 무렵의 교사가 위치한 곳은 앞에서 본 바와 같이 상남동 31-1로서 이곳은 현재 형제주차장 터로 쓰이고 있다. 바로 이웃에 서광아파트가 자리하고 있으며, 서북쪽으로 나가면 북마산시장을 만나게 된다. 교지 면적은 592평으로 당시의 단가는 1,500원, 총 888,000원의 재산이었으며, 학교로 전환하기 전의 용지 성격은 답畓이었다. 상남동의 북쪽 지방에는 아직까지 논이 남아 있었던 것이다. 이 토지는 1966년 8월 1일에 상남동 108번지에 사는 김인택에게 매매되었다. 설립자의 소유가 된 것이다.

교사의 형태는 긴 시멘트 블록의 1층 건물로 정면에 4개의 유리창이 보이는 것으로 보아, 교실과 교무실 등이 있었을 것이다.「설립인가에 대한 조사서」에 따르면 교실은 40평 두 개, 사무실은 4평 1개, 사택 21평 1채, 변소 2평 1개로 여자용 3, 남자용 3개로 구성되어 있다. 그리고 그와 직각으로 위치한 우측에 사택으로 보이는 기와집 한 채가 있었으며, 그 주위에 벽돌이 많이 쌓여있다. 이것이 과거에 어떤 용도로 쓰였던 것인지, 아니면 새로이 지은 것인지는 알 수 없으나, 벽돌의 양으로 보면 새로 지은 것이 아닌가 한다.「평면도」에 따르면 1967년도에 건물을 신설할 예정이라고 쓰여 있으며, 앞에는 미처 정비하지 않는 운동장이 비교적 넓게 조성되어 있다. 평면도에는 체육장 그리고 배구장으로 표기되어 있다. 급수시설로 우물이 하나 있다고 보고되었다. 사택 형태의 오른쪽에는 흰옷을 입은 사람이 많이 모여 있는 것으로 보아, 소시장날이라고 추측된다.[67] 선화중학이 자리한 그곳은 마산에서 유일하였던 소시장과 이웃해 있었기 때문이다.

설립 당시 교장은 마산제일여고 교사였던 김인택이었다. 경상남도 경찰국장이 마산교육청에 보낸「신원조사서」에는 그의 성격이 '온순 원만하고 근면함'이라고 써 넣었다. 선화고등공민학교 교원은 교장인 김인택과 1967년도에 새로 들어온 교사 3명을 포함하여 모두 4명이었으며, 두 학급으로 증가한 1968년도에는 교감 1명을 두어 5명, 1969년도에는 교사 5명에 사무원 1명이 증가하여 모두 8명이었다.

선화고등공민학교는 학칙에서 정규중학교와 같이 수업 연한을 3년으로 정하였으며, 교과 과정 역시 같았다. 수업료 및 입학금은 문교부령에 따른다고 밝혔을 뿐 그 액수를 명기하지는 않았다.

경비를 마련하고 학교를 유지하는 방법은 운영자에게 고민스러운 과제였던 것 같다. 학생들에게 최저의 부담을 부과하면서도 인재를 양성하여야 했기 때문이다. 교육청에서 만든 「경비와 유지방법」에 따르면 사재로 본교를 경영하며 부족한 자력은 각계각층 인사들의 자진 증여 및 희사 행위로 영세민의 자녀교육에 임하면서 기존 시설을 최대한으로 활용한다고 하였다. 사회에서 필요한 공공의 인재를 육성함에도 불구하고 공공의 재원으로 학교를 지원할 생각은 없었던 것이다. 1966년 개교 이후 선화고등공민학교가 어떻게 운영되었는지를 알 수 있는 자료는 없기 때문에 그 이후의 사정을 통해 미루어 짐작할 수 있을 정도다.

이 학교는 6년 뒤 제비산 남쪽 자락으로 이전하였다. 제비산으로 이전한 시기는 공식적으로 1972년 3월 10일이었다. 우시장 부근에서 개교한 지 6년 만의 일이다. 마산시 교육장은 1972년 1월 23일자로 신청한 선화고등공민학교 부설 유치원의 위치 변경을 승인하였던 것에서 이전 사실을 짐작할 수 있다. 부설 유치원의 위치는 고등공민학교와 마찬가지로 상남동 64-1번지였다. 이 공문에 따르면 선화고등공민학교는 별도로 유치원을 운영하였던 것 같다.

본래 선화고등공민학교에서 1971년 12월 22일에 올린 서류 목록에는 위치변경사유가 있었으나, 그 내용은 국가기록원 문서철에 존재하지 않는다. 이 부분은 미지수이지만, 최근의 연구에 따르면 신입생 입학에 따른 학급 증설과 이로 인해 야기된 시설부족으로 좀 더 넓은 공간을 확보하기 위한 데 있었다.68 목록에는 또 학교전경 및 교사 실내 사진도 있었으나 이 역시 존재하지 않는다. 다만 평면도는 남아 있다. 정면에서 볼 때 좌측에 교실 3칸 우측에 2칸이 있으며, 그 중간에 교무실이 자리하고 있다. 별도로 우측에 변소가 있다. 그리고 좌측 교실 쪽으로 정문이 있으며, 교실 앞에는 운동장으로 설정되어 있다.69

제비산 선화중학의 지리적 위치는 현재 마산문학관 남쪽 사면 바로 아래쪽이다. 「선화고등공민학교 폐지(안)」에 따르면 소재지는 상남동 64-1과 64-5로 되어 있으며 지목은 각각 임林과 전田이다. 지적은 1,434평, 621평으로 모두 2,055평이다. 용도는 교지이고 소유자는 김두삼이다. 시멘트 블록으로 된 이 건물은 교실 두 곳이었으며, 소유자는 김인택이라고 되어 있지만 비고란에는 무허가로 적어 놓았다.

현재 동문들이 운영하고 있는 인터넷 사이트에는 9기부터 13기까지 각 졸업기수별로 모이고 있으나, 9기 이전의 관련 자료는 없다. 1969년 2월에 첫 졸업생을 배출하였으니, 10기면 1979년 졸업생이다. 13기까지 있는 것으로 보아 이들이 마지막 졸업생들일 것이다. 곧 졸업생들의 활동 상황은 주로 상남동 64-1번지인 제비산에서 학창시절을 보냈던 이야기에 집중되어 있다. 이들에게는 제비산이 선화중학의 상징이었던 것 같다. 카페 이름도 '제비산 선화'라든가 하는 식으로 만든 데서 그것을 알 수 있다.

선화중학 졸업생들이 남긴 기념사진 역시 제비산 시절의 것이다.

운동장에서 조례하는 사진을 보면 여학생이 12줄에 14명 정도, 대략 160여명, 남학생은 여학생 뒤편에 8줄에 10명 정도, 대략 80여명이 반듯하게 서서 조례를 하고 있다. 운동장 끝에 적어도 8명의 교사가 늘어서 있다. 교장인 듯한 분이 조례단에 서서 이야기를 하고 있는 장면의 사진이다. 적어도 전교생이 모여 교사들과 함께 조례를 할 정도의 운동장 크기였다. 또 다른 사진은 이 운동장에 세워진 배구코트와 농구대에서 운동을 하는 장면을 찍은 것이다.[70]

또한 수업시간 사진도 여러 장 올려두고 있다. 여학생 반에서 수업하는 선생님, 손을 들면서 질문하기를 기다리는 여학생들, 교무실 풍경, 교실 뒤편 벽판에 자료를 거는 학생들의 활동, 칠판 앞에서 남녀 학생과 교사가 모여 노래 연습을 하는 장면, 학생들이 방송실에서 방송하는 장면, 과학실험을 하는 학생들의 사진, 또 요리복을 입고 가사실습을 하는 여학생들 등 주요한 사진들이 제시되어 있다. 이런 사진들을 보면 여느 정규중학과 다름없는 학교생활을 했던 것으로 보인다. 사이트에는 '노비산…'으로 시작되는 교가가 있으나, 화면상에서는 읽을 수 없을 정도로 화질이 좋지 않았다.

이렇듯이 가난한 청소년들에게 또 다른 형태의 학습기회를 제공하였던 선화중학교는 1983년에 폐교되었다. 폐교의 주원인은 학생수의 감소였다. 마산시교육장은 1980년대에 이르러 초등학교 졸업생의 절대 다수가 정규 중학교로 진학하였고, 게다가 무시험 진학이 보편화된 데다 문화 수준의 향상으로 고등공민학교에 진학하는 학생이 없었기 때문이라고 도교육위원회에 보고하였다.

폐교시 잔여 학생은 여학생 2년 14명, 3학년 23명으로서 이들은 모두 웨슬레고등공민학교에 1983년 3월 10일자로 전입학시켰기 때문에, 현재 한 명도 없는 것으로 보고하고 있다. 당시 폐교 전 상황을 조사한 교육청의 조사자가 낸 조사 자료에 따르면[71] 17년 동안 1,941명의 졸업생을 배출하였다. 연 평균 1백 명 이상의 졸업생을 낸 셈이다.

선화출신들은 현재 각지에서 활동하며 과거를 회상하고 있다. 물론 회상의 공간은 제비산이다. 어떤 이들은 그곳에 다닌 것이 당시나 졸업 이후에 부끄러웠기 때문에 쉽게 그곳에 다닌다거나 다녔다는 말을 하지 못했다고 한다. 하지만, 또 다른 졸업생들은 그곳에 다녔기 때문에 지금의 내가 있게 되었으며, 그렇기 때문에 동문활동에 적극 참여하고 있다고 밝혔다. 공개적인 카페를 각 기수별로 만들었다는 사실은 이제 과거가 은폐의 대상이 아니라 자부심의 시간대라는 것을 웅변해준다.

11회 동기회장 남영민은 그 점에서 본받을만한 사람이었다. 재학 중일 때에는 학생들의 열등의식을 벗어나게 해 주기 위해 선생님들도 교복을 비롯한 외양 뿐만 아니라 교과 내용이나 진학을 위해 노력하였다는 것이다. 그런 뒷받침이 있었기에 선화중학생들이 이만큼이나마 사회에서 활동할 수 있게 되었다고 말한다.[72]

이처럼 마산선화고등공민학교는 애초에 중학교에 진학하지 못한 청소년들에게 배움의 기회를 주기 위해 교육법에 따라 상남동 31-1번지에 처음으로 세워졌다. 학교가 실립되던 1966년 당시 마산시역에는 회원동에 웨슬레, 교방동에 의신여자, 중앙동에 구세군, 대내동에 대창 등 4개의 고등공민학교가 운영되고 있었다. 회원, 교방, 상남동은 사실상 북마산 지역에 속하므로 고등공민학교의 위치를 통해 북마산사회의 실상을 어느 정도 알 수 있게 된다. 빈민들이 많이 거주하고 있던 곳이다. 나머지 두 곳 중 한 곳은 중앙마산에 있던 구세군이 운영하는 학교로써 고등공민학교 운영은 사회복지 활동 중 일부였다고 할 수 있다. 반면 대창고등공민학교가 있던 화영동의 경우에는 20대의 신광부 부부가 1961년에 불우청소년을 가르치기 위해 움막에서 시작하였고, 이후 인근의 경남대학 학생들이 교사로 나섰다는 신문기사로 유추해 보건대[73] 신마산의 '달동네' 지역을 대표하는 고등공민학교로써 지역독지가와 대학생들이 주축이었던 것으로 보인다.

1966년도에 이들 4개 학교에 입학한 학생수는 모두 230명으로 주간에 162명, 야간에 68명이었으며, 지원자는 그보다 더 많아 303명이었다. 이들 학교의 3개 학년 재학생은 남학생은 388명, 여학생은 315명으로 남학생이 73명 더 많다.[74] 공민학교에서도 지원자를 모두 수용하지 못하였을 정도로 교육환경이 열악하기도 하였지만, 반면 진학의 열기도 그만큼 높아졌다는 사실을 반영하기도 한다.

그러나 위의 학생 숫자에서 간과할 수 없는 부분이 있다. 곧 빈곤층의 여학생이 상대적으로 중학교 뿐만 아니라 고등공민학교에도 진학하지 못하던 현실이다. 이 점에서 선화고등공민학교가 여학생 중심으로 야간에 운영되었다는 사실은 큰 의미를 갖는다. 곧 빈곤층 자체가 사회적 약자인데다, 여성들은 그보다 더 아래쪽의 사회에 놓여있었음을 보여주기 때문이다. 이 점에서 선화고등공민학교는 가난한 여성 교육에 적지 않게 기여한 것으로 평가할 수 있다. 그리고 이는 상남동에서 이미 1920년에 호주선교회에서 설립한 마산여자야학교의 전통을 재현한 것이기도 하였다.[75]

아울러 이 학교의 전성기는 상남동 우시장 인근에서 제비산으로 옮겼던 1970년대 전반기였을 것으로 추정한다. 상남동 31-1번지 시대에는 교실이 두 칸에 지나지 않았다. 그러나 제비산 시대에는 적어도 240여명이 재학하고 있었고, 교실은 네 개로 증가하였을 만큼 고등공민학교에 대한 수요가 컸던 것이다. 이런 점에서 상남동의 두 곳에서 존재했던 선화중학은 이미 도시화가 진행되어 공식적인 학교를 설립할 수 없을 정도로 용지가 비좁았던 지역의 사정과 1960~1970년대에 마산에서 전개된 급격한 산업화 시대의 특징, 그에 따라 나타난 도시사회의 빈곤과 노동 상황을 반영하는 대표적인 학교였다고 생각한다.

IV. 맺음말

도시 지역에 있는 동네 크기의 단위를 중심으로 그곳의 근대사를 분석하는 것이 이 글의 목표였다. 특히 그 중에서도 마산의 상남동은 이 동네가 안고 있는 지정학적 조건 때문에 근대사에서 여러 가지 의미 있는 공간을 만들어낼 수 있었던 것 같다. 도시중심부인 마산포와 농촌지대인 양덕리 사이에 위치하고 있었기 때문에 근대화에 필요한 공간이나 인력을 확보할 수 있었던 것이다. 또한 외부와 도시중심지를 연결하는 위치에 있던 것도 이 동네의 제2단계 근대화에 필요한 조건이었다.

상남리는 또한 조선시대는 물론이려니와 일제 강점기에도 거의 순수한 한국인 사회로 유지되어 왔던 것으로 보인다. 신마산 지역은 일본인사회가 이식된 식민도시의 성격이 강하였고, 원마산 지역은 조선인이 다수를 차지한다고 해도, 일본인의 상공업 진출이 적지 않았기 때문에 한국인과 일본인이 혼합된 사회였다고 한다면, 상남리 일대는 거의 대부분 한국인으로 구성된 사회였다고 보아도 무방할 것이다.

이 점에서 상남리는 한국인 사회에 필요한 공공시설들을 수용할 수 있었다고 생각된다. 그 중의 하나가 교육기관이었으며 적어도 세 종류의 학교가 이곳에서 출발한 이유가 될 것이다. 기독교 계통의 창신학교 초등부가 대한제국 말기에 시작되었던 바, 그것은 상남리에서 전도를 시작한 호주선교사회와 지역의 신도들이 주도한 것이었다. 이와는 달리 식민지 사회가 점차 안정화되어 가던 1920년대에 식민지 체제에 부합하는 상업 인재를 키우기 위한 목적에서 출발한 것이 마산상업학교였으며, 그 위치는 창신학교와 멀지 않은 곳에 있었다.

두 학교 모두 한국인 사회의 외곽에서 한국인을 대상으로 교육을 실행하였다는 점에서 유사한 측면이 있다. 특히나 이들 학교가 들어서면서 상남리는 점차 도시화와 근대화의 길을 걷게 되었고, 그것은 인근에 있는 각종 공공시설과 더불어 진행된 것이었다. 두 학교가 용지난으로 인해 인근의 회원리나 산호리 쪽으로 이전하기는 했지만 이곳 역시 도시화가 진행되었고, 결국 북마산권이라는 소지역권을 창출하는데 기여하였다.

이와 달리 빈민층 자녀들을 교육시켜 문맹률을 낮추고, 경제와 사회 발전에 필요한 인력을 양성하기 위해 세운 선화고등공민학교는 이미 도시화되고 산업화가 어느 정도 진척된 상남동의 비좁은 곳에 자리를 잡았다. 정규학교 시설이 들어서기에는 이미 포화상태에 이르렀던 셈이지만, 산업체나 서비스업체에 어느 정도 학력을 갖춘 인력을 공급할 수 있었다는 점에서 본다면, 상남동 사회에 부합하는 학교였다고 하겠다.

이런 점을 종합해 본다면 상남동은 마산지역에서 조선후기부터 20세기 중엽까지 진행된 긴 도시화 과정에서 개항기와 식민지 시기 그리고 1960년대의 산업화 시기를 연속적으로 겪은 의미 있는 공간이었다고 할 수 있다. 이에 따라 창신학교는 개항기의 기독교적 문명세계를, 마산상업학교는 식민지 시기의 실업사회를, 그리고 선화고등공민학교는 1960년대의 산업화 사회에 각각 조응하는 성격의 근대형 학교였다고 생각된다.

대한제국 시기 마산포 지역의 러시아 조차지 성립 과정과 각국공동조계 지역의 도시화*

I. 머리말

조선 정부는 고종高宗이 1년여에 걸친 러시아공사관에서의 피신생활로부터 경운궁으로 돌아온 이후에 독립국가로서의 면모를 내외에 선양하기 위하여 1897년 10월에 대한제국大韓帝國을 새롭게 출범시켰다. 이 후 대한제국 정부는 자주독립이라는 목표를 달성하기 위하여 광무개혁光武改革을 단행하는 등 근대국가를 향한 몸부림을 치고 있었으나, 당시의 국제정세가 이런 목표 달성에 그다지 유리하지는 않았다. 청일전쟁이 일본의 승리로 끝난 후 한반도를 포함한 동북아시아에는 열강간에 다국적인 상호견제 메커니즘을 통하여 일종의 세력균형상태가 성립되어 있었다.[1] 그렇지만 이 당시의 세력균형이란 조선

---

* 이 논문은 유장근, 허정도, 조호연의 공동연구이다.

의 보호국화를 꾀하던 일본과 이를 저지하고 자국의 영향력을 확대하려던 러시아 세력이 일시적이나마 정면 대결을 유보하고 있었던 상황이었을 따름이었다. 이 두 국가는 이미 아관파천俄館播遷 기간에 베베르·고무라小村각서 및 로바노프·야마가타山縣議定書 등을 통하여 한국에서의 세력 범위에 대해 의견을 조율한 바 있었다. 이러한 형편에서 대한제국 정부는 국권을 침탈당하지 않기 위하여 외국으로부터의 지원을 얻고자 노력하는 한편, 국내 경제를 부흥시키는 방책도 다각도로 강구하고 있었다.2

이러한 의미에서 1899년에 개항된 마산포는 대한제국 정부의 자구 노력과 당시의 국제정세의 변화를 한꺼번에 보여주었던 의미심장한 지역이었다. 이곳은 개항 직후 일본과 러시아가 적극적인 관심을 보임으로써 조계지를 둘러싸고 양국 사이에 신경전이 벌어진 지역이기도 하다. 이런 중요성에 걸맞게 그 동안 개항 전후의 마산포를 중심으로 한 러일간의 각축에 대해서는 여러 논문에서 논의된 바 있다.3 그렇지만 대부분의 논문은 주로 일본 외무성 자료와 일본의 한반도 강점기에 작성된 자료에 주로 근거하여 연구되었기 때문에 논조면에서 그다지 차이가 나지 않는다는 한계를 지니고 있다.

따라서 우리는 대한제국 시기의 마산포와 관련하여 기존의 연구에서 다루어지지 않았거나 부정확하게 알려져 온 내용에 대한 교정矯正의 필요성을 절감하게 되었다. 이 논문에서 다루고자 하는 주제는 크게 보아 두 가지로 대별할 수 있다. 첫째로는 지금까지 별로 활용되지 않았던 러시아 자료를 중심으로 하여 러시아가 마산포에 대해 취한 정책의 변화를 추적하는 작업이다. 이 문제는 러시아의 외교 정책, 그 중에서도 동아시아 정책이라는 맥락에서 살펴보아야 하므로, 당시의 동아시아의 국제 정세 변화와 밀접한 관련을 가지고 있다. 여기서 우리는 러시아가 처음으로 마산포 지역에 관심을 가지게 된 배경과 그 과정, 개항을 전후로 하여 구체적으로 마산포에서 토지를 확보하려는 계획을 추진한 경과, 1900년을 정점으로 하여 러시아의 마산포 정책이 적극성을 띠게 된 원인, 그리고 1901년 이후 러시아 세력이 마산포에서 위축되게 된 과정 등을 살펴보고자 한다.

둘째로 우리가 이 논문에서 다루고자 하는 내용은 마산포에서 러시아 세력이 약화된 이후에 주로 각국공동조계를 중심으로 하여 마산포의 삶의 변화 과정을 도시화라는 개념으로 정리하는 것이다. 지금까지 마산포 조계지와 관련된 연구는 이러한 측면보다, '침략과 저항'이라는 패러다임 속에서 검토되어 온 데다, 조계지가 사실상 기능을 정지하기 시작한 러일전쟁 이후의 변화에 대해서는 거의 관심을 기울이지 않았기 때문이다. 우리는 오히려 이 부분에 더 관심이 많다. 그것은 마산의 역사에서 조계지를 중심으로 성립된 새로운 사회가 이 도시의 역사에서 매우 중요한 의미를 갖는다고 생각하기 때문이다.

이 연구에서 전제해 두어야 할 것 중의 하나는 지명의 정의이다. 특히 '마산포馬山浦'라는 지명에 대해서이다. 본래 마산포는 조선시대에 조창을 중심으로 발전한 포구로서 개항 전까지 남해안의 최대 도시였다. 그런데 문제는 개항 이후에 대한제국 정부나 일본 및 러시아 등이 마산포라는 지명을 포구 기능을 담당하던 이 포구 뿐만 아니라, 각국공동 조계지 및 그 일원과 심지어 칠원군漆原郡의 남포藍浦 지역까지 포함하는 곳으로 부르기에 이르렀다. 이 때문에 우리는 이 글에서 개

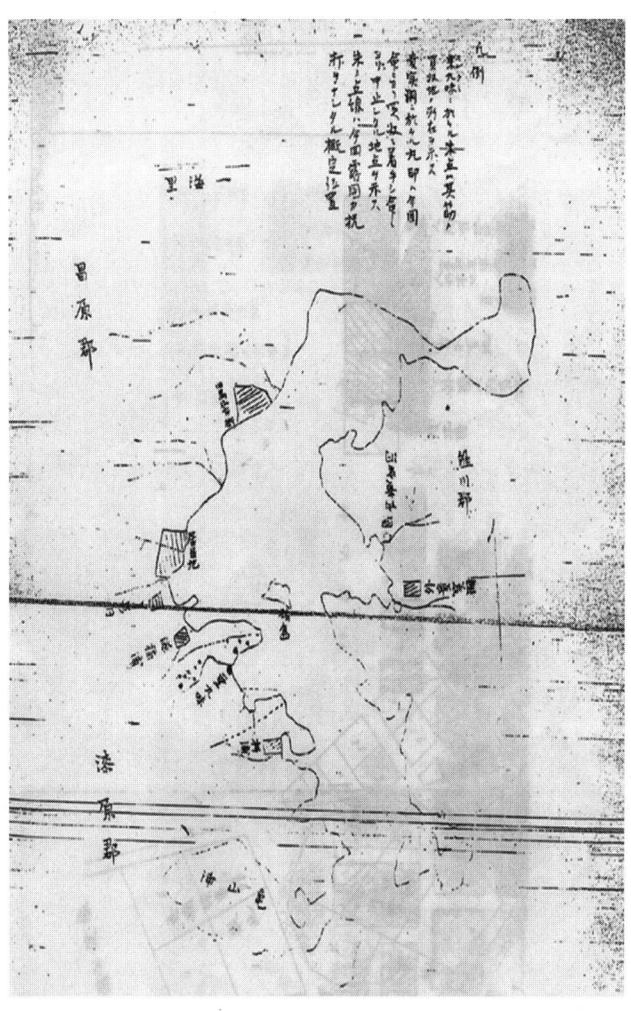

〈그림 1〉 마산포 부근 지도 馬山浦 附近 地圖

항기 이후의 용례를 따라 마산포의 정의를 포구로서의 마산포 뿐만 아니라, 조계지 내 10리 이내에 있던 각국공동조계지와 일본전관 거류지로 정해졌던 자복포滋福浦, 러시아 조차지로 율구미栗九味 지역을 포함하는 의미로 쓰려고 한다. 그리고 서술의 편의상 조선시대부터 발전하기 시작한 마산포는 원마산4으로, 각국공동 조계지는 신마산이라고 부를 것이다.

　이러한 지명을 잘 이해할 수 있는 지도가 〈그림 1. 1900년의 마산포 부근 지도〉이다.5 이 지도는 일본 해군이 러시아 해군의 활동에 관한 정보를 모으면서 제작한 지도이기 때문에 1900년 무렵의 상황을 잘 보여주고 있기도 하다. 지도 중앙에 좁고 길면서도 구불구불하게 펼쳐져 있는 것이 마산만으로서, 만의 위쪽 중앙 연안에 자리한 곳이 조선시대에 발전한 '구마산시가舊馬山市街'(지도상 표기. 이하 같음), 곧 원마산 일대에 해당한다. 그리고 좌측 해안을 따라 그 아래쪽에 '거류지居留地', '월영동月影洞', '율구미栗九味', '가포柯浦' 순으로 표기되어 있으며, 남단에 '구산포龜山浦'(오늘날의 구산면龜山面 일대)라고 표기된 곳이 이 논문에서 논의되고 있는 남포藍浦 일대이다. 1900년에 구산龜山은 칠원군 소속이었다. 이곳의 동쪽 맞은 편 해안에 오늘날의 진해가 자리잡고 있다. 그리고 마산만의 한 복판에 있는 것이 '저도猪島', 곧 오늘날의 돝섬이다. 그리고 이 만의 우측에 있는 행정군은 '웅천군熊川郡'으로서 각각 '내귀실도內貴實洞'과 '외귀실동外貴實洞'(오늘날의 창원 삼귀동 일대)이란 마을이 있다.

II. 마산포 지역에서의 러시아 조차지6 성립 과정

1. 개항 논의 이전의 러시아의 마산포 정책

대한제국 시기 마산포 지역의 러시아 조차지 성립 과정과 각국공동조계 지역의 도시화　　193

대한제국이 선포된 1897년은 한국사에 있어서만이 아니라, 한국에 대한 러시아인들의 인식에서도 중대한 전환점이 된 해였다. 이 해에 고종은 마침내 1년여에 걸친 러시아공사관에서의 생활을 마무리하고 경운궁慶運宮으로 귀환하였고, 러시아인인 알렉세예프(К. А. Алексеев)를 재정고문관財政顧問官으로 임명하여 한국의 세관 업무를 담당하게 하였다. 또한 이해 12월에는 한러은행이 설립되어 한국 정부의 재정에 중대한 영향을 미치게 되었다. 다른 한편으로 러시아 내에서도 한국 알기 붐이 일어나 이 해에 상트 페테르부르그 대학의 동양어학부東洋語學部에서는 한국어 교육이 시작되기도 하였다.7 동아시아에 대한 러시아의 정책은 소위 "부동항획득정책不凍港獲得政策"이라고 널리 알려져 있지만, 동아시아에 대한 러시아의 관심은 비단 부동항 획득만이 아니라 포괄적인 의미에서의 세력확대 추구라고 볼 수 있었다. 이런 관점에서 19세기 후반과 20세기 초반에 러시아가 한반도 내에서 관심을 기울인 지역 중에 하나가 바로 마산포였다.

러시아의 지도층 인사들 사이에서 마산포가 위치한 한반도 남부 해안에 대해 언급하게 된 시기는, 청일전쟁 기간 및 이 전쟁에서 일본의 승리가 확정된 직후였다. "동방의 패자覇者"라는 의미를 지닌 블라디보스톡이 겨울철의 결빙 때문에 연중 수개월이나 항구로서의 기능을 수행할 수 없었던 상황에서, 러시아로서는 청일전쟁의 승리를 발판으로 삼아 요동반도로까지 세력을 확대하려는 일본의 시도를 묵과할 수 없었다. 그리하여 1895년 1월에 러시아의 고위 당국자들 사이에서는 일본 세력을 견제하고 대한해협의 자유로운 항해권을 보장받기 위하여 한국 남부에 위치한 거제도의 중요성에 대해 언급하였고,

그 해 9월에는 마침내 태평양전대太平洋戰隊 지휘관에게 거제도 및 그 인근 지역을 정찰하고 그 정치적, 전략적, 자연적 상황에 대한 내용을 보고하라는 명령이 시달되었다.8 이 명령을 접수한 알렉세예프(Е. И. Алексеев) 제독은 그 해 말에 "자비야카"와 "블라디미르 모노마흐"라는 두 척의 순양함을 대동하여 거제도 및 주변 해안에 대한 정밀한 탐사를 실시한 이후에 전략적인 측면에서 거제도보다는 마산포가 더 유리한 조건을 갖추었다고 보고하였다. 그렇지만, 당장 러시아가 마산포를 경략經略하려는 구체적인 조치를 취한 것은 아니었다. 삼국간섭을 통하여 일본을 견제하는 데 성공한 러시아로서는 한반도에 대한 일본의 세력확장을 크게 우려할 필요가 없었을 뿐만 아니라, 군사적인 목적으로 마산포를 개발하기에는 러시아 정부가 감당하기 어려운 막대한 비용이 투입될 필요가 있었기 때문이다.9

그런데 이 무렵에 동아시아의 국제 정세는 예측을 불허할 정도로 급박하게 돌아가고 있었다. 독일이 두 명의 자국민 선교사가 산둥山東에서 중국인에게 살해당한 일을 기회로 삼아 1897년 11월에 자오저우만膠州灣의 칭다오항青島港을 점령하였는데, 이 사건은 다른 열강들이 중국에서 이권쟁탈전을 가속화시키게 된 신호탄 역할을 하였다. 1896년에 니콜라이 2세의 대관식에 참관하기 위해 러시아를 방문한 리훙장李鴻章과 동청철도東清鐵道 부설권敷設權 획득獲得을 포함한 6개 조항의 비밀동맹조약10을 체결한 바 있던 러시아는 청국과의 동맹관계를 청산하고, 그 해 12월 19일에 뤼순항旅順港을 무력으로 점령하였다. 영국 또한 기다렸다는 듯이 동아시아에서 러시아 세력을 견제하기 위하여 발해만을 사이에 두고 뤼순항 맞은 편에 위치한 웨이하이

웨이威海衛의 해군 기지를 차지하였다.

이러한 국제 정세의 변화는 마산포에 대한 러시아의 정책에도 지대한 영향을 미치게 되었다. 우선 1897년 말의 뤼순항 점령 무렵에 러시아의 해군성 대신인 티르토프(П. П. Тыртов)는 이 항구 및 그 인근의 다롄항大連港이 러시아 함대의 겨울철 정박을 위하여 그다지 좋은 조건을 갖추지 못하였다는 견해를 니콜라이 2세에게 직접 전달하였다. 볼콘스키(А. Волконский) 공 등 다른 해군 지도자들도 영국 및 일본 등의 세력을 견제하기 위해서는 한반도 남부를 러시아가 장악하여 태평양에서의 주도권을 차지해야 한다고 주장하였다.11 특히 1897년 8월에 알렉세예프 제독의 후임으로 태평양함대 사령관으로 취임한 두바소프(Ф. В. Дубасов) 제독은 그 해 11월에 부산과 마산포 등지에 대한 정밀 탐사를 실시하고 마산포의 전략적인 가치를 재차 확인한 다음, 주한 공사로 있던 슈페이에르(А. Н. Шпеиер)와 무관인 스트렐비츠키(И. И. Стрельбицкий) 대령과 마산포 문제를 논의하기도 하였다.12

그렇기는 하지만 거제도 혹은 마산포 등지의 한반도 남부를 장악하자는 해군 지도자들의 건의는 여전히 러시아 정부에서 채택되지 못하였다. 당시에 러시아에서는 신임 외무대신이던 무라비예프(М. Н. Муравьев)의 영향력이 확대됨에 따라, 러시아의 동아시아 정책이 이른바 만주집중정책으로 방향을 잡게 되었다. 그 결과, 1898년 4월 25일에 로젠·니시西 협정이 체결되어 러시아는 한국에서 일본의 상공업에서의 우위를 인정하기에 이르렀다.13 따라서 마산포 문제는 또다시 러시아의 정책 결정자들 사이에서 구체적으로 추진되지 못한 채 일부 해군 지도자들 사이에서만 논의되는 형편이었다.

2. 개항 직전과 이후의 러시아의 마산포 정책

러시아의 동아시아 정책에서 마산포가 다시 부각되게 된 계기는 러시아나 일본이 제공한 것이 아니라, 오히려 대한제국 정부가 1898년 5월 26일에 외부를 통하여 마산포를 포함한 군산·성진 등 3개 항구를 개항한다는 사실을 서울 주재 각국공사관에 통보함으로써 제공되었다. 대한제국 정부는 일련의 준비과정을 거친 다음 마침내 1899년 3월 20일에 외부대신外部大臣 박제순朴齊純이 이미 개항하기로 예정된 마산포 등의 개항을 5월 1일에 하겠다고 공포하였다.[14]

그렇지만 러시아 해군성은 개항 방침이 발표된 1898년이 아니라, 개항을 목전에 둔 1899년 3월에서야 마산포에서 토지를 확보하려는 구체적인 움직임을 보이기 시작하였다. 이 때 비로소 러시아 해군성은 마산포에 토지를 확보하겠다는 결정을 내렸는데, 이런 해군성의 희망을 감안하여 러시아 정부가 1899년 1월 18일에 주한공사로 부임한 파블로프(А. И. Павлов)에게 비밀 전문을 통하여 마산포의 긴 해안에 토지구입을 하도록 지시를 내린 것은 개항일로 공포된 5월 1일로부터 불과 십여 일 전인 4월 20일이었다.[15] 개항 이후에야 외국인이 토지 매입이 가능하다는 점을 고려한다면 파블로프가 마산포에서의 토지 구입을 위하여 필요한 조치를 취하기에는 시간이 너무 촉박하였다. 그래서 러시아 공사는 대한제국의 외부대신을 직접 만나서 러시아 해군성의 토지 구입 의사를 전달하고 개항일을 어느 정도 연기해 달라고 요청하였다. 이에 대해 외부대신 박제순은 러시아에 의하여 미리 선정된 토지가 다른 외국인들에게 구매되는 일이 없도록 우호적인 협조를 해주기로 파블로프에게 약속하였다. 뿐만 아니라 박제순은 개항일을 연기해달라는 파블로프의 요청에 대해서도 "어떤 일이 있든지" 마산포는 6월 2일에 정식으로 개항될 것이라고 답변해주었다. 이런 취지에서 박제순은 각국 외교관들에게 보내는 회람을 통하여 정식 개항 이전의 토지 거래는 불법이라는 사실을 확인해주었다.[16]

외부대신의 이러한 개항일 변경 사실이 창원군의 감리監理에게 전달되었는지의 여부는 분명하지 않다. 『마산항지馬山港誌』에 따르자면,

감리監理는 외부의 명령을 받은 후 곧 창원군 외서면내의 해안 신월·월영2동지내 13만 8천 8백 80여평을 구획하여 각국공동조계지 各國共同租界地로 정하고 조계지 주위 10여리를 개방하여 그 권내소유지에 대해 대계垈契·지계地契 등을 발행하여 매매양도를 자유롭도록 하고 또 각국조계지는 A호 즉 일등지, B호 즉 2등지로 대별하여 이를 1899년 5월 1일 각국대표자인 부산세관장 스가그리오(이태리인)에게 수여하였다.[17]

이 문장에서 스가그리오가 구체적으로 무엇을 "수여"받았는지 분명하지 않지만,[18] 현재 마산의 개항일로 널리 알려져 있는 1899년 5월 1일에는[19] 창원 감리와 스가그리오 사이에 각국공동조계에 관한 실무 협의가 이루어졌을 따름이다. 이에 따라 부산세관은 창원감리서에 부산세관 마산출장소를 설치하였으며, 일본 정부도 5월 22일에 부산 주재 일본영사관 마산분관을 설치하였다.[20] 그렇지만 대한제국 정부의 외부대신 박제순은 파블로프에게 약속한 대로 원래 개항일로 예정

된 5월 1일로부터 한 달여가 지난 1899년 6월 2일 오후 2시에 일본, 프랑스, 영국, 미국, 러시아, 독일 등 각국 외교관들과 마산포, 군산, 성진을 대상으로 한 각국공동조계장정을 조인하였다.21

파블로프로서는 대한제국 외부대신의 호의적인 협조 약속에 고무되어, 이 사실을 즉각 러시아 중앙정부와 태평양 함대 사령관인 두바소프 제독에게 전문으로 보고하였다. 그리고 그는 정식 개항 이전에 러시아에 필요한 토지에다가 표지를 해두기 위하여 5월 1일에 만추리아호를 타고 인천을 출발하여 5월 5일에 마산포에 도착하였다.22 여러 논문에서는 파블로프 일행은 마산에 도착한 이후에 "기선회사부지"를 뜻하는 "제믈랴 파로호드노이 콤파니"(Земля пароходной компании) 혹은 "러시아국경계國境界"라고 적힌 러시아어 표지판, 또는 "동양기선주식회사"라고 적힌 한자 표지판 1,000본을 자복봉滋福峰으로부터 해안에 이르는 약 30여만 평에 설치하였다고 기술되어 있다.23 표지판의 내용이 무엇이었든지 간에,24 이 표지판은 주로 두바소프가 마산포에서 획득하기를 원하던 자복포 지역을 표시한 것이었는데, 파블로프가 이 표지판을 설치한 이유는 분명하다. 왜냐하면 그는 개항 이전에 러시아가 원하는 토지를 미리 정해놓는다면 다른 외국인에게 이 토지가 양도되는 일이 없도록 하겠다는 박제순의 약속을 믿었기 때문이다. 뿐만 아니라 파블로프는 감리에게 협조를 요청하는 한편 현지 주민들과의 대화를 통하여 토지 구입 의사를 밝혔는데, 주민들은 당국의 허가가 난다면 토지매매에 반대하지 않는다는 의사를 표명하였다. 파블로프로서는 이런 필요한 조치를 다 취해놓았기 때문에, 러시아의 토지구입건에 대해서는 별다른 의심을 하지 않은 채 본

국으로 휴가를 떠나게 되었다.25

1899년 5월 12일에 주한 일본공사 하야시 곤스케林權助로부터 러시아인들이 마산포를 방문하여 토지 매입을 추진하고 있다는 보고를 접한 일본 정부는 러시아인들을 견제하기 위하여 재빠른 대응을 하였다. 일본 정부는 보고를 받은 바로 다음날에 하야시를 통하여 부산주재 일본영사대리인 나카무라 다카시中村巍에게 러시아가 확보하기를 원하는 토지를 선점하도록 지시하였다. 나카무라는 일본상인들 가운데 토지 경영에 수완이 있다고 알려진 하사마 후사타로迫間房太郎이라는 사람을 마산포로 파견하여 일본 정부의 지시를 이행하고자 하였다.26 일본이 5월 22일에 부산주재 일본영사관 마산분관을 서둘러 설치한 것도 이런 배경에서 이해될 수 있다.

파블로프가 휴가를 떠난 상황에서 러시아 공사대리를 맡게 된 드미트레프스키(П. И. Дмитревский)는 서울주재 러시아공사관의 통역관으로 있던 슈테인(Е. Ф. Штейн)에게 마산포의 토지구입 실무를 맡겼다. 그런데 서울주재 러시아공사관은 마산포에서의 토지 구입을 위하여 포함을 파견해 달라는 전보를 뤼순항旅順港에 있던 두바소프에게 보냈는데, 무슨 이유에서인지 이 부탁은 제때에 실행되지 않았다. 그리하여 슈테인이 한국인이라는 뜻을 지닌 "카레이츠"(Кореец)라는 포함을 타고 마산포에 도착한 때는 정식 개항이 이루어진 지 무려 한 달이나 경과된 7월 2일이었다. 이 무렵이면 마산포의 각국공동조계로부터 10리 안에 있는 토지 중 일부는 하사마에 의하여 구매된 형편이었다.27 따라서 러시아 입장에서 볼 때 슈테인의 마산 도착이 지체된 것이 자국에게 필요한 토지를 확보하려던 계획에 차질이 빚어지게 된 주요 요인으로 작용한 셈이었다. 하사마가 일부 토지를 선점했다는 사실을 뒤늦게 알게 된 슈테인은 하사마에게 토지를 되팔 것을 부탁하였으나, 어떠한 조건으로도 러시아인에게 토지를 넘겨줄 수 없다는 당연한 답변을 들을 수밖에 없었다. 당황한 러시아측으로서는 토지거래의 적법성에 대해 이의를 제기하였지만, 하사마는 한국인 대행자가 토지를 매입한 다음에 개항 이후에 자신에게 넘겨주었기 때문에 아무런 문제가 없다고 대답하였다. 슈테인은 다른 지역의 토지를 구매하기 위하여 백방으로 노력하였으나, 이런 노력이 오히려 일본 언론에서 반러분위기를 고조시키는 데 기여했을 따름이었다.[28]

박제순朴齊純의 말만 믿고 마산포에서의 토지 매입을 낙관했던 러시아로서는 이러한 사태 전개에 대해 당황하지 않을 수 없었다. 주한 러시아 공사대리로 있던 드미트레프스키는 그 해 8월 7일에 대한제국 정부에 마산포에서의 일본인들의 토지거래의 불법성을 지적하면서, 만약 대한제국 정부가 이 문제에 대해 만족스런 조치를 취하지 않는다면 무력으로 토지를 강점할 것이라고 경고하기까지 하였다.[29] 마산포의 토지 매입건과 관련하여 자신의 뜻대로 사태가 진행되지 않았다는 사실을 알게 된 파블로프는 귀임길에 일본 도쿄를 들러 사태의 원인을 파악하는 작업에 착수하였다. 그는 슈테인의 보고서를 면밀하게 검토한 결과 사태의 책임은 일본측에 있는 것이 아니라는 결론을 내리고, 이 사실을 1900년 1월 초에 페테르부르그에 있는 정부에 보고하였다. 왜냐하면 슈테인이 마산포에 도착한 시점은 7월 2일이었고, 하사마가 토지를 구입한 시점은 그로부터 약 2주일 전이라고 판단했기 때문이었다. 그렇다면 하사마의 토지매입은 개항일인 6월 2일 이후에 이루어진 것이므로 별다른 하자가 없었다. 그가 보기에 오히려 모든 문제의 근원은 대한제국 정부에 있었다. 물론 개항 이후에 일본인의 토지 매입은 합법적이었으나 자신에게 협조를 약속한 대한제국 정부가 일본인의 토지 매입에 대해 적어도 제동을 걸 수 있었을 것이라는 것이 파블로프의 생각이었다. 따라서 파블로프는 대한제국 정부가 적어도 도덕적인 책임을 면할 수는 없다고 보았다.**30**

파블로프는 마산포에서의 토지 매입건을 해결하라는 페테르부르그 정부의 훈령訓令을 이행하기 위한 방법을 모색하기 위하여 도쿄에서 뤼순항으로 갔다. 여기서 그는 알렉세예프, 길테브란트 등 여러 해군 지도자들을 만나서 마산포에 대한 해군측의 입장을 들을 수 있었다. 해군측은 마산포에서 일본인들이 토지를 선점한 사실에 대해서는 별다른 의미를 부여하지 않은 채 오히려 거제도 전역과 그 인근 군도를 장악하는 것이 해군의 이해에 부합하다는 등의 주장을 파블로프에게 제기하였다. 군인들의 이러한 뜻밖의 주장을 접한 외교관 파블로프는 개항지開港地를 넘어선 지역을 장악한다면 다른 외국들과 대한제국 정부가 반대할 것이고 굳이 러시아가 그런 주장을 관철시키기 위해서는 무력 사용이 불가피할 수밖에 없다는 등의 이유를 들어 차분하게 제독들을 설득하였다.

두 제독은 파블로프가 제기한 이유들에 대해 공감을 표시한 후, 현실적으로 마산포에서 확보할 수 있는 구역을 지적해 주었다. 그에 따르자면, 개항지 경내에서 구입 가능한 두 가지 가능성 중 첫째로는 이전에 두바소프 제독이 언급한 바대로, 오늘날에는 매립지로 변한 한국철강韓國鐵鋼 부지敷地 및 그 인근이었다. 둘째로는 마산포, 즉 각국

공동조계 지역으로부터 약 3베르스타31 지점에 위치한 만의 동쪽 해안의 일부분으로서 오늘날의 가포에 해당된다. 이곳은 그 전 해에 블라디미르 모노마흐 순양함의 함장인 우흐톰스키(Е. Е. Ухтомский) 공32에 의하여 조사된 바 있는데, 그는 이곳을 저탄소貯炭所로 강력하게 추천한 바 있었다. 그렇지만 러시아 해군은 아직 이 두 지역에 대한 충분한 조사작업이 진행되지 않았다고 판단했기 때문에, 전대를 지휘하여 나가사키長崎로 출발할 예정으로 있던 길테브란트 제독이 도중에 마산포를 방문하여 개인적으로 살펴본 다음에 직접 현장에서 두 장소 중 한 곳을 결정하기로 하였다.33

그렇지만 길테브란트 제독은 한반도 남부를 직접 시찰한 다음에 개항지 경계 바깥에 소재所在한 토지를 고집할 경우에 발생될 복잡한 문제점들에 대한 파블로프의 지적에는 아랑곳하지 않았다. 그는 오히려 러시아 해군을 위하여 남포藍浦34를 선택했음을 1900년 초에 알렉세예프 제독에게 통보하였고, 알렉세예프는 2월 9일에 이 사실을 파블로프에게 알려주었다. 해군측의 이러한 결정에 깜짝 놀란 파블로프는 서둘러 부영사인 소코프(С. Соков)를 뤼순항으로 파견하여 해군측을 설득하고자 시도하였다. 그렇지만 길테브란트와 알렉세예프 두 제독은 2월 25일에 소코프를 통하여 전달한 서신에서 오히려 태평양 전대의 필요를 위해서는 우흐톰스키 공이 저탄소貯炭所로 추천한 가포架浦 지역을 단호하게 거부하였고, 남포藍浦 전체와 그와 인접한 해안 지역을 확보하기를 원한다는 입장을 표명하였다.35 해군성대신인 티르토프 역시 이 무렵인 1900년 2월 26일에 "한반도 남부에서 강력한 근거지를 확보하기 전까지는 태평양에서의 러시아의 지위는 결코 굳

건한 기반 위에 놓여있다고 볼 수는 없다"는 해군성의 입장을 외무대신에게 전달하였다.36

길테브란트 등의 해군 지도자들은 일본이 제물포와 부산, 원산 등지에서 상당한 면적의 토지를 확보하고 있기 때문에 러시아가 남포藍浦와 그 인근 지역을 확보하더라도 아무런 문제가 없다고 보았다. 그렇지만 파블로프는 여러 차례에 걸친 비밀 전문을 통하여 본국의 외무성과 충분한 협의를 유지하면서, 조차지租借地는 어디까지나 개항지 범위 내에서만 가능한 것으로서 현실적으로 러시아가 남포를 장악하게 될 경우에 더욱 많은 문제가 야기될 것이라고 보았다. 파블로프는 서신을 통하여 뤼순항에 있는 제독들과 뜻을 주고받기에는 너무 답답하다고 느낀 나머지, 길테브란트에게 직접 만나자고 제안하였다. 이에 응답하여 길테브란트는 3월 초에 세 척의 함정을 대동하고 제물포를 거쳐 서울로 들어와서 파블로프를 만나게 되었다. 이 기회를 이용하여 파블로프는 오랜 시간 동안 "열렬하게" 길테브란트 제독을 설득한 끝에 남포 전체를 러시아 해군이 차지할 수 없다는 점을 겨우 납득시킬 수 있었다. 뤼순항에 남아있던 알렉세예프 제독은 여전히 남포에 대한 미련을 버리지 못하고 있었지만, 해군으로서는 파블로프의 협조 없이 남포 장악 계획을 관철시킬 수는 없었다.37

남포藍浦를 장악하려는 해군 지도자들의 무리한 요구를 간신히 진정시킨 파블로프는 외무성의 시시를 받아 마산포에서 러시아의 조차지租借地를 획득하려는 정책을 구체적으로 실천해나가는 작업에 착수하게 되었다. 그 결과 그는 그 해 3월 30일38에 대한제국의 외부대신인 박제순과 협정을 체결하였는데, 여기에는 두 가지 중요한 사항이 포함되어 있었다. 그 중 하나는 개항지 내에서 러시아가 원하는 토지의 구입 및 이용에 관한 구체적인 절차에 관한 내용이고, 다른 하나는 거제도 및 그에 인접한 모든 도서를 외국 열강이나 외국인 개인들에게 할양하지 않을 의무를 대한제국 정부가 진다는 것이었다.**39** 파블로프는 첫 번째 사항을 통하여 약 1년 전에 러시아의 토지구입에 협조하겠다는 박제순의 구두약속만 믿고 낭패를 보았던 과오를 되풀이하지 않으려고 했고, 두 번째 사항을 통하여 아직도 남포 및 거제도 지역에 미련을 가지고 있던 해군측의 요구를 부분적으로 수용하고자 하였던 것이다. 3월 30일에 체결된 협정에 대한 실무적인 협의 사항은 1900년 6월 4일**40**에 주한 러시아 공사관의 부영사로 있던 소코프와 대한제국 외부 통상국장으로 있던 정대유 사이에 체결되었다. 이 조약은 소위 "율구미호약"으로 알려져 있는데, 러시아 조차지의 구체적인 면적과 러시아 정부가 한국정부에 지불해야하는 연세年稅 등이 자세하게 규정되었다.**41**

러시아 조차지의 목적은 주로 러시아 해군의 필요를 위한 것이었다. 그렇지만 율구미**42**는 러시아 전대戰隊의 군항으로는 부적절하다는 점이 이미 러시아 해군들에게는 확인된 상태였기 때문에 그 용도는 블라디보스톡이나 뤼순과 같은 해군기지가 아니라, 이 두 주요 군항의 중간지점에 위치한 보조적인 기능을 가진 것이었다. 따라서 길테브란트는 러시아 조차지에다가 저탄고, 제빵소, 목욕탕 등을 건설하기 위하여 뤼순항에 있는 동청철도의 해운 관련일을 맡고 있던 어용상인이었던 긴츠부르크(М. Гинцбург) 남작이 경영하는 회사와 구체적인 협의를 시작하여 결국 5월에 계약을 체결하였다. 또한 러시아는 항구로 식량 및 석탄을 운반하기 위하여 부두를 건설하고, 이를 위하여 견인선牽引船을 구입하는 등의 구체적인 문제에 관해서도 긴츠부르크 소유의 회사와 협의를 마쳤다.**43** 러시아의 조차지 내에는 하사마의 토지도 포함되어 있었기 때문에 러시아로서는 여전히 해결해야 할 과제가 남아있기는 했지만, 이제 조차지 설정과 그 이용에 관한 대체적인 윤곽은 잡혔다고 말할 수 있다.

러시아가 마산포에 조차지를 설정하는 이런 조치를 취하자, 일본과 영국은 극히 민감한 반응을 보였다. 일본으로서는 어떻게 해서든지 러시아의 조차를 방해하려는 조치를 취하고자 하였다. 박제순과 파블로프 사이에 협정이 조인된 직후에, 러시아 조차지로 예정된 지역 내에는 한국인 소유로 생각되던 많은 논 부지에 하사마의 소유지라는 문구를 담은 표지판들이 갑자기 등장하였다. 이에 놀란 러시아 부영사 소코프가 창원 감리에게 이런 표지를 즉시 제거하라는 요구를 했으나 거절당하자, 러시아측은 군함에 있던 해병대원들을 동원하여 단독조계 지역을 장악하고 표지를 직접 제거하였다. 이와 동시에 러시아측은 3월 30일에 조인된 협정에 따라 러시아에 합법적으로 할양된 조계 지역은 러시아 정부의 관할에 속한다는 점을 지적하였다. 또한 이 지역에 대한 대한제국 당국의 역할은 자국 주민들 소유 토지의 실질적인 매입에만 국한되어야 하며, 이 지역의 일본인들에 대한 권리 문제는 러시아 부영사副領事에 의하여 검토될 것이라고 선언하였다.**44**

마산포에 러시아가 조차지를 설치한 사건은 영국에서도 커다란 논란을 불러일으켰다. 『런던중국특보』(London and China Express)에 따르자면, 런던의 언론은 이 사건을 3년 전의 뤼순항 점령과 같은 의미로 해석하였다. 따라서 영국 언론의 입장에서는, 러시아는 영국인들이 1887년에 거문도에서 철수할 때 체결했던 조약을 위반했을 뿐만 아니라,[45] 일본 해군에 대해서는 명백한 위협을 가하게 되었고 황해에서의 영국의 활동에 대해서도 잠재적인 위험이었다.[46]

이처럼 일본과 영국에서는 1900년에 러시아가 사실상 마산포를 점령한 것이라는 데 대해 심각한 우려가 표명되었지만, 양국 정부 차원에서 당장 어떤 조치가 취해지지는 않았다. 왜냐하면 이 당시에 영국은 남아프리카에서 터진 보어전쟁에 몰두하고 있었고, 일본은 군사력을 강화하는 데 전념하고 있었을 뿐만 아니라 만주에서의 상황 변화에 더 많은 관심을 기울이고 있었기 때문이다.[47]

이런 상황에서 러시아는 1900년이라는 시점에서 마산포가 지닌 중요성에 대하여 더욱 적극적인 의미를 부여하고 있었다. 이 해에 러시아는 마산포 지역에서 조차지를 설정하는 데 그치지 않고 부영사관副領事館을 신설하는 작업에도 적극적으로 나섰다.[48] 외무성에서 마산포 부영사관 설치가 구체적으로 검토된 시점은 파블로프가 뤼순항에서 해군 지도자들을 만나던 1899년 말과 1900년 초 부근이었던 것으로 생각된다. 마산포 부영사관 설치를 발의한 외무성은 비테(S. Iu. Witte)가 수장으로 있던 재무성에 서신을 보냈는데, 재무성은 동년 3월 15일과 4월 4일자 답신을 통하여 부영사관 설치에 대해 반대하지 않는다는 뜻을 전해왔다. 그리하여 이 안건은 국무협의회를 거친 다음, 1900년 4월 6일[49]에 니콜라이 2세의 재가를 받기에 이르렀다. 외무성이 마산포에 부임하게 될 부영사의 직위와 부영사관 운영에 필요한 소요 경비를 협의하기 위하여 재무성에 보낸 1900년 6월 1일자[50] 서신을 보면, 러시아가 마산포에 대해 가진 견해의 일단을 알 수 있다.

최근에 외국과의 교역을 위하여 개방된 한국의 항구들 중에 마산포는 1급의 항구와 특이한 지리적 상황 덕분에 우리에게 각별한 의미를 지니고 있다. 이곳은 전략적인 측면에서 중요하며, 저탄고를 건설하기에 아주 유리하다. 그와 함께 마산포는 급속하게 발전하고 있기 때문에 러시아 국적의 사람들을 끌어들이고 있는데, 이들은 외국인들에게 할당된 조계에서 토지를 구입하는 데 협조해주도록 외무성에 청원하고 있다. 러시아 입장에서 볼 때, 마산포는 국제적인 물품 교역과 관련하여 한편으로는 블라디보스톡과 따렌大連 사이, 그리고 다른 한편으로는 일본 항구들 사이의 중간지점으로서의 의미를 지니고 있다. 정치적인 측면에서 마산포는 특히 일본인들에 의하여 건설 예정인 경부철도의 종착지인 부산과 근접해 있으므로 한국 남부에서 일본인들의 활동을 관찰하기에 아주 편리한 지점이다.**51**

외무성은 이상의 이유를 들어 1901년 1월 14일자**52**로 마산포에 부**영사관**을 설치하려는 배경설명을 한 다음에, 신설 부영사직副領事職에는 제물포의 부영사관의 경우에 준하여 1년에 6,000루블, 사무비로 1,800루블의 예산을 편성해주고 부영사의 직급은 7등관으로 해줄 것을 재부성에 요청하였다.

그렇지만 마산포에 대한 러시아의 적극적인 정책은 국제 정세의 변화로 말미암아 뜻밖의 난관에 봉착하게 되었다. 1900년 6월에 중국에서 의화단 난이 발생하자 러시아는 군사적으로 개입하였고, 나아가 자국 소유의 동청철도를 보호한다는 명분으로 만주 지역에 군대를 주둔시키게 되었다. 이로써 사실상 만주를 점령한 러시아로서는 마산포에서 눈에 띄는 군사적인 활동을 함으로써 일본 등을 자극할 이유가 전혀 없었다. 이 무렵에 러시아는 1900년 9월에 극동총독이던 알렉세예프(Е. И. Алексеев)와 쩡치增祺간의 조약 교섭, 1901년 2월에 람스도르프(В. Н. Рамсдорф) 외무장관과 러시아 주재 청국공사 양루楊儒간의 교섭, 그리고 1901년 10월 리훙장李鴻章과 청국주재 러시아 공사 레사르(П. М. Лессар)간의 비밀 교섭 등을 통하여 만주에서 우월한 지위를 획득하고자 노력하였다.[53]

더구나 1901년 2월에는 만주 점령 계획을 담은 알렉세예프-쩡치增祺협약이 공개됨에 따라 일본으로서는 마산포에서의 러시아인들의 활동을 더욱 경계하게 되었다. 1901년 3월에 일본 외무대신인 가토 마스오加藤增雄는 주일 러시아 공사를 만났을 때, "마산의 러시아 조차지가 장교 휘하의 15명의 수병으로 구성된 보초병에 의하여 보호받고 있다는 것이 사실입니까?"라는 질문을 던졌다.[54] 이 말은 아관파천 당시인 1896년에 소위 "경성의정서"라고 불린 베베르-고무라小村각서의 4항을 러시아가 위반하고 있음을 지적한 것이었다. 거기에서 합의된 내용은 다음과 같다.

예상되는 한국 민중의 공격에 대항하여 서울 및 각 개항장의 일본인 거류지 보호를 위해 서울에 2개 중대, 부산과 원산에 각 1개 중대의 일본군이 주둔하되, 1개 중대의 인원은 200명을 초과할 수 없다. 이 군대는 거류지 근처에서 숙영宿營하겠지만 상기한 공격의 위험이 소멸되는 대로 철수해야 한다. 러시아 공사관 및 영사관 보호를 위해 러시아 정부도 상기 각지의 일본군 병력을 초과하지 않는 수의 수비병을 보지保持할 수 있다. 그러나 그들도 내륙의 평온이 완전히 회복되는 대로 철수할 것이다.[55]

그렇다면 일본의 무장병이 주둔하고 있는 경우에 한하여 러시아가 한국에 무장병을 주둔시킬 수 있는 셈이었다. 주일 러시아 공사로 있던 이즈볼스키(А. П. Извольский)는 수병과 장교가 보초병으로서 토지의 구획작업 때 마산에 잠시 주둔한 적이 있으나, 현재에는 이들 보초병 대신에 한국의 모든 일본 공사관에 있는 부대와 마찬가지로 마산 부영사 휘하에 8명의 군인만 있다고 대답하였다. 그러자 가토 마스오는 일본 초병은 군인이 아니라 경찰병력이라는 점을 지적함으로써 이즈볼스키를 난처하도록 만들었다.

이후에 마산포에서의 러시아인들의 군사 활동과 경제 활동은 급격하게 위축되어가기 시작하였다. 1901년 11월이 되면 러시아 외무성은 러시아 함정이 마산포로 입항할 경우에는 미리 주일러시아공사관에 보고하도록 조치하였다. 그래서 1902년 초에 네 척의 러시아 전대가 훈련을 목적으로 하여 마산포로 파견될 것이라는 보고가 전달되었을 때, 이즈볼스키 주일 공사는 이 문제에 대한 우려를 표명하였다. 주일 공사는 1902년 12월 2일[56]에 람스도르프 외부장관에게 보낸 전문에서 다음과 같이 말하고 있다.

저는 11월 11일[57]에 각하의 비밀 전문을 받은 다음 날, 다시 한 번이 문제에 대한 주의를 돌리도록 하기 위하여 고무라 남작과 만났습니다. 저는 ─ 우리 해군성이 마산포의 러시아 조차지에 저탄고를 건설하는 작업에 착수할 예정이라는 사실, 그리고 훈련을 목적으로 하여 이 항구로 태평양 전대를 파견할 것이라는 사실을 알려주었습니다. 저는 이 사실을 호의적으로 미리 말함으로써 스크리들로프 제독이 보고한 바와 같은 종류의 물의를 예방하기를 바라는 희망을 표명하였던 것입니다. 그러나 제가 보기에, 일본 정부와 이곳의 여론은 마산포와 관련된 모든 일에 대하여, 특히 우리 측에서 이 항구에서 확고한 기반을 잡고 육군 및 해군 등의 군사적인 목적으로 활용하려는 것으로 보고 극히 우려의 시선을 보내고 있습니다. 이 지역에서 우리 선박이 출현한다는 사실 자체는 아무리 우리가 평화적인 목적을 설명한다고 하더라도 이곳에서는 **알레르기 반응**(강조 - 필자)을 불러일으키며, 잠깐의 기분에 따라 다소 강력한 선동을 위한 구실을 제공하고 있습니다.[58]

마침 이 무렵에는 영일동맹英日同盟이 체결되었다는 사실이 알려진 시점이었기 때문에, 이즈볼스키의 보고는 더더구나 마산포에 러시아 함정이 들어가기 어렵도록 만들었다. 그리하여 1902년 2월 21일에 마산포에서 하기로 예정된 태평양 전대戰隊의 동계 훈련은 취소되고 말았다.

또한 이 무렵이면 러시아측은 마산포의 조계에서 철수하기로 방침을 정하였다. 그리하여 1902년 12월 23일에 순양함 "자비르카"가 마산포로 들어와서 8명으로 구성된 초병 전원을 뤼순항으로 철수시키기에 이르렀다. 1902년 12월에 순양함 "라즈보이니크"의 지휘관이 작성한 보고서에 따르자면, 이 시점에 마산포에는 러시아인이 거의 남아있지 않게 되었다. 러시아공민이 구입한 토지는 버려졌고, 1901년에 문을 연 러시아인 소유의 호텔은 방치된 채로 남아 있었다. 이 때 민간인으로서 남아있던 러시아인은 퇴역 상등병으로서 조계 내에 토지를 임대하고 있던 취쥐코프(Чижиков)라는 단 한 사람뿐이었다.**59** 이렇게 하여 마산포에서의 러시아의 활동은 거의 중단된 셈이 되고 말았고, 1904~5년에 벌어진 러일전쟁에서 러시아가 패배함으로써 이곳에 대한 러시아의 관심이 부활될 가능성도 아울러 소멸되고 말았던 것이다.

III. 러일전쟁 전후 마산포 조계지 일대의 도시화

1. 지역 지배 체제의 변화

러일 전쟁은 20세기 초의 동아시아 세계에 다양한 의미를 새겨 놓았다. 그 중에서도 안중근과 같은 한국인은 러일전쟁에서 일본의 승리를 기대하였다. 그것이 동양의 평화를 위해 바람직하다고 여겼기 때문이다. 그리고 그 기대에 맞추어 일본이 승리하자, "한청韓淸 양국의 뜻 있는 이들이 지체 없이 함께 기뻐해 마지않았다"고 뤼순 감옥에서 회고하였다.**60**

러일전쟁이 진행되는 동안 대한제국 정부는 다양한 방법을 모색하면서 국권을 수호하려고 하였지만, 그 의도는 사실상 무산되었다. 그리고 국가 지배권의 전이 과정은 우리가 주제로 삼고 있는 마산포 일대의 지배체제에도 굴절되면서 반영되었던 것 같다. 이 문제를 창원 감리監理와 일본측 지배자들을 중심으로 먼저 검토해 보려고 한다.

당시 마산포를 행정적으로 관할하던 창원 감리는 마산포 앞바다에서 전쟁이 진행되었음에도 불구하고 본연의 업무를 수행하고 있었다. 예를 들면 지역사에 관한 중요한 일들을 정기적으로 중앙 정부에 보고하고 있었던 사실을 들 수 있다. 물론 보고 사항은 마산포의 특수한 일들과 관련되는 것이 많았다. 개항장을 관리하기 위해 설치한 감리서 관아의 수리, 아직까지 팔리지 않은 조계지의 매매, 새로운 철도와 전신에 대한 관심, 인구가 늘어나는데 따른 치안 문제, 도시 기반 시설 등과 같은 문제가 그런 종류였다.

창원 감리는 각국공동조계지와 러일 경쟁의 결과로 탄생된 두 나라의 전관 거류지 문제에 대해 처리해야 하였다. 마산포 앞바다에서 해전이 벌어지기 몇 개월 전인 1905년 1월에 창원감리는 자복포滋福浦 지역에 설치된 일본인 전관 거류지 92만여 평방미터에 대한 본년도 세금 1,845원 5전 5리를 이미 수령하여 이를 감리서 관아 수리에 충당하려고 하였다. 당시 감리서 관아는 그 전해 8월에 있었던 풍우에 건물 본관과 담장이 많이 훼손된 상태였기 때문이다.**61** 이로써 보면 창원 감리는 일본 전관 거류지에 대한 세금징수의 권한을 행사하고 있었으며, 감리서 관아의 기능조차 계속 유지하려고 하였음을 알 수 있다.

창원감리는 조계지에 만들어 놓은 매매지 중에서 아직까지 팔리지 않은 미경매지를 처리하는 데에 많은 관심을 기울였다. 1905년 3월 27일에 창원감리 서리 주사 김병철의 이름으로 조계지 토지 21개

와 10개를 판다는 공지문이 나붙었다. 조건은 단순한 공개입찰이었
다. 또 이보다 나흘 전에는 각국 거류지내의 토지 중에서 새로이 측량
한 토지를 한국인에게 팔려고 하였다.62 계속된 공개 입찰에도 불구
하고 그 성과는 그렇게 만족할만한 것은 아니었던 것 같다. 1905년 5
월 2일의 "공박公拍은 극소의 가치"였다거나, 또 5월 10일의 공매에
도 역시 마찬가지였으며, 7월 10일에도 여전히 공매 중이었기 때문이
다.63 또한 1905년 6월에는 일본의 상인들이 각국공동조계지 내의 토
지 32구區(1등지 29구역, 2등지 3구역)를 영조永租하려고 하였다.64 이 토
지가 미판매분이었는지, 혹은 소유자로부터 영조하려는 것이었는지
는 확인할 수 없다. 그러나 이제 일본인들은 조계지에 소재한 땅을 비
교적 싼값에 이용하려고 하였던 것 같다. 이러한 현상은 결국 러일전
쟁에서 일본이 승리한 이후 마산 거주 일본인들이 공동 조계지에 보
인 변화를 보여준다.

이 각국 공동 조계지 163,605평 중에서 12,220평은 1910년 12월
에도 여전히 판매되지 않은 채 남아 있었으며,65 결국 1913년에 조
계지 자체가 완전 폐지됨으로써 그 기능을 법적으로 상실하였다.66
1899년에 설치된 이후 각국 공동 조계지는 그 기능을 제대로 발휘한
적은 사실상 한번도 없었던 셈이다.

러일전쟁에서 일본이 승리한 이후 일본인들의 관심은 러시아의 조
차지에 쏠렸다. 각국 조계지 외변에 있던 러시아인 조치지인 율구미
栗九味의 산판山坂 및 전토田土 약간을 러일전쟁 이후 일본인 오카자끼
崗崎가 사들이려고 하려고 하였다는 기록에서67 그 점을 알 수 있다.
1905년 10월 28일에 주항駐港일본영사 미우라三浦가 감리 주사 민복

훈민復勳에게 면청面請한 바에 따르면, 율구미에 있는 러시아인 소유의 산판 소나무와 전토의 곡식을 감리서에서 검사하여 달라는 것이었다. 그 이유는 율구미 일대의 산판을 일본인 소유의 오카자끼상회岡崎商會에서 봉표封標를 만들어 출입을 금지시킨 뒤, 오카자끼岡崎와 요시노후미요시吉野文吉이라는 일본인이 임의로 이곳에 있는 나무를 벌목하여 많은 돈을 벌어들였는데, 이것이 문제가 되었기 때문이다. 이곳의 주민이 이 사실을 감리에게 보고하고, 감리는 일본인들을 법률에 따라 징계하기 위해 일본 영사에게 알렸으나, 산판과 전토의 문제는 해당 영사와의 면담으로 해결되기 어렵다는 사실을 알게 된 감리서에서 이를 중앙 정부의 외부外部에 보고한 것이었다.[68]

율구미의 산판과 전토가 마치 무주공산인 것처럼 되어 버린 것은 이곳의 주인이던 러시아인이 전쟁 중에 잠시 퇴각하였기 때문이다. 그런 와중에 일본인이 이곳을 불법으로 점거하면서 사욕을 채운 것이 문제의 발단이었다. 러시아인 1명이 1906년 6월 초에 옛집에 다시 찾아오면서 문제가 불거졌다. 그는 자신의 소유지가 옛 모습과 크게 달라진데 대해 놀라면서 이제는 담당자가 되었다고 생각한 일본의 이사청과 경찰서에 질문을 하니 그곳에서는 창원감리의 담당이라고 하면서 서로 책임을 미루고 있었다. 이에 화가 난 러시아인은 일본 이사청을 힐난한 다음, 가을에 다시 온다고 말하고는 출타하였다. 마산포의 감리가 고민하는 것은 그 러시아인의 요구에 러시아 영사까지 합세하면 문제가 어렵거니와, 게다가 '한일신조약' 이후로 이런 문제는 일본이 교섭권을 가지고 있으므로, 일본의 이사가 청하기 전까지 방관할 것인지 아니면, 사검을 할 것인지의 여부였다.[69] 러시아 전관 거류지는 결국 1909년에 한국주차군韓國駐箚軍을 대리한 통감부統監府의 나베시마 게이지로鍋島桂次郞와 주한 러시아 영사 알렉산더 소모프와의 협의를 통해 각국공동조계지 내에 있는 러시아국 토지와 함께 일본이 일괄 매수하는 것으로 종결되었다.70

각국공동 조계지가 사실상 무의미한 상태였기 때문에 이곳을 관할하기 위해 만들어진 신동공사紳董公司도 점차 그 기능이 변질되어 간 듯이 보인다. 예를 들면 마산포와 조계지 사이가 너무 멀리 떨어져 있어서 상호간의 왕래에 어려움이 있으므로 도로를 확장해 줄 것을 요구하고 있는 것이 그 예이다. 물론 도로 개설은 신동 공사의 주요 업무 중의 하나였으나, 그것은 조계지 내에 한정된 것이었고, 그 일은 감리와의 협의를 거쳐 진행될 수 있었다.71 결국 일본 영사와 주항駐港 철도 반장班長이 협의한 결과 폭이 6미터의 길을 군용지로 강제 수용된 철도정거장 부지 내에 개설하기로 하였다. 그 비용은 지화 3천원으로 신동공사의 존비금存備金 중에서 내놓았고, 이 작업에 필요한 역군役軍 5천명 중 2천 5백 명은 창원감리가 담당하며 항내에 거주하는 매호당 2명씩 배정하는 것으로 낙착되었다. 반면 공사는 일본인이 담당하도록 결정하였다.72 마산 시내에 도로를 내는 결정권이 창원감리가 아니라 일본 영사와 철도 반장에게 옮겨갔음을 보여준다. 그리고 자본과 사업 감독은 일본측에서, 노동력과 땅은 한국측에서 제공하는 형태의 하청식 사업이 이제 시작되려고 하였다. 지역 지배구조의 변화를 보여주는 상징적 사건이라고 할 수 있다.

신동공사는 또 조계 밖의 해빈海濱 지역 5천평방미터를 합자하여 매축한 다음, 이곳에 수산회사를 설립하려고 하였다. 일본인 나마오

生尾久治 등 10여인이 마산항의 신동공사에게 청원을 하였고, 이곳에서 회의를 열어 이 청원을 허락하였으나, 해빈의 매립은 독자적으로 허락하기 어려워 결국 창원 감리가 그 도형을 첨부하여 중앙 정부에 보고하여 명령을 기다리고 있었다.73 신동공사의 이 매축 요구는 아마 일본인에 의한 최초의 매축 요구라고 생각된다. 이 요구에서 우리는 신동공사가 이제 일본인을 위한 기관으로 바뀌었다는 사실을 알게 된다.

1905년 11월 8일에 새로이 부임한 창원감리 이재익李載益은 실로 어려운 순간에 마산 지역의 행정을 떠맡은 셈이었다. 공식적으로는 그해 11월 17일에 체결된 '한일신협약'에 따라 공적 사무 중에서 외사와 같은 업무는 일본 이사가 처리하여야 하였고, 또 내무 업무는 자신이 처리하여야 했다. 예컨대 여권 발급업무도 그 중의 하나였다. 창원감리는 1904년부터 1905년 2월에 걸쳐 한성漢城에 거주하는 신사 김한성金韓聲과 상민 송종원宋鍾元이 각각 도쿄와 오사카로 가기 위해 신청한 여권을 건당 전 16량의 비용으로 발급하여 주었다.74 왜 서울에 사는 사람의 호조를 창원감리가 발행하였던 것일까에 대해서는 알 수 없으나, 이제 그 일의 주체는 각항各港의 이사청이었다.75

마산에 이사청을 두는 칙령은 1905년 11월 22일에 공포되었으며, 이듬해에는 마산 등 전국 10개 지구에 이사청을 설치하였다. 마산 이사청은 경남 서부 일대의 지역 중에서 부산과 대구 이사청에서 관할하는 지역을 제외한 곳을 담당 구역으로 정하였다.76 이제 그 일을 담당해야 할 사람은 마산항의 일본 이사였던 미마시 쿠메키치三增久米吉이었다. 감리서가 폐지된 1906년 10월 1일 이후 감리의 업무는 부윤府尹이나 관찰사觀察使가 담당하도록 되어 있었으나, 개항장이나 개시장에서는 감리 대신 이사청이 그 사무를 맡았던 것이다.**77** 마산포 해관의 세무사도 1905년 11월 8일까지만 해도 아막이阿莫爾, 곧 아모르라는 영국인이었으나 이제 그 지위는 일본인 노구치 히코고로野口彦五郎에게 넘어갔다.**78**

이렇듯이 러일전쟁 이후 개항장인 마산지역 사회에서 공동 조계지의 공매와 러시아 전관 거류지 처리와 같은 외사 부분은 일본인에게 넘어가는 중이었다. 그렇다고 해서 한국 정부가 담당한 공식 업무 체계가 정상적으로 작동한 것 같지는 않다. 1906년 3월에 이재익李載益을 대신하여 새로 창원 감리로 부임한 이기李琦는**79** 항구의 해관에서 나오는 진출세와 선초세를 매월 감리서에 보내면 감리서에서 중앙 정부에 보고하는 체제가 정상이지만, 정작 1906년 10월에 지방관제가 개정된 뒤에도 주항駐港세무사가 이를 무시한 채 보고하지 않고 있으며, 이를 재촉하여도 들은 척 만 척 한다는 것이다. 그러므로 다른 항구에서도 그런 일이 일어나는지 처분을 바란다는 보고를 올리고 있다.**80**

또한 이기李琦는 다음과 같은 불만을 토로하고 있다. 곧 "각국거류지 소관 업무를 일본이사에게 넘겨주었지만, 그 땅도 아국의 국토요, 감리가 응당 지주이며, 따라서 수시로 통고를 해 주어야 한다. 그러나 이사청은 지난달에도 회의를 하고, 이번 달에는 공매를 하였는데도 본서에서는 그 일이 어찌 되었는지를 알 수가 없다. 더구나 지계권地契券은 본서의 발급 업무이다. 본부에서는 회의와 공매시 참여 여부와 지계의 발급 여부, 그리고 공매가를 어느 곳에 상납하여야 하는지를 알려주실 것"을 요청하였다.**81** 겉으로는 아직 한국의 국토를 관할하고 있지만,

실제로는 그렇지 못한 감리의 실정을 이 글을 통해 알 수 있다.

사실 이 당시에는 통감부에서도 이 문제로 고민하고 있었다. "한국의 외교는 우리의 수중으로 들어왔으나, 직접 통치하여야 하는 종주권은 아직까지 협정을 하지 못한 상태였기 때문"[82]에 통감 통치에 대한 근본적인 비판이 일본 내에서 제기되고 있었다. 이토 히로부미伊藤博文 통감은 한국 관료들에게 두 마음을 갖지 말도록 요구하였으며, 이 때문에 중앙 정부의 관료들도 우왕좌왕하고 있었다. 마산포를 관할하는 책임을 맡은 이기李琦는 이런 상황 속에 놓여 있었던 것이다.

그가 위와 같이 울분에 싸여 있었을 무렵, 그런 심정과는 상관없이 지방 관료의 일상도 러일전쟁 이후 점차 변화하기 시작하였다. 예컨대 1906년 1월에 작성된 창원 감리서의 청비廳費, 여비旅費, 교접비交接費 명세서를 보면 장작, 탄, 종이, 필, 묵과 같은 종래의 사무용품 뿐만 아니라 포도주(삼환 육십전), 설탕(일환), 커피(일환십전), 양과(육십전), 우유(일환오십전)와 같은 외래용 먹거리가 포함되어 있다. 또 마산포에서 근무하고 있는 감리가 조계지에 왕복하도록 가마비가 책정되어 있는데, 그 비용은 일환 육십전이었다. 그런데 그 해 2월이 되면 양 지역의 수송 수단이 가마에서 인력거로 교체되고 있으며, 비용은 일환 팔십전으로서 이십전이 더 소요되었다. 5월에는 그 금액도 이환구십전으로 인상되었다. 이보다 1개월 전인 4월에는 새로운 품목으로 맥주(일환육십전)와 지권련(일환 이십전)이 첨가되었다.[83] 이른바 '근대양품近代洋品'과 수송수단이 관료의 일상에 파고들고 있다. 이것은 지방 행정에 필요한 물품이 한국식에서 일본식으로 바뀌는 증거로 볼 수 있을 것이다. 곧 위와 같은 용품은 한국인 관료가 아니라 일본인 관료를 위해서 배정한 것이라고 생각된다.

러일전쟁을 전후하여 감리의 일은 사실상 급격하게 증가하고 있었다. 그는 많은 일들을 처리하기 위해 순검巡檢의 증원을 요청하고 있었던 것이다. 중앙정부에서는 각 항구의 순검을 10인으로 결정하였지만 마산항은 교남嶠南의 일대 항안으로서 개항 이래 러시아와 일본이 상쟁을 벌이는 데다 또 군용 철도 부설로 인한 대공사가 진행되고 있었다. 또한 일본 헌병은 인근 지역의 연해에 파견되어 러시아함의 동정을 정탐하고 있었다. 철도 감부의 일, 호구 증가, 위생 문제 등의 일도 감리를 힘들게 하였다. 따라서 필요한 순검 인원은 30명인 바, 현재 9인이 배정되어 있으므로 21인을 증원하여 주도록 요망하고 있다.84 이 요청은 불허되었다.85 이제 경찰 업무도 일본 이사청 산하에서 담당할 터였기 때문이다. 그 일은 1905년 말에 확정되었다. 요컨대 감리의 순검 증원 요청은 지역 지배 체제의 변화를 위한 준비 작업 때문이라고 할 수 있다.

일본인의 눈으로 볼 때, 사무의 인계라든가, 공무 집행 체계가 제대로 작동되고 있는지의 여부는 사실 별로 중요하지 않았을 것이다. 그들의 눈에는 그곳에서 나올 수 있는 이득이 훨씬 더 매력적이었다. 예컨대 경북 대구부에 머물고 있던 일본의 재무관 이토 고조伊藤恒藏가 창원감리에게 보내온 문건 속에는 다음과 같은 내용이 적혀 있었다.

1) 해세海稅-어염곽선세魚鹽藿船稅- 징수법徵收法 및 총액總額

2) 각국조계지各國租界地 연세年歲

3) 조계지단租界地段 공매시公賣時 소봉세所捧稅

4) 이상以上 각세各稅 납납納 미납未納 및 미수未收 구별區別 각연도各年度

5) 내외국인 호수戶數 및 인구 남녀 구별

6) 상공업기관 즉 회사會社 등等

7) 항내港內 면적面積

8) 화폐 유통의 양상 곧 한일화韓日貨 통행通行 수가계數加計

9) 인정 풍속

10) 문부文簿종류

등이다.86 일본측 재무 관리 인사가 마산항에 대한 주요 관심사항을 여실히 보여주는 항목이다.

사실 일본 정부가 경제적 이권에 관심을 두면서 한국의 행정체계를 무시할 수 있는 기반은 이미 러일전쟁 중에 마산 지역 인근에서 진행되고 있었다. 곧 지역 사회의 군사화라고 할 수 있다. 일본은 러일전쟁 중인 1904년 11월에 가덕도에 설치된 한국군의 진군기고鎭軍器庫에서 군기고벽을 부수고 무기를 가져가면서 이 섬의 일부를 수용하였다.87 일본은 이미 1904년 8월 15일에 한국 정부와 체결한 「한일의정서」를 근거로 한국의 토지를 군용지로 수용하겠다는 뜻을 통고하였으므로,88 가덕도의 토지 수용도 이에 근거한 것이었다. 1905년 3월 2일에는 일본영사관의 통역이 사직하고 경성 주차군 사령부에 딸린 육군 통역이 그 자리에 부임하였다.89 작은 변화 같지만, 군사지배로 나아간다는 하나의 상징으로 풀이할 수 있다. 마산과 삼랑진 사이의 철도는 애초에 민간인 회사에서 시작하였으나, 전쟁 중에 그 권한이 일본군에게 넘어간 사실도 군사화의 중요한 지표였다. 일본군은 마산

철도 정거장 부근을 매축하기로 이미 결정하여 버렸다. 해당 매축지에 정계입표한 것이 벌써 '이유년소已有年所'로서, 그들이 점령한 곳은 마산포에서 마산각국조계지 사이에 걸쳐 있는 약 10여리의 매우 넓은 곳이었다.**90** 이곳은 오늘날의 중앙마산 지역에 해당하는 곳으로서, 사실상 이곳은 일본인들에 의해 1920년대 이후 중앙부 마산이라는 신도시가 형성되기 전까지 오랫동안 철도부지로 남아 있었다.

일본군대의 마산 진출은 1909년에 더욱 본격화되었다. 1909년 7월에 이르러 육군중포병대대陸軍重砲兵大隊가 진해에서 마산 남서단에 위치한 월영리로 이전하였고, 같은 해 12월에는 대구헌병마산분견소 大邱憲兵馬山分遣所가 각국공동조계지에 설립되었다. 월영리에 군사시설이 들어서는 과정에서 약 9,000여 평의 부지가 일본군 병영부지로, 91,376평이 군사시설을 지원하는 수도 용지로 강제 수용되었다.**91**

이제 일본군의 군령軍令이 본격적으로 한국의 민간인에게 적용되기 시작하였다. 거제도의 한 주민이 일본군이 가설한 군용 전신선을 절단하자 진해만 경비대에서 그를 20년간 경상도 밖에 방축할 것을 요구하였던 것이다. 이에 따라 김중길金重吉이란 한국인은 충청북도 황간군으로 방축되었다. 당시 46세였던 김중길은 거제의 학산동鶴山洞에 거주하는 농민이었다. 그가 전선을 절단한 공식적인 이유는 평소에 촌민과 악감정을 가지고 있었고 이 분노를 풀기 위해 전선을 잘라 버린 것이다. 그는 이 전선을 농업 겸 단야鍛冶에 종사하는 장한서張汗西(38세)에게 맡긴 것이 결국 발각되는 바람에 저와 같은 처벌을 받게 되었다. 장한서는 태笞 50의 벌을 받았다. 이제 처벌의 주체가 바뀌었다. 그를 처벌한 주체는 진해만 방비대 군벌처 분회로서, 위원은 일본군 해군 중좌 2인과 소좌 1인, 대위 1인, 그리고 주리主理 1명과 서기 1명으로 구성되어 있었다.[92]

위의 사건은 지역 주민이 지배 체제가 변화하는 과정을 제대로 이해하지 못해 일으킨 단순사고일지 모른다. 그러나 마산항 주재 일본인 경부警部 사카이 마쓰타로境益太郞가 1904년 12월에 '낙동상류洛東上流'에서 수렵을 하던 중, 신리여점新里旅店에서 '화적火賊 10여명'이 그를 공격하고 난자한 사건은 단순한 사고로 보기 어렵다. 일본의 순사와 헌병, 그리고 한국의 경서권임警署權任 한용신韓用信이 1905년 2월에 함안군 문암리文巖里에서 정원길鄭元吉 등 9명을 체포하여 창원항 재판소로 압송하였고, 이곳의 판사 현학표는 인명살상, 재물약취 등 도적처단의 죄를 붙여 그들에게 처교處絞를 선고하였다. 4월 18일의 일이었다. 문건에는 법부法部에 보고한 뒤 처형할 것이며 선고 후 3일 이내에 상소를 할 수 있다고 기록되어 있으나, 보고 날짜가 4월 22일이었으므로 상소 기회는 이미 사라진 뒤였다.[93] 또 창원감리는 일본의 해당 경부警部(사카이, 필자주)가 본서本署에 내도하여 처형을 독촉하니 이를 어찌하면 좋겠느냐는 질의를 법부에 올렸는데, 그에 관련된 신문기사가 4월 20일자에 실린 것으로 보여[94] 마산주재 일본 경찰은 창원감리가 처교 판결을 내리자마자 그 실행을 독촉하였던 것이다. 이들 '화적들'은 모두 마산 성터의 남록南麓에서 형이 집행되었다.[95] 일본인 경부警部를 화적들이 난자하였다는 사실을 단순 강도로 이해할 수는 없을 것이다. 저처럼 일본의 경찰과 헌병, 그리고 한국 경찰이 합동으로 그들을 단기간에 체포한 점, 난자를 당한 일본 경부가 창원감리에게 즉각적인 처교處絞의 실행을 요구하였던 점, 그에 따라 관련자 9명을 주민들에게 공개하는 방식[96]으로 모두 처형한 사실 등을 종합해 보면 이들은 단순한 화적이 아니라 일본의 침략에 저항했던 초기의 의병으로 이해해도 큰 무리는 없을 것이다. 이 일본 경부 습격 사건은 마산 일대에서 일본의 지배체제로 전환되는 과정이 순탄하지 않았다는 점을 보여주는 대표적인 사례가 될 것이다.

지배 구조의 변화라는 차원에서 본다면, 대한 제국의 융희隆熙 황제와 통감 이토오 히로부미의 마산 방문이 그것을 상징하는 극적인 사건이었을 것이다. 물론 황제와 통감의 방문 목적은 통감부가 그 동안 시행해온 시정市政 개선책의 효과를 홍보하여 한국인의 저항을 무마시키려는 데 있었다.[97] 이들은 1909년 1월 10일에 부산에서 철도를 이용하여 마산을 방문하였다. 환영 인파가 쇄도하는 가운데 마산이사청 건물을 행재소行在所로 삼았던 융희 황제는 이튿날인 1월 11일 오전 마산 이사청에서 나와 마산포에 있던 창원부청[98]으로 행차하였다.[99] 각국 조계지와 마산포는 이제 더 이상 서로 다른 도시가 아니라 하나의 제국, 곧 일제의 지배 공간이 되는 셈이었다. 그 중에서도 행재소로 삼은 곳, 곧 조계지가 행정권력의 중심지가 된다는 사실을 융희 황제가 보여주었다.

2. 도시 기반 시설과 새 산업의 유입

앞 절에서 우리는 조계지라는 다소 복잡하면서도 이질적인 공간에 새로운 권력 구조가 자리를 잡아가는 과정을 검토하였다. 이제부터 이 공간이 어떻게 채워지는지를 검토하게 될 것이다. 사실상 신마산

지역의 도시화는 도시화가 거의 진전되지 않은 채 개항된 인천이나 군산과[100],[101] 다른 양상으로 전개되었던 것 같다. 또한 개항 이후 초량草梁의 왜관倭館을 거점으로 전통 도시인 동래東萊를 압도하면서 발전한 부산과도[102] 다른 모습이다. 이러한 도시 형태를 식민도시의 입장에서 검토해 볼 수도 있다. 그렇지만 전형적인 식민도시라고 평가를 받는 싱가포르의 경우, 도시의 중심부에 영국의 지배기관이 들어서 있고 원주민들의 거주지는 그 외곽에 자리 잡고 있다.[103] 곧 마산의 도시 구조와 다른 형태인데, 이는 마산이 싱가포르와는 다르게 몇 백년 동안 독자적으로 항구에 맞는 형태의 도시를 발전시켜 왔던 데서 기인한다. 오히려 마산은 전통 도심지와 식민 도심지가 이원적二元的으로 발전한 대만의 타이베이臺北에 더 가깝다고 할 수 있다.[104] 그런 까닭에 마산의 도시화는 한편으로는 식민도시의 성격을 띠면서 진전된 듯이 보이지만, 그것은 이 도시 전체의 중심부에 있는 원마산 지역과의 관계 속에서 검토해야 할 과제이기 때문에 섣불리 그러한 규정을 내릴 수는 없는 일이다.

이러한 전제 아래 조계지의 도시화를 검토하여 보자. 대한제국 정부에서 조계지를 구상할 때부터 그곳은 한국인들이 발전시켜온 마산포 부근의 도시형태와는 다른 모습이었다. 그것은 이 도시가 한국인에 의해서가 아니라 유럽인 측량기사에 의해 설계되었기 때문일 것이다. 최소폭 8미터, 최대폭 14미터의 일자형 직선 도로가 사방으로 뻗어가면서 외부와 연결되었고, 길 사이사이에는 방형의 주거지가 자리 잡고 있었다. 오늘날에도 그 원형이 신마산 지역에 남아 있는 이 도시 형태는 주거지와 상업지, 그리고 행정관서별로 기능이 분할되어 있었다. 곧 항구 연안에는 상업시설이 들어설 수 있도록 고안되었으며, 그보다 높은 지구에는 각국의 영사관이 자리잡도록 설계되었다. 그리고 주택가가 그 외곽에 포진되어 있는 형태였다. 물론 이런 구조는 전통적으로 발전해온 마산포 일대의 그것과 유사한 점이 있었다. 그러나 마산포의 중심에는 조창 관아를 제외하고는 특별한 관아가 없었고, 주택지도 방형과 더불어 삼각, 사다리꼴 등 여러 형태가 자연스럽게 난 길에 잇대어 있는 촌락 형태로 구성되어 있었다. 도로 역시 중요한 일부를 제외하고는 대부분 자연 취락에서 나타나는 세도細道로서 그 폭이 대략 3미터를 넘지 않았다. 이 점에서 두 도심지는 전통적 요소와 근대적 요소를 잘 반영하고 있었다.

새로운 도시인 조계지에서 전망이 좋은 곳에는 개항 직후에 일본영사관(1900년), 신동공사紳董公司(1900), 러시아 부영사관(1901년), 마산우편국(1902)과 같이 공동 조계지에 맞는 건물이 들어섰다. 그러나 러일전쟁의 결과, 각국 공동 조계지가 유명무실해지자 이 일대에는 일본의 지배기구가 자리 잡기 시작하였다. 일본영사관이 이사청으로 바뀐 사실은 이미 지적하였지만, 마산헌병분견대(1909)와 마산세관(1909)도 공식적 행정 기구로서 신마산에 등장하였다. 그 아래쪽 지역의 신시가지에 망월루望月樓(1908), 환서좌丸西座(1909)와 같은 유흥 건물이 채워졌으며, 이보다 앞서 니시다양조장西田酒造場(1907)과 같은 새로운 형식의 공장도 들어섰다. 이사청 관할 아래의 금융기관인 제일은행출장소(1907)도 조계지에서 새로이 번화가로 떠오른 경정京町에 건립되었다. 그리고 조계지가 만들어지던 시기에 계획되었던 공원에는 일본인들의 정신적 지주 역할을 하는 신사神社가 1909년에 들어섰다. 아울러 공원 아래쪽에 자리한 신흥 주거지는 한국인들의 그것과 달리 매우 넓게 터를 잡아서 마치 한 채 한 채가 별장과 같은 형태를 구성할 수 있도록 구획되어 있었다. 그리하여 이곳은 이른바 앵정櫻町, 욱정旭町, 류정柳町이라는 일본식 지명으로 바뀌면서 마산 최고의 주택지로 떠오르게 되었다.

일본의 기관 중 일부는 러일 전쟁 이후 조계지를 벗어난 동쪽 지역에 새로이 설립되기 시작하였다. 조계지와 경계를 지어 일본인 자제들이 다니는 심상 고등 소학교(1904) 외에 마산병원(1905), 마산역(1905)이 각각 지어졌고, 그보다 더 동진한 곳에 마산지방법원(1910), 부산감옥 마산분감(1910)등이 잇따라 들어섰다.105 일본인 공동묘지와 화장장도 한국인 촌락인 신월리와 완월리 일대에 새로이 조성되었다. 특히 조계지를 벗어난 한국인 마을 부근에 법원과 감옥, 그리고 일본인 공동묘지와 화장장이 들어섰다는 사실은 매우 흥미 있는 점이다. 법원과 감옥은 일본의 한국 지배에 있어서 신체적 통제의 상징이었으며, 반면 공동묘지와 화장장은 한국의 전통에서 볼 때 아주 낯선 사체 처리 방식이었기 때문이다. 물론 이들 근대의 통제 장치와 일본식 묘제는 중앙마산부가 확장되면서 다시 원마산의 외곽지와 자산동 산간 지역에 각각 이설되었다. 이러한 시설물 배치는 그만큼 한국인 거주지를 낮추어 보았다는 점에서 공간 배치에 나타난 민족차별 의식의 일부를 읽을 수 있다.

조계지역에 새로이 부두가 건설되면서 마산은 항구 도시로서의 기능을 더 발휘할 수 있었다. 일제는 1906년부터 부산, 인천, 마산, 성진 등 개항장의 항만 및 세관 설비공사에 착수하였는데 마산에는 합방 직전인 1908년에서 1910년까지 조계지의 세관에 종래의 부두연장 84.5m 중 돌제突堤의 연장 10m를 보강해서 등대를 설치하고 길이 3.4m 폭 9m의 계단이 딸린 목조잔교木造棧橋(연장 23.3m, 폭 9m)를 가설하였다. 그리고 해안세관 구내를 간조면干潮面 위의 3.79m 및 5.76m의 높이로 지면을 정리한 후 그 지상에 목조 단층의 파상형波狀形 철판지붕으로 된 50평 규모 창고 1동을 건설했다. 이 외에도 세관 주위에 철책을 두르고 세관지서장 관사(목조 23여 평) 1동도 신축하였다.[106]

부두의 신설은 배의 변화와도 관련이 있다. 개항은 외국, 곧 가까운 일본이나 중국과 같은 곳으로의 항해가 법적으로 보장된다는 사실을 의미하였고, 이에 따라 일본 선적의 대형 선박들이 마산항으로 출입하기 시작하였다. 오사카大阪에서 인천仁川을 오가는 상선 뿐만 아니라 한국 내에서 부산을 출발하여 통영이나 여수로 가는 여객선들도 마산에 기항하였다. 작은 배는 마산포에 들렸지만, 큰 배는 조계지 부두, 곧 위에서 설명한 신마산항에만 정박하였다.[107]

신마산항의 신설은 부두에서 조계지로 이어지는 도로 연변에 여관가를 형성하도록 만들었다. 당시 마산에 세워진 여관의 숫자는 대략 30여 개소였다. 그러나 30개의 여관 중 원마산에는 3개 밖에 없었으며, 대부분 신마산 부두 부근과 조계지 일대에 포진하였다. 하루에 이용하는 투숙객은 150여 명으로 1년 연인원 56,000여 명에 이를 정도였다. 이들은 물론 대부분 일본인들이었다.[108] 조계지 상업지구에 자리를 잡았던 아카몬여관赤門旅館은 다음과 같은 광고를 실었다. "시가市街의 중앙 잔교棧橋가 가깝고, 기선승강汽船乘降에 최고로 편리하며.

또한 조망하는 데에는 아름답기 그지없습니다."¹⁰⁹

철도 역시 한국 내에서 이른 시기에 마산에 가설되었다. 경부선의 삼랑진역에서 마산에 이르는 철도를 건설하려고 했던 회사는 1904년 1월에 한국인이 설립한 영남지선철도회사嶺南支線鐵道會社였다. 이 회사는 한국정부의 외부 참사를 지낸 바 있는 부산 태생의 박기종이 황족인 완순군 이재완李載完을 앞세워서 1902년 6월 한국정부 농상공부 대신으로부터 마산포와 삼랑진간의 철도부설을 조건으로 설립한 회사였다. 사장은 이재완이었다.¹¹⁰ 그러나 러일전쟁을 빌미 삼아 일본 군부는 의정서에 의거하여 그 사업권을 강제 접수한 다음, 자국의 중요 인력을 동원하여 1905년 5월 25일에 이를 개통시켰다.¹¹¹ 그러다 전쟁에서 승리하자 같은 해 11월 1일에는 민간인도 사용할 수 있도록 정책을 바꾸었다. 철도 마산선의 종착역이기도 한 마산역은 일본인들이 사용하기에 편리하도록 조계지에서 가까운 곳에 설치하였다. 사실 이곳은 도시화가 거의 안 된 곳이었다. 그럼에도 이곳에 역사를 둔 까닭은 철도노선과 역사驛舍 결정 및 시구개정市區改正이라고 하는 초기의 시가지 계획을 통해 도시내 새 상가를 조성하고 그것을 수중에 넣으려고 하는 의도가 있었기 때문이다. 일반적으로 일본인은 역사를 구상가舊商街와 다소 떨어진 곳에 선정하고 구상가와 연결하는 신시가지를 조성하여 그들 손에 넣었는데, 그 예로 서울의 종로상가와 동대문 상가를 겨냥하여 서울역 주변과 충무로를 개발한 것을 들 수 있다.¹¹² 마산의 경우도 지리적으로 볼 때 이런 맥락에서 마산역 위치 선정의 이유를 찾을 수 있다.

그런데 정작 중요한 문제는 마산역을 건설하는데 필요한 토지 수용이었다. 1905년 1월의 창원 감리 교섭 안건 중에 일본 영사관이 이미 마산 정거장 부지 구역 내 한인韓人 소유 전답 두수斗數를 시급하게 조사하여 제출하여 주고, 만약 한인이 이를 따르지 않으면 무상으로 그것을 수용할 것이라고 말하고 있는 것이다.**113** 창원 감리는 결국 1905년 2월에 다음과 같은 3개항을 결정하였다.

1) 철도 정거장 용지 내에서는 올해부터 그곳에 있는 전답에서 경작하지 말 것.
2) 용지내의 전답 가옥 산판山坂 등의 매매 금지.
3) 철도 정거장 용지 조사 위원이 요구할 경우 거부할 수 없음.
  이를 어기면 즉시 군사행동방해자로서 형법에 따라 처단함.**114**

당시의 조사에 따르면 마산역 정거장 부근의 토지는 대략 1천 1백 65두락으로서 산과 바다 사이의 경사지에 위치하고 있었으며, 인근의 민간인들이 이를 소유하고 있었다. 항민港民 손덕우孫德宇가 일본인 히로 세이죠弘淸藏(히로키요조우弘淸三와 동일인)과 함께 일본군 중령이었던 철도 반장班長의 변호를 받으면서 이 전답을 헐값에 강제로 사들이는 바람에 수천의 인명이 흩어질 지경이었으므로, 한국정부에서 이를 조사하도록 창원 감리에게 명령을 내리고 있다.**115** 중앙 정부에서 파견된 관리가 직접 조사에 들어가사 철도반장은 이를 되돌려 주기로 약속하였으나 일본 영사가 다시 제동을 걸었던 탓에 문제는 쉽게 해결되지 않았다. 당시 약 130여명의 주민이 이 토지에 연관되어 있었고, 이들을 대표한 두민頭民 김정균金正均과 이규현李圭賢(서성인西城人)이

항의한 까닭에 일본 헌병에 잡혀 악형을 당하기까지 하였다. 그럼에도 손덕우는 1905년 7월 30일까지 여전히 표목을 뽑지 않고 토지도 돌려주지 않은 채 버티고 있었다.116

마산의 철도 문제는 사실상 마산이 육로를 통해 외부세계와 연결되는데 크게 공헌한 근대적 교통수단이지만, 그와 관련된 문제는 철도의 길이만큼이나 많았다. 위에서 본 바와 같이 토지 수용에 따른 주민과의 마찰이 심하였고, 또 군부에 의한 불법 매립이 있었다. 더구나 마산철도는 전쟁 발발과 함께 민용에서 군용으로 바뀌면서 군사시설로 보호를 받았다. 그 때문에 철로 위를 통행하는 자와 전신을 건드리는 자는 그 자리에서 체포하여 엄형할 것이며, 이를 파괴하는 자는 사형에 처할 것이고, 관할 관리도 엄형의 대상이 된다고 공포하였다. 이 때문에 해당 관할 군郡-마산감리, 창원, 밀양, 김해 군수는 이를 보호하기 위해 군리郡吏 약간명과 촌리村吏 약간명을 선정하여 불철주야로 이를 보호하면서 감시토록 하였다.117

철도에서 사고가 일어나 사람이 사망한 사건도 지역사회에서 큰 문제로 등장하였다. 첫 번째 사고는 서성西城 주민 하월석河月石이 철로에서 치사한 일이었다. 이 때의 사고는 감리였던 현학표玄學杓가 직접 가서 확인하고는 '목불인견'이라고 말할 정도로 참혹하였던 것 같다. 감리는 2원을 주어 장례를 치르게 하였으며, 이 사고로 인해 주항철도駐港鐵道 감부監部와 교섭하였다는 기록을 남기고 있다.118 지방관으로서는 그만큼 큰 문제였던 셈이다. 그러나 1905년 8월 9일에 창원 남방 노선에서 한국인 13세 남아 1명이 기관차에 치여 역사한 사건에 대해서는 오히려 무지 우맹이 잘못하여 일어난 일이라며 인민에게

주의를 주는 것으로 마무리하고 있다.**119** 더 큰 사고는 마산항 군용철도 기차가 삼랑진 회로에서 진영 정거장에 오기 전에 객차 내에서 석유등이 바닥에 떨어져 화재가 일어났을 때, 일본인 승객 9명이 소사하고 8명이 부상을 입은 사건이었다.**120** 문명의 이기가 도입되면서 교통사고가 빈발하는 것이다.

새로운 형태의 도로인 신작로가 조계지의 설정과 더불어 만들어졌다는 점은 앞에서 밝힌 바이지만, 새로운 교통 수단도 도시화의 진전에 짝을 맞추면서 변화되어 갔다. 청일전쟁이 시작되자 경성의 일본공사관과 영사관은 인천 일본영사관과 교섭할 일이 폭주했는데 그 까닭에 느린 가마보다는 빠른 교통수단을 이용할 필요성이 생기고, 이에 따라 일본에서 인력거가 수입되었다. 인력거꾼은 초기에 일본인이었지만 점차 한국인으로 대체되었다. 이렇게 해서 등장한 인력거는 서울은 물론이고 부산, 마산 기타 각 지방도시에서도 그 수가 급속히 늘어나서 보행교통에 방해가 되었을 뿐 아니라 대부분의 승객이 일본인이거나 일본 기생이었고, 한국인인 경우는 이른바 귀현신사貴顯紳士 또는 소위 유지들이었기 때문에 횡포도 적지 않았다.

그런데 전국에서 인력거가 가장 먼저 공식 교통기구로 인정하여 운행하였던 곳이 마산이었다.「인력거영업취체규칙人力車營業取締規則」이 마산이사청에 의해 제정·공포되어 청 관내에 시행된 것은 1908년 5월 22일이었다. 서울 및 경기도 일원은 같은 해 8월 15일자 경무청령 警務廳令으로「인력거영업단속규칙人力車營業團束規則」이 공포되어 인력거 영업과 관련된 사항을 규정하였다.**121** 마산에서 인력거에 대한 인식과 조치가 이처럼 빨랐던 까닭은 마산의 도시구조가 원마산과 신마산이라고 하는 두 핵이 일정한 거리를 두고 있었고, 이에 따라 그 사용 빈도가 높았던 데서 연유한다고 본다.

조계지의 도시화와 마산역의 개방에 맞추어 이 일대의 거류지는 물론 원마산 지역까지 대대적인 건축공사가 일어난 것도 러일전쟁 직후 마산 사회에 나타난 새로운 현상이다. 곧 본격적인 토목사업 붐이 일어난 것이다. 여관방은 빈방이 없을 정도로 성황을 이루었다. 협소한 방에서 일본인 노무자가 4~5일씩 합숙하면서 지내기도 했다.[122]

당시 마산에는 목재상이 10개소 있었다. 그런데 이 목재상들이 모두 신마산에 자리를 잡은 데 반해 13개소나 되는 석유상들 중 11개소는 원마산에 있었다. 이런 현상의 원인은 원마산의 해안에 정박하는 선박의 양과 생활필수품의 판매량이 신마산에 비해 월등히 많았기 때문이었다.[123] 당연히 목재가 많이 부려지던 신마산 지역에서는 토목공사가 활발하였다.

일본인들의 이주와 정착으로 신마산이 도시화되어 가는 과정에서 건설관련업체들이 속속 자리 잡기 시작하였다. 1910년경에는 17명의 토목건축청부업자가 있었고 전문건설업체도 많아 1909년에는 미장업이 35명, 목공업이 40명에 이르렀는데, 이들이 조합을 구성하였을 정도로 건설관련 종사자가 많았다. 이 시기에 조계지 일대에는 주택임대업을 위한 임대주택의 건설이 한창이었다.[124] 이를 주도한 토목업자들은 신마산 조계지 일대에 흐르는 개울을 쉽게 건널 수 있도록 여러 개의 시멘트 교량을 가설하였으며, 개울을 보호하기 위해 석축을 쌓았다. 이 개울에는 조선 시대에 여러 개의 목조 교량이 있었던 것으로 추측되지만, 이제 그것은 오늘날과 같은 콘크리트 교량으로 대체되기 시작하였다.

　신도시가 근대성을 띠었다는 점은 이곳을 위생도시로 가꾸려고 하였던 일본측의 의도에서 확인할 수 있다.125 일본인들은 마산을 좋은 기후와 물, 신도시의 청결 등으로 인해 일찍부터 심신을 보양하는데 최적의 도시라고 평가하였다. 특히 풍토병도 없으며 유행병도 적다는 점을 특기하고 있다.126 그럼에도 불구하고 마산 이사청은 위생 문제에 대해서 상당한 주의를 기울이고 있었다. 그들은 1909년에 마산의 우물 120개를 검사한 다음, 수질불량의 우물 13곳을 폐쇄하고, 우물의 구조가 불량한 8개소를 개선토록 하였고, 나머지는 모두 양호하므로 이를 사용하여도 좋다는 허가를 내리고 있다. 아울러 가로의 하수구가 토지의 경사 때문에 배설에 편리하지만, 완성도를 높이기 위해 개수와 준설을 행하였고, 분뇨는 민단에게 맡겨 처리하도록 하면서도 매일 감독을 게을리 하지 않도록 주의를 하고 있다. 그리고 오물은 원거리의 해안에 투기하도록 조치하였다. "근래 조선인의 위생 사상 역시 점차 진보하는 경향을 나타내고 있는 것은 반가운 현상"이라고 말한 것으로 보아 일본인의 근대적 위생국가관이 마산 지역의 한국인 사회에도 점차 확산되는 것을 볼 수 있다.

　신식 병원의 신설도 이른바 식민지 근대화와 관련해서 의미심장한 변화라고 볼 수 있다.127 신마산의 부두 인근에 1904년 가을에 도쿠나가 고이치德永吾—이란 사람이 '사립마산병원'이란 이름으로 새로운 형태의 병원을 개업한 것이 마산에서의 이른바 근대병원의 시초였다.128 물론 개항 당시에 조계지를 관할하는 신동공사에서 의사의 필요성을 결의하면서 급여 마련이나 지급 방식에 대해 논의한 바가 있었다.129 그러나 그 뒤에 이 계획이 어떻게 추진되었는지에 대해서는 알려진 바가 없다. 여하튼 1910년에 사립마산병원에서 치료한 환자 37,237명 중 최다의 질병은 남자의 경우, 신경계 및 오관기五官器병, 소화기병, 호흡기병 순이었으며, 여성의 경우 비뇨 및 생식기병, 신경계 및 오관기병, 소화기병, 호흡기병의 순이었다. 그 외에도 개업의 6명, 수의사 1명이 마산에서 개업하고 있다. 이들은 일본인들만을 대상으로 치료를 하지는 않았다. "내지인 의사의 진단을 받는 조선인도 해마다 증가하고 있다"는 말에서 그것을 알 수 있다.130 그러나 유행병이 적다는 보고에도 불구하고 창원 감리는 일본의 고베神戶, 오사카大坂, 시모노세끼馬關 등에서 흑사병이 횡행하고 있으므로, 이곳에서 들어오는 배를 검역해야 한다는 사실을 강조하고 있다. 이는 마산항의 세무사서리로 근무하고 있는 노구치 히코고로野口彦五郞의 연락에 따른 조치였다.131 마산도 이제 개항 도시로서 겪을 수 있는 모든 대가를 치러야 한다는 일종의 경고였던 셈이다.

위와 같은 변화를 거친 다음에 나타난 마산 도시의 변화를 단적으로 보여주는 지도가 〈그림 2. 1910년의 마산시가도馬山市街圖〉이다.132 지도에서 볼 수 있는 바와 같이 좌측의 격자형 도심이 조계지를 중심으로 발전한 신마산 일대이다. 동네가 이미 일본식 이름으로 바뀌었다는 사실을 알 수 있다. 그러나 일본 부청은 예전의 영사관 자리에 그대로 존치하고 있다. 주목할 것은 신마산의 도시화가 조계지의 경계를 넘어서 이미 중앙마산 쪽으로 향하고 있다는 사실이다. 중앙마산은 개항기에만 하더라도 사실상 신월리新月里, 완월리玩月里, 그리고 자산리玆山里 등과 같은 전형적인 한국인촌락이었으나 그 일부는 신마산의 영역 속에 포함되었다. 중앙마산의 중심부에 있는 건물이 마산역이다. 지도상으로는 도정都町(오늘날의 중앙동)과 통정通町(장군동) 일대가 이에 속하며, 이곳에 부산재판소 마산지부와 발전소가 들어서 있음을 알 수 있다. 그리고 우측에 해안을 끼고 형성된 도심이 원마산 일대이다. 이곳은 이미 조선시대에 남해안의 최대 포구로 발전한 곳으로서, 신마산과는 약 4킬로미터 정도 떨어져 있다. 그러나 지명은 표정俵町(중성동), 원정元町(남성동), 석정石町(창동), 수정壽町(수성동), 행정幸町(서성동) 등과 같이 일본식으로 바뀌어 있다. 원마산과 신마산, 그리고 중앙마산이라는 이 세 공간은 대략 1930년대 쯤이면 서로 연결되어 긴 축과 같은 형상의 도시가 되기에 이른다.

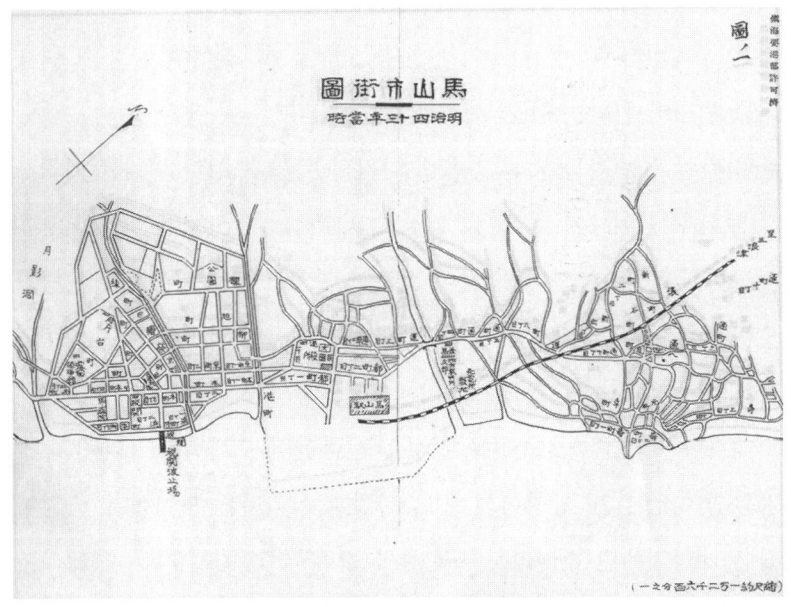

〈그림 2〉 1910년의 마산시가도 馬山市街圖

그러나 우리는 이 지도에서 다음과 같은 의문에 부딪힌다. 곧 신마산 일대에 살던 한국인은 어디로 갔을까. 정확하지는 않지만 조계지가 설정될 당시, 창원 감리가 그린 지도에는 월영리의 월영대 동쪽 일대에 약 13호 정도의 집이 표시되어 있다. 또 조계지를 가로지르는 대곡천 우측에도 각각 6호와 11호 정도로 구성된 마을이 위 아래로 표시되어 있다.133 곧 월영리는 지도에 표시되어 있는 한, 세 개의 마을로 구성되어 있음을 알 수 있다. 그러나 이들 마을이 조계지 성립과 더불어 완전히 사라졌는지, 아니면 그대로 존속하였는지는 알 수가 없다. 아마 특별한 기록이 없는 데다 대다수가 영사관 터와 중복되지 않는 것으로 보아, 현지에 그대로 살고 있었던 것이 아니었을까 추측해 본다.

이제 주제를 마산지역에 유입되기 시작한 새로운 산업 쪽으로 눈을 돌려본다. 개항 후부터 합방 이전까지의 시기에 마산에 세워진 일본인 공장을 정리한 것이 〈표 1〉이다. 〈표 1〉에서 보는 바와 같이 일본의 초기 산업은 주조업이 주류를 이루고 있으며, 정미업과 양조업, 그리고 제면, 철공 등이 그 뒤를 잇고 있다. 1930년대에 이르러 마산은 전국에서 가장 많은 청주 생산량을 기록하게 되는데,134 그 단서가 러일전쟁 직후에 이미 나타나고 있는 셈이다. 재미있게도 청주 공장은 대체로 조계지와 그 확장지라고 할 수 있는 중앙마산 지역에 설립되는 데 비해, 정미업소는 한국인 거주지인 원마산 지역에 건립된다는 점이다. 이는 쌀을 정미하여 일본에 수출하려는 일본의 업자들이 원마산 지역에 많았기 때문이다.

〈표 1〉 합방 이전 일본인들이 세운 마산의 공장 (경상남도 통계보고와 관련 자료에서 발췌)

업종	상호	대표자	소재지	설립일자	자본금(원)	비고
청주淸酒 양조업	아즈마東 양조장	아즈마 추유東忠勇		1904. 1		
청주淸酒 양조업	이시바시石橋 주조장	이시바시 이치타로 石橋市太郞	서성동	1905. 10	12,000	1914년에 공장 건립 원마산
	고탄다五反田 주조장	고탄다 도미지로 五反田富次郞	장군동	1906. 10	10,000	중앙마산
	미즈노리水式 주조장	미즈시키 도미지로 水式富次郞	청계동	1906. 11	10,000	조계지
	니시다西田 주조장	니시다 가소이치 西田嘉惣市	홍문동	1907. 11	20,000	조계지
	오카다岡田 주조장	오카다 다마키치 岡田玉吉	상남동	1908. 9	12,000	원마산
	치도리엔千鳥園 주조장	엔도 도요키치 遠藤豊吉	장군동	1909. 10	15,000	중앙마산
장유醬油 양조업	아카몬赤門 장유양조장	간시키부 管式夫	신창동	1906. 11	10,000	조계지
정미업 精米業	나쯔메夏目精米所	나쯔메 데쓰조 夏目哲三	남성동	1907. 5	10,000	원마산
	마쓰바라松原精米所	마쓰바라 고조 松原甲藏	남성동	1910. 8	20,000	원마산
기타	우에노上野 제면소	우에노 겐이치 上野玄一	추산동	1910. 7	5,000	중앙마산
	마산철공소	마쓰모도 다조 松本多藏	월포동	1907. 3	10,000	조계지
	세가와瀨川 하차공장	세가와 이노스케 瀨川渚之助	상남동	1908. 4	3,500	원마산

그 밖에 근대적 주식회사의 형식으로 1905년 마산수산주식회사가 신마산 부두에 가까운 창포동 3가에서 설립되어 일본인들을 상대로 생어류의 위판업을 시작했으며, 1906년에는 사금융업체私金融業體인 마산금융주식회사가, 1908년에는 마산곡물주식회사가 설립되었다.[135] 신마산에는 적어도 1910년까지 10개의 전당포가 성업중이었고, 원마산에도 1개 업소가 진출하고 있었다. 또한 1905년에 영업을

시작한 동경해상보험주식회사를 비롯하여 1910년까지 11개의 보험회사가 마산에 여러 가지 형태의 영업점을 내고 활동하고 있었다.[136]

이곳의 일본인들은 또한 조계지 일대에 새로운 시장을 만들기보다 마산포 동쪽에 자리한 구강舊江이라고 하는 곳에(오늘날의 수출자유지역 정문 입구) 있던 조선인들의 전통 시장을 옮겨놓으려고 시도하였다. 그러나 이 시도는 실패하였다. 상권을 잃을 것을 우려한 구강 상인들이 거세게 반대하였기 때문이다.[137]

그런데 기왕의 상권은 조계지 일대에 일본인 사회가 형성되면서 변화하기 시작하였던 것 같다. 1910년에 이르러 신마산에 자리한 '양품점'은 시미즈淸水상점을 비롯하여 모두 6개였다. 일본인들은 중앙마산부에 자리한 후지사키상점藤崎商店까지 신마산에 소재한 양품점으로 구분하였는데, 이렇게 계산한다면 7개가 신마산 일대에 소재한 셈이 된다. 일본인 양품점 중, 단 한 개만이 원마산에 소재하였다. 반면 원마산에 소재한 일본인의 일반 상점은 야츠나오지점谷直支店을 비롯하여 모두 23개였다. 양지역에서 판매되는 물품도 달랐으니, 신마산 일대의 일본상점에서 판매되는 물품은 여자양산, 파나마모자, 맥고모자, 여행용 가방, 모포, 여름용 숄, 리본, 양마친의洋麻襯衣, 와이셔츠, 넥타이, 칼라 등이었다. 물품으로만 본다면 이른바 '근대품목'들이다. 이중 시미즈淸水와 후지사키藤崎 상점에서는 도쿄에서 생산된 것만 판매한다는 원칙을 세웠다고 한다. 반면 한국인을 상대로 하였던 원마산에서는 주로 면포, 면사, 솥, 성냥 등이었다.[138]

이를 보면 일본의 생산과 소비 구조가 마산에도 반영된 듯이 보인다. 1910년 전후에 한국에 수출된 일본의 면포 제품은 대부분 오사카산大阪産이었고, 도쿄제품은 고급스럽지만 일본내에서 뿐만 아니라 동아시아의 시장에서 판매량이 현저히 뒤떨어졌기 때문이다. 아마 이러한 현상이 마산 시장에도 별다른 변형 없이 반영되었던 것 같다. 특히 합방 전후에 전개된 한일 무역상의 특징을 '면미교환체제綿米交換體制'라고 한다면,139 위에서 본 바와 같이 원마산의 일본 상인들은 쌀을 일본에 수출하고, 대신 값싼 대판제품을 수입하여 한국인들에게 파는 역할을 하였던 것으로 보인다. 결국 신마산 지역에서는 소량이기는 하지만, 고급스런 도쿄제품을 중심으로 시장권이 형성되어 가는 모습을 보여준다. 그리고 그것은 후일 한국인 사회에 고급스럽고 근대적인 이미지를 새겨 넣었다.

3. 일본인 사회의 이식

조계지 마산, 곧 신마산 지역은 러일 전쟁 이후 사실상 일본인들의 도시였다. 러시아인들이 있었지만, 그들은 패자였고 사실상 조계지에서 잊혀져 가는 존재였다. 1910년 무렵이 되었을 때 그들은 극소수만이 남아 있었다. 또 개항과 더불어 중국인들도 조금씩 마산에 들어오기 시작하였다. 그러나 그들의 주된 활동지는 원마산 일대의 중심지였다. 신마산 지역에는 거의 들어오지 않았던 것이다.140 따라서 신마산 지역은 명목상 각국 공동 조계지에서 시작되었으나, '각국'은 아주 짧은 기간 동안에만 존속하였기 때문에 사실상 국제적 성격은 희박하였다. 더구나 조계지는 경매 당시의 경쟁 때문에 땅값이 비쌌고, 편의 시설이 거의 없는 외진 곳에 자리 잡고 있던 터라서 사실상 개항 이후 러일 전쟁 직전까지 이곳은 도시 구획만 해 놓고 건설 과정이 제대로 뒤따르지 않은 채, 빈곳으로 남아 있었다. 이 때문에 일본 영사는 '더럽고 비위생적인' 원마산에서 영업을 하는 일본인을 이곳으로 이주시키기 위해 노력하였고, 그 결과 1902년에 일부 일본인들이 이곳으로 조금씩 옮겨오기 시작하였다.141 게다가 러일전쟁 이후 그나마 존재하였던 러시아인들조차 퇴조한 탓에 신마산 조계지의 도시화는 일본 사회가 이식되어 가는 과정이었다고 볼 수 있다.

일본인들이 개항 초기에 들여왔던 문물 중에서 주목할 만한 것은 일본 불교이다. 이 당시의 일본 불교는 메이지 정부를 옹호하는 호국불교의 성격을 띠고 있었다. 따라서 일본불교의 한국 포교는 이와 관계를 맺으면서 진행되었다. 마산에서는 1902년 정토종淨土宗 포교소가 설치되었고(궁정弓町1정목丁目에 위치) 이어서 서본원사西本願寺 출장소(1903년 3월. 신정新町 1정목)가 개항 직후 마산에142 들어온 것을 보면, 일본인들이 일찍부터 이 부분에 관심이 많았음을 보여준다. 러일전쟁 이후에는 진언종眞言宗 풍산파豊山派 마산포교소(1908년 8월. 신정 1정목), 일련종日蓮宗(1909년 3월. 통정通町 4정목), 조동종曹洞宗 포교소(1909년 8월.)143, 천리교天理敎 마산포교소(1910년 4월. 신정新町 1정목) 등의 일본 사찰이 세워져 일본인을 상대로 포교활동을 하면서 마산의 불교신도들에게도 포교활동을 펼쳤다.144 러일전쟁 이후 많은 불교 사원이 마산에 설립되었다는 사실은 일본 불교의 포교가 일본의 침략과정과 맥을 같이하였다는 점을 보여준다. 재미있는 것은 일본인의 종교였음에도 신마산 조계지역에 세워진 것은 없고, 대부분 신마산 지역과 중앙마산지역 경계선이나 중앙마산 지역에 집중되었다는 사실이다. 신마산 지역에 사찰을 세울만한 공간이 없었던 탓도 있었겠지만, 이들 종교는 결국 일본인 뿐만 아니라 한국인도 포교 대상으로 삼았음을 보여준다. "조선은 고래로 유교를 신앙하였으나, 지금은 오히려 일반에서 숭경의 염이 두터워지고 있다"는 지적처럼145 1912년 무렵에 천리교의 경우 한국인 신자 142명을 확보하고 있었다. 사실상 일련종을 비롯한 일본 불교는 한국 승려의 개종, 일련종의 한국 지배, 일본 불교의 한국지배, 일본의 조선 지배라는 구도 속에서 진행된 것이었으며,146 이는 마산 지역에서 현실로 나타난 셈이다. 특별히 추산동에 일본인 절이 다수 세워졌던 이유는 이곳이 원마산 일대에 사는 한국인들이 오랫동안 종교적인 상징으로 인식하여 온 공간이었기 때문일 것이다.147

그렇다고 해서 이들이 일본인들에 대한 포교를 게을리 하였다는 이야기는 아니다. 일본인은 1911년에 본원사 신도 600명을 비롯하여, 정토종 280명, 진언종 300명, 일련종 180명, 조동종 360명, 천리교 133명 등 모두 1,856명이 신도로 등록되어 있었다.148 1910년대에 마산에 거주하는 일본인이 약 6천여 명이었음을 상기한다면, 약 3.1명당 1인이 일본의 불교신자였던 셈이다.

사원과 마찬가지로 일본인 학교도 비교적 이른 시기에 설립되었다. 일본인 학교의 효시인 마산포일본인소학교는 현재의 월영초등학교의 전신으로서, 일본불교 정토종 개교사開敎師인 미수미다 지몬사르隅田持門師가 1902년 11월 조계지 내 남쪽 끝 해안의 한옥을 한 채 빌려 세운 것이었다. 이 학교는 1904년 6월 마산심상소학교가 설립되자 그것과 합병하였다. 그러다가 1906년 9월 마산거류민단의 단립

團立 마산심상고등소학교로 바뀌었고 1908년 2월에 이르러 조계지의 바로 외곽지역, 곧 오늘날의 월영초등학교 자리에 교사를 지어 준공했다.149 당시 교과목은 심상과尋常科와 고등과高等科, 보습과補習科로 나뉘어져 있었는데, 삼과에서는 공통으로 수신, 국어, 산술, 일본역사, 지리, 도서를 가르쳤고, 심상과와 고등과에서는 여기에 창가와 체조, 재봉, 수공手工, 이과 등을 가르치도록 짜여져 있었다. 사실상 보습과에서만 창가와 체조를 가르치지 않았을 뿐 모든 과에 개설된 교과목은 동일하였다. 교원은 16명(남13, 여3), 학생은 867명(남 463명, 여 404명)이었다. 처음 개교 시에 아동 5명, 유아 4명으로 출발하였으나, 특히 러일전쟁 승리 이후 거류민이 격증하여 취학아동이 100명 이상에 도달하였으므로,150 그 증가 속도가 한반도 침략의 정도와 비례하고 있음을 알 수 있다.

일본식 오락업과 창부업도 마산 지역 사회에 이식되었다. 1910년경에 이르러 5~600명의 수용이 가능한 일본식 목조 2층 회전무대식 극장 환서좌丸西座가 건립된 사실은151 일본의 유흥 문화가 본격적으로 마산 지역 사회에 소개되기 시작하였다는 점에서 유의할 만한 부분이다. 또한 유곽이 마산에 그 모습을 드러낸 것은 대략 1905년 전후였다. 일본인 창기는 1904년 철도 신설과 함께 노동자가 들어오자, 이들을 따라 들어오기 시작하였다.152 뒤이어 1907년경 중앙마산의 동쪽끝에 자리한 오늘날의 자산동 몽고간장 뒤편에 일본인에 의해 조선인 창녀 7,8명이 기거하였다는 기록이 있고, 1910년경에는 원마산 지역의 서쪽 끝 부분에 조선인 창녀 5~6명이 자리하고 있었다는 기록이 있다.153 이로 미루어 유곽이 일본인 뿐만 아니라 한국인 사회에도 점차 전이되어 간다는 사실을 알 수 있다.

앞에서 설명한 각종 시설은 대부분 이주 일본인을 위한 것이었다. 따라서 우리는 마지막으로 마산에 이주한 일본인들이 어떤 유형의 사람들이었는지를 분석해 보기로 한다. 개항기에 마산에 거주하면서 마산지역사에 관심을 쏟은 스와 시로우諏方史郎은 자신이 지은 『마산항지馬山港誌』에서 개항 당시 마산포에 거주했던 일본인은 야마모토 고조山本好藏, 미수다 마사키치隅田政吉, 하마다 린조우濱田林藏 등이며, 미곡상인 마쓰바라 하야조우松原早藏은 본거지를 부산에 두고 창원읍내에 임시거처를 얻어 생활하고 있었다고 하였다. 그리고 부산영사관 마산분관 직원 2~3명과 2명의 경찰이 있었으며, 그 해 연말쯤 되어 일본인이 점점 늘어났다가 다음 해인 1900년 봄에 약 15-16호에 이르자 자신들끼리 일본인회日本人會를 조직하였다.[154] 일본인회가 이처럼 빨랐던 이유는 아무래도 마산 지역이 부산과 가까운 곳에 있었기 때문일 것이다. 부산은 다른 지역보다 일본인들의 조직과 활동이 비교적 빨랐던 것이다.[155] 1년이 지난 1901년에는 토지 때문에 내왕이 많던 히로弘淸三을 비롯한 많은 상인들이 부산 등지로부터 이주해 옴에 따라, 1901년 일본 거류민은 모두 80호 259명으로 늘어났다고 밝히고 있다.[156]

반면에 히라이 요시오平井斌夫는 『마산과 진해만馬山と鎭海灣』에서 〈표 2〉처럼 개항하던 해에 마산 거주 일본인은 33호 103명이었으며, 이들은 생업 때문에 대부분 원마산에 거주하고 있었다고 말한다. 그리고 1901년이 되어서야 부산 등지에서 살던 일본인들이 마산으로 이주하면서 인구도 80호에 259명으로 늘어났다고 보고하였다.[157] 이

두 문헌의 내용 일부가 서로 조금씩 다른 것에 대한 까닭은 알 수가 없지만 본 논문에서는 초기 기록인데다 비교적 상세하다고 생각되는 『마산과 진해만馬山と鎭海灣』의 자료를 인용한다.

〈표 2〉 1899~1910년 마산의 일본인 수

년도별		1899	1900	1901	1902	1903	1904	1905	1906	1907	1908	1909	1910
호수		33	70	80	99	95	154	340	677	868	989	1,132	1,548
인구	남자	87	189	160	203	191	359	717	1,233	1,826	2,009	2,360	3,163
	여자	16	61	99	130	136	270	531	937	1,393	1,678	1,961	2,778
	합계	103	250	259	333	327	629	1,248	2,170	3,219	3,687	4,321	5,941

개항 당시의 일본인들은 어떤 성격의 사람들이었는가. 〈표 2〉에 나타난 100여명의 일본인들 중 대부분은 각국 공동 조계지 내에 거주하지 않았다. 왜냐하면 당시 마산포에 거주했던 일본인들의 경제력으로서는 경매로 인해 높은 가격이 형성된 조계 내의 토지를158 구입할 수도 없었지만, 그들의 주업종인 잡화상과 미곡상 등의 영업 활동 때문에도 개항 이전부터 시가지를 형성하고 있었던 원마산을 근거지로 삼는 것이 유리하였기 때문이다.159 일본인의 한국 이주형태는 대략 4단계로 나누어볼 수 있는데, 개항 당시 마산에 이주해 온 일본인들은 대체로 초기 단계에 해당하는 부류이다. 대부분 일확천금을 꿈꾸며 바다를 건너온 상인들이었다. 그리고 남녀의 성비性比도 남성 중심으로 편중되어 있다는 사실을 알 수 있다. 성비는 개항 당시에 약 5.4대 1과 1900년에 3.1대 1로 남성 비율이 높게 나타나다가, 1901년에 1.6대 1, 1902년에 1.56대 1로 점차 낮아지고 있다. 이는 이주민의

구성이 점차 가족 단위로 변화하여 간다는 사실을 반영한다.

한편, 1904년에는 뒷날 봉암동 수원지를 건설한 혼다 쓰치고로本田搥五郞, 경찰서와 일본인 소학교 등을 건축한 아사카이 신이치淺海新市 등의 토목·건축 청부업자들이 이주해 왔다. 이들은 거류지 내에서 일기 시작한 각종 건설사업에 손을 댔다.

〈표 2〉에 의하면 1900년부터 1903년까지 일본인은 불과 77명밖에 증가하지 않았다. 그러나 1903년에 327명이던 일본인의 수가 1904년에는 629명으로 302명이 증가하였고 이어서 1905년에는 619명, 1906년은 922명, 1907년은 1,049명 1908년은 468명, 1909년은 634명, 1910년은 1,620명이 각각 증가하였다. 그 결과 개항 당시 103명이던 마산의 일본인은 1910년에 무려 5,941명으로 급증하였다는 사실을 알 수 있다. 특히 1905년경부터 시작된 급격한 인구증가 현상은 일본인들의 한국이주 3단계에[160] 해당된다고 보는데, 그것은 1905년 10월에 마무리된 러일전쟁과[161] 1905년 11월에 체결된 을사조약, 그리고 마산과 삼랑진 사이에 건설되었던 군용 철도를 일반인이 사용할 수 있도록 한 조처 등이 주원인이었다고 볼 수 있을 것이다.

그러나 마산 지역의 일본인 인구는 대체로 진해라는 신도시가 만들어지던 1910년 이후에는 사실상 정체 상태에 들어가게 된다. 1918년에 마산의 일본 인구는 1,135호에 4,497명으로서 오히려 1910년에 비해 줄어들고 있다. 그 이유는 개항장 폐쇄, 진해 군항 설치, 도시의 상업화 등과 관련이 있을 것이다.[162] 이러한 도시화는 예컨대 일본 식민지 시기에 적극적으로 개발된 타이베이시臺北市의 경우와 대조적이다. 타이베이시의 일본인 인구는 1898년에 9,626명, 1908년에 21,931명, 1918년에 40,967명, 1928년에 60,595명, 1938년에 90,329명으로 증가하였다.[163] 1908년 이래 10년 단위로 2만여 명 이상씩 증가한 것과 비교하여 볼 때, 마산은 대규모 인구이동지로서는 적절하지 않은 공간이었던 셈이다.

러일전쟁 이후 마산의 일본인구가 차지하는 남녀의 성비는 또 어떻게 변화하였을까. 그것은 1904년에 1.32대 1, 1905년에 1.35대 1, 1906년에 1.31대 1이며, 1910년에 1.13대 1로 변화하여 갔는데 이로부터 우리는 남녀간의 성비가 합방시기에 이르러 거의 안정적인 수준에 도달하였다는 사실을 알 수 있다. 이는 일본인의 이주가 시간이 지날수록 대부분 가족 단위로 행해졌기 때문이었을 것이다.

그렇다면 이러한 일본 이주민이 마산 지역의 전체 인구에서 차지하는 비중은 어느 정도였을까. 현재로서는 당대의 인구를 정확하게 알 수 없기 때문에 위에서 제기한 의문은 쉽게 풀리지 않을 것이다. 다만 몇몇 자료를 근거로 이를 추정할 수는 있다. 한 일본인이 추정하기에 1899년에 마산포의 호수는 대략 2,000여호였다.[164] 그리고 1907년의 마산 총인구는 11,881명으로서 그 중 일본인이 3,219명, 기타 80인(대부분 중국인), 그리고 8,582명이 한국인이었다.[165] 3년 뒤인 1910년에 마산의 총인구는 16,657명으로서 그 중 일본인이 5,941명, 기타 외국인이 52명이었고, 한국인은 10,000~11,000명 사이였다.[166] 곧 1907년에 일본인은 마산의 전체 인구 중 37%, 1910년에는 29% 정도를 차지하고 있다. 1908년까지 급격하게 증가하다 1909년과 1910년에 감소한 것은 진해 신도시 건설 때 적지 않은 일본인이 그곳으로 이주하였기 때문이라고 본다. 그러므로 러일 전쟁 이후 마산지역의 전체 인구 중에서 일본인이 차지하는 비중은 대략 3할 전후였다고 추정한다면 무리는 없을 것이다.

일본인 사회가 형성되어 가는 만큼, 그에 상응하는 조직도 필요하였다. '을사조약'으로 인해 통감정치가 시작되자 1906년 2월 1일 마산이사청이 설치되면서 종래 창원 감리가 행사하던 지방통치권의 상당 부분이 일본인에게 넘어갔다. 일본은 1905년 3월에 「거류민단법」과 1906년 7월에 「거류민단법시행규칙」을 각각 발포하게 되었다. 이에 따라 마산의 일본거류민회도 마산 일본인 거류민단으로 확대·개편하였으며, 이들은 일본인 학교의 설립과 운영, 도로 개설, 조계지의 정명 町名 확정, 개항 10주년 축하 기념회 개최, 민회구성 등의 많은 사업을 주도하였다.167 일본거류민단이 단순한 자치조직이 아니라 행정조직의 성격을 보여준다.168 이는 서울 지역에 설치된 일본거류민단이 세금징수, 학교의 설치 운영, 상수도 사업, 화장장 설치, 도로 하수도 교량 수선, 공원 신설, 소방기구의 구입 및 보관창고 신설과 같이 독자적인 청사, 조직, 재정, 권능을 지닌 자치행정기관이었던 점169과 유사하다.

마산일본인거류민단이 발족할 당시에 이르러 일본인 거류민 수는 이미 660호에 2,433(남자 1,452명, 여자 981명)명으로 늘어났다.170 이들 가운데는 미곡상을 주업으로 하는 마쓰하라 소조松原早藏, 구쥬 간사쿠久重勘作, 야마모토 고조山本好藏 등을 비롯하여 216호에 700명이 원마산에 정착하고 있었지만, 나머지 인구는 대부분 신마산 지역과 중앙마산 지역에 거주하기 시작하였다.171 곧 이주 초기에 대부분의 일본인들이 '더럽고 악취가 나는' 원마산의 한국 사회에 기생하던 상황에서 벗어나 자신들이 건설한 신마산 지역에 독자적인 일본 사회를 구축한 단계로 볼 수 있을 것이다.

그렇다면 이들 일본인은 대체로 어떤 직업에 종사하고 있었는가. 〈표 3〉은 1902년 당시 마산에 거주하는 일본인과 그 외 외국인들의 직업분류표이다.172 이들의 직업은 표에서 보는 바와 같이 종류가 다양하다. 그 중 건설관련 업종에 종사하는 이가 50여명이나 되는데, 이는 당시에 새롭게 조성되던 조계지의 상황을 보여준다. 겸직이 많았던 것과 직업의 분포 및 내용을 보면 아직 한국에 이식된 일본인의 산업이 초기 형태라는 점을 알 수 있다.

〈표 3〉 1902년 1월말 현재 마산 거주 외국인 직업분류
(국적 표기 없는 것은 모두 일본인이며 괄호는 겸직임)

무역상 1	중매상仲買商 6 (4)	약종상藥種商 5	잡화 27 (6)	술소매 2 (1)	도기陶器 (5)
일상잡화 (1)	주물상 (1)	옷가게 3 (2)	부엌잡화 (1)	양주 (2)	담배 (4)
과자상 3 (2)	설탕상 (2)	석유상 (1)	장유상 (2)	의사 2	간옥間屋 1 (1)
회사 2	여인숙 (1)	야채상 1	두부 1	요리점 1	떡집 2
푸줏간 1	세탁업 1	일고日雇 5	예기藝妓 1	선원 (1)	목수 15
석공 6	미장 2 (1)	철력세공鐵力細工 1	대장간 2	이발관 1	미용실 1
된장 (2)	일용노동자22	토목청부土木請負 1	정미상精米商 (1)	식빵 1	대궁大弓 (1)
페인트칠 1	작부酌婦 3	선두船頭 3	광업鑛業 2		
러시아인: 호텔업1, 잡화상1		중국인: 잡화상7, 잡화행상雜貨行商3		독일인: 선교사	

이러한 직업 분포가 한국내 다른 지역에 거주하는 일본인의 그것과 어떤 차이를 보이는가. 예를 들면 부산에서는 개항 이후 1880년 말까지 이곳에 진출한 일본인들의 직업은 대체로 중매仲買, 곧 고리대가 152호로 압도적으로 다수였다. 이어 제공諸工 43호, 무역상, 소매잡상

각각 34호, 요리와 음식점 각각 15호와 13호로 그 뒤를 잇고 있다. 곧 부산에 이주한 초기 일본인의 직업군 중에서 고리대가 많다는 점이 눈에 띈다.[173] 최근에 진행된 서울 지역 일본인에 대한 연구도 하나의 비교사례가 될 것이다. 1902년을 기준으로 서울 거주 일본인의 직업은 82종으로서 무역, 상인, 제조업, 서비스업, 임대, 토목, 은행, 신문사 등이 있으며, 제조업자가 이전에 비해 늘고 있다. 아울러 예기와 작부, 요리점도 증가하는 추세였다.[174] 곧 서울 지역의 일본인 직업종이 다양하지만, 그 성격은 마산의 그것과 유사하다. 이렇게 볼 때 마산 지역에 이주한 초기 일본인들은 대체로 순노동자와 상인, 서비스, 임대, 토목업자들이었다. 특히 상인과 토목업자는 마산을 일확천금을 꿈꿀 수 있는 곳으로 인식하였던 것 같다.

그러나 1910년대의 조사에 따르면 일본인들의 직업분포는 개항기 때와는 사뭇 달라진다. 〈표 4. 1911년 12월 당시 일본인의 직업분포〉[175]에서 알 수 있듯이, 이른바 관공리와 교원, 기자, 종교인, 변호사, 의사, 산파 등 엘리트들이 272명으로 이 조사에 포함된 4,595명 중에서 6%를 차지하고 있다. 물론 이 중에서도 교원과 산파를 제외한다면 엘리트들은 거의 대부분 남성으로 구성되어 있다는 사실도 확인할 수 있다. 이들은 한국에 이주한 대부분의 일본인들과 같이 러일전쟁 이후에 한국을 공식적으로 지배하기 위해 건너온 이주민이라고 할 수 있다. 이러한 현상은 사실 마산 지역 만의 특성이 아니라 전국적인 현상이기도 하였다.[176]

또한 〈표 4〉에 나타난 이주민 중에서 숫자상으로는 상업 종사자가 1,556명(33%)로 가장 많으며, 그 다음이 공업 980명(21%), 잡업 816명

(17.7%), 노력 297명(6.4%), 예창기작부 231명(5%), 농업 219명(4.7%) 그리고 무직 109명(2.3%) 등이다. 곧 상공업자가 전체의 절반을 넘는 구조이다. 이것은 장래 마산이 상공업 도시로 성장하는데 하나의 상징적인 지표로 볼 수 있을 것이다. 또한 예창기작부가 농업이주민보다 많다는 사실은 앞에서 본 바와 같이 신마산과 중앙마산의 개발에 따른 토건업과 여관업, 그리고 유흥업의 과다한 팽창과 관련이 있을 것이다.

〈표 4〉 1911년 12월 당시 마산 거주 일본인 직업분포

관리官吏 (남 165)	공리公吏 (남 32)	교원 (남 17,여5)	신문 및 잡지기자 (남 5)
신관神官 (남2)	승려 및 선교사 (남12)	변호사 및 소송대리인 (남3)	의사 (남 19)
산파 (여 12)	농업 (남 181,여38)	상업 (남1,353,여203)	공업 (남 973,여7)
잡업 (남739,여77)	예창기작부藝娼妓酌婦 (여 231)	노력勞力 (남 296,여1)	무직업 (남86, 여23)

요컨대 1910년대에 이르면 직업 분포상 이미 신마산에는 일본의 도시 사회가 사실상 이식된 형태라고 말할 수 있다. 이제 그들은 그 식민사회를 넘어서서 한국인 자연촌락지대이자 완충지였던 중앙마산을 횡단하면서 토착 한국인 사회인 원마산까지 넘볼 수 있을 정도로 성장하고 있었다. 이러한 양상은 전형적인 식민도시의 하나라고 평가를 받고 있는 싱가포르의 사회와도 다른 구성이다. 싱가포르는 상층부에는 영국인 관리자들이 포진하고 있었으나, 그 아래층은 말레이인, 인도인, 중국인 등 다민족으로 구성된 사회였던 데다, 민족별로 거주지가 정해져 있었던 까닭에 공존이 가능하였던 것이다.[177]

Ⅳ. 맺음말

이상에서 우리는 대한제국 시기의 마산포에 대한 기존 연구의 공백을 메우기 위하여 개항을 전후로 한 러시아의 마산포 정책과 러일전쟁 전후의 마산포 자체의 도시화 과정을 다각도로 분석하였다. 우리는 본 연구의 결론을 다음 몇 가지로 정리할 수 있다.

첫째, 본 논문을 통하여 볼 때 개항 이전에 러시아가 마산포에 대해 가진 관심은 일부 제독들에게 국한되어 있었고, 정부 차원에서 본격적으로 마산포를 점령하려는 계획이 추진된 바는 없었다. 그리고 개항을 전후로 하여 러시아가 토지 확보를 위하여 일본과 각축을 벌였다고 알려진 내용도 사실을 왜곡한 측면이 있었다. 1899년 5월 초에 러시아 공사인 파블로프가 마산포를 방문하여 표지판을 설치한 까닭은 대한제국의 외부대신 박제순朴齊純으로부터 러시아측이 미리 원하는 토지를 획득하는 데 도움을 주겠다고 한 약속을 믿었기 때문이었다. 기존의 연구에서 말하는 바 마산포를 둘러싼 러일의 각축은 러시아와 일본간에 한반도를 둘러싼 제국주의적 경쟁의 일부분이라는 점도 있지만, 구체적으로는 러시아측의 토지 매입 노력이 뜻밖에 일본의 신속한 방해공작으로 성공을 거두지 못하자 당황한 러시아측이 토지 매입에 적극적으로 나서게 됨으로써 벌어지게 되었던 것이다.

둘째, 개항 이후에 러시아는 마산포에 대하여 뤼순항旅順港을 대체하는 태평양 함대의 전진기지로까지 고려한 것은 아니었다. 물론 길테브란트같은 제독은 마산포가 아니라 남포藍浦와 그 인근 지역을 러시아가 장악하여 해군기지로 적극 활용할 것을 제안하기는 했다. 그렇지만 당시의 국제정세로 보아 일부 해군 지도자들의 이러한 생각은 소박했다고 평가할 수 있다. 주한공사였던 파블로프가 실천에 옮겼듯이, 러시아측을 위해서는 마산포의 개항지 범위 내에서 저탄고貯炭庫와 병원 등을 건설하고 동계冬季 정박지碇泊地 등으로 활용하는 방안이 현실적이었다. 이 목적을 달성하기 위하여 러시아는 1900년 3월과 6월에 대한제국과의 협약을 통하여 율구미 지역에 조차지를 확보하고, 1901년 1월부터는 부영사관副領事館을 설치하는 등의 구체적인 작업에 착수하였다. 그렇지만 러시아가 뤼순항과 같은 해군기지를 고려하고 있지 않음에도 불구하고, 일본과 영국 등은 마산포에 대한 러시아의 정책에 대해 민감하게 대응하였다. 주일공사로 있던 이즈볼스키의 말처럼, 마산포에 대한 러시아의 정책이 비록 공격적이지 않았다고 할지라도 일본은 알레르기 반응을 보이고 있었다. 이에 덧보태어 1900년 6월에 발생된 의화단의 난과 관련하여 러시아가 만주에 관심을 집중할 수밖에 없게 되자, 1901년 무렵부터 마산포에 관한 러시아의 관심은 전면적으로 후퇴할 수밖에 없었던 것이다.

셋째로, 마산포 조계지는 사실상 개설 직후 러일전쟁 전까지 그 기능이 제대로 발휘된 적이 거의 없었다. 이것은 열강이 이곳에 대해 그만큼 관심을 갖지 않았다는 점을 반영한다. 그러나 러일전쟁은 마산포 각국 공동 조계지가 새로운 도시로 변모하도록 강요한 요인이었으며, 이에 따라 조계지는 일본인에 의해 급격하게 도시화되었다.

이곳은 식민지배의 근거지이자 근대화의 상징적 공간으로 바뀌기 시작하였다. 러일전쟁을 통해 일본군이 군사적으로 이곳을 지배하게 된 이후, 창원 감리의 지역 통제는 더 이상 효력을 발휘하기 어려웠다. 아울러 조계지에는 일본의 지배기구가 이곳에 줄지어 들어섰으며 새로운 부두, 철도, 신작로와 같은 도시 기반 시설 뿐만 아니라 일본인들을 상대로 하는 상점이 들어서면서 이른바 근대물품들이 마산에 산포되기 시작하였다. 특히 이러한 특징이 거의 순수하게 일본인에 의해 발전되었다는 점에서 마산 사회의 일본화는 심화될 가능성이 있었다. 더구나 일본인들이 마산 지역에 이식한 직업은 주로 신식 상공업과 유흥업이었다. 곧 위와 같은 신흥 직업 분포가 마산으로 하여금 상공업과 유흥업이 강한 도시로서의 성격을 강화하여 갔을 가능성도 높았다.

이렇게 보면 신마산의 도시화는 급격하게 시작된 데다, 근대적이며 식민지적 요소가 일본적 요소와 함께 혼합되면서 나타난 까닭에 매우 복잡한 성격을 띠게 되었다고 할 수 있다. 이는 자연스럽게 오랜 기간에 걸쳐 도시화 과정을 거친 원마산의 성격과 크게 차이가 나는 점이다.

넷째로, 신마산 신도시는 입지적 조건과 기능적 한계 때문에 결국 어떤 형태로든 한국인 사회에 의존해야 하는 존재였다는 점이다. 예컨대 근대적 도시 기반시설을 갖추었음에도 불구하고, 그러한 근대를 근대답게 해주는 교도소와 공동묘지 등의 시설을 한국인 마을에 의지할 수 밖에 없었다. 더구나 주요 상권과 주거지는 원마산에 자리한 한국인 사회에 존재하고 있었다. 이 점에서 신마산은 원마산과 중앙마산에 의존하지 않을 수 없는 불완전한 도시사회였다.

이 글에서 우리는 그 중요성에도 불구하고 두 가지 주제를 검토하지 못하였다. 하나는 남포藍浦를 둘러싸고 벌어진 러시아와 일본 사이의 군사적 경쟁인 바, 이에 대해서는 추후에 다시 분석을 해야 할 것이다. 이 점이 좀 더 밝혀져야 마산포를 둘러싼 러일의 경쟁을 좀 더 깊이 있게 이해할 수 있을 것이다. 또한 도시화와 관련하여 우리는 상이한 특징을 가진 두 개의 공간이 일제 이후 어떠한 절충과정을 거쳐 변모하는지를 더 따져보아야 할 것이다. 공식적 지배기구를 일제가 장악하였다고 해서 그것이 곧바로 사회 전체를 지배하는 것을 의미하지는 않기 때문이다.

4 식민지배에 대한 저항과 그 양상들

1. 일제 시대 마산 창신학교 관련 신문기사의 유형과 특징
2. 창원 진전 출신 이교재의 독립운동과 상해 임시정부

일제 시대 마산 창신학교 관련 신문기사의 유형과 특징

I. 역사 자료로서의 신문과 창신학교

이 글은 일제 시기에 마산의 창신학교와 관련된 신문 기사들을 뽑아내어, 그것들을 연혁관련, 행사와 신문물의 도입, 민족운동 및 저항의 이미지, 학교운영 및 고등보통학교 승격 문제, 학교 폐지와 그 이후 등의 주제로 분류하여 분석한 다음, 기사에 나타난 창신학교의 특징을 검토해 보기 위해 시도된 것이다.[1]

최근의 한국 역사학에서 중규모 지역의 중심지인 도시에 대한 관심이 높아지고 있는 사실은 각종의 학회나 잡지, 논저 등에서 확인할 수 있다. 개항 이후 일제 시대에 크게 변화한 부산[2]이나 목포[3]에 관한 저간의 연구가 그것을 뒷받침한다. 특히 이러한 항구도시는 외국문물의 도입에서 중요한 역할을 하였기 때문에 근대 도시의 다양한 양상들을 이해하는 데 도움을 주고 있다.

이 점에서 1760년대에 조창이 개설되어 포구 도시로 발전한 마산 사회에 대한 본격적인 검토는 중요하다고 생각한다. 이곳은 특히 러일전쟁 이후 일본인의 거주지와 조선인 거주지가 독자적으로 혹은 절충하면서 발전하였고,4 도심지 주변의 농촌지역도 도시화하면서 새로운 사회로 변모하고 있었다.

특히 마산의 중심부인 창동과 오동동 일대와 인접한 상남동은 조선인 사회로 발전하면서 교통, 교육, 종교, 노동, 초기 산업 등에서 중요한 변화를 경험하였는데, 사실 이러한 요소들은 서로 연관되어 있었다. 예컨대 이곳은 조선인 사회의 교통의 중심지였으며, 호주 선교사들의 마산지부가 존재하였고, 이들에 의한 교육기관의 설립이 진행되었던 것이다.5

이 글에서 검토하려고 하는 창신학교는 1908년에 호주선교사와 지역의 기독교 관련 인사들이 함께 설립한 학교로서 마산지역을 대표하는 신식 학교였다. 특히 1920년 이후 『동아일보』나 『조선일보』, 『중외일보』, 『매일신보』 등에는 창신학교 관련 기사가 끊임없이 실렸으며, 그것은 단순히 학교 소식을 전하는 차원을 넘어서고 있었던 것으로 보인다. 그것은 단순히 학교로서가 아니라 지역사회의 대변자이자 자부심이고, 근대 문명의 전파자이자 민족 교육의 상징으로까지 인식되었다.

그런 까닭에 일제 시대에 어느 지역사회를 이해하기 위해서는 관련 신문기사를 면밀하게 분석할 필요가 있으며, 이는 창신학교 관련 기사의 경우도 마찬가지라고 생각한다. 이를 위해 조사대상 신문은 한글 혹은 국한문 혼용체로 기사를 쓴 『동아일보』, 『조선일보』, 『중외일보』,『매일신보』로 선정하고 또 이들 기사의 대상이 되었던 학교를 창신을 비롯하여 호주선교사회에서 주도한 호신학교와 복음농업실습학교까지 범주에 넣어 주어진 주제에 접근해 보고자 한다.

II. 학교연혁 관련 기사

창신학교의 설립연도는 논란이 있지만,『창신90년사』에는 1908년으로 정하였다.6 1895년에 〈조선소학교령〉이 제정 공포되고 이에 따라 경향 각지에서 새로운 학교 신설이 잇따랐으며, 창신학교 설립도 그 일환이라고 보는 것이다. 곧 1908년 9월 15일에 마산성호리 교회당에서 번창한 독서숙을 기반삼아 교명을 '창신'으로 정하였던 것을 그 근거로 삼는다. 실제로 대한제국 정부의 학부대신 이재곤이 발행한 지령서에 따르면 "경상남도 창원항 성호 손안로, 융희 2년 칙령 제62호 사립학교령에 의하여 칭신학교의 설립을 인가사. 단 좌기 각 항을 주의할 사. 융희 3년(1909) 8월 19일 학부대신 이재곤"으로 되어 있다. 곧 설립연도는 1908년이고, 정부의 공식 허가를 받은 때는 1909년이다.

그러나 신문기사에는 적어도 세 종류의 설립연도가 소개되고 있다. 하나는 1909년 설이다.『부산일보』1915년 5월 5일자에 따르면,7 "창신학교는 마산 신정新町에 있으며, 교장은 영국인 노익문 씨이고, 그 설립은 메이지 42년(1909) 8월 19일, 교지 평수는 8백평이며, 수업연한은 심상과 4년, 고등과 3년, 현재의 생도는 154명이다"가 그것이다. 창신 학교 연혁과 관련한 기사로서는 가장 빠른 것이다. 또한 마산 인근의 신문이고, 인근 지역에 관한 기사를 많이 게재하였기 때문에 비교적 정확하게 사실을 파악하고 있었다고 생각한다.

여기서 말하는『부산일보』는 1905년에 창간된『조선일보』의 후신으로서, 1907년에 부산일보로 그 이름을 바꾸었다. 조선, 특히 부산에 거주하는 일본인들이 발행한 지역의 유력 일간지로서 '문장보국文章報國'이라는 기치 아래 식민주의를 정당화하는 논조를 강조하는 한편, 아쿠타가와 타다시芥川正와 같은 언론인과 카사이 겐타로香椎源太郎이나 오이케 츄스케大池忠助와 같은 일본인 자본가와 함께 경영주의를 회사의 목표로 내 걸었던 신문이었다.8 따라서 부산일보의 보도는 일본인의 시각을 반영하는 것이라는 점에서 주목할 만하다.

곧 부산일보가 창신학교의 설립년도를 1909년으로 간주한 것은 그 해에 설립인가를 받았기 때문이다. 1909년은 명목상 대한제국이 한국을 통치하였지만, 실질적인 권한은 이미 통감부에 넘어가 있었다. 일본인에 의한 교육 간섭은 이미 1900년부터 시작되었으며, 이에 의거하여 1906년에 보통학교령, 고등보통학교령, 사범학교령, 외국어학교령과 각각의 시행규칙이 잇따라 제정되었다. 그것이 1911년의 제1차 조선교육령 제정으로 이어졌던 것이다.9 다시 말해 부산일보의 창신 관련 기사는 통감부의 통치를 정당화한다는 측면에서 서술되었다고 생각한다. 위의 지령서에 적힌 사항과 일치하는 것이다. 더구나 창신학교의 설립근거가 된 사립학교령은 1908년 10월 1일에 시행되었기 때문에, 창신학교는 이에 의거하여 다시 설립인가를 신청하여 1909년 8월 19일에 허가를 받은 셈이다.10

반면 1920년에 창간된『동아일보』에서는 이와 다르게 1906년에 초점이 맞추어져 있다. 이 신문에서 최초로 창신학교와 관련된 기사를 실은 것은 창간 이듬해 1921년 5월 22일의 일이다.[11] 창간이 1920년 4월 1일이니, 1년여가 지난 시점에서 창신학교를 소개하고 있는 셈이다. 이 기사는 창신학교의 제13회 개교기념식을 거행한 사실을 보도하면서, 학교 연혁도 싣고 있다. 기념식에서 맹호은 교장의 식사와 학생일동의 교가 합창에 이서 학감 이승규 씨의 연혁 보고가 잇따랐다.

연혁보고에 의거해 작성한 기사는 "영령 호주 선교회의 파견 선교사인 아담손 씨가 본국에 청원, 금화 10원의 보조가 있었으며, 성호리 구예배당(지금의 마산야학교) 사무실에 사숙을 설치하였고, 생도 20여 인을 모아 이승규 씨가 숙장으로 옛 학문을 교수"하였다고 기술하고 있다.

그러나 이 기사에는 1908년도에 창신학교를 세우기 위해 이승규를 비롯한 지역 인사와 정동교회 고 남승을 비롯한 외부 인사들이 얼마나 고군분투하였는지를 구체적으로 전하고 있다. 1908년 7월 경에 학교제도를 변경하고 신학문을 가르치기 위해 남승 등을 초빙하였고, 남녀 학생 60여명을 모집하였다. 또한 그해 10월경에 이승규, 김지관 등 여러 사람이 여학생 이희, 박봉학, 김의옥 3인을 대동하고 부산의 동래, 양산, 통영 등지를 돌아다니면서 모은 기부금 200여원을 기본금으로 하고, 이승규가 기부한 밭 10누락과 유성일俞聖逸이 이미 매수한 밭 6두락을 기지로 하여 2,300원의 기금으로 70여 평의 교사를 건축하였던 것이다. 또 부족한 돈은 이승규의 250원과 각 인사 및 교회에서 기부한 금 9백여 원과 이승규 씨의 소유가옥을 저당하여 1천원을 빌려서 이를 결제하였던 것이다. 그 결과 1909년 8월에 창신학교 명의로 정부의 인가가 났던 것이다.

또한 이승규는 1911년 10월에 손덕우, 이상소, 이규철 등과 함께 발의하여 김병선, 정태오, 홍재갑, 옥기환, 황갑주, 한태련 기타 유지의 찬성으로 현금을 모아 고등과 교실 50여 평을 건설하고 1912년에 사립의신여학교가 설립되고 호주의 선교회에서 매 삭朔마다 금화 50원씩 보조하여 학교를 유지하고 있으며, 1916년부터 고등과는 선교회에서 경비를 모두 부담하여 운영 유지하고 초등과는 학부형 및 교회 유지의 의연금으로 유지하고 있다고 기술하였다. 1921년 당시 학생수는 초등과 340명, 고등과 154명, 도합 494명이고, 교사는 고등과 6인, 초등과 6인이며, 졸업생은 초등과 11회 284명, 고등과 5회 38명, 합 322명이었다.

위의 기사에서 의미가 있는 부분은 독서숙에서 창신학교로 변경하는 과정에서 이승규가 적극적인 역할을 한 것으로 보인다는 점이다. 신학교로의 개조 작업, 기부금을 모은 것, 본인의 전답 기부, 가옥 저당 등의 부분에서 그 점을 읽을 수 있다. 하지만, 그가 주도하였다는 점으로 인해 그와 같이 활동하였던 김지관, 유성일, 손덕우, 이상소, 이규철 등과 김병선 등의 유지들이 했던 역할을 소홀히 할 수 없다. 또한 고등과 운영비 조달은 호수 선교회가 담당하였다. 이 점에서 독서숙과 창신학교의 설립은 호주선교회, 이승규 및 지역 유지들의 협력으로 가능한 것이었다고 할 수 있다. 동아일보의 기사로부터 얻을 수 있는 사실이다.

그 이후 동아일보는 다시 창신학교의 연혁 관련 소식을 전하고 있다. 1927년 8월 23일에 창신학교의 연혁 관련 소식을 전한 동아일보는 기자 제목을 "광무 10년(1906)에 당지 기독교회에서 사숙으로 창설"이라고 달았다.12 이 기사는 '마산지방 대관(1)'이라는 큰 주제 아래 실린 첫 번째 글에 해당한다. 곧 마산사회에 대한 전반적인 취재에서 창신학교를 첫 머리에 올린 셈이다. 이는 동아일보가 마산사회에서 창신학교의 위상을 그 만큼 높게 보았기 때문일 것이다. 당시 마산에는 중학교로서 창신학교 뿐만 아니라 1921년에 공립으로 설립된 마산상업학교가 있었으며13, 일본인 자녀를 위해 설립된 마산여자실업학교가 같은 해인 1921년에 실과를 폐지하고 인문계 정규고등여학교로 인가를 받았던 점을 감안하면 동아일보가 창신학교를 보는 태도를 엿볼 수 있다.

이 기사에서 창신학교는 광무 10년(1906)에 당지 기독교회에서 사숙으로 창설하고 아동교육을 시작하여 융희 3년 8월(1909)에 사립창신학교라 명명하고 설립인가를 받았다고 적고 있다. 특히 이 기사에는 창신학교를 일컬어 "마산에 있어서 우리 손으로 경영하는 오직 하나인 사립학교"라는 점을 강조하고 있다.

아울러 이 기사에는 그 이후의 변화에 대해서도 관심을 기울이고 있다. 곧 남녀공학제였으며, 같은 해 12월에 교사 56평을 신축하고 융희 4년(1910)에 고등과를 증설하여 많은 청년을 양성하여 온 남방 유일의 학교라는 것이다. 이 기사에서 중요한 부분은 폐교의 위기 속에서도 창설자요 학감인 이승규 선생의 노력과 사회 유지의 동정으로 학교가 나날이 발전하였다는 것이다. 또한 반양식 120평의 교사를 신축하고 6학년제를 실시하여 이번 봄부터 승격운동을 개시하려고 한다는 사실을 전하고 있다.

위의 기사에서 연혁은 두 부분으로 나누어진다. 하나는 1906년의 사숙 창설이 창신의 모태이며, 정식 명칭과 허가는 1909년으로 간주하고 있다는 점이다. 1908년의 신청 사실은 기사에서 중요하지 않았던 것이다. 또한 창설자로서 이승규의 공을 인정하고 있으나 사숙의 경우, 기독교회에서 창설하였다는 사실도 빼놓지 않고 있다. 또한 창설의 주체가 한국인이라는 사실 역시 중요하게 제기되고 있다.

이러한 연혁 기사는 1926년 12월 1일에 약간 변형된 형태로 다시 등장하고 있다. 그것은 "광무 10년에 호주 선교사 고 손안로 씨와 마산야소교회 장로 고 이승규 씨의 노력에 의해 창립된 '경남 중앙에 위치한 초등교육기관'"으로 소개되어 있다.**14** 곧 "1911년에 교사를 증축하고 고등과를 나란히 설치하였으며, 1924년에는 고등과가 선교사회에서 분리하여 독립 경영하게 되고, 초등과는 우리 손으로 독립 경영하였으며, 이상소, 손덕우의 열성과 교회 및 사회 일반의 동정으로 1만여 원의 공비를 들여 백수십 평의 반양식 교사를 신축하고 육학년제를 실시하면서 취학 아동의 실력 양성에 주력하였다"고 적고 있다. 이 글에서도 창신학교는 선교사, 야소교회장로인 이승규와 교인들, 지역 사회 인사들이 창신학교의 설립과 운영에서 중요한 역할을 한 것으로 소개되어 있는 것이다.

위의 기사에서 주목할 만한 부분은 창신학교를 독서숙의 개조로 본다는 점이다. 이는 1937년 8월에 기사를 쓴 조선일보에서도 드러난다. 조선일보는 창신학교에 대해 "지금부터 32년전 융희 1년(1906)(밑줄 필자)에 호주 선교사 손안락 씨(손안로의 오기로 보임. 필자)는 마산 성호동

기독교회 내에 생도 10명을 모집하여 독서숙을 설립하였고, 1908년에 남녀공학제를 실시하였으며, 사숙제도를 변경하여 학교식으로 교수를 하였고, 1909년에 현재 장소인 마산부 상남동에 건평 56평의 교사를 신축하고 학교제로 인가를 얻었"던 것으로 쓰고 있다.**15**

이 기사에서 독서숙을 설립한 것은 호주 선교사이며 이승규 씨의 이름은 보이지 않는다. 또한 학교는 사숙제도를 변경한 것으로 파악하고 있다. 곧 창신학교는 독서숙의 학교식 개조 결과였던 셈이다.

또한 이 기사는 1937년에 쓰여졌기 때문에 당시의 상황을 반영하고 있었을 것으로 보인다. 예컨대 1919년에는 "학생수가 700여명에 이르렀으니, 이는 현재 고인이 된 학감 이상규李相奎(이승규의 오자일 것이다. 필자) 선생과 교감 손덕우 선생의 물질적 정신적 공덕이라고 말하고 있"는 데서 그것을 짐작할 수 있다. 동아일보의 초기 기사에서는 학교를 건립하는데 많은 인사들이 공헌한 점을 기록하였으나, 폐교된 상황에서는 두 사람의 공을 언급하고 있는 것으로 그치고 있다.

건립 주체가 다수로부터 점차 소수로 좁혀진 것은 운영자 중심으로 서술한 탓이 클 것이다. 곧 학감과 교감이 그들로서, 손덕우는 종래에 기부자의 1인이었으나, 이제 창신학교를 발전시킨 주요 인물로 기록되어 있다. 이러한 설립 주체의 변화는 예컨대 1968년에 발간한 『창신 60년사』에서 극적으로 보여준다. 60년사에서 설립자는 남하 이승규 장로이며, 민족정신과 자주 정신을 기반으로 동래에서 명의로 모은 상당한 재산을 창신학교 건립에 쏟은 것으로 되어 있다.**16** 60년사 집필자는 「창신 60년사를 쓰고 나서」라는 회고담에서 "서울에서 첫 눈이 오는 날, 노산 이은상님 댁을 찾았다. 교장, 교감 등과 필자는 60

년사 집필 내용과 구상에 대한 윤곽을 교환하고 마산으로 내려왔다"고 서술함으로써17 이승규와 그의 아들 이은상을 설립의 주체로 연계시키고 있다.18

그러나 위에서 본 바와 같이 1920년대의 신문기사에는 1906년의 독서숙 설립과 창신학교로의 개조를 중시하고 있다. 그만큼 당시에는 독서숙의 설립에 큰 의의를 두었던 것이고, 당연히 설립주체들도 호주선교회, 지역유지, 기독교인들을 모두 중시하였다고 할 수 있다. 창신학교의 역사를 서술하는데 참고해야 할 부분이다.

Ⅲ. 각종 행사와 신문물의 도입 기사

1. 입학식과 졸업식

당시의 신문에서 창신학교에 관해 빈번히 보도된 것은 각종 행사 소식과 신문물의 도입과 관련된 것들이었다. 행사 중에서 비중을 둔 것은 개교기념식이었다. 앞에서도 말한 바와 같이 동아일보가 창신학교에 관해 처음 보도한 기사는 '5월 17일에 제13회 개교기념식 거행'이었다.19 기념식을 거행한지 5일 만에 나온 기사다.

기사는 매우 상세하다. 기념식의 순서로 교장 맹호은의 식가, 학생 일동의 교가합창, 학감 이승규의 연혁 보고, 내빈 여병권, 이순상 축사, 교유 이정찬 축사 등이 소개되고 있다. 또한 이 기회를 빌러 학교 연혁도 자세히 소개하고 있다.

두 번째 개교기념식 기사는 그 이듬해인 1922년 5월 24일에 쓰여졌다.[20] 5월 17일에 운동장에서 거행되었으며, 부교장 손덕우의 연혁 보고, 내빈 축사 등을 기록하고 있다. 주목할 것은 내빈 축사 중 고인이 된 이승규를 연이어 불러 애도의 정을 참지 못하였다고 전한 사실이다. 이승규가 서거한 때는 1922년 3월 29일이었으니,[21] 채 3개월이 지나지 않은 시점이었던 것이다. 1860년생으로서 62세의 나이로 운명한 것이다.

개교기념식에 대한 보도는 1923년의 제15주년 기념식을 동아일보가 1923년 5월 23일자 기사로, 또 제16주년 기념식은 동아일보와 조선일보가 1924년 5월 24일에 동시에 보도하였다.[22] 조선일보에서 창신의 개교기념식을 보도한 것은 이것이 처음이었다. 조선일보는 당시의 상황에 대해 기념식은 5월 17일 10시에 문창예배당에서 거행하였으며, 학예회를 개최하여 일반 학부형에게 제공하였고, 오후에는 음악회를 열었다고 보도하였다. 개교기념식이 단순한 의식이 아니라 지역민에게 공개된 문화행사였던 것이다.

또한 개교기념식은 학생대운동회날이기도 하였다는 사실을 17회 개교기념일(1925년 5월 17일) 축하 기사에서 볼 수 있다.[23] 이날 창신학교는 축하식 겸 학생대운동회를 마산구락부운동장에서 개최하였다. 교장 안해의 개회사로 시작된 이날의 행사에는 오전 8시부터 흥미가 많은 40여 종목을 마치고 오후 6시에 수천 관중의 박수 속에 산회한 것으로 기사를 마무리 지었다.

개교기념식을 이처럼 성대하게 치룬 것은 이전에 볼 수 없었던 일이다. 그것은 아마 두 가지 사안에서 기인한 듯이 보인다. 하나는 고등보통학교로 승격하기 위한 준비용이었고,[24] 또 하나는 이를 위해 그 전 해인 1924년 11월 26일에 새로운 교사를 낙성한 사실을[25] 기념하는 의미가 컸을 것이다. 또한 이 해 4월 1일에는 사립창신학교 고등과가 어려움을 겪자 호주 빅토리아 장로교 선교회가 이를 호신학교로 개명하면서 고등과 재학생을 인수하고 새로운 교사를 많이 채용하여 실질적으로 고등보통학교의 수업을 시작한 해이기도 하다.[26]

학생들이 40여 종목을 시민들에게 보여주었다는 사실도 특기할 만하다. 창신학교는 극일克日을 전제로 학력 뿐만 아니라 체력의 강화에도 관심을 기울였기 때문에 많은 운동종목을 가르쳤던 것으로 보인다. 예컨대 교사였던 안확安廓은 이를 위해 축구부와 야구부를 신설하였고, 초등과와 고등과의 교과목에도 체조과목을 두어 이를 조선어와 한문 다음으로 중요시하였다.[27] 체조과목 부분에서 창신이 자랑하는 병식체조兵式體操를 탄생시켰다. 대한제국군의 병식체조를 현완준 선생이 고안하여 만든 창신의 병식체조는 1916년 6월 10일에 일본군 포병대 연병장(현 월영마을 일대)에서 열린 시내 학교 대항 체조대회에서 우뢰와 같은 박수와 앵콜을 받았다. 이들이 자랑하는 또 다른 체조는 목아령체조였다. 마산시민운동회 때에도 공연될 정도로 인기가 있었던 이 아령체조는 현홍택 선생이 고안하여 학생들에게 보급하였다고 한다.[28]

그러나 개교기념식 관련 보도 기사는 개교 18주년(1926년 5월 15일) 기념식을 소개하는 것으로 끝난다. 동아일보에서는 기념식 전날에는 "당교 강당에서 거행," 이어서 거행한 뒤의 기사에는 "운동장에서 거행, 교장 김학배 씨 사회, 이기정 교사의 연혁보고, 내빈 축사"로 간단하게 보도된다.[29] 이전 두 해의 성대한 기념식에서 보였던 학예회나 운동회는 없었던 것 같으며, 시민을 위한 어떠한 행사도 기록하지 않는 것으로 보아 고보 승격이 여의치 않았던 상황이 개교기념식에도 영향을 미친 것으로 보인다.

창신의 졸업식 행사 역시 신문들이 관심을 가지고 쓴 기사이다. 제일 먼저 쓴 기사는 1921년 3월 22일의 초등과 11회 졸업식이다.**30** 문창예배당에서 거행된 초등과 졸업식에서는 교사의 학사보고, 맹호은 교장의 졸업증서 및 진급증명서 수여, 이근우, 홍종환, 이정찬의 축사, 졸업생 대표 현용택의 답사 등으로 진행되었으며, 졸업생은 19명, 유지인사들의 실품實品이 많았다고 기록하였다. 이 졸업식에서 특기할 것은 고등과 학생의 졸업이 없었다는 사실이다. 곧 재작년 3월, 곧 1919년 3월의 독립만세사건으로 인해 올해는 졸업생이 없다고 보도하였다.

고등과 6회, 초등과 12회 졸업식 기사는 1922년 3월 24일, 문창예배당에서 개최한 사실을 적고 있다. 고등과는 6인, 초등과는 36명이었고, 진급은 고등과 졸업 후 미국유학 1인, 동경고상교東京高商校 3인, 강산의전岡山醫專 1인, 교육 1인으로 기록하였다. 고등과 졸업생 중에서 미국과 일본으로 유학한 학생이 있었다는 사실은 마산 지역의 유학교육의 역사에서 흥미 있는 부분이라 할 것이다.

이후 졸업식 소식은 16회**31**, 18회**32**, 19회**33**, 21회**34**, 22회**35**, 23회**36**로까지 이어진다. 기사에서 졸업회수는 초등과를 기준으로 삼고 있는 반면, 졸업생들의 동향에 대해서는 고등과 중심으로 서술하고 있다. 다만 16회 졸업식의 경우 초등학교 졸업생 39명 중 상급학교 입학자가 18인이었다고 소개하고 있다. 절반이 상급학교에 진학한 셈이다. 고등과 역시 졸업생이 많지 않아서 18회에 10명, 그 중 상급학교 지원자는 4명, 19회에는 8명 졸업에 3명 진학 등으로 기록하였다. 1933년의 22회 졸업식에는 '마산창신학교졸업생일동'이라는 제목의 사진이 실리기도 하였다. 9명의 졸업생이 한복차림에 모자를 쓰고 뒷줄에 정렬해 있고, 앞줄에는 교장과 교사 7명이 의자에 앉아있는 사진이다.

이후에는 창신의 졸업식 소식이 자취를 감추고 있다. 졸업식 소식이 더 이상 신문에 게재되지 않은 것은 호신으로 개명한 창신의 고등과가 1933년에 폐쇄되고 복음농학원으로 변경되었기 때문일 것이다.37 이 농업학교는 호신의 폐교 이후 1년 만에 문을 열고 복음농업실습학교로 개교하였다.38 이렇게 보면 동아일보를 비롯한 신문에서는 어떻든 창신 고등과가 문을 닫을 때까지 입학식과 졸업식을 의례뿐만 아니라 졸업생 수, 진학사정, 졸업사진 등까지 포함하여 거의 빠지지 않고 보도한 셈이다.

2. 수학여행과 외부견학

한국의 초중등 학교가 언제부터 수학여행을 실시하였는지는 확인하지 못하였지만, 일본의 경우 여행의 오랜 전통에다, 메이지 시기에 들어 문부성의 방침으로 1890년대에는 소학교까지 수학여행이 도입되었다. 그리하여 20세기 초까지 수학여행은 소학교 학생들에게는 근교의 자연 관찰과 풍경 감상으로 한 원족遠足 형태가, 중학생들에게는 더 넓은 지역의 지리 역사 학습을 포함하는 도시의 근대적 문명시설의 견학을, 사범학교 및 고등학생들에게는 대륙의 전쟁 지역까지 가는 장기적인 여행의 형태가 정착되었다.**39**

모르긴 해도 일제 시대 한국학교의 수학여행도 저와 같은 세 가지 형태의 여행을 받아들인 것이 아닌가 한다. 일본 학생의 수학여행은 특히 러일전쟁 이후에는 전승지를 확인하는 방식으로, 또한 만주사변 이후에는 문화유산을 답사하는 형식으로 구성된 수학여행이 붐을 이루면서 식민지 조선과 만주 일대에 대한 '만선수학여행' 프로그램이 계속 작동하였기 때문이다.**40** 또한 이러한 여행방식은 식민지내부에서 본국으로, 식민지 내부로 등의 형태로 교착되어 있었던 것이다. 그런 점에서 일제 강점기의 수학여행 프로그램도 이와 연계되어 있으리라고 생각한다.

신문기사에서 창신학교의 수학여행을 보도한 것은 『동아일보』 1922년 5월 23일자로서 그 내용은 5월 18일에 보통과 생도 3,4학년 중 약 100여명이 열차로 동래온천장으로 수학여행을 하였다는 것이다. 좀 더 구체적으로 이들은 부산에서 부산일보사, 부관연락선, 와전회사, 측후소, 제7소학교를 돌아본 다음 오후에는 부산진사립 일신여학교에 초대를 받아 1박을 하였으며, 이튿날 오후 5시 기차를 타고 마산으로 돌아오는 여정이었다. 분명하게 도시 문명 기관을 견학하는 것이 주목적이었다고 할 수 있다.

그러나 그 이듬해인 1922년 10월의 수학여행은 고등과의 경우 양분하여 일대는 경주로, 일대는 통영으로 향하였으며, 또 일대는 무학산으로 출발한다고 보도하였다. 고등과 생도 31명은 신라의 고적을 견학할 목적으로 경주에 도착하여 불국사를 보는 것으로 계획이 잡혀 있었다. 곧 역사유적지를 탐방하는 수학여행으로 바뀐 셈이다. 이듬해인 1923년 5월 18일에 초등과는 밀양으로, 고등과는 내서면 감천에 위치한 광산사로 각각 수학여행을 한 것으로 보도되었다.

반면 그해 10월에 부산으로 간 수학여행은 고등과와 초등과생 모두 교장 맹호은과 교원 8인의 인솔 아래 부산에서 개최되는 수산공진회 및 시가지 중요 명소를 견학하고 오후 11시 반차로 마산으로 돌아오는 일정이었다. 그 날 또 다른 일대는 감천의 광산사를 완상하고 세인이 칭송하는 감천의 물을 맛보고 내서면 중리에 신설되는 남철南鐵공사장을 견학하고 귀교한 것으로 보도하고 있다.[41] 두 가지 유형의 수학여행이 동시에 진행된 셈이다. 이유를 설명하지 않았으므로 그 원인을 알 수는 없으나 비용문제가 중요하지 않았나 한다. 그럼에도 이들의 수학여행은 부산의 수산공진회에 초점이 맞추어져 있다. 1923년 10월 10일에 부산에서 열린 수산공진회는 조선 뿐만 아니라 홋카이도와 사할린, 관동주에서 참여하는 대규모 공진회였다. 말하자면 총독부의 시정을 홍보하는데 두어졌던 대회였다.[42] 수학여행의 의도가 식민지배의 정당성을 전시하는 행사에 참관하는데 있었음을 짐작케 한다.

수학여행은 이후 서울에 있는 동아일보 견학으로 확대되었다. 1926년 5월 29일의 일이다.[43] 학생 33명이 교원 김일해의 인솔로 5월 29일 오후 5시에 동아일보사를 견학하였고, 기념사진이 신문에 보도되었다. 또 같은 날짜에 호신학교 2, 3, 4학년 생도 26명이 교사 김연태의 인솔로 본사, 곧 동아일보를 방문한 것도 보도되었다. 이 서울행 수학여행의 일정에 대해서는 보도하지 않은 탓에, 이들 학생들이 어떤 곳을 방문하였는지는 알 수 없다.

허나 수학여행이든 견학이든 그것은 학습의 연장이라는 측면보다 근대 문명의 발전 양상을 확인하는 측면이 매우 강조된 듯이 보인다. 신문사의 기사들은 이를 비판적으로 다루기보다는 오히려 긍정적인 차원에서 묘사하였다. 신문사를 견학한 일도 그 점에서 마찬가지였다. 다만, 근교를 원족한 일은 광산사나 무학산을 찾은 것처럼 마음의 긴장을 늦추는 원족의 차원에서 진행된 것도 있는 듯이 보인다.

3. 운동회 관련 기사

이들 신문은 창신학교가 주도하는 운동회에 대해서도 큰 관심을 보였다. 그것은 신문사의 관심이라기보다는 독자, 특히 마산지역의 시민들이 가진 관심의 정도와 비례한 듯이 보인다. 또 운동회 자체에 볼거리가 많은 탓이었을 것이다.

대한제국기 전후에 한국인 사회에서 언제부터 학생들의 운동회가 개최되었는지를 확인하기는 쉽지 않다. 예를 들면 『공립신보』 1906년 9월 7일자의 「평양학도운동」이란 기사에서 평양예수교회 각 학교 학도들이 5월 17일 18일에 대운동회를 열었으며, 각처의 학도와 교우들이 양시을 싸들고 왔을 정도로 인기가 높았음을 보도하고 있다. 이보다 더 빠른 기사는 『독립신문』 1897년 4월 15일 기사에서 '지나간 일요일에 경성학당 학도들이 홍화문 밖 산'이란 제목으로 "이곳에서 대운동회를 행하고 청병淸兵의 훈련장에서 다름박질 내기를 하고, 체조를 하고, 노래하며 운동을 하고, 점심 식사 이후에는 일본 교장과 일본 공사가 연설하는" 장면을 보도하고 있다. 일본인 교장의 학교에서 운동회와 함께 일본의 선진 문물을 받아들여야 한다는 것에서 사실상 일본식의 운동회였던 것으로 보인다. 경성학당은 일본인 민간단체인 대일본해외교육회가 한국인 젊은이를 대상으로 세운 학교로서, 1896년 4월부터 1906년 3월까지 10년 동안 존속한 학교였기 때문에**44** 이런 내용의 기사가 게재되었을 것이다.

같은 해 4월 29일에는 『독립신문』에서 '지나간 이십 칠일에 셔울 관공립 소학교 학도들이 훈련'이라는 기사 속에서 서울의 관공립 소학교 교원과 학도들이 체조를 한 장면을 보도하고 있다. 학부대신인 민종묵과 학부의 관원들이 관찰한 이 운동회에서 강조된 것은 학도들이 운동을 하여 몸이 충실하고 강건하여 조선도 남의 나라와 같이 세계에 자주 독립한 것을 보여주어야 한다는 것이다.

기독교 학교의 운동회와 일본인에 의해 운영된 학교의 운동회, 그리고 관립학교의 운동회가 각각 상호 관련성이 있는지에 대해서는 좀 더 검토되어야 하겠지만, 적어도 식민화 이전 시기에 학교 교육에서 운동회가 중시되었던 사실은 분명하다 하겠다.

신문기사에서 창신학교의 운동회 관련 기사가 실린 것은 1921년 10월 24일자 『동아일보』이다. 운동회는 10월 14일에 마산구락부 신축운동장에서 개최된 것이었다. 남녀노소관중이 사방과 노비산에 꽉 들어찼으며, 5백여 명의 학생이 평소 연마한 재주를 마음껏 발휘하였는데, 보통과 2~3학년의 행진유희, 고등과 2~3학년의 연합아령체조 등이 소개되고 있다. 마산부내에서는 물론 멀리 숭광崇廣학교 및 농업학교에서도 방문하였고 기부금도 약 300원이 들어왔음을 밝히고 있다. 숭광학교는 1908년에 창원에 설립된 사립학교로서 1923년에는 폐교되면서 남면공립보통학교로 통합되었다. 오늘날의 창원상남초등학교이다.[45] 농업학교는 1912년 7월에 설립 인가된 마산공립보통학교 부설 마산공립간이농업학교였을 가능성이 크다.

위의 기사에서 흥미 있는 점은 운동회가 열린 마산구락부 신축운동장일 것이다. 마산구락부 운동장은 3.1 운동 이후 마산 지역사회의 유지들이 조직한 마산구락부가 주도하여 지역 유지 및 시민들의 기부금을 기반 삼아 구마산역 바로 위쪽에 조성한 시민 운동장이다. 1921년 7월에 공사에 들어간 뒤 그해 10월 6일에 완공된 운동장으로 면적은 약 3천여 평이었으며 소요된 총비용은 약 6천여 원이었다. 이를 주도한 사람은 옥기환, 구성전 등 당시 마산사회의 엘리트들이었다.[46]

위의 창신학교 기사를 통해 본다면 10월 14일의 창신학교 운동회는 사실, 마산구락부 운동장의 조성을 기념하는 운동회였던 셈이다. 지역사회에서 창신학교와 마산구락부 운동장이 합치하는 부분이 바로 조선인의 자긍심과 체육을 통한 극일이었을 것이다. 마산구락부 운동장은 실제로 창신학교 운동회 뿐만 아니라 마산지역에서 성행한 야구와 축구, 자전거, 마라톤 등 많은 대회가 열리면서 마산사회의 자부심의 상징으로 기능하였다.[47]

창신학교는 극일의 방법으로 체조와 운동을 강조하였던 바, 그 중에서도 야구는 1914년의 창단 이후 지역사회에서 강한 실력으로 이름을 알렸던 것 같다. 1923년 5월에 열린 '마산 소년 야구대회'도 그 중의 하나이다. 『동아일보』 1923년 6월 4일자에 보도된 기사는 다음과 같다.

"마산체육회 주최로 지난 5월 26일 당지 구락부운동장俱樂部運動場에서 소년야구대회를 열었는데, 관객이 무려 수천에 달하였으며, 참가 단체는 창신昌信 공보公普 두 학교의 각 두팀(제1, 제2)와 주일학교主日學校, 사해四海, 수원壽元, 비룡飛龍 등 8개 단체였다. 추첨에 의하여 제1회 예선전을 행한 결과 상대 및 승리는 아래와 같다… 제1회 예선전은 위와 같았는데 참패를 당한 보교생은 시간 전에 퇴장하고 제2회 예선전이 개전하자 폭우가 내렸으되 계속 개전하였는데, 결국 시간 관계로 연기되었다가 지난 5월 29일 오후 3시에 같은 장소에서 최후 결승전을 열었고, 창1 대 주일이 개전되어 최후의 승리는 창1군에 돌아갔다더라(마산)"

여기서 말하는 창신은 초등과이며, 공보는 마산공립보통학교로서 마산항 개항 직후에 대한제국 정부에서 성호동에 설립한 보통학교를 말한다. 오늘날의 성호초등학교이다. 창신에서는 두 팀이 출전하였으니, 창신의 야구에 대한 관심을 보여주며 또 우승까지 하였으니, 마산 시내에서 그 실력은 상당한 수준이었을 것이다.

지역사회에서 좀 더 관심을 가진 운동회는 창신·의신 연합대운동회였던 것 같다. 이 대회에 대해서는 『동아일보』1923년 10월 23일자와 같은 날짜의 『조선일보』에서도 비교적 비중 있게 다루었다. 기사에 따르면 이 운동회는 가을에 여는 운동회로서, 당지의 구락부운동장에서 거행하며 예배, 회장 맹호은의 개회사가 있었고, 순서로서는 여러 가지가 있었지만 주목할 만한 것은 주악을 따라 진퇴하는 소년 소녀의 경쾌한 행진이었다. 그 때문에 조수와 같이 많은 손님들이 밀려왔으며, 산하를 진동할 정도로 큰 박수가 있었다고 한다. 2, 3학년의 연합 아령체조도 볼 만하였고, 유치원 아동의 '공담기'는 어린이의 천진을 표현한다고 썼다. 대회가 끝난 뒤 학생들의 교가, 회장의 우승기 수여, 마산삼창, 그리고 기도로 마무리되었다.

보도에 따르면 창신·의신 연합대운동회는 기독교 형식, 창신·의신 유치원의 연합성, 남녀 공향, 운동경기 대회이자 시민의 축제이고 가을 축제의 성격이 강하였다고 하겠다. 곧 마산부, 특히 마산 거주 조선인들의 대축제였던 것으로 보인다.

제2회 연합대운동회는 1926년 5월 19일에 열렸다. 『동아일보』 1926년 5월 23일자에 따르면, 5월 19일에 남녀 학생 5백여 명이 군악을 울리면서 마산시가지를 일주한 뒤 구락부운동장에서 마쳤다. 순서는 김교장의 개회사, 학생들의 청아한 운동가합창, 연합체조, 60여 종목을 순서대로 진행하였으며, 관중들의 환호와 함께, 들어온 동정금이 60여원이었다고 서술하였다. 이 연합 운동회는 이듬해인 1927년 5월 17일에 마산구락부 운동장에서 개최되었으며 연합체조와 60여종의 경기로 인해 관중들의 박수갈채가 끊이지 않았다고 하였다.[48]

그러나 1928년과 1929년에는 운동회 개최 관련 기사가 보이지 않으며, 이후의 운동회에 대해서도 일자와 장소만 간략하게 보도하고 있다.『동아일보』1930년 10월 2일에는 창신추계대운동회, 또 그해 10월 10일에는 창신 의신 연합대운동회를, 1935년 10월 3일에는 창신, 추계대운동회, 1937년 10월 12일에는 창신·의신 운동회가 일반인의 흥미와 기대로 손꼽혔다고 한다. 12일의 운동회는 마산구락부 운동장에서 개최하였는데, 인산인해였다는 기록이 운동회 기사의 마

지막을 장식한다.⁴⁹

 1928년 이후 운동회 개최 기사가 시들해진 이유는 창신 고등과의 폐지에 있었을 것이다. 창신 고등과는 이 이전부터 고등보통학교 승격 문제로 인해 내부 갈등에 휩싸였고, 결국 1925년에 호주선교사회가 운영하는 호신으로 명칭을 바꾸었다. 1928년의 맹휴와 이른바 '교원축출사건'은 그 결정판이었다.⁵⁰ 결국 1931년에 호신학교조차 문을 닫는 것으로 결정되었으며, 최종적으로는 1933년에 폐문하고 그 이듬해인 복음농업실습학교로 재개교하였다. 그 점에서 학교에 관련된 거의 모든 기사는 이 시기의 학교 문제와 맞물려 있었던 것이다.

4. 학예회 및 음악 영화회 기사

 운동회보다는 더 늦게 그리고 더 작은 비중으로 다룬 것이 학예회, 음악회, 영화회 등 문예 관련 기사들이다. 처음 기사는 1925년 12월 25일에 『동아일보』에서 볼 수 있다. 12월 22일 오전 10시부터 교실 내에서 학예회 주최 때문에 창신학교가 분주하다는 기사를 올렸다. 과목은 30여종으로 밤에는 문창예배당에서 여흥으로 동화극을 개최한다는 것이다. 당월 25일에는 좀 더 구체적인 기사가 올라왔다. 그것은 아동연설, 독창, 이과실험, 동화지력담童話地歷談 등 10여종으로서, 당일에 성적종람소成績縱覽所를 특설하여 일반에게 관람키로 하였다고 전한다.

 아동연설이나 독창은 그 내용을 짐작하겠지만, 이과실험이나 동화지역담은 그렇지 못하다. 한자의 뜻으로 짐작해보면, 지리와 역사를 소재 삼아 동화식으로 풀어내는 이야기인 듯이 보인다. 반면 아동연설의 내용은 무엇이었는지, 얻으려고 하는 효과는 또 무엇이었는지 알기가 쉽지 않다. 요즘의 웅변형식이 아닐까 하지만, 이 역시 미지수다.

가장 크게 보도한 음악회는 1931년의 25주년 기념 음악·영화회였던 것으로 보인다.『동아일보』1931년 4월 23일자에는 부제목을 '교사개축비도 각집釀集'이라고 달았고, 그 내용에 25년의 역사를 가지고 있지만, 일시 경영난에 빠져 침체되어 있는 까닭에 오는 5월 15일 개교 25주년 기념51으로 내부를 쇄신하고자 음악회와 영화회를 열어 일반사회에 기대하게 할 것이라고 보도하였다. 요컨대 침체에서 벗어나 새로이 도약하려는 의도에서 개최하는 학예회라 할 수 있을 것이다.

음악회는 5월 18일 오후 8시부터 창신학교 강당에서, 영화회는 5월 15~6 양일간 오후 8시부터 마산시내 수좌壽座에서 여는 것으로 되어 있다. 음악회에 대해서는 관현악의 유명수들이 다수 출연한다는 정도로 짧으나, 영화는 그렇지 않다. 이 영화는 〈흑인의 설움〉이라는 영화였다. 스토리는 미국의 남북전쟁 때 잔인포악한 백인종들의 마수에 걸려 갖은 학대와 설움을 받던 흑노들을 모델로 한 것으로, 영화패들을 열광케 할 유니버살 회사의 걸작품이라 소개하였다. 일제 시대에 흑인노예를 착취하는 백인이라는 시각이 그대로 드러나고 있다.

수좌는 당시 구마산이라 부르던 원마산에 있던 유일한 오락기관으로 정확하지는 않지만 1917년에 오늘날의 마산의 수성동 46-1번지(현 신정탕)에 건설된 마산사람들을 위한 극장이었던 것으로 보인다.52 1921년에도 동아일보와 마산구락부가 수정에 있는 수좌에서 동인극을 공연하여 많은 관중들의 호응을 얻었다는 사실도 있다.53 또 이곳에서 소년동화대회가 개최되기도 하였고, 음악회, 1926년 6월 27일자에는 마산청년웅변대회가 열린 기사가 실렸으며, 1921년 4월 16일에는 마산구락부 주최로 마산부윤, 마산야소교회목사, 동아일보사 마산지국장 등이 강연회를 열었다는 사실을 보도하고 있다. 곧 수좌는 1920~30년대 원마산 사회에서 인기있는 극장이었지만, 각종 학예행사와 강연회가 열리던 공적 공간이기도 하였던 것이다.

영화 상영은 일본인을 위해 세운 절인 복수사(福壽寺)의 야학교에서도 있었던 것으로 보인다. 『동아일보』 1923년 4월 19일자에는 마산의 사립 복수사 야학교에서 교사를 건축하기 위해 사회교화영화를 경남지역 내에서 순회토록 결정하였고, 그 일정을 공고하고 있다. 당시의 일본 영화 상영이 추구하는 조선인의 교화와 학교건축 사업에 필요한 수익을 올리기 위한 목적에서 영화를 활용한 셈이다. 이외에도 동아일보에서 독자를 위한 무료영화상영이 1930년대에 여러 차례 있었던 것으로 보이54 마산지역의 영화 열기를 짐작할 수 있다.

요컨대 창신학교는 다양한 행사를 통해 새로운 문예와 운동 종목 등을 마산사회에 소개하였던 것이다. 이는 1914년에 제정된 초기 교가의 한 구절에서 "오늘 문명 선구자는 우리 학교 창신일세"55를 실현하는 것이었다. 분명히 그것들은 새로운 문명이었고, 또한 일부는 극일의 수단이었으며, 도시인들에게는 즐거운 오락이기도 하였다. 그 공간은 창신학교, 마산구락부운동장, 문창교회, 그리고 수좌와 같은 공공 시설이었다. 곧 원마산을 중심으로 전개되었다는 점에서 조선사회의 상징이자 정체성을 보여주는 행사였다고 생각된다.

Ⅳ. 민족운동 및 동맹휴학 관련 기사

1. 3.1운동과 창신학교

창신학교는 의신학교와 더불어 1919년 3월에 마산에서 대대적으로 독립만세 시위에 앞장을 섰었다. 마산지역의 3.1 운동은 기독교계 인사, 학생, 지역의 민족주의자, 농어민 등 지역사회가 혼연일체가 되어 주도한 만세시위였다. 그 중 창신과 관련된 인물은 이승규, 이상소, 손덕우, 임학찬, 의신의 박순천 등이었으며, 3월 3일 고종의 국장 때 환주산에서 처음으로 군중이 모인 가운데, 이들에게 태극기와 독립선언문을 배포하는 것으로 시작되었다.

창신학교와 의신학교 학생들은 특히 1919년 3월 12일 추산정에서 고종의 인산을 슬퍼하는 망곡회望哭會에 참석하여 군중들에게 태극기와 독립선언문을 나누어주었고, 시가 쪽으로 행진하면서 만세를 주도하였다. 이로 인해 고등과 학생 최동락, 최영조 등이 피검되어 마산형무소에서 2년의 옥살이를 하였다. 또 부교장이던 이상소도 불온문서 보관과 만세사건의 배후인물이라는 이유로 검거되어 2년간 서대문형무소에서 복역하였다.[56]

이러한 사실들은 이미 지역사회에서도 잘 알려진 것이었고, 언론사에서도 마찬가지였다. 이와 관련하여 『동아일보』 1921년 3월 27일에는 흥미 있는 기사가 실렸다. 곧 1921년 3월 22일 오후 2시에 초등과 11회 졸업식이 문창예배당에서 열렸지만, 고등과는 재작년 3월의 독립만세사건으로 인해 금년에는 졸업생이 없다는 내용이다. 초등과 졸업생은 19명이었으며, 유지 인사들의 실품 기증이 많았다는 사실도 덧붙였다.

허나 이 기사가 사실인지에는 약간의 의문이 있다. 『창신60년사』에는 고등과 제5회 졸업생으로 손문식, 이정기, 이은상, 이일래, 하우용 등 5명이 기록되어 있기 때문이다.57 이 중 이은상은 이승규의 아들이며, 이일래는 오늘날 '산토끼'로 알려진 동요의 작사가이다. 그는 연희전문을 졸업한 뒤 다시 창신학교의 교사로 근무하면서 빈민 교육 등에도 관심을 가지고 있었다. 다만 1920년의 4회 졸업생이 12명이고, 1922년의 6회 졸업생이 8명, 7회 졸업생이 9명이었던 사실과 비교하면 적은 숫자이다. 사실 고등과 9회, 호신학교 통합해서 볼 때 제5회 졸업생수가 가장 적기 때문에 3.1운동의 영향을 가장 많이 받은 졸업생이었을 것이라 생각된다.

민족운동과 관련된 또 다른 사건은 창신학교 교사 김여학의 체포였다. 『동아일보』1921년 5월 10일자에 따르면, 마산에서는 단군어천절檀君御天節을 기념한 일로 학생들이 체포되었고, 창신학교 교사 김여학은 지난 (4월) 30일에 단군기념일을 교사한 혐의로 마산 경찰서에서 체포되어 무수한 고초를 겪다 증거불명으로 지난 5일에 무사히 방면되었다는 것이다. 구류중 얼마나 많이 맞았는지 병세가 대단하여 현재 치료 중이라는 소식까지 전하고 있다. 상하이 임시정부에서는 개천절과 함께 어천절 행사를 거행하였는데, 그것은 단군이 승천한 음력 3월 15일이었다. 곧 창신학교의 일부 학생과 교사는 상하이 임시정부와 단군절을 공유하고 있었던 것이다.

2. 동맹휴학 사건

사실, 많은 신문들이 창신학교에 대해 주목하게 된 계기 중의 하나는 부단히 일어나는 동맹휴학 사건에 있었다. 아울러 동맹휴학은 창신의 문제만 아니라 식민지 치하의 조선에서 전국적으로 일어났다는 점에서 시대적 특징이기도 하였다.

1920년대 전후 전국의 학교에서 각종의 이유로 동맹휴학 하는 일은 『매일신보』의 1920년 12월 12일의 기사처럼 '최근의 유행성인 학생의 동맹휴학, 학부형들은 그 자제들을 위하여 크게 경계시킬 일'이었다. 이 때문에 이 신문에서는 사설에서 '유행하는 동맹휴학병, 교육계의 대통한사大痛恨事'라는 제목으로 동맹휴학을 경계하고 있었다.[58] 개성학당에서는 1920년 5월 13일에 일인 교사의 퇴진을 요구하면서 맹휴하였다는 기사가 『매일신보』 1920년 5월 22일에 실려 있다. 배재학생들은 조선말로 조선역사를 가르쳐 달라는 요구를 하며 동맹휴학을 하였고[59] 대구고교생들은 내지인 순사와 시비가 되어 생도 전부가 동맹휴학을 한 적이 있었다.[60]

이 점에서 일제 시기에 일어났던 학생들의 동맹휴학은 기본적으로 항일적 성격을 내포하고 있었다. 그리고 이러한 운동은 대부분 3.1운동 이후에 전개되었다는 점에서 독립운동의 영향을 직접적으로 받으면서 그 의지를 학교 내의 여러 문제 속에서 찾아내어 해결하려는 집단행동이었다고 할 수 있다.

창신학교에서 동맹휴학 관련기사가 실린 것은 1920년 9월 20일의 『동아일보』이다. 그것은 "재학생들 사이에 교사가 학식이 부족하다는 의론이 일어났으며, 고등과 학생 일동이 교장 나대벽 씨에게 자격 없는 교사를 가려달라고 청원하였으나 교장이 수용하지 않았으며, 오히려 징벌의 조짐이 있자, 고등과 학생 전체가 동맹휴교와 교장의 반성을 요구하였다"는 것이다. 교사 퇴출을 명분으로 맹휴가 시작된 것이다.

1921년 말에는 교원이 동맹 사직하는 일이 있었다.**61** 이유는 교사 신축문제에 대해 당국자가 냉정하다는 데 있었다. 고등과는 학생수가 증가하고 있음에도 교사가 부족하여 노동야학교의 교실을 빌리는 실정이고, 보통과는 낡은 건물로 참혹한 형편이라는 것이다. 이에 교원들은 6개조의 조건을 내걸고 이것이 받아들여지지 않으면 사직하겠다는 것이다.

그 내용은 a. 여하한 수단으로 취하더라도 11월내로 교사를 신축할 것, b. 11월 15일내로 초고初高 양과의 사무실을 분리할 것, c. 본교임원은 매주 2일 이상의 출근을 할 것, d. 초등과 교원 1인을 증치할 것, e. 유년운동기구와 기타교육상 제반설비를 완전케 할 것, f. 음료수를 개량할 것 등이었다. 한마디로 학교의 여러 상황이 열악하였던 것이다. 이 점에서 초기의 맹휴는 교육조건의 개선에 있었다고 할 수 있다.

반면 1925년 이후의 맹휴는 좀 더 복합적인 것이었다. 고등보통학교로의 승격문제, 교사의 자질 문제, 내부 운영상의 문제 등이 서로 복합적으로 작용하면서 사실상 맹휴의 시기가 도래한 셈이었다.

교사의 자질 문제는 위에서 본 바이지만, 1925년에도 학생이 교사와 서기에게 권고사직을 요구하자 학교당국에서는 무기정학으로 대응하였고, 학생들은 다시 동매휴학으로 맞섰다. 교사 이영한과 서기

최장부는 성격에 오점이 있고, 수업결함 및 무자격 교수이므로 맹호은 교장에게 사직시키라고 요구한 것이 발단이었다.

이와 반대로 학교측에서 교원을 강제로 내쫓자 학생들이 이에 항의하면서 맹휴에 들어간 경우도 있었다.『동아일보』1927년 5월 20일자에는 5~6학년 생도 90여명이 지난 (5월) 10일 오전 11시부터 동맹휴학을 단행하였는데, 그 이유는 학교를 유지하기 어려워, 교장 맹호은 씨와 경영자인 마산예수교 당회원이 교원 세 사람을 퇴출시켰다는 것이다. 이일래, 이기정, 김영진을 갑자기 불러 사직을 요구하고 남은 세 사람에게는 복식 수업을 강요하면서 일이 커진 셈이었다. 이렇게 보면 창신의 맹휴는 여전히 학교 운영과 직접 관련된 사항들이 행동으로 폭발한 것이었다.

학교의 운영 문제는 마산예수교 당회와 관련되어 있었기 때문에 이 또한 분규와 맹휴의 요인으로 작용하였다. 1925년 1월 11일에『동아일보』에 실린 기사는 이를 말해준다. 곧 학감인 이상소가 교회의 장로이자 재산가이면서도 인색하여 교원들의 월급 50원 중 10원을 희생하라고 요구하거나 신임임원 권고사직서를 교원에게 돌린다는 것이다. 직원들은 마산교회에서 매월 학교유지비를 200원씩 지출하고 교원도 월급중 10원을 교육비로 지출할 것을 요구하였다.

학교 당구이나 교희측에서 투자에 인색한 것이 교사의 퇴지이나 시설 미비 등으로 나타났던 것이다. 결국 1927년은 1년 내내 세 교사 강제퇴직, 복식수업, 시설 미비, 전임교장 초빙, 학교 승격 등이 맞물리면서 맹휴가 이어졌다. 11월 10일 위와 같은 요구가 받아들여지지 않자 6학년 학생 30여명, 4~5학년 학생 60여명이 맹휴에 들어갔다.

마산예수교 당회에서는 학교 등교의 수단으로 학부모회를 개최하였다.62 그러나 이 회의는 오히려 일을 확대시키고 말았다. 학부형측이 교원의 강제퇴직 문제, 산업저축조합에서 기본금으로 기부한 1천 5백원의 용도, 학교 후원기관으로부터 받는 학교를 교회에서 해산시키는 일은 교회 분쟁의 복수라는 것인가라는 식으로 학교와 교회측을 비판하였기 때문이다. 결국 학부모측은 a. 강제퇴직 교원을 복직시키고 밀린 임금을 지불할 것, b, 영구히 경영치 못하더라고 학년말까지는 책임상 경영한다. c, 학교를 경영하지 못한다면 일반사회에 그 까닭을 소상히 밝힐 것 등을 요구하였다.

곧 학교의 경영은 단순히 학교나 교회만의 문제가 아니라 지역사회의 문제이기도 하다는 사실을 학부형측이 제기하였던 것이다. 이로 인해 학부형회와 동창회는 당회 내부의 의혹을 해소하기 위해 10명의 실행위원을 선정하고 학교에 세 가지 사항을 요구하였다. 최종적으로 실행위원 10명과 당회 사이에서 강제퇴직 교원을 복직시키는 것으로 합의하고 교원도 복직하면서 마무리되었다.63 『조선일보』는 이를 "부형회와 동창회 합동대회 개최, 학교측의 추악면이 발로되어 학부형 동창회측이 분개"라는 식으로 이 사건을 정리하였다.64

위의 맹휴 사건은 사실 마무리된 것은 아니었다. 학교와 교회 내에 세력이 양분되어 있었기 때문이다. 『조선일보』와 『동아일보』에서는 "선교사와 종래의 장로 몇 사람과 그들의 주구가 된 분자들이 만든 장로파, 새로운 청년들과 지식계급의 신자가 결속하여 독립파가 되어 있었"던 것이다. 곧 경영자는 장로파이며 교원은 모두 독립파였고, 교원 3인을 강제 퇴직시킨 일도 이로부터 말미암은 것이었다. 요컨대 장로파가 교원내에 자신의 세력을 부식하기 위해 3명을 강제퇴직 시 킨 것으로 인식하였다.

1928년은 창신학교 역사상 맹휴의 해라고 해도 과언이 아닐 만큼 맹휴로 소용돌이쳤다. 이에는 1923년부터 시작된 고등보통학교 승격 노력이 사실상 무산된 것과 관련이 있다. 일단 1928년의 맹휴 기사는 6월 8일 『중외일보』에서 "호신학교생 맹휴"였다. 창신 고등과는 운영 상의 문제로 1925년 11월에 호주 빅토리아 장로교 조선교회 유지재 단이 인수하여 경영하였기 때문에, 신문에서도 이 명칭을 사용한 것 으로 보인다. 호신으로 개명한 뒤, 고등보통학교로 등록하기 위해 노 력하였지만, 실패한 뒤 그와 관련된 문제로 맹휴를 한 것이다. 6월 6 일에 4학년 일동이 제출한 4개조 요구사항은 a, 지정에 관한 건, b, 교 무 김항복, 서무 김인영에 관한 건, c, 이형우 선생에 관한 건, d, 선인 鮮人 교원 증가의 건 등이었다.[65] 이들은 학교측에서는 고보 승격을 위 하여 일본인 교원을 채용하려고 하지만 오히려 참된 조선인 교육자가 다수 채용되어야 한다고 요구하였다.

사건은 6월 19일에 터졌다.[66] 맹휴생 90여명이 당일 두 교원을 기 차에 태워 보낸다는 이유로, 비가 내리는데도 신발도 없이 회원교까 지 끌고 가면서 만세를 불렀으며, 경찰의 제지도 듣지 않았다는 것이 다. 학생 9명이 검거되었다.

허나 이 사건은 전국에 학생들의 폭력 문제로 확대되었다. 초기의 보도는 맹휴의 원인이나 학교 및 지역사회의 대처방식에 더 초점이 맞추어져 있었다. 『중외일보』 6월 20일자에서 '호신학교 맹휴, 해결 무망, 학부형회 요구 거절, 학부형 대회 개최 준비'라는 내용으로 기사를 쓴 데서 그 점을 알 수 있다. 이틀 후『중외일보』는 호주 미션회에서 학부형회 개최를 거부하자 이형재 등이 학부형회를 개최하여 교무 서무 두 교원의 사직을 촉구하고 나섰다고 보도하였다.

그러나 같은 날『중외일보』는 학생의 폭행과 관련된 기사를 게재하고 있다. 학생들이 작당하여 교원실에 틈입하여 폭행하였고, 경찰이 이들 22명을 폭력행위 취체 위반으로 검거하였다는 것이다. 마산학생 8명, 함안 4명, 진주군 2명, 남해군, 김해, 의령, 창녕, 통영, 부산 각 1명으로 최고령 학생은 함안의 박기권 24살, 최연소는 부산의 김남귀 16살로 검거된 학생의 신상과 출신지를 밝히고 있다. 교원 유성호도 검거하여 단호하게 처치할 예정이라는 것이다. 경찰이 맹휴를 학생폭력으로 몰고 갔다는 느낌을 받는다.

학부모들이 긴급회합을 가지면서 대책을 마련하는 중에 22일 밤, 시내에는 '급고'라는 제목으로 '교무 김항복, 서무 김인영 두 파렴치범이 선생 1인과 학생 29명의 희생자를 내고 가버렸으니, 이것이 교육자의 본색인가'라는 내용이 적혀있다는 사실도 보도하였다.

왜 학생들은 이들을 끌어내 기차에 태워 보내려고 했을까. 이 사건을 중단 없이 보도한『중외일보』는 이에 대해 "생도들은 동교 교사 중 모모씨 등이 학교 승격을 표방하고 사복을 채우는 자라고 하여, 그들을 학교에서 끌어내려 했던 것이" 폭행죄에 저촉되었다고 썼다. 그리고 경찰은 이것으로도 부족하여 유성호 교사 뿐만 아니라 사임하여 환향한 교사 이형우까지 학생들을 선동하였다고 종로경찰서에서 수배 검속하였으며, 마산청년연맹 집행위원 이상조도 선동혐의로 취조를 받았다고 밝혔다.[67]

총독부를 옹호하던 『매일신보』는 그해 6월 22일자 논평에서 "생도들이 작당하여 교원을 난타하는 괴변이 발생하였다. 이 사건에 대해서는 통탄 이외에는 할 말이 없다. 죽음에 걸려 있는 민족이기 때문에 도의나 강상을 운운할 수 없는지도 모르지만, 어떤 신문에서는 지방의 사회단체라든가 학부형회라든가 등이 학생측을 옹호한다고 실었지만, 사실일까, 와전일까. 사실이라면 그 사회는 도의가 사라진 사람 없는 사회이며, 이런 자에게는 교육이 불필요하고 단연코 학교를 폐쇄하여 사회 악화를 방지"해야 한다고 부르짖었다. 도의 없는 민족에게 교육은 불필요하며 학교를 폐쇄하도록 강조하고 있다.

이 사건은 다시 학교측의 강경한 대응과 학생들의 재판으로 인해 언론의 주목을 받게 되었다. 『중외일보』 7월 17일자에는 '교사 13명 전부 해직, 학교는 내년 봄까지 휴교?'라는 제하의 기사에서 "14명의 학생이 마산형무소에 수감되어 있으며, 교장은 교사에게도 책임을 물을 것이고, 13명을 해임하고 명년 신학기 개시까지 휴교할 의향이 있으며, 맹휴생 전체에게 퇴교할 방침"이라고 알렸다. 또한 그 해 7월 30일에 마산재판소에서 열린 재판에서 검사는 폭동사건의 유력 교사 敎唆 혐의를 받고 있는 청년동맹원 이상조(24)에 초점을 맞추면서 이 사건의 학생은 동맹적이며, 이상조의 교사가 확실하다며 징역 3년을 구형하였다.68 이하 10개월에서 8~6개월을 언도하였다고 썼다. 최종 판결은 『중외일보』 10월 27일자에 실렸는데, 호신 3년생 박성인, 나영철, 2학년 황갑수는 각각 징역 10개월에 집행유예 4년을 받았고, 일본대학 문과생 이상조는 사건 교사죄로 징역 10개월을 선고받았다.

후대 사람들은 이 사건을 어떻게 기억하고 있을까. 1997년의 『마산시사』에서는 "교원 두 명을 묶어 시가행진 중 경찰과 충돌- 학생체포 구속, 두 교원 사직"이라고 기술하였다. "1930년의 행동으로 그 계기는 교육정신 확립, 친일파 교원 축출, 두 교원 사직 요구" 등을 지적하였다.69 이 기술은 두 부분에서 오류가 있다. 1930년은 1928년의 오류이고 학생이 교원 2명을 묶어 시가행진을 하였다는 기술 역시 잘못된 것이다. 학생들은 교원을 교무실에서 끌어내 앞장세운 다음 북마산역에서 기차에 태워 보내려고 했다.

이 오류의 기술은 『창신학교 60년사』에 연유한 것으로 보인다. 그것은 "1930년 5월 10일에 전교생이 운동장에 모여 1. 본교의 교육정신 확립, 2. 친일파 교원의 즉각축출, 3. 지정학교 인가 등을 요구 조건으로 삼아 즉각 행동에 들어갔으며, 김*복, 김*영 등 두 교원을 앞에서 북마산역에서 일본으로 탁송화물로 부치겠다고 교문을 박차고나오게 되었다"고 썼기 때문이다.70 그러나 당시의 신문에서 이러한 내용을 서술한 기사는 없다. 또 이 사건은 광주학생 사건 이전에 일어난 것이기 때문에 광주학생 사건과 관련이 없다. 그러므로 서술 과정에서 창신의 반일적 측면을 강조하면서 과장되거나 왜곡된 것이 아닌가 한다.

최후의 맹휴는 1930년 10월 초에 일어났다.71 전교생도가 선생을 배척하면서 동맹휴학을 선언한 것이다. 학교에서는 임시 휴교로 맞섰고, 생도 10명이 퇴학, 1명이 무기정학에 처해졌다. 선생 중 주동혐의로 정사감 선생이 사직하였고, 학부형회에서는 생도가 등교하면 처분당한 11명의 복교와 정선생의 복직을 보장하라고 요구하였다. 그러나 호주 미션회는 이를 거절하였고, 학생들은 다시 이들을 복교시키라고 요구하면서 맹휴를 시작하였다.

결국 이 맹휴로 인해 학교 당국은 6개월간 휴교한다는 결정을 내렸다.[72] 근일에는 아무 문제없이 발전하였는데, 갑자기 호수미션선교회에서 더 이상 학교를 운영하지 않겠다고 통보하였다는 것이다. 조선 선교사들의 회의에서 복교를 하든지, 다른 실업학교를 열든지에 대해 이야기를 하여야 하는데도 불구하고, 교장인 안란알 씨는 다만 '다른 문제는 없다. 단순히 경비문제다'라면서 직원에게는 위로금을, 학생들은 전학하도록 노력하겠다는 것으로 호신학교 운영을 마무리하였다. 호신의 이름을 단 지, 5년 만의 일이다.

V. 고등보통학교 승격운동과 폐교 관련 기사

1. 고등보통학교 승격운동

호주선교회와 지역 사회의 종교인 및 유지들이 연합하여 창립하고 발전시킨 창신학교는 초기부터 재정적인 어려움을 겪었던 것으로 보인다. 『매일신보』 1910년 9월 29일자 기사에 따르면 학교 신축 비용이 부족하여 하간 이승규가 자기의 지대권을 은행에 전부 맡기고 거액을 차관하여 학교를 준공시켰다는 것이다. 문전지 7두락을 학교에 기부하고 청년 자제들을 권유하여 열심히 교수한다는 소식도 더불어 전하였다.

본격적으로 창신학교의 운영과 관련된 기사들이 나오는 것은 1920

년대 초반이었던 것 같다. 교사 신축을 위해 평양의 길선인 목사를 초빙하여 10여일 간 교회 부흥회를 개최하였고, 또 교회측으로부터 8천 5백원을 기부 받았으며, 학부형측은 학교신축기성회를 조직하였다. 교사 설계 계획은 부지 2백평의 석조 2층 양옥으로 건축비는 3만원 정도이며, 금년 봄 1학기에 착수하여 다음 2학기에 낙성할 예정이라고 동아일보가 전한다.[73]

그러나 이 교사 신축에 따른 비용 마련은 쉽지 않았던 듯이 보인다. 교사를 확장하고 중학교로 승격하기 위해 부지를 매입하려고 노력하지만, 제1차 세계대전으로 인해 경영자인 미션회가 본국의 재정관계로 중학교 설립 사무를 연기하는 바람에 중지되었던 것이다. 다행히 미션회에서 신교육령에 의해 본교를 재단법인 사립고등보통학교로 승격하기로 결정하여 건축비 10만원의 예산으로 곧 착수하여 1925년에 완공한다는 소식을 기사로 전한다.[74]

사실 고보 승격은 조선총독부에서 정한 법령에 따른 작업이었다. 1915년 3월 26일에 개정 공포된 사립학교규칙에 따르면, 사립중학교를 고등보통학교로 승격시키기 위해서는 10년의 유예기간, 곧 1925년에 새로이 인가를 받아야 한다는 조항이 있었다. 고등보통학교로 승격하지 못하는 학교는 무자격학교로 규정하여 학생들의 진학과 취직 자격을 인정하지 않았다. 당연히 교과목의 신설도 법령에 따라야 하고, 교원 임용 역시 마찬가지였다. 총독부의 한국인 교육에 대한 통제가 매우 강화된 법률이라 하겠다.[75]

창신은 결국 학생 모집이나 운영의 필요에 의해 이 규정을 따르려고 하였다. 그러나 이러한 승격과 교사 신축 및 확장에 대해 재학생들은 불신하였던 것 같다. 1923년 2월 9일 『동아일보』에는 고등과를 고등보통학교로 승격하려는 작업이 사실상 불가능하다는 것을 안 43명의 학생들이 자진퇴학하였다는 기사를 싣고 있기 때문이다. 모르긴 해도, 당시 3년제 마산상업학교가 1921년에 정식으로 설립인가를 받아 개교하였고, 또 1923년 5월 31일에 상남동에 새 교사를 마련하여 이주하였다.[76] 이런 사실이 창신학교나 학생들을 조급하게 만들었을 가능성이 높다.

고보로 승격하기 위해 창신은 고등과를 호주장로교회에서 경영하고 재단을 설립하며, 교지를 매수하는 방식으로 준비에 들어갔다. 마산교회 내에서 8천여원의 기부금으로 석조 2층 건물을 계획하였으나 경비부족으로 임직원이 3만원을 모아 목제건축물을 짓기로 하고 건축위원으로 맹호은, 박경조, 이약신 3인을 선임하였다.[77]

또한 재외마산유학생회도 학교의 기지 문제를 계기로 다음과 같은 요구사항을 내세웠다. a, 창신학교 신축기지를 타처로 변경, b, 지정 고등보통학교가 되거든 교원초빙은 실력과 인격 본위로 하되, 기독교 신자여부를 불문하고 초빙, c, 종래와 같이 교회나 세력이 있는 교인이 학교 제반에 간섭하는 것을 불허하며, 종교와 교육을 혼동치 말고 분리할 것 등이었다.[78] 학교 승격 이전이나 이후의 운영에 대해 기존의 모순 구조가 개혁되어야 한다는 사실을 분명히 부여준다.

한편 새로운 교지는 1924년 3월에 확정되었다. 창원군 외서면 회원리 회산교 동편에 토지를 매수하였으며, 공사는 3월부터 시작하며 교실 건설 비용에 약 6만원 정도가 소요된다고 학교측이 발표하였다. 기숙사와 고학생을 위한 건물이나 교원 사택도 지을 것이며, 이것들

〈그림 1〉 1924년에 회원동에 새로 지은 창신학교 교사

이 완공되면 재단법인 고등보통학교로 승격할 것이며, 내년부터는 학생모집도 이에 따르며, 입학자격은 6년제 졸업 정도이며 입학생은 50명으로 결정하였다는 등등의 소식이 뒤따랐다.[79] 신축 교사 낙성식은 1924년 11월 26일에 거행하였다.[80]

고보 승격에 필요한 3명의 교원도 그 이듬해 초에 채용하였다.[81] 교감 김항복이 동경 방면에서 자격 교사 3~4인을 초빙하기 위해 출장을 떠났고, 교실 증축에 따라 필요한 비품을 구입 중이라는 소식도 신문에 전해졌다. 입학생은 본디 예상보다 배 이상 늘어난 1백여 명이었고, 2학년 학생도 모집할 예정이었다.

그러나 고보 승격은 쉽사리 되지 않았다. 1925년 11월 23일의 『동아일보』에 '고보 승인은 미루어지고, 중등학교인 호신학교라는 교명 변경 인가가 지난 11월 2일부로 났다는 소식이 떴다. 결국 1926년의 승격은 불가능한 셈이었다.

이로부터 학교와 교회, 동창회, 그리고 지역사회가 본격적으로 승격

운동을 전개하게 된다. 경영난의 창신학교가 1926년 2월 23일, 졸업생 대회를 열어 학교 승격운동을 토의할 터라는 기사에서82 그 의도를 보게 된다. 이 학교는 금년 봄부터 승격운동을 개시하면서 경력 많은 김학배를 교장에 임하고, 경영기관인 평의회에서 모든 업무를 새롭게 하려고 한다고 보도하였다. 이에 맞추어 1926년 4월 1~2일 양일에 걸쳐 입학시험을 치른다는 공고가 『동아일보』 2월 18일자에 났다. 1학년생 50명, 2학년생 보결생 약간 명 등 세부적인 사항이 기록되어 있다.

그 이듬해인 1927년 초에는 '지정교로 승격? 마산 호신'이라는 기사가 『동아일보』 1927년 1월 30일자에 실렸다. 기사에 따르면 1927년 내로 가망하지만, 학부형 및 지역사회에서는 고등보통학교로, 반면 학교 당국에서는 성경과정으로 지정승격을 희망한다는 것이다. 학교당국과 지역사회의 의견이 달랐던 것이다. 또한 승격에 필요한 시설을 완비하기 위해 1만 5천 9백원의 기부금 모금건을 승인 받아 마산, 창원군을 대상으로 손덕우·이순필·박경조 등이 대표를 맡는 것으로 결정하였다. 또한 이를 구체화하기 위해 마산의 학산병원에서 학교 당국자, 학부형, 졸업생 대표가 모여 기부금 모금 방법을 토의하고 사회 유지에 도움을 요청하기로 논의하였다.83

그러나 승격은 여전히 보류되었다. 승격은 고사하고 유지조차 곤란하다는 것이다. 급기야 1926년 12월 1일 『동아일보』에 한 기자가 "부호 제씨는 도덕도 없고 의무감도 없으며 황금만능주의의 수전노가 되어 있다고는 상상도 아니하고 확실히 그렇지 않은줄 믿노니…"라고 호소하였으나, 여의치 않았던 것 같다. 그 이듬해인 1927년 1월 5일자 『동아일보』에서는 문창예배당에서 마산기독교 공동처리회를 개최한 다음 유지후원회를 조직하기로 결의하고 그 자리에서 40여원의 월기부금을 모았던 것이다.

더구나 1928년 9월 30일에는 마산독립교회가 마산야소교회로부터 분리하는 사건이 벌어졌다. 순복음주의를 추구하는 약 800여명이 집회에 참석하였고, 맹호은은 경찰서원에게까지 말해 추태를 연출하였다는 것이다.[84] 박승명 목사를 둘러싼 분쟁이 결국 일부 교인이 주동이 되어 장로회의 처리를 받지 않고 자치교회를 설립하였으나 다시 예배당 소유권을 둘러싸고 또 분규에 휩싸였다. 결국 1928년 9월 30일에 신축 예배당으로 이전하면서 그간 벌어진 분규는 막을 내리게 되었다.[85]

고보 승격이 불허되었고 교회조차 분리되는 바람에 호신학교나 교회 역시 어려운 사정에 처하였다. 물론 불허된 뒤에도 학생들을 모집할 수는 있었다. 1927년에 80명, 2, 3, 4학년 보궐 약간 명, 1928년에 약 70명, 보궐 없음. 1929년 약 50명 등의 공고가 났지만, 역불급이었다. 진학권이 없는 까닭에 3, 4학년에 이르면 대부분 전학을 가버리고 졸업생조차 없었던 것이다. 결국 5회의 졸업생을 배출하는 것으로 호신학교는 마감되었으며,[86] 1934년에 복음농업실습학교로 문을 열고 성격이 전혀 다른 학교로 전환하였다.[87]

2. 신사참배 거부와 창신학교 폐교

잘 알려진 바와 같이 창신학교는 신사참배 거부 문제로 문을 닫았다.88 그에 대해서 당시의 신문은 어떻게 보도하였을까.『동아일보』 1939년 2월 3일에 그 기사가 보인다. "국가 의식으로 행해져야 할 신사참배는 교리에 어긋나며, 하등의 법적 근거가 없다는 이유를 들어 호주미션회에서 참배를 부인하였다. 창신과 의신의 존폐문제가 신학기에 결정된다. 중대한 문제로서 재학생의 처분문제도 크다고 한다." 신사참배 거부의 명분으로 교리 위배와 법적 근거 미비를 들었으며, 거부의 주체는 호주미션회였다. 재학생들의 거취 역시 중요한 문제였던 것이다.

『매일신보』1939년 2월 10일에는 이보다 더 크게 다루고 있다. 제목은 '마산창신교 비운, 신사참배 문제로 암초에 올라, 장로교회 태도 주목'이다. "…창신학교에서는 조선 각지에 신사불참배문제로 폐교 혹은 휴교됨에도 불구하고 교리에 배치된다 하여 참배치 않음으로 경남도 당국에서는 마산부에 의뢰하여 선후책을 동교 교장 맹호은(일명 맥크레이 혹은 마크레) 씨와 타협한 결과 장로교 본부의 의견을 타진키로 되었는데, 이 회답여하에 따라서는 폐교의 비운에 이를지도 모른다 하여 그 결과가 주목된다."

이 글에서는 신사참배와 관련된 이야기를 거론하지 않기로 한다. 다만 호주선교회가 이 정책에 어떻게 대응하였는지를 간단히 기술하려고 한다. 총독부의 참배 강요에 대해 1939년 1월 10일에 최종적으로 내린 결론은 신사참배는 하나님의 진리에 반하는 행위이기 때문에 그곳에 참배할 수 없다는 것이었다. 20대 4로 가결된 이 결정에서 교장 맥크레이는 찬성편에 선 것으로 알려졌다. 그것은 호주의 선교본부가 학교 폐쇄와 신사 참배 사이에서 중도의 길을 찾으라고 한 권고를 받아들였던 것 같다. 그것은 "학생들이 신사에서 존경하는 태도로서, 국가를 위해 묵도하면서 인사하는" 방법이었다. 맥크레이는 교육을 지속시키는 일이 더 나으며, 학교가 폐쇄되면 학생들은 선택의 여지없이 참배를 하여야 할 것이기 때문이라는 이유를 들었다.[89]

맥크레이와 달리 경남지역의 기독교인들은 신사참배를 반대하는 경향이 강하였다. 그것은 이 지방이 안고 있는 종교문화적 보수성과 그에 맞서면서 전교해온 기독교인들의 저항의식이 낳은 결실이었다. 또한 신의를 중시하는 유교주의적 영향도 작용하였다. 한상동 목사나 주기철 목사가 그 상징이었다.[90]

그러므로 1939년 2월에는 신사참배에 거부한다는 호주선교부의 결정이 내려진 상태였고, 그것은 위의 2월 3일자『동아일보』에 그대로 기사화되었다. 이와 달리『매일신보』에서는 장로교 본부의 의견을 타진한 결과에 따라 폐교가 결정될 것이라고 보도하였지만, 이 때는 이미 모든 것이 끝난 상태였던 것이다.

최종 기사는 1939년 7월 1일의『동아일보』에서 내었다. 이 기사는 "지난 6월 22일 정기 연회에서 인퇴가 결정되어 창신교는 완월 소교 분교장으로, 의신여학교는 내서소교 분교장으로 다음 9월 2학기부터 이관될 것이다. 교장 마크레 씨는 (6월) 28일 오전 정식으로 마산부윤을 방문하고 이에 관해 진술한 바가 있었다고 한다." 폐교와 창신과 의신의 초등생 이관, 그리고 행정절차 등이 모두 끝난 상황을 전하고 있다.

뒤이어 동신문의 7월 18일자에는 "금년 7월로 32년의 역사를 남겨두고 창신과 의신은 종언을 맞았다. 지난 (7월) 14일 오전 8시 반 창신학교에서 교장 마크레 씨의 송별회를 개최하였다. 동일 오전 11시에 의신여학교에서는 폐교에 임해 10년 이상 근속한 교원 임창운, 박겸순, 송말순 3씨의 표창식이 있었다." 창신에서는 의신의 표창식과 같은 의식이 없이 교장의 송별식만을 언급하고 있다.

일제 시대 창신과 의신의 최후 모습이다. 결국 창신학교는 고등과가 고등보통학교로 승격하지 못하였고, 초등과조차 조선총독부의 신사참배거부로 인하여 문을 닫았으니, 식민지 체제에서 최악의 상황에 내던져진 셈이었다. 마산지역의 조선인 사회를 위해서나 호주 선교사회를 위해서나 모두 불행한 일이었다.[91] 그것이 일제 식민지 체제가 마산이라는 지역사회에서 작동하는 본질적인 부분일 것이다.

VI. 대외 교류와 지역사회와의 관계

1. 대외 교류

일제 강점기의 창신 관련 신문 기사에서 또 하나 분류할 수 있는 주제는 지역사회와 어떻게 연계되어 있었는지, 또 국내외의 타교 혹은 타 지역사회와 어떤 형식으로 교류를 하였는지와 같은 부분일 것이다.

대외교류에서 먼저 지적할 수 있는 부분은 운동과 해외 교류이다. 창신학교는 앞에서 말한 바와 같이 극일의 수단으로 운동, 체조 등을 교육과정에서 강조하였으며, 이는 각종 운동부의 창단이나 운동회 때의 병식체조 등으로 입증되었다. 이와 관련된 기사는 『동아일보』 1920년 5월 30일자에 '대구 계성학교와 마산 창신학교 풋볼'에서 볼 수 있다. 축구시합이 열린 시점은 5월 18일로서 계성학교 생도 50명이 춘계수학 여행차 마산에 와서 창신과 축구시합을 벌였으며, 승부는 1대 1이었고, 수천 명의 관객으로 성황을 이루었다는 것이다. 이 팀은 다음날 진해로 출발하였다는 것으로 기사를 끝맺고 있다. 계성학교도 기독교계 학교였고, 또 이곳 출신인 박태준(1900~1986)은 1921~23년 사이에 마산 창신학교에서 교편생활을 하면서 이은상과 교류하는 사이이기도 하였다.

대구지역과의 운동 교류는 다른 형태로도 계속되었다.『동아일보』 1920년 9월 7일자에 따르면, 창신학교 구내에서 대구해성체육부원과 마산구락부원 사이에 축구시합이 있었으며, 마산군이 승리하였고, 그 다음날 야구에서 또 이겼다는 보도를 하고 있다.

여기서 마산구락부원의 존재가 드러난다. 마산구락부는 1920년 6월 12일에 발기총회를 열어 만든 마신지역의 운동 및 문화 단체였다. 구성원은 민족운동가 뿐만 아니라 마산지역의 상공인 자본가 등도 포함되어 있어 사상적 스펙트럼은 넓었다고 생각되지만, 마산을 대표하는 사회단체였다고 할 수 있다. 그들은 예컨대 1919년과 1920년에 동아시아를 휩쓴 콜레라에 대응하기 위해 1920년 7월 23일에 임시의사회를 개최하여 마산구락부임시방역단을 조직하기도 하였다.[92]

이들 300여명의 구락부 멤버 중 임원진에 강석희姜錫禧(서기, 상무위원, 창신학교 고등과 1회 졸업생), 손문기(서기, 창신 1회, 창신 초등 교사), 김지철金知喆(체육부장, 총무, 창신 2회), 박인주朴寅柱(운동장 기성회 회계, 2회) 등 창신 고등과 출신이 포함되어 있고, 조선어 연구에서 큰 획을 그은 이윤재 창신 교사도 운동장 기성회 서기로 직을 두고 있었다.[93] 곧 마산구락부와 운동 교류 등은 창신학교를 매개로 하여 연계되어 있었던 셈이다.

또한 1921년 4월 13일에는 대구청년회군과 마산구락부군이 창신학교 교정에서 야구시합을 거행하여 17대 2로 마산군이 크게 승리하였다는 소식도 전하고 있다.94 또 축구시합도 예정되어 있었으나 중지하였으며, 야구시합에서 크게 진 대구팀이 다시 도전하였으나 마산팀이 불응하여, 결국 마산의 뢰뢰야구단과 시합하였다는 이야기를 신고 있다. 이로 보아 창신을 중심으로 한 운동팀이 창신학교에서 대구의 계성이나 청년회팀과 자주 교류를 하였던 것으로 보인다.

이 뿐만 아니라 창신학교에서는 부산진청년단과 마산청년단이 야구경기를 개최하기도 하였다. 1920년 9월 18일의 일로서, 두 팀의 전적은 마산팀이 11대 4로 승리하였으며, 부산팀은 하오 7시 기선으로 통영으로 출발한 소식을 전한다.95 요컨대 창신학교 출신들로 구성된 운동팀이 창신학교에서 부산이나 대구의 운동팀을 통해 지역간, 학교간, 종교간 네트워크를 확장해 간 것으로 보인다.

창신학교는 이와 다른 방식으로 지역사회와 교류를 시도하였다. 곧 1921년 여름을 이용하여 순회전도대를 조직하였고, 창신학교 악대도 함께 공연에 참가하면서 이 교류를 지원하였던 것 같다.96 순회구역은 창원의 가읍정, 진동, 귀산, 진해의 명동, 경화동, 웅천, 마천, 용원리, 가덕, 가주리, 생활리 등이었다. 기독교 학교이었던 만큼 지역사회에서 전도활동에도 관심을 쏟았던 것으로 보인다. 특히 진해에서도 경화동이나 명동 및 웅천 일대의 한인 지역에 집중한 것은 이들의 선교 대상이 주로 지역내 변방의 한인들이었음을 말해 준다.

2. 지역사회와의 관계

창신학교는 출발 당시부터 지역사회에서 관심을 보였고, 언론은 이를 더 자주 보도하였다. 그것은 크게 세 종류로 분류될 수 있는데, 하나는 학부모와의 관계이고 두 번째는 인근에 위치한 조면공장과의 갈등이었으며, 세 번째는 지역사회의 기부였다. 사실 위의 요소들 이외에 더 중요한 것은 기독교사회와의 관계일 터이지만, 이 부분은 앞에서 조금 언급하였으므로 세 가지로 좁혀서 이야기해 보고자 한다.

학부형 간친회가 기사화된 것은 1921년 5월 16일의 『동아일보』에서이다. 그해 4월 30일에 학부형 간친 정기회를 본교에서 개최하였다는 것이다. 회장은 이형재였고, 회의에서는 회록 낭독, 회계보고, 임원개선, 학교와 가정간의 연락을 취할 방침, 기타사항 등이 보고되거나 결정되거나 논의되었다. 그 결과 임원의 경우 회장은 이형재, 총무 이순길, 간사 김용환, 김원유, 회계 나인환, 서기 김재권(창신 초등 1회), 방완주, 의사議事 이종각, 김영준, 명도석, 김철두, 김치수, 나기환, 최경호, 이승규, 여병섭, 신용식, 박경조, 김병권 등이 선출되었다.

회장인 이형재는 당시 마산의 유지로서, 조선청년연합회 의사, 각환인쇄소 주임, 노동야학설립 및 교사, 원동상회 관계자로서 국권회복단 가담, 3.1운동 지도, 노동야학교 교감, 동아일보 지국장, 마산물산장려회 회장 등의 경력을 가진 인물이다.[97] 명도석 역시 당시 객주 출신의 마산유지로서 원동상회 운영, 노동야학 설립운영 등 자본가로서 민족운동과 지역운동에 깊이 관여하였던 인물이다. 여병섭 역시 목공장을 경영하면서 민족주의 운동과 노동야학 등에 관여하였다. 간친회라는 조직은 이 점에서 마산지역사회의 유지 모임이라고 할 만하다.

간친회는 1922년 5월 15일에 정기총회를 개최하여 회장에 명도석, 총무에 이형재, 간사에 이순필 등을 선임하고 서기, 회계, 평의원 등도 임명한 사실을 보도하고 있다. 곧 학부형 간친회는 창신학교와 지역사회를 맺어주는 유력한 모임이었다고 할 만 하다.

또한 창신학교는 교육간담회를 조직하여 운영하였다. 『동아일보』 1921년 4월 21일자에 따르면, 이는 창신, 의신 직원과 유지 등 30여 명이 유지인 김용환의 초대로 지난 4월 14일에 동아관에서 만찬회를 개최하였고, 학교와 학교, 교사와 학부형의 교류의 필요에 의해 당일 교육간담회를 조직하였다는 것이다. 회기는 매월 제3토요일이고, 임원으로는 간사장 김여학 1명, 간사 4명을 선임하고 있다. 조직에 따른 구체적인 인명이나 이후의 활동 등에 대한 기록이 없는 것을 보면 이 간담회가 이후 얼마나 잘 운영되었는지는 알 수 없다. 회장에 명도석을 임명하고 총무에 이형재를 앉힌 것으로 보아 이 조직 역시 지역 명망가들로 구성되어 있었음을 알 수 있다. 또한 앞서 언급한 어천절 사건으로 투옥되었던 교사 김여학이 간사장이었으므로, 민족주의적 색채가 강한 모임으로 짐작된다. 간친회보다 더 확대한 형태의 것으로 보이는 교육간담회는 교육을 매개로 사회적 네트워크를 더 확장하려는 의도가 강하였던 것 같다.

창신학교에는 지역사회에서 여러 형태로 기부한 사실이 기사화되어 있다. 하나는 마산흥업저축조합에서 특지하였다는 것으로 해양조합에서 소유자산인 원정元町, 만정萬町 소재 3천여원의 가치를 지닌 대지 및 가옥을 사립인 노동야학교와 창신학교에 기부하여 기본재산에 충당하였다고 한다.**98** 원정은 오늘날의 남성동이고, 만정은 동성동으로 일제 시대에 남성동의 토지가는 마산에서 최고가로 1등급인 120엔이었고, 동성동의 경우 이보다 낮은 30엔이었다. 그래도 6등급이었다. 그만큼 비싼 땅이었다.**99** 그러나 신문에서 흥업저축조합과 해양조합으로 설명한 바, 이 두 개가 같은 것인지 아님 상호 상하관계가 있는 것인지는 이 글로서는 분명치 않다. 다만, 그럼에도 노동야학교와 창신학교에 기부하였다는 사실은 이 기부 행위가 마산지역 조선인 교육과 노동야학 부분에 대한 관심의 정도를 반영한다고 하겠다.

정태오라는 한 부민도 생전에 남은 사업을 사후에 실행 한 것으로 보도되었다. 『중외일보』 1929년 10월 17일자에 따르면, 마산시 만정(동성동) 103번지에 사는 정씨는 평소 많은 돈을 모았고, 논을 사들였는데 평소에 하지 못한 사회사업을 죽은 뒤에라도 하고자 토지와 돈을 일가 친척 뿐만 아니라 15개 사회단체에 기부하였던 것이다. 기부받는 대상에 마산사립 창신학교가 포함되어 있었으며, 단체로는 마산청년동맹, 마산소년동맹, 신간회마산지회, 근우회마산지회, 마산기자단, 마산동인회, 마산노동동맹이 기부금을 받았다. 학교의 경우 창신학교 외에 마산노동야학회, 마산여자노동야학회, 마산유치원, 마산배달유치원, 마산의신유치원, 마산공립보통학교 등이 포함되어 있다. 기부단체나 학교의 성격으로 보다 민족주의적 성향이 확실한 사업가였던 것으로 보인다.

그러나 창신학교가 지역사회로부터 항시 도움을 받으며 항상 좋은 관계를 유지하였던 것은 아니었다. 학교와 담을 마주하고 있는 일본인 소유의 조면공장과의 관계가 그렇다. 마산조면공장은 본디 상남동 시절의 창신학교 앞쪽에 존재하고 있던 '조선면화 마산공장'[100]을 1923년에 매수하여 10월부터 운영한 공장으로, 본사는 오사카였고, 공장장은 동지역 출신인 츠시마 수에키치津島末吉였다. 본사에서 기술진을 파견하여 동력을 증설하고 56대의 조면기를 도입하였으며, 고용인원 역시 1백 수십 명에 이를 정도로 단시간 내에 규모를 키운 조면공장이었다.[101] 이 공장은 1928년 이후 제면부를 신설하여 면포를 생산하고 인근 지역의 면화를 조달하는 한편 소매부도 신설하여 시장의 공급에 주력하려고 하였다.

창신학교와 이 조면공장이 갈등을 일으킨 시점은 바로 조면공장이 급팽창하던 시기였다. 또한 창신학교도 고등보통학교로 승격하기 위해 노력하던 바로 그 때였으니, 말하자면 상남동이라는 조선인 사회에서 성장하고 있던 한국인 학교와 일본인 공장이 마주하고 있었던 셈이다. 이 갈등은 『동아일보』 1924년 9월 15일, 『조선일보』 9월 23일, 『시대일보』 10월 17일 등 여러 언론사에서 비교적 중시하고 있던 사건이었다.

창신학교 측에서는 조면공장이 학교에 인접하여 있기 때문에 소음으로 수업에 방해가 되었는데 다시 증축한다고 하니, 참을 수 없었던 것이다. 학교에서 공장에 경고를 하고, 경찰서에까지 찾아 가서 교섭한 결과 증축은 잠시 중지되는 듯 하였다. 하지만 공장측이 증축 작업을 강행하면서 학부모 및 사회 유지가 관여하는 사건으로 확대되었다. 학교와 학부형회가 대책을 거론하자 마산부청이나 공장측에서는 전혀 문제가 되지 않는다는 입장이었다. 이에 학교측에는 행정관청뿐만 아니라 사법관청에도 이전을 교섭하면서 갈등은 확대되어 갔다.

이 갈등에 대해 가장 신랄하게 조면공장측을 비판한 신문은 『시대일보』였던 것 같다. 이 신문은 상당히 긴 기사 속에서 경남도측을 강하게 비판하였다. 곧 "수업은 되든 말든 일본인 공장만 중요한 경남지사 와다군和田君, '공장이나 학교 모두 중요해서 허가했다'고 말하지만. 이왕이면 제국의 산업적 발전을 위해 선인鮮人교육은 돌아볼 수 없었다고 쉽게 말하지."라는 식으로 논평하였다.

여기서 말하는 와다군和田君은 1923년 2월 24일부터 1928년 1월 31일까지 경남도지사로 재직한 와다준和田純으로서 1924년에 총독부령으로 부산에 경상남도청을 이전하기로 결정한 뒤 부산에 도청 건물을 신축한 인물이다.[102]

결국 이 갈등은 창신학교가 회원동으로 이건하고 난 뒤에야 일시적으로 멈추었다. 조면공장은 이곳의 제면부는 그대로 둔 채, 1935년에 창포동 해안 매립지에 새 공장을 신설하고, 연간 3천만근의 조면 능력을 갖춘 공장으로 성장하였다. 최종적으로 『시대일보』에서 말한 바와 같이 경남도청 혹은 마산부청은 조선인의 교육보다는 식산정책이 더 중시되었던 셈이다.

VII. 일제 시대의 신문에 나타난 창신학교의 특성
- 결론에 대신하여

이상에서 본 바와 같이 일제 시대에 발간된 신문에서는 마산의 창신학교에 대해 많은 관심을 보였다. 사실, 학교와 관련된 거의 모든 일들이 기사화되었다고 할 수 있다. 이는 그것이 긍정적이든 부정적이든 언론이 특정 학교에 대해 그 정도만큼 관심을 보였던 것을 증명한다.

이 중 특히 많은 관심을 보인 신문은 1920년에 창간한『동아일보』와『조선일보』, 그리고 그보다 뒤늦게 창간한『중외일보』였다. 이들은 창신을 지칭할 때 대부분 '우리 사립'이라는 수식어로 창신을 표현하였다. 또한 유구한 역사, 남부 지역 유일의 우리 사립학교 등도 강조하였다. 이는 민족지를 표방한 신문의 목표와 창신학교의 성격이 맞았기 때문인 것으로 보인다.

또한 신문기사들을 분석해 보면, 창신학교는 다음과 같은 특징을 가지고 있던 것으로 분석할 수 있다.

1) 신문에서는 창신의 역사와 성격에 관심이 많았다. 특히 우리학교, 유일의 한국인사립학교 등이 강조되었다.
2) 신문에서는 학교의 설립연도를 1906년으로 소개하였고, 창신학교조차 1931년의 개교기념식을 '개교 25주년'으로 설정하였다. 오늘날 창신학교가 1908년으로 개교일로 잡는 것은 당시의 상황과 맞지 않는 것이다.
3) 근대 문물의 전파자였다. 각종 행사, 악대, 극단, 음악회, 체육대회, 소풍 등이 신문을 통해 소개되었다.
4) 저항의 상징으로 묘사되었다. 특히 3.1운동시 독립만세 운동이나 1920년대의 각종 맹휴, 그리고 1930년대 말의 신사 참배 거부 등에서 그런 성향이 나타났다.
5) 지역사회와의 연대관계가 강조되었다. 교사들의 지역사회 봉사,

지역 유지들의 학교 지원 등이 그것이다.

6) 학교 연합체로서의 창신이 자주 거론되었다. 곧 창신학교, 의신여학교, 노동학교, 부녀학교, 복음농업실습학교 등의 연합체이며, 1930년대 창신과 의신의 통합 시도, 연합대운동회를 통한 일체감 확인 등에서 볼 수 있다. 특히 호신학교의 등장 이후 이들 학교는 '호주선교회 학교' 연합체의 성격을 드러내었다. 학교는 남녀 모두에게 교육의 기회가 제공되어야 하며 유아, 초등, 중등, 직업 교육 학교가 필요함을 보여주었다.

7) 학교 운영 주체의 문제가 자주 보도되었다. 곧 교회 및 선교회 내부의 문제가 학교 운영에 거의 그대로 반영되었으며, 재정적 취약성 뿐만 아니라 해외선교단체가 갖는 한계도 노출되었다. 호신의 고등과 승격 실패와 창신 초등과의 폐교는 결국 지역의 엘리트 양성 체계가 성공적이지 못하였다는 사실을 반영한다. 이것이 신문에 자주 보도되었던 것은 학교, 교회, 선교사 단체 내부에 모순이 있었음을 보여준다. 그리고 그 모순은 각 단체 내에서 자체적으로 생성된 것도 있겠으나, 식민지 체제라는 구조에서 자유롭지 못한 부분이 더 컸을 것이다.

창원 진전 출신 이교재의 독립운동과 상해 임시정부

I. 머리말

창원군 진전면 오서리(현 창원시 마산합포구 진전면 오서리)[1] 출신인 이교재는 창원시에서 운영하는 애국지사 사당에서 이윤재, 주기철과 함께 독립장을 받은 3인 중 한 사람으로, 봉안된 위패에서도 최상위에 올라 있는 항일독립지사이다. 그는 청년시절부터 3.1독립운동에 적극적으로 참가하였고, 그 중에서도 대한민국 임시정부에서 부여한 군자금 모집 임무나 독립운동가들의 조직에도 헌신적으로 일을 하였다. 이로 인해 여러 차례의 감옥 생활을 겪었고 결국 신병과 생활고에 시달리나 47세의 나이로 생을 마감하였다.

이러한 활동에도 불구하고 그에 대한 연구는 현재까지 거의 없는 실정이다. 독립운동가의 후손인 변지섭이 『경남독립운동소사』[2]에서 그를 소개한 이후 이를 기초로 쓴 몇 편의 짧은 글과 신문기사들이 있을 뿐이다. 이러한 자료조차도 단편적이거나 종종 오류3가 발견되고 있기 때문에 이교재의 독립운동을 정확하게 파악하기 어려운 점이 있다.

보훈처의 독립유공자 공적조서에도 그의 공적을 1) 3.1운동 때 경남북 일대에 선전문배포, 피체되어 3년 복역(진주형무소), 2) 상해로 망명, 임정의 밀령으로 입국 피체되어 5년간 복역(대구형무소), 3) 다시 상해로 망명 도중 신의주에서 피체 2년간 복역(서대문형무소), 4) 상해로 망명하였다가 재입국 사명 수행 중 피체, 1933년 2월 부산형무소에서 복역 중 옥사 등으로 열거하였다.4 이 공적조서 또한 사실과 부합되지 않는 부분이 적지 않기 때문에 신뢰하기 어렵다.

이 글에서는 위와 같은 점들을 고려하여 우선 당대의 기록을 면밀히 검토하면서 그의 독립운동을 몇 단계로 나누어 분석해 보고자 한다. 첫째로 그의 성장터였던 진전의 지리적·인문적 환경과 성장과정, 그리고 3.1운동에 참여하였으나 체포되어 수감되는 상황을 살펴볼 것이다. 두 번째로는 상해 망명 이후 1923년 9월에 있었던 통영군자금 모금사건의 실체와 관련 인물들을 통해 그의 활동 양상을 검토하고자 한다. 마지막으로 1931년 말 이후에 국내에 입국할 때 휴대하고 온 9개의 상해 임정 문건, 곧 '이교재임정문서'를 통해 그의 임무가 무엇이었고 이 문서의 내용과 의미를 살펴볼 것이다. 이러한 몇 단계의 활동들을 검토하면 그의 독립운동 전반에 대한 이해가 어느 정도 가능하리라고 본다.

II. 성장 환경 및 3.1운동 때의 독립활동

이교재는 1887년(고종 24년) 7월 9일 경상도 진해현 서면 대곡리(현 창원시 마산합포구 진전면 오서리 578번지)에서 농민의 아들로 출생하였다. 그가 부농의 아들이었다는 기술이 있지만5 어느 정도의 부농이었는지는 확인하기 어렵다. 다만 그가 태어나고 자란 오서리 578번지의 대지 규모를 보면 적어도 중농 이상의 농가였다고 생각된다. 현재 세 필지로 구획된 이곳에는 1931년 당시 목조 초가 본채 건물 3평과 부속의 목조 초가 3평, 그리고 물건적치용 건물 각각 1평 5홉, 1평 2홉 등 모두 4채가 있었다.6 평수가 작은 것은 실제 상황이었다기보다 축소해서 신고하는 당시의 관행 때문이었던 것으로 보인다.

　그가 태어난 곳은 오서리 중에서도 중심지라 할 수 있는 동대 마을이었다. 오서리는 조선시대 진해현 서면에 있던 다섯 개 마을, 곧 동대, 서대, 회동, 탑동, 월안이라는 마을을 행정적으로 통합하여 만든 동리이다.7 '대'자가 들어 있는 이유는 이곳의 한글 지명이 대실[대곡 竹谷]이었기 때문이다. 2001년 오서리의 전체 인구는 345세대에 957명이고, 남녀는 각각 486명과 471명이었다.8 이 마을은 대개 동족 중심으로 구성되어 있는데, 동대에는 안동 권씨가, 서대마을에는 밀양 박씨가 세거지로 삼았으며, 회동과 탑동, 그리고 월안에도 권씨와 박씨가 집단으로 거주하고 있다. 곧 오서리의 동성집단은 권씨와 박씨가 다수이며, 나머지는 다른 성씨가 뒤섞여 있는 양성 중심의 농촌이라 할만하다.

　성주 이씨인 이교재가 동대리에서 출생하여 왜 이곳에서 활동하였는지는 잘 알 수 없다. 성주 이씨의 세거지는 오서리에서 북쪽의 진전천과 뜰을 건너 자리하고 있는 곡안리이다. 그럼에도 이교재의 선대

들은 오서리에서 오랫동안 살았던 것으로 보인다. 고려시대의 이조년을 중시조로 삼고 있는 『성주이씨문열공파보』에 따르면,9 그의 증조부인 응두應斗(1753~?. 9. 15)의 묘가 죽곡竹谷 양암간兩岩間인 곧 오서리이며, 부친인 봉화鳳華(1852~?.11. 5)의 묘지도 진전면 오서리 앞산 선영 아래로 기록되어 있다. 조부인 형우亨愚(1827~1904. 6.17)의 무덤을 고성에 쓴 이유는 알기 어렵지만, 여하튼 부친이나 이교재가 오서리에서 살았던 점을 고려한다면 오랫동안 이곳을 세거지로 삼아 생활하였을 것이라 추측된다. 동족 마을이 우세한 이 지역에서 이교재의 출생과 생업, 그리고 사회 활동은 조금 독특한 부분이며, 특히 동대 마을에서도 안동 권씨들이 진사를 많이 배출하였다고 하여 '진사골목'이라 일컬어지는 곳에 뿌리를 내렸던 사실도 앞으로 궁구해 볼 과제이다.

그가 홍순영의 딸인 홍태출洪泰出10과 언제 결혼하였는지는 현재로서는 알 수 없다. 홍태출은 정해(1887) 8월 14일에 출생하여 계축(1973) 9월 19일에 사망한 것으로 족보에 기록되어 있다. 이교재와 동갑이다. 부부 사이에 아들은 없고 1928년 11월 6일 생의 태순泰淳이란 이름의 딸이 한 명 있다. 나이 40을 넘어 첫 딸을 본 것이다. 이교재가 통영군자금 사건으로 4년형을 받고 진주교도소에서 복역하고 출옥한 것이 1928년 1월 28일의 일이니, 그 해 말쯤에 딸을 얻은 셈이다. 딸의 출생이 너무 늦었기 때문에 이것으로 그들의 결혼 연도를 짐작하기는 어렵다. 또 사망 이후, 언제인지 역시 알 수 없으나 이정순李正淳을 양자로 두었고, 딸인 태순은 한정학韓禎鶴과 결혼하였다.11

1930년대의 조선총독부 조사에 따르면 동대리는 특색 있는 동족 중심의 연하沿河 마을로 분류되어 있다. 멀지 않은 동쪽에 창포 바다가 있지만, 연하 촌락으로 구분한 이유는 진전면 최북단의 여양리에서 발원한 진전천이 이 동네의 외곽지대를 흘러가기 때문이었을 것이다. 서쪽으로는 산을 끼고 있으면서 진전면 시락리와 경계를 이루고 있고, 평탄한 지형의 남쪽은 상당 부분 광활한 평야가 펼쳐지고 있다. 1930년대 초에 동대 마을에는 안동 권씨가 102호, 417명, 동성 이외의 호수 및 인구수는 39호와 122인으로서, 권씨는 총인구의 약 77%를 차지할 정도로 압도적이었다.12 마을 내의 주된 직업은 농업이었다. 같은 시기의 토지를 기준으로 한 소유형태는 지주 6호, 자작 12호, 자작 겸 소작 28호, 소작인 80호, 기타 직업 15호였다. 기타는 대부분 상업에 종사하였다. 세족인 안동 권씨는 대략 임진왜란 직후인 1600년대에 경북의 안동에서 이곳으로 와서 뿌리를 내렸고, 숙종조(1674~1720 재위)에는 이조참판 권용견을 배출하면서 100여 년만에 타성을 압도할 만큼 번영하였다고 한다.13 이 점에서 오서리, 특히 동대 마을은 권씨 중심의 비옥한 농업지대였고, 그를 바탕으로 지주 소작제도 일상적이었던 것으로 보인다.14

 1930년대의 마을내 자치 상황을 보면 다소 특이한 점들이 보인다. 당시까지도 마을의 질서를 어지럽히면 문벌門罰이라 칭하는 공동제제가 작동하였으며, 융화성이 많고 단결 역강하는 예절을 중히 여기고 있었다고 한다.15 또한 문중 재산이 있어서 자산의 경우 동족에게 대부를 해주는 방식으로 이식을 도모하였고, 여기에서 나오는 수익을 사설학술강습회의 경비, 조상제사 비용, 동족 구제에 필요한 경비 등에 사용하였다. 1923년에 이르러 일제 당국은 오서리에 부업장려회를 조직하여 가마니짜기와 양잠을 장려하면서 산업진흥을 꾀하였는데, 이를 통해 마을에 대한 통제도 강화하여 갔을 것이라 짐작된다.

이교재가 소년시절을 보냈던 조선조 말기와 대한제국시기에 진전면 일대에는 몇몇 서당들이 있었는데, 이들은 대체로 마을 단위이자 문중 중심으로 운영되었다. 특히 문중 중에서도 이 지역의 주요 문중이라고 할 수 있는 안동 권씨, 초계 변씨, 선산 김씨, 밀성 박씨, 창녕 조씨, 회산 황씨 등이 각각의 문중에 서당을 소유하고 있었고, 안동 권씨가 운영하던 경행재도 그 중의 하나였다.[16] 다만 이 서당들은 경행재에서 보듯이 대부분 문중의 재실과 서당을 병용하는 곳으로 활용되었을 것이다.

1867년 회동에 있는 회계서원의 지원支院으로 건축한 경행재는 1930년대의 조사에서도 안동 권씨의 서당으로 기록되어 있다.[17] 현재 남아 있는 건물구조는 4칸 반에 들보 3량 건물로써 좌우에 방이 있고, 중앙은 대청으로 분할되어 있는데, 1910년에 신식의 경행학교가 문을 연 이후 교실로 개조하면서 본래의 모습은 조금 바뀌었다고 한다. 건물 앞쪽으로는 비교적 넓은 마당이 있어서 소규모의 운동을 하기에 적당한 크기이다.

조선조 말기에 세워진 경행재의 서당 교육 프로그램은 어떻게 진행되었을까. 이는 이교재의 소년시절과 청년시절을 이해하는데 중요한 단서가 될 것이다. 권오봉(1879~1959)의 사촌 동생인 권오익(1905~1998)은 자전 속에서 6살 무렵부터 사숙, 곧 경행재에 다니면서 한문을 익혔으며 8세 때인 1913년 무렵에 소위 신학문으로 전환하여 낮에는 소학교 과정을 이수하고 밤에는 한학을 습득하는 과중한 부담을 안았다는 것이다.18 적어도 1910년까지는 전통적인 서당이었으나 그 이후 신식학문을 도입하면서 당분간 2중식의 교육제도를 운영한 듯이 보인다.

서당 형태였던 경행재를 신식학교로 바꾼 이는 동대리 출신의 권오봉으로 알려졌다. 약 300석 지기의 중농 집안 출신인 권오봉은 홀로 서울까지 걸어 올라가 고향 친구인 정상환鄭祥煥19의 집에서 지내면서 1898년 2월에 김규식, 신민회 간부 이중화李重華, 임진수林珍洙가 교사로 있던 사립흥화학교私立興化學校를 2년간 이수한 뒤 순회 연설, 격문 반포 혹은 학교교사 등으로 활동하였다고 한다.20 그러나 이 학교의 학제나 교사 재직 연도로 보아 1906년 무렵에 입학하여 졸업한 것이 아닐까 한다.21

흥화학교의 교과와 운영, 지향하는 이념을 경험한 권오봉은 이러한 시스템을 경행재에 도입한 것으로 보인다. 통상적으로는 1910년 10월에 사립경행학교를 창설하였다고 알려졌다. 그러나 몇 년간 미인가 상태로 운영되다가 1914년 6월에 정식으로 인가를 받은 것으로 본다.22 말하자면 비공인 사립학교로 출범하였지만, 몇 년 뒤에는 정식 인가를 받았으며, 1925년에는 6년제로 전환하였다는 것이다.23 창설 초기에는 동대리 출신의 권영조權寧祚(1883~1955)24와 고성 출신인 이진기李鎭畿의 재정적 지원이 뒤따랐다. 특히 권영조는 "천신만고 끝에 교지校地 확장 및 학교림 조성 등 재정적 기초를 거의 독사적으로 마련"했던 것으로 알려졌다.25 개교 이후 18년 동안 권오봉 선생이 교장을 맡았다.26 그러나 공립학교인 진전공립보통학교가 1927년에 설립되면서 경행학교도 문을 닫은 것으로 보인다. 통설상으로는 진전공립보통학교가 개교하면서 폐교된 것으로 알려졌지만, 1928년 8월 19일에도 이 학교의 운동장에서 개인정구대회를 개최한다는 신문기사가 있었으므로,27 실질적인 폐교는 그 이후인 1929년이었을 것이라고 추정한다.28 이런 추정은 실제 상황을 반영한다고 생각한다.

이 학교의 교사진으로서는 창립자인 권오봉과 권영조를 들 수 있다.29 또한 권오익은 경행학교 시절을 회고하면서 "폭군적 독재자 조趙 선생", "권영길權寧吉 선생의 열혈교육"을 언급하고 있으므로,30 적어도 4명의 교사가 있었으리라고 짐작된다. 그러나 후술하는 바와 같이 이교재도 1923년 이전에 일제 경찰 당국에서 '전교원'으로 기술하였으므로, 1910년대에는 이 학교의 교사로 재직하고 있었다고 보아도 좋다.

1914년 창설 당시 학생수는 120명이었고, 교사校舍는 40평으로 신축하고 학교의 유지비는 지방 유지의 의연금으로 충당하였다. 6년제로 승격한 1925년에 11회째 배출한 졸업생이 2백 명에 달하였고, 그 중에서 국내외의 각 중등, 전문대학 유학생 수가 10명이며, 1927년의 학생수는 남녀 90명에 이르렀을 정도로31 성황이었던 것으로 보인다. 학교의 유지비도 앞서 말한 독지가 뿐만 아니라 문중에서 나오는 경비까지 포함되면서 교사를 유치하고 학교를 운영하였으니 궁핍한 처지는 아니었을 것이다.

그렇다면 신식의 경행학교에서 운영되는 교과과정과 그 특징은 무엇이었을까. 권오익의 회고에 따르면, 신식 사립소학교에서는 배일사상의 고취와 항전의식을 앙양하기 위해 전력을 다했다고 한다. 순국열사, 의사에 대한 선동적 강화와 당시로서는 금서였던 『유년필독』,

『월남망국사』 등의 애국서책을 읽는데 많은 시간을 할애하였고, 상급반에서는 양계초의 『조선망국사략』을 부교재격으로 활용하였다.32

이러한 학습용 교과와 달리 돌격연습을 했다는 기록도 남아 있다. 나무막대기를 들고 행한 이 연습에서 "무쇠 골격 돌 근육 소년남아야! 애국의 정신을 분발하여라. 다다랐네 다다랐네, 우리나라에 소년의 활동시대 다다랐네"와 같은 감동가를 불렀으며, 결국 이런 정신이 골수에 사무쳐 인생항로에 큰 영향을 미쳤다는 것이다.33 1908년에 설립된 마산의 창신학교에서도 유사한 병식兵式체조를 실시하였다.34 항일정신의 함양에 필요한 교과와 그에 따르는 신체 훈련은 당시의 마산이나 창원 지역의 학교에서 많이 중시되었던 것으로 보인다. 1930년대에 조선총독부에서 촬영한 경행재 전경에는 운동장이라고 할 만한 공간이 조성되어 있었는데,35 이런 곳이 체조나 돌격연습을 하는데 활용되었으리라고 본다. 또 앞서 말한 바와 같이 정구대회를 개최할 정도로 운동 부분에 많은 관심을 쏟았다. 일제의 식민 지배 이후 마산이나 진전 지역의 사립학교에서 독립운동을 고취하기 위해 문무를 겸한 인재를 양성하기 위해 전력을 기울였던 것이다.

사립학교는 또한 국권회복운동을 위한 거점이기도 하였다. 윤상태가 주도한 달성군의 덕산학교나 안희제가 세운 사립구명私立龜明학교(구포), 의신宜新학교(의령), 창남栁南학교(의령) 등이 이에 속한다.36 이는 1907년 「교육윤음」이 내려진 이후 각 서원이 사립학교를 부설하면서 활기를 띄기 시작하였는데, 경남에서는 1908년에 안희제, 이원식, 서상일 등 대동청년단과 국권회복단의 중심 인물들이 교남교육회를 창립하였다.37 이런 맥락에서 보면 권오익을 중심으로 시작된 경행학교의 신식 교육은 당시 지역사회에서 진행된 국권회복 운동의 일환이었던 것이다.

이런 특성으로 인해 경행학교에서는 독립운동가나 교육자, 프로문학가와 영화 감독 등이 다수 배출되었다.**38** 동경대학을 졸업하고 서울대학교 교수와 성균관대학교 총장을 역임한 권오익(1905~1998), 영화 〈암로〉의 감독으로 조선프로레타리아 예술동맹에 가입하여 활동하다 월북한 강호(1908~1984)**39**, 권오봉의 아들이자 카프시인으로 활동한 권환(1903~1954), 동래고등여학교 초대교장 권영운, 고현시장 의거를 조직한 권오규(1895~1961)와 독립운동가 이교재 등 수많은 인재를 배출하였다.**40**

경행재와 경행학교에 대한 위와 같은 검토에도 불구하고 이교재와 관련된 자료는 많지 않기 때문에 이 부분의 서술에 어려움이 있다. 1887년생인 이교재는 어린 시절에 서당식의 경행재에서 유교경전 중심의 교육을 받았을 것이라 생각된다. 권오익 선생이 6세 때 서당교육을 받기 시작하였으므로 이교재 선생도 대략 그 나이 때에 경행재에 들어갔으리라고 본다. 1893년 이후의 시기에 해당된다. 언제 그가 이 서당 교육을 마무리했는지는 알 수 없지만, 권오봉의 가르침을 받은 제자임은 확실해 보인다.**41** 또한 그가 24살이 되던 1910년에도 사립경행학교에 다녔는지는 역시 알기 어렵다. 변지섭에 따르면 이교재는 대한제국의 멸망 직후인 24세의 나이에 국권회복에 진력하고자 동지를 모집하였고, 1913년부터 독립운동의 전선에서 활동하였다고 기술하였기 때문이다.**42** 그렇다면 일제의 강제합병 직후에는 경행학교에 재학 중이었다기 보다는 이미 졸업하여 사회활동을 하는 신분이었다고 보는 편이 더 타당하지 않을까 한다.

사실 이교재는 일제의 강제합병 이후에 이 학교의 교사로서 적을 두고 있었던 것 같다. 식민지 경찰의 사건일지식 기록(1923. 9. 21)에 따르면 "전교원前教員 이교재가 임시정부의 밀명에 따라 국내로 잠입, 경상남도 통영군 통영면에서 군자금을 모집하다 체포되었다"라는 구절에서 그것을 확인할 수 있다.**43** '전교원'이라고 기술한 것은 적어도 경행재가 소학교로 전환한 다음에 그가 교원으로 재직하였고 이것이 1923년 이전 어느 시점에 마무리되었을 것임을 짐작하게 하는 대목이다. 그러므로 그가 경행학교에 재직하였을 시기는 1910년에서 1923년 직전까지일 터인데, 3.1운동에 참여한 이유로 수감되었던 사실을 감안하면 1919년 이전까지였을 것이다. 곧 1910년 사립경행학교 설립 이후부터 1919년 이전까지였을 것으로 보는 편이 무난하다.

그는 이러한 교육경력을 바탕으로 1920년 12월에 조직된 진전교육회에도 참여하였을 것이다. 그의 경력에서 아직까지 주목받지 못한 진전교육회는 "지난해 1월에 창원군 진전면 유지 제씨의 발기로 교육진흥, 지식교환, 체육발달, 풍속 개정 등을 목적으로 면내에 거주하는 자로서 만 20세 이상의 남자에 한하여 진전교육회를 조직하였다"고 보도되었다. 아울러 임원으로는 "회장 권오봉權五鳳, 부회장 변순섭卞舜燮, 총무 권오성權五成, 학술부장 이종협李鍾協, 교풍부장矯風部將 권영식權寧寔, 운동부장 권영조權寧祚, 부원부원 이창순李昌淳, 김성수金晟洙, 강덕영姜德永, 변상헌卞相憲, 이기영李基榮, 변상술卞相述, 간사 이교재李教載, 김성한金聖漢, 변우범卞又範, 회계원 권영진權榮鎭, 김돈수金敦洙, 서기 이기재李玘宰, 평호원評護員 김태현金太鉉 외 12인"**44**으로 구성되어 있었다. 이 목록에 진전교육회의 간사로서 이교재가 김성한, 변우범과 함께 이름을 올리고 있다.

허나 이 기록에는 검토해야 할 사항이 있다. 1920년 12월에는 이교재가 3.1독립운동에 참가한 죄목으로 교도소에 수감 중이었을 수 있기 때문이다. 다만 현재 진전면사무소에 소장되어 있는『범죄인 명부』'이교재'항의「刑名刑名 刑期刑期」란에 '징역 1년 3월'로 기재되어 있음을 참작하면45 교육회 조직 당시에는 출옥하였을 가능성이 높다. 실질적으로 이 조직을 위해 일을 할 수 있는 조건이었을 것이다. 그의 나이 34세 때의 일이다.

그렇다면 이 교육회의 멤버들은 누구였을까. 이들을 살펴보면 이교재의 인맥과 사회인식 등을 이해하는데 도움을 줄 것이다. 권오봉은 앞서 이야기했듯이 동대 마을 안동 권씨의 일원으로써 카프문학가로 이름이 높은 권환의 부친이었고, 인맥도 상당히 넓었던 것 같다. 그는 의령의 애국지사인 남저 이우식과 사돈관계였는데, 권오봉의 둘째 아들이 남저의 사위였다. 이우식은 대종교도였는데, 권오봉도 대종교에 깊숙이 관여한 인물이었을 것이라 추측된다. 권환의 휘문고보 학생 학적부의 '가정 혹 본인신앙'에 '대종교'로 기록되어 있기 때문이다.46 당시 독립운동가들 중에서 상당수가 대종교를 신앙하였다는 사실을 상기한다면, 이교재도 그 영향을 받았을 가능성이 있다. 동대 마을의 '진사골목'이라고 부르는 동네 길에서 이교재와 이웃하여 살았던 권오봉은 또한 1919년 4월 3일에 거행된 삼진독립의거 때 진전면장으로 재직하고 있었으며,47 이때 부상자를 치료하기 위해 성금을 각출하는데 앞장섰다. 권오봉은 1920년 무렵에 진전에 설립된 오정 야학의 학장으로, 또 1923년에 소작농 수천명을 망라해 결성된 삼진노동공제회의 간부로, 오서부업장려회 회장이자 삼진농민조합에서는 제3부 위원장으로 피선되어 활동하는 등 지역사회의 전반적인 영역에서 적극적으로 활동하고 있었다.[48]

교육회의 운동부장 권영조는 1919년 3월 28일에 있었던 진동면 고현의거에서 이를 주도하였다는 이유로 마산감옥에서 1년간 수형생활을 한 적이 있고, 경행학교의 교사로도 재직하였다. 교육회의 부원인 변상헌과 변상술은 4.3의거를 주도한 죄명으로 1년간 복역하였으며, 일암리 출신의 변우범(1898~1974) 역시 4.3의거 때의 주동자로 1년형을 선고받고 복역하였다.[49] 곧 1919년의 삼진만세시위 당시 주도했던 인물들이 교육회의 핵심 멤버들이었다고 할 수 있다.

또한 인물 구성의 특징은 삼진지역의 명족이라 할 수 있는 안동 권씨, 초계 변씨, 성주 이씨, 선산 김씨 등이 포함되어 있다는 점이다. 삼진의거의 특징 중 하나가 각지에 세거하고 있던 이들 명족이 연대하였다는 사실인데,[50] 이로써 우리는 교육회 역시 명족과 애국심이 결합되어 조직된 지역사회의 교육운동체이며 여기에 이교재도 포함되어 있었다는 사실을 확인할 수 있다. 이 점에서 이교재는 1919년 전후에 지역사회에서 교육과 애국운동에서 중요한 인물로 인식되고 있었음을 알 수 있다.

이교재가 독립운동에 몸을 던져 뛰어든 것은 3.1운동 때였다. 그는 1919년 3월 1일에 독립만세운동이 일어났을 때 고향의 동지와 더불어 선언서를 비롯한 독립운동 관련 문건들을 도내道內 일원에 배부하다가 오서리 출신의 경찰인 이만갑에 의해 체포되어 진주경찰서로 압

송되었다고 알려졌다.51

위와 같은 설명에도 불구하고, 그간 독립만세 시위에 대한 참여나 체포 과정에 대해서는 불명확한 점이 적지 않았다. 다음의 기록은 그의 활동을 이해하는데 비교적 정확하다고 생각된다. 1919년 7월 3일에 경상남도장관인 사사키佐佐木藤太郎가 조선총독 하세가와에게 보낸 「소요에 관한 건(제7보)」에 따르면52 "정세가 점차 안정되어 가지만 아직도 강박문서가 때때로 각 방면에 배부되며 지난달(6월) 11일에 종래 이창동李彰東의 명의로 진주에서 강박장을 배부하고 있던 이교재 체포(밑줄 필자)에 의해 금후는 화근을 끊을 수 있다고 생각되지만 그 뒤 지난달 24일에 도청 및 진주군청에서도 강박문서를 송부…"하고 있다면서 군내 유력자 77명을 진주문묘에 모아 놓고 그 대책을 강구하고 있었다. 이교재는 6월 초순에도 이른바 강박문서를 진주에서 배포하고 있었던 것이다. 여기에서 언급한 '이창동의 명의'라는 것이 이창동의 이름으로 활동한 것이었는지, 아니면 이교재가 저 이름으로 독립 관련 문서를 배포하였는지는 확실하지 않다. 마찬가지로 그것이 3.1만세시위 직후부터 죽 계속된 것인지의 여부도 역시 확인하기 어렵지만, 함께 재판에 넘겨진 인물들과 6월 초순까지 진주에서 활동한 것은 분명하다.

진주경찰서에 잡혀간 이교재는 진주재판소를 거쳐 1919년 9월 8일 대구복심법원에서 2년 6개월의 징역형을 언도 받고 상소를 취하한 다음 9월 25일에 형이 확정되어 진주형무소에서 복역하였다.53 당시 이교재와 같은 날에 대구복심법원에서 형을 언도받은 인물과 구형량은 다음과 같다.

〈표 1〉 3.1운동 당시 이교재와 일행의 재판 기록

성명	형량	죄명	재판소	형확정일	형무소
이교재李敎載	2년 6개월	대정 8년 제령제7호 및 출판법 위반	대구복심법원	1919년 9월 25일	진주
심상원沈相沅	1년	상동	상동	상동	상동
서석천徐錫天	10개월	상동	상동	상동	상동
서정규徐正奎	6개월	상동	상동	상동	상동
이병수李炳秀	6개월	상동	상동	상동	상동
권영한權寧漢	6개월	상동	상동	상동	상동

　일제 당국이 이교재와 일행에게 언도한 죄명은 '대정 8년 제령 제7호 및 출판법위반54'이었다. 잘 알다시피 제령制令이란 일본의 식민지배의 효율성과 자의성의 극대화를 위해 조선총독에게 부여된 제령제정권에 의해 만들어진 법률을 말한다. 일본정부는 1910년 8월 29일의 「조선에 시행할 법령에 관한 건」이라는 긴급칙령 324호를 발포하여 일제하 조선의 법률은 조선총독부령, 곧 제령의 형식으로 제정할 수 있다고 선포하였다.55 강점기 35년간 제정된 제령은 모두 681건으로 분야별로는 경제와 산업이 466건, 사법·경찰이 157건, 기타 사회, 문화, 행정 순이다.56

　3.1운동에 참여한 독립 인사들을 처벌하는데 사용된 '대정8년제령 제7호'는 이 운동이 발발된 직후에 제정된 것이다. 대정8년제령제7호는 3.1운동 참가자에 대하여 보안법 대신 내란죄를 적용하기 위해 총독부 내 사법부 장관의 제언으로 제령을 작성한 뒤 도쿄의 법제국과 교섭하여 이것을 완성하였다. 이를 4월 15일에 '정치와 관한 범죄 처벌의 건'으로 공포 시행하게 된 것이 이른바 대정8년 제령제7호이다.57

3.1운동으로 인해 유죄판결을 받은 총 7,816명 중에서 보안법 위반자가 5,601명으로 가장 많고 소요·출판법 276명, 제령제7호 위반자는 161명에 달하였다. 이교재의 경우 출판법과 제령제7호를 동시에 위반함으로써 2년 6개월의 형을 받았는데, 이에 해당하는 인원수는 각각 74명과 13명이다.[58] 출판법 위반의 내용은 독립선언서, 곧 허가받지 않은 문서의 작성과 출판에 관여했는지, 독립선언서를 교부, 반포했는지에 따라 6개월의 형량차가 있었다. 또한 이교재는 피검자의 6.2%에 해당하는 제령제7호로 처벌을 받았다. 제령 위반으로 2년 이상의 징역형을 받은 이는 모두 13명인데, 그에 포함된 것이다. 손병희 등 독립선언서에 서명하고 시위를 계획한 이른바 '48인 사건'에서 2년 6개월의 형을 받은 이는 최남선과 이갑성 등 24명이다. 이들 중 최남선을 제외하고는 거의 모두 보안법 제7조 위반으로 처벌을 받았다.[59]

위와 같이 48인도 보안법 제7조로 처벌을 받은데 비해 이교재와 그 일행은 3.1운동 이후에 만들어진 제령제7호 위반으로 처벌을 받은 것이다. 왜 그랬을까? 앞에서 본 것처럼 이교재 일행이 진주에서 체포된 시기는 6월이었기 때문에 4월에 제정된 제령제7호를 적용하였을 수도 있다. 그러나 원인 행위가 제령 제정 이전이었기 때문에 제령제7호를 소급하여 적용하였을 것으로 보이지는 않는다. 다만 윤상태와 같은 국권회복단 멤버들도 대정 8년 7월 16일에 대구지방법원에서 '대정8년제령제7호위반피고'로 재판을 받았으므로[60] 이교재 일행만이 제령을 위반한 것은 아니지만 여하튼 무거운 죄를 우선한 것이다.

그러나 이 죄명과 형기는 진전면 소장의 『범죄인명부』와 다르다는 점에서 문제가 있다. 이 명부에도 확정 일자는 대정 8(1919)년 9월 25일이지만, 대면 재판이라는 사실을 명기하였고, 거기에 죄명은 '출판법 위반'이었다. 아울러 형명과 형기는 징역 1년 3개월로 적혀 있다.**61** 제령제7호 위반은 해당되지 않았고, 출판법으로만 징역형을 언도한 셈이다. 출판법 위반으로도 1년 3개월의 징역형을 받은 것도 비교적 무거운 것이지만, 대구복심법원의 형기가 2년 6개월이었다는 사실을 감안하면 1년 3개월의 형량이 줄어든 것이다. 대구복심법원에서 결정한 판결내용과 범죄인명부의 그것이 다른 것은 법적용의 차이에서 기인한 것으로 보이는데, 출판법만 적용한 것은 다른 지역의 시위대와 달리 관청을 공격하여 기물을 파손하고 문서를 불태웠다거나 하는 등의 보안법 위반 사항이 없었기 때문이었을 것이다. 이교재와 같이 재판을 받은 이병수 역시 '출판법 위반'으로 징역 6개월의 형을 받았으므로**62** 복심법원의 『집행원부』에서 보이는 제령제7호 위반은 잘못 적용된 법령이었으리라고 생각한다.

당시 3.1운동 참가자에 대한 재판에서 법리상 크게 문제가 되었던 것이 변호인측에서 제기한 '공소불수리'였다. 검찰이 독립운동가들을 제령제7호위반으로 공소한 것은 잘못이며 따라서 그들은 무죄라고 주장하였다. 이 주장을 경성고등법원에서 받아들이면서 고등법원과 지방법원은 법적용과 재판의 주체로 인해 한동안 재판을 진행하지 못하였다.**63** 결국 법원은 검찰의 제령제7호에 의한 공소가 무리라는 점을 인정하면서 기왕의 치안법이나 출판법을 적용하여 판결을 내렸고, 이교재에게도 이 원칙이 적용된 것으로 보인다.

그렇다면 이교재와 함께 형무소에 갇힌 위의 인물들은 누구일까.

순서대로 적힌 인물들을 검토해 보자. 심상원沈相沅에 관한 기록은 재판 기록 이외에서는 신상정보를 확인할 수 없었다. 다만 형량에 있어서 이교재보다 적지만 다른 이들보다는 많은 1년 형이다. 다음으로 서석천의 경우, 1949년 4월에 발간된 한 언론에 실린 19명의 명단 속에 그의 이름이 있다.⁶⁴ 이들 중에서 예컨대 마산지역 출신으로 구분된 김호현金浩鉉, 고승주高昇柱, 변갑섭卞甲燮, 김영환金英煥, 홍두익洪斗益, 변상복卞相福, 이기봉李基鳳 등은 모두 삼진의거 때 피살당한 8의사들이다. 서석천은 남해와 함양 지역의 인물로 속해 있는데, 이로 보아 이교재와 같은 시기에 독립만세운동에 참여하였다가 체포되어 형을 받은 것으로 보인다. 1949년에 반민특위경남조사부가 본격적인 활동에 들어갔을 때, 당시 조사관들은 진동의 창의비에 참배를 하면서 고인들의 명복을 빌었다고 한다. 이 자리에 기미독립운동 당시 피체포자인 서석천도 동행하였다.⁶⁵

서정규徐正奎(1889~1949)는 창원의 진동면 출신으로 1919년 3월 28일에 있었던 고현의 만세시위 참여하였고, 이어 4.3시위에도 참여한 인물이다. 그 역시 제령제7호와 출판법 위반으로 이교재와 같이 진주지청을 거쳐 대구복심법원에서 6개월 징역형을 선고 받았다.⁶⁶ 출신지가 진동이고 고현과 4.3의거에 잇따라 참여하였음에도 의거 직후에 피체를 피한 채 다시 진주에 가서 활동한 것을 보면, 이교재 역시 이러한 궤적을 밟았으리라고 본다.

이병수李炳秀(1896~1960)의 출생지 주소는 창원군 진전면 오서리 597번지이다. 이 주소는 현재 동대 마을에 있는 진전우체국 옆으로, 이교재와 바로 이웃한 곳에서 살았음을 보여준다.⁶⁷ 이병수는 이교재가 통영에서 군자금 모금사건으로 지명수배를 받을 당시 "동지 이병수 씨(현존)와 통영, 마산, 진주 방면으로 전전 피신하던 중에"라는 김형윤 기자의 회고담이 있는 것으로 보아,68 두 사람은 친밀한 동지 관계를 맺고 있었던 것 같다. 진전면 오서리가 고향인 권영한의 죄명도 『집행원부』에 따르면 대정8년제령 제7호 및 출판법위반이며 이교재와 같이 9월 25일에 최종적으로 6개월 징역형이 확정되었다.69

진동·진전·진북의 3개 면을 일컫는 삼진지역에서는 4.3삼진의거로 인해 많은 사상자가 발생하였고, 이에 못지않게 체포 투옥된 이들이 있지만,70 이들은 대부분 경성지방법원이나 부산지방법원 마산지청에서 재판을 받았다. 이와 달리 위의 6인은 진주법원과 대구복심법원에서 같은 날에 같은 죄명으로 재판을 받았다는 사실이 특이하다. 1923년의 통영사건 때에도 오서리 출신의 이만갑이라는 진주경찰서 고등형사에게 체포되었다고 알려졌는데,71 3.1운동 때에도 진주에서 체포되었기 때문에 삼진지역의 독립운동가와는 다른 법정에 서게 된 것이라고 할 수 있다. 요컨대 이교재 일행은 삼진지역의 면민들이 연합대를 구성하여 진행한 3.1운동에 참여하고 나서 약간의 시간이 흐른 뒤 다시 진주에 가서 독립선언서 등을 배포하다 그곳에서 체포되었다고 생각된다.

복심법원에서의 형기를 마쳤다면 이교재는 1922년 3월 24일에 출옥하였을 것이다. 하지만 앞서 지적한 바와 같이 진전면에 소장된 『범죄인명부』에는 1년 3개월간의 형기를 마친 것으로 기재되어 있다. 그렇다면 1920년 12월 24일에 출옥한 셈이 된다. 그의 나이 34세 때의 일이다. 이교재는 출옥 직후에 상해의 임시정부로 망명하였다고 알려져 있다. 허나 아직껏 알려지지 않은 또 다른 사건이 있다. 1922년 4월 18일이 판결 날짜로 되어 있는 국가기록원 소장 독립운동관련 판결문에 따르면 "이름은 이교재, 나이는 37세, 본적/주소는 경상남도 창원군 진전면 오서리이며, 죄명은 '대정 8년 제령제7호 위반'"이다. 판결기관은 마산지검 충무지청으로서 주문은 '죄가 되지 않음'이었다.72 앞에서 본 바와 같이 3.1운동으로 인한 복역기간이 1년 3개월이었다면 출옥 이후 1년 4개월여 만에 다시 체포되어 재판을 받은 것이다.

이와 달리 진동면사무소 소장의 『범죄인 명부』에 기재된 죄명은 '기부금품모집취체규칙위반'이며, 형명과 형기는 '벌금 30원', 판결청은 '마산분국'이다. 국가기록원 기록과 달리 죄명이 구체적이며 그에 따른 벌금까지 부과한 것이다. 이 「기부금품취체규칙」은 융희 3년(1909) 3월 1일에 각령 제2호로 『관보』에 실렸는데, 기부금품을 모집할 경우에는 모집 목적 및 방법, 모집 금품의 종류, 수량 및 보관 방법, 모집자의 주소·직업·성명·연령 등을 갖춰 내부대신 및 사업 주무대신에게 청원하여 허가를 얻어야 했다. 이는 통감부가 당시에 불기 시작한 민립학교의 기부금 모집을 통제하여 학교 설립을 차단하려는 것이 주요 목적이었다.73 이 규칙이 이교재에게도 적용된 것이지만, 구체적으로 누구로부터 어떤 방식으로 기부금을 모집하여 어떤 용도로 쓰려고 했는지는 알 수 없다. 다만 이 사건을 판결한 곳이 마산지검 충무지청이라는 사실을 주목해 볼 수 있다. 통영에서 기부금품을 모집하려다 체포되어 벌금형을 받은 것이다. 다음해인 1923년에 통영에서 실제로 일어났듯이 독립군자금 모집과 관련된 일이 아니었을까라고 짐작해 볼 수도 있다. 그렇다면 이 기부금 사건도 이교재가 단독으로 실행한 것이라기보다 임정과 연계되어 통영에서 진행되었던 것으로 볼 수도 있겠다.

III. 상해 임시정부로의 망명과 통영 군자금 모금 사건

이교재의 독립투쟁에서 두 번째 단계는 상해로 망명한 다음 상해 임시 정부의 일원으로서 활동한 시기이다. 그는 상해에 언제 갔으며, 어떻게 갔을까? 이 부분에 대해서도 사실을 말해주는 기록은 없다. 가장 확실한 것은 임정의 지시를 받아 통영에서 군자금을 모집하다 체포되어 재판을 받은 기록이다. 1923년 9월 21일에 통영경찰서에 체포되었고, 이로 인해 재판을 받은 사실이 있다. 따라서 3.1운동으로 인해 감옥에 간 뒤 출옥했을 1921년 12월 이후에 상해행이 가능하였을 것이다. 그간의 국내 기록들은 '3.1만세운동이 전국에 한창일 때 감연히 상해로 망명하여 임시정부의 동지와 규합'하였다거나,[74] '1921년 출옥 후 상해로 건너갔다'[75]고 보았다. 만세운동이 한창일 때 상해로 망명한 것은 불가능하였으므로 1921년 출옥 후 혹은 1922년 4월 벌금형 이후 상해로 건너갔다고 보는 것이 무난할 것이다. 그러나 기부금품취체규칙 위반으로 체포된 사실도 상해 임정과의 연계 속에서 진행되었다고 본다면, 그의 첫 번째 상해행은 1920년도 말의 출옥 직후가 더 가능성이 있다고 생각된다.

이교재는 왜 상해로 갔을까? 이 점 역시 불분명하다. 당시 외국에서의 독립운동은 무장투쟁을 통해 조선을 해방시키자는 부류와 외교와 정치력을 통해 해방이라는 목표를 달성하려는 부류가 있었다.[76] 전자에 뜻을 둔 이들은 만주로, 후자는 상해쪽으로 방향을 잡았다. 이교재가 상해를 택한 이유는 통상적으로 일찍부터 한인들이 집결하면서 독립운동의 거점으로 성장하고 있었기 때문이었을 것이다. 특히 3.1운동 이후 망명자들이 급증하고 일본과 만주, 러시아 등지에서도 독립운동가들이 모여들면서 3월 하순경 최고기관 설립 논의가 있었고, 최종적으로는 임시정부와 의정원을 설립함으로써 독립운동은 새로운 국면에 접어들었다.77 독립운동에 뜻을 둔 인사들에게 그만큼 매력적인 곳이었다.

또 다른 이유는 그가 진전 일대에서 독립운동을 하면서 맺은 인맥이나 단체를 통해 상해로 들어갔을 가능성을 생각해 볼 수 있다. 상해의 임정과 마산지역의 독립운동가들을 연결하는 조직은 국권회복단이나 대동청년단이었던 것으로 보인다. 국권회복단은 1915년 대구의 안일암에서 윤상태·서상일 등이 경북지방의 유림을 포섭하여 조직한 항일운동결사였다. 이 단체는 마산에 지부를 설치하고 안확安廓을 지부장으로, 이형재李瀅宰·김기성金璣成을 임원으로 임명하였으며, 이순상·배중세·변상태 등이 부원으로 참여하였다.78 이 중에서 일부 단원들이 4.3삼진의거 때 많은 군중을 동원하였고, 이후 상해 임정에도 독립운동자금을 송금하였다.79

1909년 10월에 안희제·서상일·이원식·남형우 등이 조직한 비밀결사 형식의 대동청년단은 1945년까지 비밀결사로서 활동했기에 전모를 파악하기는 어렵다. 안희제가 설립한 백산상회는 대동청년단의 거점이었다.80 어떤 경우 대동청년단의 표면적인 조직활동으로서 국권회복단을 지적하는 경우도 있다.81 마산과 삼진에서 독립운동을 전개한 이형재 · 배중세 · 변상태 · 김관재 등과82 윤상태 · 서상일 · 신상태 · 남형우 · 박영모 · 안희제 · 박중화 등도 양 단체와 깊은 관련이 있었다. 임시의정원 구성에서도 의원 중 남형우를 비롯한 대동청년단 출신이 4명이 포함되어 있었다.83

이렇게 볼 때 이교재는 지역 내에서 활동하던 대동청년단 및 국권회복단과 일련의 연락망을 맺고 있었던 것으로 보인다. 이교재는 1923년 9월에 통영에서 군자금을 모집하다 체포된 적이 있는데, 이곳에서는 서상환과 서상호가 국권회복단에 가담하여 활동하고 있었다.84 또한 이교재가 마지막으로 국내에 들어올 때 임정에서 전한 문건 중에 김관제와 윤상태에게 보내는 편지가 포함되어 있는데, 이들 2인 모두 조선국권회복단을 조직하는데 주도적인 역할을 하였으며, 1917년에 대동청년단에 가입한 인물이기도 하다. 또 마산지역에서 전개된 3.1운동에서 김관제는 변상태와 함께 각각 경남 동부와 경남 서부 일원의 의기를 책임지고 분담하였고,85 양 조직의 주요 인물이었던 변상태는 임시정부의 독립운동 자금을 송금하는 책임을 맡았다.86 상해의 임시정부와 연락을 취하며 독립운동을 전개한 국권회복단의 마산지부 멤버 이순상87은 상해에서 잠입한 고한高漢과 부산에서 접촉하기도 하였다.

권오봉의 동지였던 안희제는88 1917년에 대동청년단에 가입하였고, 특히 3.1운동 이후 상해임시정부에 남형우와 윤현진을 파견하였으며, 임정의 재정난이 심각할 때 누만의 자금을 조달하여 위기를 돌파하도록 도와준 사실도 있었다.89 나아가 윤현진은 임시정부 원년 7월 7일에 열린 제5회 임정원 의원에 경상도 대표 6인 중 한 명으로 선출되었으며 상임위원회에서 재무위원장을 맡아[90] 백산상회 자금 30만 원을 임정에 헌납하기도 하였다.[91] 상해에서 오랫동안 거주하면서 독립운동을 했던 고한은 배중세와 안확과도 면식이 있었고, 결국 배중세와 함께 상해로 탈출하였다.[92] 이 때 상해로 탈출한 사람으로 배중세 뿐만 아니라 남형우, 윤현진도 있었다. 이렇게 볼 때 이교재는 권오봉, 안확, 변상태, 김관제, 안희제, 배중세, 남형우 등을 비롯한 삼진, 마산 및 경남지역과 상해를 연결하는 국권회복단 및 대동청년단이라는 네트워크를 이용하여 상해행을 택한 것으로 보인다.

그렇다면 이교재는 당시 어떤 루트를 통해 상해로 갔을까. 3.1운동 이후 국내에서는 상해 및 만주로의 망명 열기가 타올랐다. 이 당시 상해행 루트는 열차로 신의주까지 간 다음 압록강 철교를 건너 중국의 단동(현 안동)에서 배를 타고 상해로 가는 노정이었다. 임정에서는 1919년 7월 10일에 연통제를 설립하면서 국내와 임정의 연락망을 조직화하였다. 연통제란 임정과 국내를 연결하는 비밀연락망 조직으로 당시 내무총장인 안창호가 설립하여 국무원령 제1호로 공포되었다.[93]

남편을 따라 상해로 망명한 정정화는 연통제와 뒤이어 만들어진 교통국을 통해 특수한 임무를 부여받고 국내에 파견되었다. 잠입경로는 상해에서 아일랜드인인 조지 루이스 쇼가 운영하는 이륭양행의 배를 타고 안동으로 간 다음 그곳에 상주하는 통신원의 집에 머물고 그의 안내에 따라 압록강 철교를 건너 신의주로 오는 노정이었다. 신의주에서는 비밀연락 거점인 이세창 양복점을 접촉하였고, 그의 편의로 서울에 도착하면, 서울역 건너편 세브란스 병원 관사에 있는 신필호

박사를 찾아가 이곳에서 약 20일 동안 머물며 임정에서 지시한 사람을 만나고 자금을 모았다. 그런 다음 위의 귀환 코스를 거꾸로 되짚어 가며 상해로 귀환하였다.94 이교재도 이른바 '정정화루트'라고 부를 수 있는 코스를 따라 상해로 들어갔을 것이라 추측된다.

이교재가 상해 임정에 도착한 1921년대 혹은 1922년대 초 임정은 어려운 처지에 놓여 있었다. 베르사이유 체제가 공고화되고, 임정 내의 갈등도 증폭되었으며, 국내외의 독립자금 지원도 점차 줄어들었다. 이를 타개하기 위해 임정은 1922년 이후 독립전쟁 준비론으로 나아갔다. 1922년 10월 여운형과 김구 중심의 임정 요인들은 한국노병회를 설립하였는데, 이는 독립전쟁 준비 방략의 일환이었다. 곧 노동과 군사를 겸한 인물을 양성한다는 목표를 제시하면서 일본이 국제전쟁에 휘말릴 때를 기다려 독립전쟁에 필요한 조건을 갖추어 나아가야 한다는 것이다. 군사력이 뒷받침되지 않은 임정에서 이것을 확보하기 위한 방책이었고, 거기에는 중국군관학교에 한국인 입학생을 보내는 것도 포함되어 있었다.95

이러한 시기에 임정에 도착한 이교재가 어떤 과정을 거쳐 그 일원이 되었는지 역시 알 수는 없다. 앞서 말한 1922년의 기부금모집 위반으로 체포되었을 때에도 임정과의 관계를 고려해 볼 수 있다. 그럼에도 1923년 9월에 통영에서 군자금을 모집하다 체포된 사건을 통해 볼 때, 이교재는 국내에 밀파되어 군자금 모금이라는 중차대한 역할을 맡았을 정도로 임정의 요인이 되어 있었던 것으로 보인다.

그렇다면 이교재가 주도한 통영군자금 사건은 무엇이었는가. 이에 대해서는 당시의 기관에서 작성한 두 종류의 재판기록과96 경남고등

경찰부가 작성한 일지형식의 기록이 남아 있다. 먼저 1923년 9월 21일자로 경남고등경찰부에서 작성한 기록에 "창원군 진전면 오서리 전교원前教員 이교재李教載가 상해가정부上海假政府의 밀명密命을 받고 군자금을 모집하기 위해 조선내로 들어와서 통영군 통영면 서정署町의 김종원金宗元에게 군자금을 강요하던 중 체포되어 당국에 보내져 징역 2년에 처하였다"라는 사실을 들 수 있다.97 이교재의 신분이 '전교원'으로 되어 있다는 점은 이미 말한 바지만, 그의 활동 근거가 임정의 밀명이었고, 그 목적은 국내에 들어가서 군자금을 모집하려는데 있었다. 그가 선택한 곳이 통영이었고 그 대상이 김종원이었다는 것이다.

1923년에 통영지청에서 작성한 『형사사건부刑事事件簿』에 따르면, 통영경찰서에서 '비현행범'으로 체포된 이교재의 죄목은 '대정8년제령제7호위반'이었다. 구류일자는 대정 12년(1923년) 10월 4일, 검사에 이송된 날짜는 동년 10월 13일로서 '진주'로 표기되어 있다. 통영지청에서 재판을 받은 그날 진주교도소로의 이송이 결정된 것이다. 피고인의 본적과 직업, 그리고 연령은 '창원군 진전면 오서리 578번지, 농민, 이교재 37세'로 적혀 있다. 같이 체포된 인물로는 김종원金宗元, 강상휴姜相烋, 박성숙朴性淑, 박세홍朴世洪, 이찬근李瓚根, 반광민潘光閔 등 6명으로 그 신상과 죄목, 구류일자, 검찰이송여부 등은 〈표 2〉와 같다.

〈표 2〉 이교재의 통영군자금 모금사건 관련자98

	성명 나이	주소	직업	죄목	구류일자	검찰이송여부
1	이교재 37	창원군 진전면 오서리 578번지	농민	대정8년 제령 제7호위반	1923.10.4	10.13

2	김종원 28	통영군 통영면 서정署町 43번지	농업	증거인멸	1923.10.4	10.13. 증거부족으로 석방	
3	강상휴 34	통영군 통영면 조일정朝日町 321번지	주민	범인은닉	상동	상동	
4	박성숙 24	통영군 통영면 길양정吉野町	농업	상동	상동	상동	
5	박세홍 28	통영군 통영면 대화정大和町 19번지	중학교사	상동	상동	상동	
6	이찬근 32	통영군 통영면 조일정 221번지	의생	상동	상동	상동	
7	반광민 39	창원군 내서면 석전리 152	포목상	동행취체령위반	상동	상동	

　통영경찰이 파악한 바에 따르면 통영사건 관련자들의 죄명은 군자금 모금이 아니라 '증거인멸'이나 '범인은익' 혹은 '동행취체령위반' 등이었다. 모두 현행범이 아닌데다 증거를 확보하는 일이 어려웠기 때문에 다른 명목으로 경찰에 체포되었던 것으로 보이지만 모두 10월 13일에 석방되었다. 이교재가 진주교도소로 간 것과 대조적이다.

　그렇다면 이들은 누구였을까? 김종원은 강상휴와 더불어 통영지역의 사회단체인 통영청년단의 창단멤버였다.[99] 이 청년단은 3.1운동 직후인 1919년 8월에 창립총회를 열고 통영기독교청년회장을 지낸 박봉삼을 초대 단장으로 추대하였다. 주요 활동으로는 순회강연과 교육, 계몽, 순회공연 등이었다. 말하자면 통영지역의 애국운동과 사회계몽 운동의 본거지였다고 할 수 있다. 1923년 11월 18일에는 회관을 신축하는 행사가 예정되어 있었다. 창립 당시에는 34명이던 회원이 3년여 만에 400여 명으로 증가하였는데, 이는 그만큼 갖가지 활동을 한 덕택이었다. 3대 단장이던 임철규가 사재를 털어 회관을 신축하려던 참이었다. 이교재의 군자금 모집 사건은 바로 이 회관의 낙성

직전에 벌어졌던 것이다.

위의 명단에 올라있는 박성숙朴性淑(1900~1932)은 통영에서 하동집으로 알려진 부유 집안의 자제로서 일본 유학을 마친 뒤 귀향하여 청소년들에게 신학문을 가르쳤고, 박세홍은 훈련을 담당하면서 수시로 시국강연회를 개최하였다. 특히 박세홍은 1920년 3월 10일에 설립한 통영노동당의 회장이기도 하였다.[100] 사건부 기록에 박세홍은 학교 교사로 기재되어 있지만 통영합동노동조합에서 검사원으로도 일하고 있었다. 이 조합은 통영지역 노동조합의 연대체로서 1930년에 박세홍은 이 조합의 집행위원장의 자리에 올랐다.[101]

이찬근李瓚根(1893~1950)의 이름도 올라 있다. 『형사사건부』에는 직업이 의생으로 기록되어 있는데, 오늘날 통영시 항남 1번가에 수남의 원壽南醫院을 개설하였다. 1914년 6월 1일자 조선총독부관보에도 그 이름이 올라있다.[102] 그의 경력을 보면 단순한 한의사는 아니었던 것으로 보인다. 1926년에 창간된 『중외일보』는 1928년에 주식회사의 형태로 확대 개편하기 위해 주주를 모집하였는데 마산의 이형재·구성전·옥기환 등과 더불어 통영의 이찬근도 5주를 투자하는 것으로 이에 참여하였다.[103] 또한 이찬근은 통영지역에서 1920년대 말에 김두옥·최천 등과 더불어 동아일보사 통영지국장으로 거론되었으며,[104] 1928년 3월 25일에 봉래좌에서 열린 신간회 통영지회 임시의장이기도 하였다.[105] 지역사회에서 진보적이며 독립운동에서 관심이 있었던 인물이었다.[106]

경찰의 기록에는 이교재가 김종원에게 군자금을 강요하였다고 되어 있으나 그것은 앞서 말한 바와 같이 무죄로 판명되었다. 김종원은

『형사사건부』에 농민으로 기재되어 있으나 설어鱈魚, 곧 대구잡이 사업가로서 통영에서 꽤나 이름난 수산업자였던 것으로 보인다.107 또한 그는 통영의 3.1운동에서 사전 준비와 여론을 환기하던 시기의 주도 인물 19명 중 한 사람이었다.108

그러나 군자금 사건에서 주목해야 할 인물은 박성숙일 것이다. 박성숙의 부친인 박진영(1853~1939)은 일제 시대에 통영에서 3대 부자 중 하나로 일컬어지는 이른바 하동집의 주인이었다. 그의 부인인 이인李仁은 바로 이교재의 고모였다.109 이교재의 외손자인 한철수의 회고에 따르면, 외할머니에게 들은 바로는 이교재는 통영으로 날아다니듯이 다녔다고 한다.110 이 배경에는 이교재의 고모인 이인과 그의 아들인 박성숙 등이 통영에 거주하고 있었고, 부호인 이들이 독립운동에도 자금을 제공했기 때문이었다고 할 수 있다. 이교재가 사망한 뒤 그의 집이 저당 잡혀 경매에 넘어갔을 때 400엔어치의 저당권을 사들여 이교재의 모친에게 되돌려준 것도 통영군 통영읍 명정리 249번지에 살던 박희형朴喜鎣이었다.111 또한 앞서 말한 대동청년단 멤버이자 독립만세운동에 참여한 통영의 미곡상 서상호는 박성숙의 아내인 서말희의 오빠였다. 그가 통영에 자주 출입하면서 독립운동과 관련된 활동을 할 수 있었던 배경에는 박씨네와의 관계가 있었기 때문이었다고 생각된다.

이교재는 이 사건으로 인해 1923년 12월 20일에 끝난 제1심에서 제령제7호 위반으로 '징역 4년'을 선고받고 진주교도소에 수감되었다. 9월 21일에 경찰에 체포된 지 4개월만이었다. 제2심의 공소신청은 같은 해 12월 24일이었다. 대구의 복심법원으로 넘어가 재판을 받았으나 검사의 공소 취하로 종결되었고, 확정판결은 1924년 1월 24일이었다.112 진전면 소장 『범죄인명부』에도 죄명은 '대정8년제령제7호 위반'으로, 형명과 형기란에는 징역 4년으로 기재되어 있다.113 그렇다면 그는 1924년 1월 24일부터 다시 4년간의 징역생활에 들어갔으니, 1928년 1월 23일에 만기출옥하였을 것이다. 42살 때의 일이다.

이후 이교재는 서대문형무소에서도 다시 수감되었다는 말도 있다. 진주형무소에서의 출옥 직후 상해로 귀환하였고 그곳에서 임무를 부여받고 조선에 입국하는 도중에 신의주에서 체포되어 서대문형무소에서 2년간 복역하였다는 것이다.114 그러나 이에 관한 기록물을 찾지 못하였기 때문에 좀 더 자세한 기술은 후일을 기다려야 할 것이다. 게다가 2년간 복역하였다면 시기상으로 몇 가지 어려운 점에 봉착한다. 1928년에 출옥하였고, 다시 1931년 말쯤 국내에 잠입하였던 사정을 감안하면 그 기간 동안 상해행과 감옥행을 모두 경험하여야 한다는 의미인데, 이는 사실상 불가능하다고 본다. 또한 국내로 들어오다 신의주에서 체포되어 2년 형을 살았다면, 1931년 말에 임정으로부터 임명장을 받으면서 새로운 임무를 떠맡는 것도 어려웠을 것이라 생각한다. 따라서 서대문형무소에서 2년형을 살았다는 저간의 서술은 결정적인 자료가 발견되지 않은 한 신뢰하기 어렵다.

Ⅳ. 임시정부 발행 9개 문건의 국내 반입과 그 의미

이교재의 독립운동 중에서 증거가 가장 많이 남아있는 부분은 상해임시정부에서 발급한 '경상남북도 상주대표'라는 위임장을 비롯하여 다종의 문건을 휴대하고 입국한 일일 것이다.115 작성연도 중 제일 늦은 것이 1931년 11월 20일이니만큼 그의 입국은 상해에서 창원군 진전면까지의 거리나 교통수단 등을 생각하면 빨라도 1932년 초일 것이라고 생각한다. 따라서 이교재가 국내에 가지고 들어온 이른바 '이교재임정문서'를 중심으로 그의 마지막 독립활동을 살펴보기로 하자. 현재까지 필자가 조사해서 파악한 이교재임정문서 속의 문건은 9개이다.116 문서에 포함된 문건의 명칭과 세부 사항은 〈표 3〉과 같다.

〈표 3〉 이교재임정문서의 9개 문건

	문건 명칭	종류	소유별	생산연도
1	이교재李教載 경상남북도慶尙南北道 상주대표常駐代表 위임장委任狀	위임장	이상화(이교재 후손)	대한민국13년 11.20
2	달성達城 문장지文章之 추조문追弔文	추조문	달성 남평문 씨 세거지	대한민국13년 10.3
3	달성達城 문대효文大孝 특발문特發文	특발문	달성 남평문 씨 세거지	대한민국13년 10.3
4	밀양密陽 황상규黃尙圭 추조문追弔文	추조문	동아대학교 박물관	대한민국13년 10.3
5	창녕昌寧 성낙문成洛文 특발문特發文	특발문	동아대학교 박물관	대한민국13년 10.3
6	진주晉州 허만정許萬正 특발문特發文	특발문	진주 승산리 허씨(?)	대한민국13년 10.3(?)
7	조완구趙琬九 김구발金九發 김관제金觀濟 윤상태尹相泰 대조台照 편지	편지	동아대학교 박물관	대한민국13년 11.20
8	이사영발李始榮發 김관제인형金觀濟仁兄 편지	편지	동아대학교 박물관	대한민국13년 11.20
9	상해격발문上海激發文	격발문	이상화, 달성 남평문 씨 세거지에 복사본	대한민국13년 10.3

우선 이와 관련해서 검토해야 할 사항은 이 문서가 언제 국내에 들어왔으며 어떻게 해서 세상에 알려지게 되었는가 하는 점이다. 이 문서에 대해 최초로 보도한 이는 『마산일보』의 김형윤 기자였다. 1954년 4월에 진전에 있는 이교재의 자택을 방문하였을 때 "홍로온洪老媼

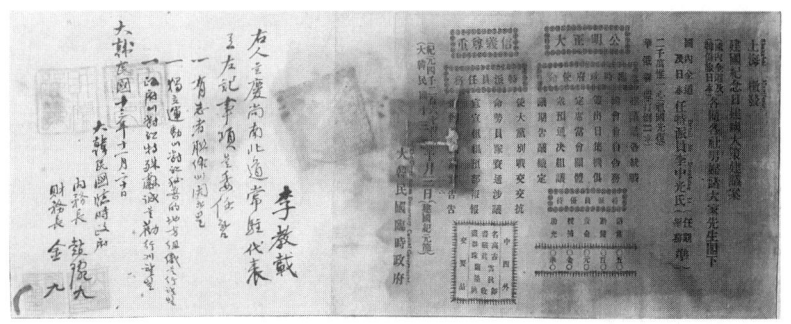

〈사진 1〉 이교재를 상주대표로 임명하면서 몇가지 중요사항을 위임한 위임장(좌)와 상해격 발문(우). 본래 두 개의 문건이지만 맞대놓고 그 부분에 임정의 국새를 찍었다.

(이교재의 부인, 필자)은 우리를 맞아들이며 과거 상해 임정으로부터 선생이 군자금 모집이라는 중대한 사명을 띠고 국내에 잠입할 시, 조완구·김구 두 사람 명의로 발부한 비밀지령서를 우리에게 보여주었다. 좀처럼 보기 어려운 귀한 기념물"117이라면서 문건을 소개하였다.

여기서 우리는 두 가지 사실을 알게 된다. 하나는 그 문서를 이교재

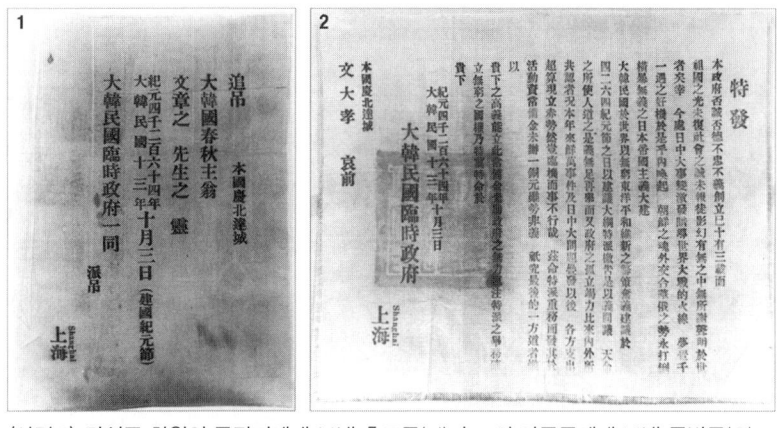

〈사진 2〉 달성군 화원의 문장지에게 보낸 추조문(좌)과 그의 아들들에게 보낸 특발문(우)

창원 진전 출신 이교재의 독립운동과 상해 임시정부

의 부인인 홍노온이 직접 소개하였다는 것, 두 번째로 그것은 김구·조완구의 명의로 발부된 비밀지령서로서 이교재가 군자금 모집이라는 사명을 띠고 국내에 잠입할 시 휴대하였다는 것이다. 미루어 보건대 이 문건은 이교재를 경상남북도 상주대표로 임명하면서 주요 임무를 위임하는 위임장이었을 것이다.

이 기사에는 다른 문건에 대한 언급이 없다. 그보다는 전체문서를 보존하기 위한 홍여사의 피나는 노력을 강조하고 있다. 김형윤은 "그 어려운 상황에서도 석양이 닥칠 때는 반드시 오리라는 신념으로 이 지령서를 굴뚝 속이 아니면 밧줄에 묶어서 우물 속에, 어떤 때에는 부녀자의 월경대로서 일각일분도 머릿속에 떠난 일 없이…" 숨기고 살아왔다고 전한다. 지령서를 갖가지 방식으로 숨겨왔다가 김형윤에게 털어놓았는데, 홍로온은 이 문서를 지령서라고 지칭한 것으로 보인다.

이보다 늦은 1963년에도 『동아일보』에서 이 문서의 일부를 소개하였다.[118] 「32년만에 주인 찾는 감사장」이라는 제하의 이 기사에는 임정에 자금을 제공한 3명의 애국지사에게 임정에서 발행한 감사장과 조문 석장이 33년 만에 주인을 찾은 사정을 소개하고 있다. 세 사람이라고 소개하였지만, 실은 진주의 '허만기'[119]와 경북 달성의 '문대호'(문장지의 아들인 문원만 등을 지칭함, 필자주)[120] 두 사람만 언급되고 있고 있을 뿐이다. 언급되지 않은 한 사람은 창녕의 성낙문이었을 것이며, 조문은 문장지(장지는 문영박의 호, 필자주)와 황상규에게 보내는 것이었을 것이다. 그러나 이 신문기사가 무엇을 근거로 해서 쓰여졌는지는 알 수 없다. 다만 "연고자가 있다면 양陽경남지사 또는 홍여사에게 제시하고 찾아가 주기를 바란다"는 부탁의 말도 곁들이고 있는 것으로 보아, 경남도와 홍여사가 합동으로 문건들의 주인을 찾아주는 행사를 열었던 것이 아닌가 한다.121

이 기사에 호응한 이는 달성의 '문대호', 곧 문영박의 아들 문원만이었던 것으로 보인다. 1963년 4월 5일에 이교재의 양자인 이정순이 달성군의 문원만에게 보낸 편지에서 그 사정을 짐작할 수 있기 때문이다. 이정순은 이 편지에서 "상별지후로 소식이 적적하여… 가지고 가신 서류를 조속히 부송하여 주시면 감사하겠다"는 내용의 편지를 보냈다. 본인의 구호관계 수속을 취하는데 필요하기 때문이었다고 말하고 있다.122 문원만은 『동아일보』에 난 기사를 보고 진전면에 찾아와 문장지 관련 문서를 찾아가면서 그 외의 문서도 빌려갔다고 한다. 필자가 달성의 남평문 씨에서 운영하는 인수문고에 가서 확인한 결과, 그곳에서 보관 중인 문서에는 임정에서 보낸 추조문과 특발문 원본이 있었으며 「상해격발문」과 「이교재경상남북도 상주대표 위임장 (이하 이교재위임장으로 표기)」은 복사본 형태로 소장되어 있었다.123 이정순이 보내 달라고 부탁한 것은 뒤의 두 문건의 원본일 것이다.

이교재의 임정문서 일부가 동아대학교 석당박물관에 보관되어 있다는 정보는 이정순의 아들인 이상화를 통해 알게 되었다.124 해당 박물관에 찾아간 결과 밀양의 황상규에게 보내는 추조문, 창녕의 성낙문에게 보내는 특발문, 그리고 조완구·김구발 김관제·윤상태 대조台照 편지, 이시영발 김관제 편지를 비롯한 두 통의 편지 등 모두 4개의 문건이 소장되어 있었다. 그러나 이것이 이 대학 박물관에 간 까닭까지 정확하게 알 수는 없었다. 이상화의 말에 따르면 부친이 동아대학교 총장인 정재환에게 기증하였다는 것이다. 동아대학교 박물관의 소장자료 목록(74-4)과 관계자에 따르면[125] 이상순으로부터 정재환이 기증받은 것을 박물관으로 이장하였으며, 그 날짜는 1963년 2월 1일로 되어 있었다. 연유는 적혀 있지 않다. 그렇다면 동아대 박물관으로 간 문건들은 『동아일보』에 기사화되기 이전이었다고 할 수 있다. 곧 일부는 이미 정재환에게 전달되었고, 그 나머지 일부가 『동아일보』에서 보도되었다고 짐작된다.

위에서 언급한 바와 같이 우리는 홍로온의 발언과 김형윤의 기행문, 『동아일보』 기사, 남평문 씨 세거지 소유 문건, 이상화의 진술 등을 통해 이교재가 마지막으로 입국할 때 9개의 문건을 휴대하고 들어왔다는 사실을 확인할 수 있었다. 특히 홍로온의 진술을 통해 이들 문건이 이교재가 직접 휴대하고 들어왔으며, 임정에서 발행한 문건이라는 사실도 명백하다고 본다.[126]

형태상으로도 이 임정문서는 임정에서 발행한 격식을 갖추고 있었다. 모두 한문으로 작성한 이 문건들은 '기원 4264년, 대한민국 13년에 대한민국임시정부 상해'라고 기록하고 임시정부라는 글자 위에 사각형의 '대한민국임시정부인大韓民國臨時政府印'이 새겨진 국새를 찍어 임정에서 발행하였다는 사실을 증명하였다. 이교재위임장의 경우에는 국새와 더불어 '내무장인內務長印', '재무장인財務長印'이라는 부서인을 문건 좌측 상단에 나란히 찍었다. 성낙문에게 보내는 특발문에는 작은 부전지에 주석이자 법무장이던 이동녕李東寧의 이름과 인장을 덧붙여 놓아, 임정 발행의 문건이라는 점을 증명하고 있다[127]. 그리고 위

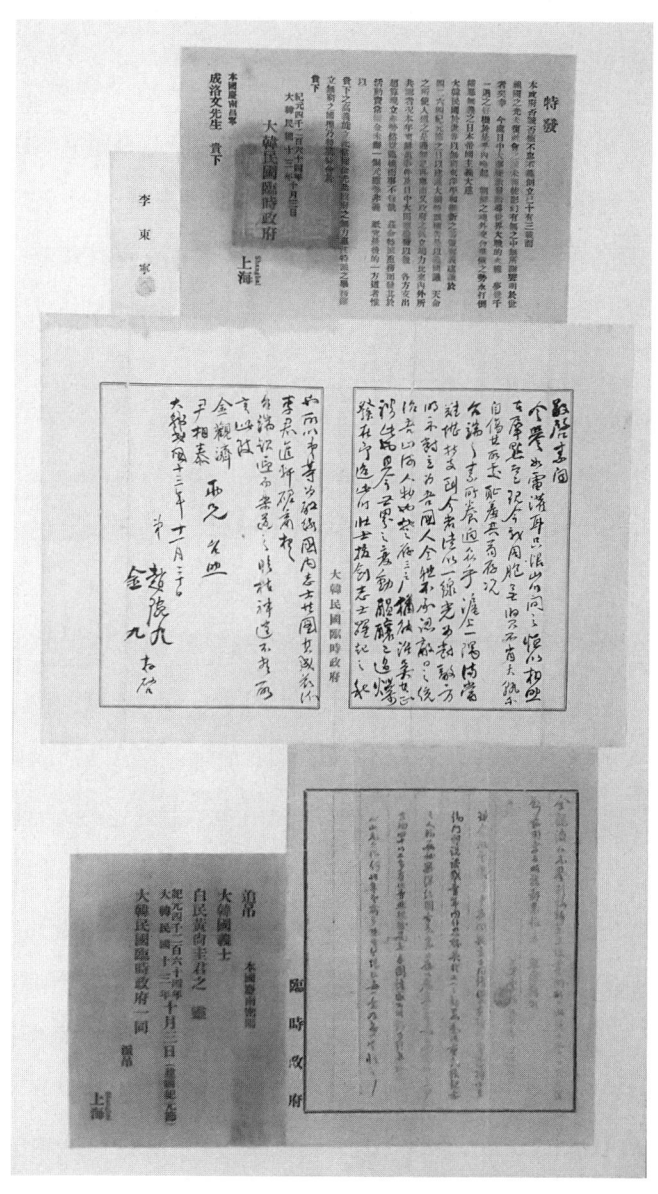

〈사진 3〉 동아대학교 석당박물관에 소장된 이교재임정문서 4건. 성낙문 특발문(상), 조완구·김구발 김관제·윤상태 태조台照 편지(중), 이시영발 김관제 편지(하우)와 밀양의 황상규에게 보내는 추조문(하좌)

임장, 상해격발문, 추조문, 특발문은 모두 비단에 작성하였고, 편지는 종이 위에 붓과 펜으로 썼다. 이교재의 후손이 소유하고 있는 위임장과 격발문은 한 장인 듯이 보이지만 내용과 발행일, 인쇄방식, 비단의 섬세함 등에서 다르기 때문에 각각의 문건으로 보아야 할 것이다. 다만 증명을 위해 두 문건을 겹쳐 놓고 국새를 찍었고 표구 또한 이에 맞추었기 때문에 하나의 문건처럼 보일 뿐이다.[128]

그렇다면 개별 문건들의 내용은 무엇이었는가. 이교재가 전달하려던 문건 중에는 달성의 문영박(호는 장지, 1880~1930)에게 보내려던 두 종류의 문건이 있다. 하나는 문영박이 사망한 데 대해 임정에서 뒤늦게 조문한다는 추조문으로 내용은 '추조追弔 본국本國 경북달성慶北達成 대한국춘추지옹大韓國春秋之翁 문장지文章之 선생지령先生之靈 대한민국임시정부일동大韓民國臨時政府一同'으로 되어 있다. 문영박은 1930년 12월 18일에 사망하였는데, 문서의 작성일자는 1931년 10월 3일이었으므로 사망한 지 10여 개월이 지난 뒤에 조문을 한 셈이다.

그의 대효大孝, 곧 아들들에게 보낸 특발문에는 현재 벌어지고 있는 '일중대사변日中大事變' 곧 1931년 9월의 만주사변이 세계대전의 도화선이 되고 있어서 국내에서 호응하면 일본제국주의를 타도할 수 있으나 비용이 없으므로 특파원을 보내니 그에게 상비금常備金을 보내 주었으면 한다는 내용이다. 그렇게 되면 무력감에 빠져있는 임시정부를 도울 수 있다는 것이다.[129] 실제로 문영박은 1919년부터 그가 사망한 1930년까지 전국을 왕래하면서 임정에 군자금을 지속적으로 송달해 주었다고 한다. 특히 1929년 2월 27일에는 대구경찰서의 고등계 형사들에게 4시간 동안 가택수색을 당한 뒤, 장남 문원만과 함께 체포된 적도 있었다.¹³⁰ 아울러 문영박은 국내에서 독립운동을 하던 오세창·유창환에게 각각 '수봉정사壽峯精舍'와 '수백당守白堂'이란 친필을 받기도 하였고, 또 이들과 더불어 이승훈·한용운·김진호·강매姜邁·이상재·유진태·이득년은 1918년 망명지에서 국내로 잠입한 우당 이회영과 함께 국제정세의 변동에 대처할 방법을 비밀리에 논의하기도 하였다.¹³¹ 문영박은 말하자면 전국적인 독립지사들의 네트워크 속에 포함되어 있던 인물이었던 것으로 보인다.¹³² 그는 특히 상해에서 활동하던 창강 김택영을 통해 많은 서책을 구입하였는데, 그 수송 방식은 상해에서 목포까지 배로 운송하면 그곳에서 다시 수레를 이용하여 화원까지 이송하는 것이었다고 한다.¹³³ 이 역시 문영박과 임정과의 통로로 활용되었을 가능성도 있다.

임정에서 추조문을 보낸 이로는 밀양 출신의 황상규가 포함되어 있다. 추조문 내용은 앞의 문영박 선생과 큰 내용은 같으나 일부 다른 점도 있다. "추조追弔 본국경남밀양本國慶南密陽/대한국의사大韓國義士/백민황상규군지령白民黃尙圭君之靈/기원4천2백64년紀元四千二百六十四年·대한민국大韓民國 13년十三年 10월 3일十月三日(건국기원절建國紀元節)/ 대한민국임시정부일동大韓民國臨時政府一同/ 파조派弔/ 상해上海(Shanghai)"이다. 문영박의 경우 '대한국춘추지옹大韓國春秋主翁'으로 부른데 비해 황상규에게는 '대한국의사大韓國義士'로 호칭하였다. 앞의 경우 역사의 주인이라는 뜻을, 황상규는 의사라는 점을 강조한 셈이다. 또한 문영박의 경우 수신인을 '본국경북달성 문대효 애전'으로 표시하였으나 황상규의 추조문에는 이것이 빠져 있다. 검토해 보아야 하겠지만, 조문을 받을 대상이 마땅치 않았을 수도 있다.

밀양 출신인 황상규는 밀양 뿐만 아니라 만주와 임정에서도 활동했던 대표적인 독립운동가였고, 특히 동양척식주식회사 창녕지역 관리인인 양인보를 설득하여 창녕군에서 받아들인 동척의 소작료 1년분을 받아 임시정부에 헌납한 것으로 알려졌다.[134] 이러한 공헌도 임정에게는 중요한 부분이 아니었을까 한다. 황상규는 김약산의 고모부이자 의열단의 창립자로 알려져 있지만, 1931년 9월 2일에 폐결핵 복막염으로 사망하였다.[135] 임정에서 이교재를 통해 추조문을 보낼 때에는 그의 사망 사실이 거의 한달 만에 임정에 알려진 시점이었다. 임정에서 다양한 방식으로 국내의 정보를 수집하였다는 사실을 알려주는 것과 동시에 그에 맞는 예우를 해 준 것으로 보인다.

추조문이 애국인사에 대한 예우 차원의 성격이 강한 문건임에 비해 특발문은 임정에 대한 재정적 지원을 호소하는 문건이라고 할 수 있다. 문영박의 자제에게 보낸 특발문은 이미 언급하였지만, 창녕의 성낙문에게도 거의 동일한 내용의 특발문을 보냈다.[136] 진주의 허만정에게 보낸 특발문도 위의 경우와 크게 다르지 않을 것이다.[137]

성낙문成洛文과 허만정許萬正은 각각 창녕과 진주를 상징하는 부호들이었다. 창녕군 지포면 석리 출신의 성낙문은 잘 아는 바와 같이 창녕지역의 대성이자 부호로서, 손녀인 성혜림(1937~2002)은 북한의 유명 여배우였고, 암살당한 김정남의 어머니이기도 하다. 성낙문은 1920년에 창녕자동차를 창립하는데 주주로 참여하였으며, 1940년에는 부산지방법원 창녕출장소 청사 신축 중에 건물 1동과 부속건물 등을 기부한 공로로 일제 당국으로부터 포상을 받은 기록도 있다.[138] 표면상으로는 당시의 식민지배 당국에 협조하였던 것이다.

진주시 지수면 승산리 출신인 허만정許萬正은 1925년에 백산무역에 250주를 투자한 주주의 한 사람이자139 『중외일보』의 창립자 명단에도 주식을 투자한 인물로 소개되고 있다.140 GS 그룹의 창업주인 허만정은 '인심이 좋고 인권을 존중하는 유풍이 남아 있는 승산리'에서 만석꾼으로 이름이 났었고,141 또한 민족해방운동을 위해 청년 중심으로 모인 보주청년회라는 단체에도 이름을 올린 34명 중 1인이었다.142 부호이면서 독립운동을 지원하는 데에도 적극 관여하고 있었음을 알 수 있다.

　추조문과 특발문의 수신인들을 분석해 보면 다음과 같은 몇 가지 특징을 보여준다. 먼저 상해임시정부는 국내에서 활동하는 독립지사들이나 임정후원자들의 동향을 잘 파악하고 있었고, 그들을 정성들여 예우하고 있었다는 사실을 알 수 있다. 심지어 추조문이나 특발문은 비단에 쓸 정도로 상대방을 세심하게 배려하였다. 또한 특발문은 부호가들에게 보냈는데, 이들에게는 앞서의 문장지에서 본 바와 같이 만주사변으로 세계정세가 변하고 있으니, 재정적으로 독립투쟁을 더욱 지원해 달라는 내용을 전하고 있다. 예우를 넘어서서 실질적인 도움을 요청하고 있는 것이다. 또한 문장지나 허만정은 독립운동을 지원하는데 노출된 듯이 행동하였던 반면, 성낙문은 거의 드러나지 않았고 오히려 지역유지로서 일제의 지역 지배 사업에 협력하는 양상도 보여 주었다.

　김관제와 윤상태에게 보여주도록 요청한 편지에는 국내 지사들에게 투쟁을 독려하고 있는 내용이다.143 곧 "현재 적국의 지배를 받고 있는 상황이지만 세계가 변동하면서 폭발하기 직전이니 칼을 뽑아야 하지 않겠는가. 따라서 국내의 지사들과 연합하여 그 성취를 함께 도모해야 할 것이며, 이에 이군(이교재, 필자주)을 파견한다"는 것이다. 수신인을 구체적으로 언급하기 않은 것으로 보아 이교재에게 구두로만 알려주었을 이 인사 역시 임정이 파악한 국내 협조자였을 것이다. 조완구와 김구가 연명하여 보낸 것이므로 임정의 이름으로 보낸 것이나 마찬가지라고 할 수 있다. 또 이시영이 김관제에게 보내는 편지에는 이우李友, 곧 이교재를 통해 속마음을 털어놓은 것으로 보인다. 비밀리에 단체를 결성하여 안팎으로 서로 호응하게 하여 커다란 사업을 펼치는 것이 중요하다고 언급하고 있다. 김관제나 윤상태는 경북지역에서 오랫동안 활동해온 독립운동가였으며, 따라서 이교재에게 경상남북도 상주대표라는 직책을 부여한 까닭은 그만큼 이교재의 활동범위가 실질적으로 경상남북도에 걸쳐 있음을 증명한다고 하겠다.

이와 관련하여 우리는 「상해격발」이라는 문건에 주목할 필요가 있다.144 비단 위에 인쇄된 이 문건의 내용은 다음과 같다. 우선 큰 주제는 '건국기념일건국대책건의안建國記念日建國對策建議案'이다. 현재 존재하는 임정이 아니라 새로운 나라를 만들겠다는 건의안인 셈이다. 격발의 대상은 국내와 한교韓僑를 포함하는 모든 선생이며, 이를 위해 특파원으로 이중광李中光을 임명한다는 것이다.

건의안은 크게 임시정부 사명과 특파원 임무로 대별된다. 임시정부 사명에는 '건국책정중의建國策定衆議, 의회출석예기議會出席豫期, 의회일당통고議會日當通告, 각자집회결의各自集會決議, 통합기관조직統合機關組織, 전무구체의정戰務俱體議定' 등 7개항이 제시되어 있다. 또한 특파원의 임무는 '사명선전使命宣傳, 대세선전大勢宣傳, 당원조직黨員組織, 별대조직별隊組織, 전자예약戰資豫約, 교통부립交通部立, 교섭보고交涉報告, 항의보고抗議報告' 등 8개 항목이다. 요컨대 임정에서는 건국대책을, 의회에서는 항시 준비를, 각 기관과 조직을 통합하면서 전무戰務에 구체적으로 대비할 것을 사명으로 제시하고 있다. 반면 특파원들에게는 대세大勢, 곧 '일중대사변'의 발발로 인해 광복의 기회가 이르렀다고 선전하는 일과 새로운 조직을 갖추면서 전쟁비용을 예비하고, 교섭이나 항의 사항을 보고하는 임무 등을 부여하였다.

이 과업을 수행할 특파원인 이중광이 누구인지는 알 수 없다. 국내와 일본까지 활동범위에 넣고 있는 것으로 보아 특파원 중에서도 최상위의 요인이 아닐까 하지만, 현재까지 어떠한 독립운동 자료에도 검색되지는 않는다. 특파원 임무를 총괄하는 만큼 각 지역이나 각 업무에 맞는 특파원들도 있었을 것이나 이 역시 확인되지는 않는다. 여하튼 이 문건의 존재는 새로 출현한 동아시아의 정세에 따라 임시정부가 국내외에서 총궐기하도록 격문을 만들었다는 점이고, 이것을 이교재에게 휴대하고 입국하도록 하였다는 사실이다. 이렇게 보면 이교재 역시 이러한 과업을 수행할 특파원이었고, 나아가 임정과 국내의 독립 세력을 연계하는 역할도 떠맡은 다중적 특파원이었다고 할 수 있을 것이다.

이와 관련해서 마지막으로 검토해야 할 것은 이교재를 경상남북도 상주대표로 임명하면서 몇 가지 중요사항을 위임한다는 대한민국임시정부의 위임장이다. 발행일은 대한민국 13년(1931) 11월 20일, 발행인은 임정의 내무장 조완구와 재무장 김구이다. 두 사람의 친필 사인이 쓰여 있고, 또 두 부서의 관인까지 찍혀 있어서 임정에서 발행한 사실을 의심할 수 없다. 임정은 이 위임장에서 이교재를 경상남북도 상주대표로 임명하면서 다음의 몇 가지 중요 임무를 위임하였다. 1) 유지자 연락에 관한 일, 2) 독립운동에 대한 비밀적 지방조직을 행할 일, 3) 정부에 대한 특수헌성을 권행케 할 일 등 세 가지이다. 유지연락, 비밀스런 독립조직, 그리고 독립운동자금을 제공하도록 권하는 일이 그에게 맡겨진 임무였다.

문제는 임정이 이러한 중차대한 임무를 왜 이교재에게 맡겼는가 하는 점이다. 독립 이후 진전의 이교재 묘소를 참배한 김구에 따르면[145] "그는 독립운동의 방법과 독립운동자금 모금에 관해 능력이 탁월하였고, 국내주재 조직 및 독립운동 자금 모금의 경상남북도 상주대표로서 장관 몇 명이 하는 일보다 더 중요"하였다고 술회하였다. 곧 독립운동의 방법과 조직화, 그리고 운동자금 모금에서 탁월했다는 것이다. 위임장을 작성할 당시 김구의 직책이 재무장이었다는 사실을 감안한다면 임정에 필요한 부분은 특히 독립운동 자금을 확보하는 것이었고, 이에 적합한 인물로 이교재를 선택하였을 것이라 생각한다.

요컨대 임정에서 위와 같은 능력을 갖춘 이교재에게 맡긴 책무는 네 가지 정도였을 것이다. 문서전달, 독립운동 자금 확보, 독립에 필요한 비밀조직, 거사 시의 가능성 타진 등이 그것이다. 이를 위해 경상남북도 상주대표라는 직함을 부여하였을 것이다. 그것은 국내에서 이교재가 주어진 일을 추진하는 증명서이기도 했지만, 그보다는 중대한 임무를 부여한 일종의 특명서였다고 할 수 있다. 활동영역은 경상남북도이고, 따라서 해당 문건들을 전달하려는 대상 인물들도 숙지하고 있었다고 생각된다. 이는 몇 차례의 감옥행으로 기록된 그의 독립운동 행적 못지않게 중요한 부분이라고 생각된다. 말하자면 감옥행은 드러난 것이지만 식민당국에 알려지지 않게 활동한 각종 행적은 훨씬 더 많았을 것이라는 추정을 가능하게 해 준다. 김구가 이교재의 집을 방문하여 그의 공을 높이 평가하고 유가족을 위로한 데에는 그만한 까닭이 있었던 것이다.

그렇다면 임정에서는 왜 그 시기에 이교재에게 중요한 임무를 부여하였을까. 이를 위해서는 임정의 독립운동은 국가간의 전쟁과 깊은 관계에 있었다는 사실을 검토할 필요가 있다. 임정 출발 자체가 제1차 세계대전의 여파였고, 조국의 광복은 일본의 패망에서 비롯된다고 판단하였던 것이다. 말하자면 일제의 패망을 앞당기기 위해서는 반침략전쟁을 준비해야 한다고 인식하였다. 제2차 대비는 만주사변과 상해사변이었다. 앞의 특발문이나 김관제와 윤상태에 보낸 편지에서 확인되었듯이 만주사변은 일본을 패망에 몰아넣을 수 있는 기회라고 판단하였다. 이에 따라 임정은 1932년 전반기에 6건의 거사를 실천에 옮겼거나 준비하였으며 이는 반침략전쟁의 성격을 내포한 것이었다. 6건의 거사는 ① 이봉창의 도쿄 의거(1932. 1. 8), ② 상해주둔 일본군사령부 폭파계획(중국인 용병- 실패, 1932. 2. 12), ③ 윤봉길 등의 상하이 일본비행장 폭파계획(좌절, 1932. 3. 3), ④ 이덕주 · 유진식의 조선총독 공략(좌절, 1932. 3), ⑤ 윤봉길의 상해 홍구공원 의거(1932. 4. 29), ⑥ 최흥식 · 유상근의 만주 관동청 공략(좌절, 1932. 5) 등이었다.**146** 위의 6개 거사 중 우리에게 잘 알려진 윤봉길과 이봉창 의거는 임정의 반침략전쟁의 일환이었던 것이다.**147**

이러한 사실들과 이교재의 국내 파견을 연계시켜 보면 어느 정도 답을 얻을 수 있다. 그가 국내에 들어온 시기는 이봉창 의거나 윤봉길

의거가 실행되거나 준비되고 있던 시점이었고, 따라서 이교재에게 부여한 임무는 국내에서 전개될 반침략 전쟁을 준비하는 작업이었던 것이다.**148** 추정이지만 이교재가 국내에 들어오는 무렵에 이봉창**149**도 김구와 반침략전쟁을 모의했기 때문에 두 사람은 자신들이 부여받은 임무를 모두 숙지하고 있었을 수도 있고, 따라서 서로 만나 의논했을 가능성도 있다.

V. 맺음말

마지막으로 남은 문제 두어 가지를 언급하면서 마무리를 하고자 한다. 한 가지는 이교재의 사망 상황과 관련된 것이다. 현재까지는 옥사하였다는 이야기가 많이 전승되고 있다. 예컨대 "부산형무소에서 2년 언도를 받고 복역중 1차 피검 당시의 전신타박과 고문의 여독으로 49세의 일기로 옥중에서 정돈"이라는 1954년 4월의 이교재댁 방문 기사가 그렇다.**150** 이보다 7년 뒤에 동일한 신문사에서 작성한 이교재의 추도식 관련 기사에는 "진주형무소에서 옥사하였다"는 추도문을 전하기도 하였다.**151**

이보다 10여 년 뒤에도 변지섭은 "1931년 사명을 띠고 입국, 진주의 허만정, 달성의 문대효, 창녕의 성낙문 등 부호가를 역방하면서 군자금을 모집하다가 사로事露하여 마산경찰서에 피검, 부산형무소에서 복역 중 고문의 여독으로 옥중에서 영면"하였다고 기술하였다.**152** 이 기술은 사실에서 오류를 범하고 있는데, 이교재는 위의 사람들을 만나지 못한 채 사망하였기 때문이다.

이러한 이설들을 해소하기 위해서는 그의 사망 직후에 나온 신문 보도를 보는 것이 좋을 것이다. 이교재의 사망 직후『동아일보』는 「이교재 씨 영면」이라는 제목 아래 "신유년 통영 사건으로 6년간의 철창 생활을 겪고 나온 후 이래 10수년간을 해내외로 다니며 많은 활동을 하던 두산斗山 이교재 씨는 풍상에 받은 악질로서 수년 동안 신음하던 바 불행히 지난 12일에 씨의 고향인 창원군 진전면 오서리 (578번지) 자택에서 47세를 일기로 영영 이 세상을 이별하였다 한다. 유족으로는 슬하에 일점 혈육이 없고, 다만 80노모와 미망인 홍씨가 있을 뿐이라 한다"고 그의 부음을 전하였다.153

"풍상에 받은 악질로서 수년 동안 신음하던 바… 자택에서 세상을 이별"이라고 한 대목에서 우리는 그가 수년간 병으로 신음하였고, 마침내 악질로 인해 자택에서 사망하였다는 사실을 알게 된다. 다만 '신유년 통영사건'이라거나 '6년간의 철창생활'은 잘못된 설명이다. 통영사건은 신유년(1921)이 아니라 1923년(임술)에 있었으며 감옥생활 역시 4년이었기 때문이다. 부산교도소라든가 옥사에 관한 이야기는 나오지 않는다. 또한 가족으로는 부인과 노모 외에 8살 된 딸이 있었으나, 이 역시 빠트렸다. 따라서 이 신문기사에는 세 가지 정도의 오류가 있지만 죽음과 직접 관련되는 오류는 아니다. 이교재의 사망과 관련된 최초이자 당시의 기사라는 점에서 신뢰할 만하다고 생각된다.

와병 중에 사망하였다는 사실은 김구의『백범일지』에서도 확인된다. 그가 해방 이후 삼진의 이교재 묘소를 참배하고 유족들을 만난 뒤의 글에 따르면, "과거 상해 체류시 본국으로 파견하여 운동하다가 옥중 고문을 받고 결국 그 여독으로 세상을 떠난 이교재 지사의 유가족을 방문, 위로"하였다는 것이다.154 와병의 원인을 각각 악질과 고문의 여독으로 약간 달리 보았지만, 악질 역시 고문의 후유증이었다고 볼 수 있기 때문에 두 종류의 차이를 말하는 것은 의미가 없다.

따라서 부산교도소에 수감되었다거나 그곳에서 옥사하였다는 이야기는 결정적인 자료가 나오지 않는 한 믿기 어렵다. 진전면에 소장된 『범죄인명부』에도 이 사실이 기재되어 있지 않기 때문에 지금으로서는 고문과 악질로 인한 와병 중 자택에서 사망했다고 보는 것이 더 타당하다.

또한 그의 사망 뒤 집이 경매에 넘어갔을 정도로 경제 사정은 극히 어려웠다. 당시의 건물등기부에 따르면,155 이교재의 집은 그의 사망 직후인 1933년 3월 20일에 마산부馬山府 만정萬町(오늘날의 동성동, 필자)에 사는 가와자키 타이지川崎泰次156에게 4백엔에 저당 잡혔으나 빚을 갚지 못해 경매에 들어가게 되었다. 그러나 통영에 사는 박희형朴喜鎣157이 이를 갚으면서 경매가 취하되었고, 최종적으로 그 집은 이교재의 모친인 김수실金受室에게 유산으로 상속되었다.158 이러한 어려움이 그의 유족으로 하여금 동대 마을을 떠나 도산 마을로 이주하게 된 요인이었을 것이다. 도산 마을을 방문한 김형윤은 '한두 섬의 저축이 있을 리 없는' '불행한 혁명가'로 묘사하였다.159

많은 역경에도 불구하고 이교재의 독립운동은 몇 가지 점에서 특별한 의미를 찾을 수 있다. 첫 번째 의미는 초기의 독립운동에서 마지막 단계까지 초지일관 해왔다는 사실과 더불어 시간이 흐를수록 활동영역의 확대와 심화가 두드러졌다는 점을 들 수 있다. 1910년대 직후의 초기 단계에서 이교재는 지역의 독립운동가들과 함께 활동하다가 삼진 지역의 3.1운동에 참가하는 것을 넘어서 진주지역으로까지 활동

영역을 넓혔다. 형량이나 형명으로 본다면 단순 참가가 아닌 주도자의 역할이었다.

두 번째 단계는 상해 망명 직후에 전개된 것으로, 주요 임무는 국내에 밀입국하여 군자금을 모으는데 진력한 일이었다. 통영에서 항일적 지사와 인척을 통해 군자금을 모으는 임무는 비록 실패하였지만, 그간 이 지역에서 구축한 그의 조직 능력과 군자금 모금에 대한 그의 책임감을 잘 보여주었다고 생각된다. 실제로 이 시기의 임정은 재정적으로 큰 어려움에 빠져있었기 때문에 이교재와 같이 군자금을 모금하는데 헌신적으로 일할 사람이 필요하였다.

세 번째 단계는 임정이 1931년 9월에 시작된 만주사변을 반침략전쟁의 중요한 기회로 삼고 이봉창·윤봉길 의사들의 거사를 통해 광복을 도모하던 때에 국내에 파견되어 그에 호응하는 조직을 갖추면서 준비하던 때였다고 할 수 있다. 이교재가 1931년 11월 말 이후 입국시 휴대하고 들어온 이교재임정문서 9개 문건은 임정의 광복계획과 그에 따른 이교재의 역할을 충분히 인식할 수 있는 증거들이라고 할 수 있다. 휴대한 문서에 따르면 창녕·밀양·진주·달성 등 경상남북도 지역에 임정의 후원망이 있었고, 이교재는 이 네트워크를 구축하고 활용하는데 직접적으로 관여하였다고 볼 수 있다. 임정 설립 직후 구축한 연통제나 교통국이 일제의 단속에 의해 제 기능을 발휘하지 못하였다고 말한다. 하지만 이교재는 특파원으로서 이 과업을 수행하였으니, 임정의 국내연락망은 1930년대에도 여전히 살아있었음을 보여준다고 하겠다.

두 번째의 의미는 이교재가 그의 본거지이자 초기 활동무대였던 경남과 상해의 임정이라는 두 지역을 연계하면서 임정이 추구하는 조국

광복이라는 광대한 목표를 지역이라는 맥락 속에서 실천했던 점이라고 할 수 있다.

세 번째 의미는 임정에서 부여한 군자금 모집에 많은 힘을 기울였고, 독립운동의 방법론과 조직화에 큰 공을 세운 독립운동가였다는 점이다. 해방 뒤에 김구가 이교재의 묘소에 와서 남긴 말은, 단순한 상찬을 넘어서 그의 업적을 정확하게 평가한 것이었고, 임정문서를 휴대하고 입국시킨 이유도 여기에 있다고 생각한다.

· 주석
· 각 논문의 출처
· 색인

주석

제1부 마산의 근대성 성찰

근대 도시 마산에 대한 인문학적 성찰

1 유장근, 「동아시아의 근대사에 있어서 중국의 위상」, 『경대사론』 제10호(1997) 이 글은 다시, 정문길 · 최원식 · 백영서 · 전형준, 『주변에서 본 동아시아』(문학과지성사, 2004)에 실렸다.
2 유장근, 「한 · 모택동주의적 근대상과 만청적 근대상 사이에서」, 『명청사연구』 제32집(2009.10), pp.281~302.
3 유용태, 『환호속의 경종; 동아시아 역사인식과 역사교육의 성찰』(휴머니스트, 2006), pp.164~172.
4 유용태 · 박진우 · 박태균 지음, 『함께 읽는 동아시아 근현대사』(창비, 2010).
5 『한국의 발견, 경상남도』(뿌리깊은 나무, 1983), pp.336~353.
6 수잔 나퀸 · 이블린 로스키 지음, 정철웅 옮김, 『18세기 중국사회』(신서원, 1998), p.99.
7 페르낭 브로델 지음, 주경철 옮김, 『물질문명과 자본주의』 I~2 일상생활의 구조 하(까치, 1996), pp.698~703.
8 허정도, 『전통도시의 식민지적 근대화』(신서원, 2005), p.64.
9 유장근, 「웅천지역 도자기 루트의 역사적 맥락과 공공자원화 전략」, 경남대학교 인문과학연구소 『인문논총』 제35집(2014.10), pp.53~94.
10 허정도, 앞의 책, pp.65~66.
11 이경미, 『수산물 유통방식의 변화와 상인의 존재양식 -마산어시장의 사례-』(영남대학교 대학원 문화인류학과 박사논문, 2004), pp.30~31.
12 이귀원, 「1920년대 전반기 마산지역의 민족해방운동」, 『지역과 역사』 제1호(1996), pp.9~10.

13 「끈덕진 오랏줄 漁業客主」, 『경향신문』 1963.5.10. 이 신문기사에는 특히 통영, 마산 지역의 객주들을 어민을 수탈하는 존재로 기술하였다. 또한 「어민 수탈하는 객주」, 『매일경제신문』 1970. 9. 24. 「어촌을 가다」, 『동아일보』 1975. 7. 26에서도 유사한 기사가 보인다.
14 노성미, 「성신대제의 역사적 연원과 제당연구」, 『마산 성신대제 연구』(마산문화원, 2008), pp.21~30.
15 노대환, 「기회 혹은 공포의 바다-서양세력의 접근과 조선 후기 해양관의 변화」, 『한국사연구』 123(2003), pp.357~362.
16 최영준, 『국토와 민족생활사』(한길사, 1997), 이곳 저곳 참조.
17 유장근 · 허정도, 「밀양 창녕지역 전통문화의 현대적 변용」, 경남대학교 경남지역문제연구원편, 『밀양 창녕지역 전통문화연구』(경남대학교 경남지역문제연구원), pp.66~69.
18 宮嶋博史는 임진왜란으로 급감한 인구가 17세기 이후에 서서히 회복되면서 18세기 중엽까지 급증하였다고 보았다. 1750년 무렵의 인구는 대략 1,800만 정도였다. 宮嶋博史, 「東アジア小農社會の形成」, 『長期社會變動』(東京大出版會, 1993), p.74.
19 최영준, 「남한강의 수로와 수운」, 위의 책, pp.109~174.
20 上田信, 「中國における生態システムと山區經濟」, 『長期社會變動』, pp.99~128.
21 유장근, 「근대중국에 있어서 생태환경사 연구」, 『중국현대사연구』 3(1997), pp.137~151.
22 이 시기에 일본인에 의해 편찬된 마산관련 자료는 모두 10종이며, 이를 통해 마산지역의 일본인 사회에 대해 비교적 소상하게 검토할 수 있다. 유장근 · 김원규, 「마산 지역사 연구를 위한 자료 실태 조사 -일제시기 일본인에 의한 간행서를 중심으로 -」, 경남대학교 경남지역문제연구원, 『마산지역연구』(경남지역문제연구원, 2002.12), 반면 같은 시기에 한국인 사회에 대해 체계적으로 편찬된 자료는 사실상 거의 없다.
23 '신마산'은 조계지에 만들어진 신도시로서 일본인이 주로 거주하면서 당대에 붙여진 이름이다.
24 '원마산'은 조선후기부터 발전한 마산포 일대의 도심을 지칭한다. 일본인들의 마산 진출 이후 '구마산'으로 불려졌고 최근까지 이 용어가 사용되었으나, 필자는 이를 '원마산'으로 고쳐 부르자고 제안하였다. '구마산'이란 명칭이 식민지 시대의 부정적 유산이므로 이를 청산하면서 동시에 '마산의 원조'라는 의미를 내포하는 원마산으로 부르는 것이 더 낫다는 판단 때문이었다.
25 '북마산'은 도심의 북쪽 지역에 위치해 있어서 붙여진 이름으로 특히 1923년에 이곳에 '북마산'역이 생기면서 지구 명칭으로 굳어졌다.
26 신마산 지역의 식민도시화에 대해서는 유장근 · 허정도 · 조호연, 「대한제국 시기 마산포 지역의 러시아 조차지 성립과정과 각국공동조계 지역의 도시화」, 『인문논총』(경남대학교 인문과학연구소) 16(2003), pp.59~102 참조.
27 1914년에 일제에 의해 실시된 부제(府制)는 개항장에서 출발한 신도시 중 하나로서, 개성, 전주, 진주, 해주, 함흥과 같은 전통 있는 도시와 괴리된 채 진행되었다고 보았다. 고석규, 『근대도시 목포의 역사 공간 문화』(서울대학교 출판부, 2004), pp.10~11. 그러나 마산포는

위의 행정도시와 달리 전통적으로 발전한 포구 도시에 해당하기 때문에 두 공간의 관계는 단순하지 않다.

28 유장근·허정도·조호연, 위의 논문, pp.101~102.
29 허정도, 앞의 책, pp.122~123. 이 규모는 1915년의 마산 전체 인구 15,545명의 약 38%에 해당한다. 고석규, 앞의 책, p.12.
30 윤정숙, 「개항장과 근대도시 형성에 관한 역사지리적 연구: 군산항을 중심으로」, 『지리학』 20-2(1985.12), pp.80~94.
31 두 도심 간의 이중성은 낡은 조선인 거주지와 새로운 형태의 일본인 거주지로 대비된다. 고석규, 앞의 책, pp.17~20.
32 허정도, 앞의 책, pp.179~182.
33 이영학, 「한말 일제하 식민지주의 형성과 그 특질-무라이 진영농장을 중심으로-」, 『지역과 역사』 21호(2007), pp.123~155.
34 허정도, 앞의 책, pp.122~123; 210~211.
35 유장근, 「식민지 위생시설에서 다기능의 생활공간으로」, 『가라문화 27(2015.12), pp.58~69.
36 유장근, 「일본 청주에 밀려난 조선 탁주」, 마산·창원지역사연구회편, 『마산·창원 역사 읽기』(불휘, 2003), pp.287~292.
37 고석규, 앞의 책, p.20.
38 마산시사편찬위원회, 『마산시사』(마산시, 1997) 「마산의 3.1운동」, 인터넷 http://cafe.naver.com/golpo/588 참조.
39 이상길, 「'삼진의거'의 사실적 재구성」, 이종흡 등, 『4.3 삼진의거 발생지 사적 지정을 위한 보고서』(마산시, 2002.2), pp.70~89.
40 『마산시사』, 「마산의 3.1운동」, 인터넷 http://cafe.naver.com/golpo/588 참조.
41 창신학교측에서는 대한제국 정부에서 '창신'이라는 명칭을 부여받은 1908년을 개교일로 삼는다. 하지만, 나는 독서숙으로 시작한 1906년이 더 타당하다고 생각한다. 대한제국기에 출발한 대부분의 한국학교들이 초기의 첫 명칭을 오랫동안 사용하지는 않았기 때문이다.
42 유장근, 「일제 시대 마산 창신학교 관련 신문기사의 유형과 특징」, 『가라문화』 26(2014.10). pp.97~139.
43 신춘식, 「일제하 치열했던 민족해방운동」, 『마산 창원 역사 읽기』(불휘, 2003), pp.85~87.
44 김진호, 「목발 선생… 무정부주의자(상)」, 『경남신문』 2003.7.14.
45 신춘식, 위의 글, p.87.
46 문은정, 「창씨개명 거부한 민족자산가, 명도석」, 『마산 창원 역사 읽기』(불휘, 2003), pp.129~133.
47 김진호, 「'항일지사' 김형철 선생 인술(仁術) 기린다」, 『경남신문』 2015.1.20.
48 유장근, 「20세기 마산 상남동 지역에서 전개된 사회변화와 근대교육의 여러 양상」, 『대구사학』 122(2016.2), pp.101~103.

49　김원규, 「최초의 마산시장, 옥기환」, 마산·창원지역사연구회, 『마산·창원 역사일기』(불휘, 2003), pp.138~139.
50　정규식, 「상남동(노비산) 일대의 공적 공간 변화」, 유장근 등편, 『노산동 명품마을 만들기 스토리텔링 자원발굴 연구조사 보고서』(국토교통부·창원시, 2013.11), pp.53~58.
51　「구락부방역단조직」, 『동아일보』 1920년 8월 2일자.
52　고석규, 앞의 책, p.31.
53　이귀원, 앞의 논문, pp.9~10.
54　이귀원, 앞의 논문, pp.16~17.
55　유장근(2014.10) 위의 논문, pp.97~139.
56　문은정, 「20세기 전반기 마산 지역 화교의 이주와 정착」, 『대구사학』 68(2002), pp.155~182.

제2부 전통의 지속과 새로운 물결

1. 마산 무학산 서원골 일대의 다종교 현상과 그 역사적 의미

1　유장근, 「일본청주에 밀려난 조선탁주」, 마산창원지역사연구회, 『마산창원 역사읽기』(불휘, 2003), pp.286~287.
2　하성림, 하성림, 「마산의 도시하천 기능 및 경관변화」, 경상대학교 교육대학원 석사학위논문, (2007), p.8.
3　하성림, 위의 논문, p.10.
4　옥한석, 「마산시 경관의 형성과정에 관한 연구」, 서울대학교 대학원 지리학과 석사학위논문(1982), pp.13~14.
5　하성림, 위의 논문, p.20.
6　하성림, 위의 논문, p.22.
7　김장수, 「舞鶴山 書院谷 溪流水의 理化學的 特性」, 경남대학교 교육대학원 환경교육전공 석사학위 논문(2004), p.23.
8　2012년 봄부터 확인하였으며, 2012년 11월 3일의 탐방시에도 피라미 종류의 물고기가 떼로 유영하고 있었다.

9　조선총독부 육지측량부, 「경상남도 창원군 마산부 지도」(1919).
10　1947년 항공지도(국립지리원 소장).
11　박호철, 「귀환 동포와 하모니카촌」, 『마산 창원 역사읽기』(불휘, 2003), pp.274~283.
12　이성환, 「마산시의 성장과정 및 그 특징에 관한 연구」, 건국대학교 행정대학원 부동산학과 석사논문, p.36.
13　옥한석, 앞의 논문, p.65.
14　마산시청, 「서기 1961년도 마산시일반회계세입세출결산서」(1961).
15　사업의 한 주체인 문화물산주식회사가 1993년에 작성한 보고서에 따르면 『마산 서원곡유원지개발 교통영향평가』 보고서에 따르면, 유원지개발은 교방동과 자산동 일대 330필지의 면적으로, 그 대상은 관해정 부근에서 무학폭포 일대까지 계획되어 있었다. 동보고서, pp.7~28 참조. 당시 개발계획은 지역 사회에서 회의적이었다. 『경남신문』, 2003년 11월18일.
16　경상남도건설도시국 도시계획과, 「마산도시계획시설(서원곡유원지, 제원시장, 종합시장)변경결정 및 지적승인」(1987). 국가기록원 문서번호 '도시30312-7819'.
17　『매일경제』, 1988년 8월 5일자.
18　楊慶堃 지음(중국명저독회 옮김), 『중국사회 속의 종교』(글을 읽다, 2011), pp.33-35. 원저는 The Religion in Chinese Society-A Study of Contemporary Social Functions of Religion and Some of Their Historical Factors (The Regents of University of California, 1961).
19　김지민, 「민속신앙」, 마산시사편찬위원회, 『마산시사 제2권 전통과 인문』(마산시사편찬위원회, 2011), pp.458~459.
20　서원골 일대의 기도처에 대한 조사는 2007년 1월 9일, 2007년 12월 24일, 2007년 12월 30일, 2008년 1월 1일 및 1월 6일, 2009년 11월 28일, 2011년 4월 9일, 2012년 11월 3일 등 모두 8차례에 걸쳐 진행되었다. 이에 대해서는 http://blog.naver.com/yufei21/60047376589, http://blog.naver.com/yufei21/60046190210, http://blog.naver.com/yufei21/60127751963 등을 참조하면 좋다.
21　김지민, 위의 논문, p.459.
22　이보살에 대한 구술면담은 배선영이 2012년 11월 8일에 행해졌다. 마산합포구 자산동에 사는 이보살은 현재 (사) 대한경신연합회 마산지역 회장으로서 활동하고 있다.
23　김지민, 위의 논문, p.459.
24　김지민, 위의 논문, p.458.
25　나는 이곳을 세 번 찾아갔으나, 첫 번째 답사에서는 하루 종일 헤매었지만, 실패하였다. 산 아래에서 볼 때는 그 위치를 분명히 알았으나, 산 속에 들어가면 길을 잃은 탓이다.
26　김지민은 이를 '오석골 기도터'라고 부른다. 하지만 그 이유는 모르겠다. 김지민, 위의 논문, pp.459~460.
27　한국 무교에서의 관우숭배는 특히 임오군란 직후 청에 우호적이었던 민비에 의해 강조

되었다. 장장식, 「서울의 관왕묘 건치와 관우신앙의 양상」, 『민속학연구』 제14호(2004), pp.403~440.
28 이러한 신도는 예컨대 윤열수, 『한국의 산신도』(대원사, 1998)에서도 보지 못하였다.
29 도승과의 인터뷰는 두 차례에 걸쳐 이루어졌다. 처음은 2008년 1월 6일, 두번째는 2011년 4월 9일이다.
30 양경곤은 민간 종교의식의 사회적 기능으로서 제일 중요한 것으로 질병 쾌유를 들었다. 신도들의 종교행위에서 약 80%가 무병장수를 기원하며, 사묘에 오는 신도의 96%가 질병에 관한 점을 본다고 기술하였다. 楊慶堃, 앞의 책, pp.50~52 참조.
31 이는 이 나무를 관찰한 나무인문학자 계명대 사학과의 강판권 교수의 판단이었다. 2008년 3월 18일에 강판권 교수, 임영주 마산문화원장, 필자 세 사람이 현장을 방문하였다. 반면, 노성미는 이 나무를 엄나무라고 부른다. 노성미, 「성신대제의 역사적 연원과 제당 연구」, 노성미 외 공저, 『마산성신대제연구』(경남문화, 2008), pp.46~47.
32 『동아일보』, 1933년 4월 21일자.
33 노성미, 앞의 논문, pp.46~47.
34 한정호, 「고운 최치원과 창원의 인연」, 『고운 최치원(월영대) 문화 심포지엄』(마산 3115아트센터 강의실) (2011. 10), pp.20~21.
35 山川…斗尺山〈在會原縣峯上有孤雲臺在月影臺北五里 李詹詩蔚彼斗尺山黛色橫雲表 東南壓滄溟霧雨自昏曉伊 昔孤雲仙結搆遠海在會林抄逍遙月影臺 氣與秋天香'. 『신증동국여지승람』 권제32, 21장 뒤쪽, 경상도 창원도호부 조 참조.
36 이 지도는 규장각 소장 지도이다. 번호는 '지승(地乘)〈奎 15423〉' http://147.46.103.182/OIS/GZD/VIEWER.jsp?nodeid=14244&tablename=KYD_GZD_D_TBL&domain=e-kyujanggak.snu.ac.kr
37 文昌文化硏究會, 『文昌風雅』 其1(은시루, 1992), pp.71~72.
38 노성미, 「성신대제의 역사적 연원과 제당 연구」, 『마산성신대제연구』, p.31.
39 유장근 · 허정도, 「밀양 창녕지역 전통문화의 현대적 변용」, 『밀양 창녕 지역 전통문화연구』 (경남대학교 출판부, 2001), p.30.
40 생활풍수문화원. (http://cafe.naver.com/mahamudra/1828) 참조. 2012년 11월 10일 검색.
41 김문식, 「16~17세기 寒岡鄭逑의 地理志편찬」, 『민족문화』 제29집(2006), p.176.
42 민긍기역주, 『역주창원부읍지』, (창원문화원, 2005), pp.113~115.
43 이종호, 「관해정」, 문창문화연구회, 『문창문화』 창간호(1992), pp.35~36.
44 『역주 창원부읍지』, p.129.
45 이종호, 「관해정」, pp.35~37.
46 『역주 창원부읍지』, pp.317~318.
47 『역주 창원부읍지』, pp.88~89.
48 '열린누리'의 블로그, http://blog.naver.com/eyoone/150132898132 (2012년 11월 10일 '관

해정'으로 검색).
49. 文昌文化硏究會(1992), pp.102~103.
50. 김문식, 앞의 논문, pp.206~207.
51. 윤진영,「寒岡 鄭逑의 유거 공간과《武屹九曲圖》」,『정신문화연구』 2010 봄호 제33권 제1호(통권 118호, 2010), pp.7~47.
52. 정우락,「寒岡 鄭逑의 武屹 경영과 武屹九曲 정착과정」,『한국학연구』 제42집(2012), pp.85~97.
53. 정우락, 한강 정구의 무흘정사 건립과 저술활동」,『남명학연구』 28집(2009), pp.307~308.
54. 『경상도읍지』, p.259.
55. 홍중조,「마산의 종교」,『마산시사- 제2권, 전통과 인문』(마산시사편찬위원회, 2011), pp.480~484.
56. 이상 4개 절은 경남대 대학원 기록관리학과 학생의 현지 조사에 따랐다. 조사원은 배선영, 박지영, 김정현이며, 조사날짜는 2012년 2월 7일(원각사), 2월 15일(임마뉴엘 기도원), 2월 16일(도솔암, 백운사), 2월 21일(용주암), 2월 29일(서학사)이다.
57. 허정도,『전통도시의 식민지적 근대화 -일제 강점기의 마산-』(신서원, 2005), pp.452~454; 컬러 화보, 그림 3-34 및 4-19, 5-32 참조.
58. 서상주,「마산시인구에 관한 지리학적 고찰」, 경희대학교 교육대학원 지리교육전공 석사학위 논문(1977), p.19.
59. 서상주, 위의 논문, pp.28~29.
60. 윙치찬, 앞의 책, pp.169~176.
61. 김지민,「마산 星神大祭의 전승을 위한 연구」, 미공간 발표문, 마산성신대제보존회(2012년 8월), p.2.
62. 『매일신보』 1932년 6월 21일자. 이 기사는 김지민 선생이 제공해 준 것이다. 고마움을 전한다.
63. 『동아일보』 1933년 4월 21일자.
64. 노성미, 앞의 논문(1992), p.48.
65. 최석영은 1920년대의 조선총독부의 무속통제와 1930년대의 '心田開發'을 통한 무속통제책을 검토하고 있다. 최석영,『일제하 무속론과 식민지 권력』(서경문화사, 1999), 제3장 및 제5장 참조.
66. 이곳에 대한 답사와 주지와의 대담은 2010년 4월 18일(토요일)에 이루어졌다.「마산 금룡사의 용궁」, '마산에서 띄우는 동아시아역사통신' 블로그 http://blog.naver.com/yufei21/60106858756 참조(2012년 11월 12일 확인).
67. 조흥윤,『한국巫의 세계』(민족사, 1995), pp.160~161.
68. 두 군데 기도원 중, '임마뉴엘기도원'에 대한 조사는 위의 대학원생팀이 2012년 2월 15일에, '무학산기도원'에 대한 조사는 '유장근 교수의 도시탐방대'와 함께 2012년 11월 3일에 진행하였다.

2. 식민지 위생시설에서 다기능의 생활공간으로

1 구현희, 오준호, 「질병치료와 공공의료에 활용한 조선시대 목욕요법 연구」, 『민족문화』 제 40호(2012.12), pp.269~283.
2 『독립신문』, 1896년 6월 27일자.
3 김윤성, 「개항기 개신교 의료선교와 몸에 대한 인식들의 '근대적' 전환」, 서울대학교 대학원 종교학과 석사학위논문(1994), p.101.
4 『독립신문』, 1896년 5월 19일자.
5 고미숙, 『위생의 시대』(북드라망, 2014), pp.27~28.
6 『제국신문』, 1902년 10월 29일자 3면 고원학.
7 『황성신문』, 1901년 8월 27일자 2면.
8 『황성신문』, 1903년 12월 5일자.
9 『독립신문』, 1897년 1월 14일자.
10 김승, 「일제 강점기 해항도시 부산의 온천개발과 지역사회의 동향」, 『지방사와 지방문화』 14권 1호(2011.5), pp.210~212.
11 『황성신문』 광무 11년 5월 16일자.
12 「한국근현대인물자료」, 淺野太三郎 편, 인터넷 『한국사데이터베이스』. http://db.history.go.kr/item/level.do?levelId=im_215_01695 참조.
13 「한국근현대인물자료」, 吉木惠七편, 인터넷 『한국사데어터베이스』. http://db.history.go.kr/item/level.do?levelId=im_215_10622 참조.
14 「한국근현대인물자료」, 廣安喜次郎 검색.
15 『황성신문』 융희 2년 7월 12일자.
16 『황성신문』 융희 2년 11월 22일자.
17 「湯屋營業取締規則」, 『朝鮮總督府官報』 제98호(1912년 11월 27일).
18 平井斌, 『馬山と鎭海灣』(馬山:濱田書店, 1911), p.304.
19 岡庸一, 『馬山案内』(馬山商業會議所: 1915년). 이 책은 '시정 5년'을, 곧 일제의 한국지배 5년을 기념하여 출간하였다.
20 창원지방법원 마산지원 등기계 발행, 『경상남도 창원시 마산합포구 두월동 3가 1-1번지 페쇄등기부 증명서- 대정3년 작성 토지대장』.
21 허정도, 『전통도시의 식민지적 근대화』(신서원, 2004), pp.480~485.
22 인터뷰, 「설재창 씨와의 인터뷰」(대선주조 마산사무실, 2014년 4월 3일). 1948년 생인 설재창 씨는 현재 대선주조 경남영업본부 부회장이다. 그 자신이 앵화탕을 경영한 것이 아니라 그의 부친과 가족들이 해방 직전에 일본에서 귀국한 뒤 이 목욕탕을 사들여 운영하였다고 한다. 그는 앵화탕에서 태어났다.

23 高須瑪公·長田純 編述, 『馬山現勢錄』(馬山南鮮日報社, 1929), p.121.
24 『매일신보』 1917년 1월 19일자.
25 『매일신보』 1919년 2월 10일자.
26 강제 합병 무렵인 1910년대 마산의 인구는 약 1만 6천여 명이었다. 조선인이 1만여 명, 일본인이 약 6천여 명이었다. 허정도, 『전통도시의 식민지적 근대화』(신서원, 2005), pp.453~454.
27 김형윤, 『마산야화』(태화출판사, 1973), pp.57~59 '공중욕탕' 참조.
28 김형윤, 앞의 책, p.57.
29 마산철도요양원은 1941년에 일제말기 '마산철도보양소'에서 출발하였다. 애초의 목적은 철도원의 자제에게 강생학료를 제공하고 호흡기병에 걸린 국원을 수용하여 요양생활을 하도록 하고 다시 갱생하는 데에 있었다. 『매일신보』 1941년 11월 25일자. 이 시설은 해방 뒤 마산교통요양원으로 전환되었다. 오늘날 경남대 월영캠퍼스 일원이다.
30 『동아일보』 1924년 12월 10일;12월 13일자.
31 박영주, 「기업과 공장의 흔적으로 찾아서」, 유장근 주편, 『노산동 명품마을 만들기 스토리텔링 자원발굴 연구조사보고서』(국토교통부·창원시, 2013년 11월), pp.141~142.
32 『매일신보』 1926년 4월 8일자.
33 『매일신보』 1936년 5월 3일자.
34 『매일신보』 1935년 1월 19일자.
35 『매일신보』 1937년 7월 14일자.
36 한국노동조합총연맹, 『한국노동조합운동사』(고려서적주식회사, 1979), p.233.
37 高須瑪公·長田純 編述, 앞의 책, pp.151~152.
38 『재한선교사 보고문건』, 「제2차 비공식회의보고서」, 1919년 3월 14일. 한국독립운동사정보시스템 http://search.i815.or.kr/OrgData/OrgList.jsp?tid=ms&id=007630-05-0016 참조.
39 『매일신보』 1921년 4월 17일자.
40 『매일신보』 1922년 1월 25일자.
41 『매일신보』 1926년 3월 25일자.
42 『매일신보』 1929년 1월 7일자.
43 「馬山府內 沐浴湯 不備」, 『동아일보』 1939년 1월 20일자.
44 「황성신문」 光武 10년 11월 22일자.
45 『매일신보』 1930년 7월 29일자.
46 「癩病患者跋扈로 馬山府民의 恐慌, 음식점과 목욕탕에까지 말 업시 출입, 식수에까지 손을 뻣쳐 위생상 큰 위압, 警察威權 到此無用」, 『동아일보』 1927년 6월 14일자.
47 「욕객의 기화, 지붕의 위의 유리창이 떨어져」, 『동아일보』 1938년 2월 22일자.
48 『매일신보』 1919년 9월 28일자.
49 『매일신보』 1923년 2월 8일자.

50 『매일신보』 1927년 2월 25일자.
51 이미 말한바와 같이 앵탕은 두월동에 있었다. 오동동 앵탕은 오류인 듯이 보인다.
52 「목욕탕에서 2천원 도난」, 『동아일보』 1934년 6월 7일자.
53 경성제국대학 위생조사부 엮음, 박현숙 옮김, 『1940년, 경성의 풍경 토막민의 생활과 위생』(민속원, 2010), p.186.
54 이정용, 「나의 세대 다음 세대」, 『교수신문』 2014년 3월 24일자.
55 「숙박업 공중목욕업, 유기장법 공포」, 『동아일보』 1961년 12월 7일자.
56 「이웃 동업자건 소성에 새 판례. 목욕탕 거리제한 못해」, 『동아일보』 1963년 8월 23일자.
57 「목욕탕허가 혼선」, 『동아일보』 1981년 6월 13일자.
58 유장근 등 편, 『걸어서 만나는 마산이야기』(리아미디어, 2010), pp.167~191; 261~283 참조.
59 강선백과의 인터뷰도 설재창과 동시에 이루어졌다. 그는 설씨 둘째 이모의 아들로써 귀국선 속에서 태어났다고 해서 선백이라는 이름을 붙였다고 한다.
60 『마산상공명감』(마산상공희의소, 1959), pp.143~144.
61 『1959 마산상공명감』(마산상공회의소, 1959), 인구는 『제2회 통계연보, 1964』(마산시, 1964), pp.15~16에 의거.
62 성호탕에 대한 이야기는 인터넷 '1970년대 대한민국 공중목욕탕'. 블로그 「슈트롬게슈츠의 밀리터리와 병기」(http://blog.naver.com/PostView.nhn?blogId=pzkpfw3485&logNo=70169116631) 2015년 11월 30일 참조.
63 『1963 마산상공명감』(마산상공회의소, 1964), pp.255~256.
64 『제2회 통계연보, 1964』(마산시, 1964), pp.15~16.
65 마산시사편찬위원회, 『마산시사– 제1권 환경과 역사』(마산시사편찬위원회, 2011), pp.442~460.
66 『1974년 마산상공명감』(마산상공회의소, 1974),
67 김인수 등, 『목욕탕 연돌 배출원이 대기오염에 미치는 영향』, 동아대학교 환경문제연구소 연구보고 제13권 2호, 1990).
68 당시 목욕 요금은 1963년 당시 20원이었고, 1968년에는 60원으로 상승하였다. 당시 쇠고기 한 근에 300원, 곰탕은 90원, 우동이나 자장면은 50원, 커피는 35원, 이발은 180원이었던 때였으므로, 비교적 부담스런 요금이라 할 수 있다. 손성진 지음, 『럭키 서울 브라보 대한민국』(추수밭, 2008), pp.268~269 참조.
69 1970년대 중후반에 목욕탕 설계를 많이 한 허정도 건축사에 따르면 이러한 변화는 이미 1970년대 후반에 보였다고 말하였다. 면적이 넓은 곳에는 남녀탕을 1층 평면에, 그렇지 않은 곳에서는 2층 혹은 3층 건물을 짓고, 1층은 여탕, 2층은 남탕, 3층은 체력단련이나 휴게실로 사용하였다는 것이다. 2015년 12월 2일 증언.
70 『대한민국 현행법령집』 제37권( ) 보건 醫事편(법제처 편찬, 1995). pp.399~400.
71 『대한민국현행법령집』 보건 의사편, 37(1), pp.418~419.

72 『대한민국현행법령집』 보건 의사편, 37(1), pp.459~464.
73 『대한민국현행법령집』 보건 의사편, 37(1), pp.475~477.
74 황외성, 「공익에 역행하는 '공중위생법' 규제 완화」, 『오마이뉴스』 2002년 4월 17일.
75 『'81 마산상공인명감』(마산상공회의소, 1981), pp.356~358.
76 『제12회 마산통계연보, 1976』(마산시, 1976), pp.54~55.
77 『제17회 마산통계연보, 1981』(마산시, 1981), pp.52~53.
78 『제20회 마산통계연보, 1984』(마산시, 1984), pp.344~347.
79 김형윤, 앞의 책, pp.57~59.
80 「주민인터뷰자료, 서무웅」, 『노산동 명품마을 만들기 스토리텔링 자원발굴 연구조사보고서』(국토교통부, 창원시, 2013.11), pp.205~209.
81 『제14회 마산시통계연보』(마산시, 1978), 본문 이전에 실린 「통계도표목록」 중 건축 참조. 여기에 실린 공식명칭은 '철근콘크리트'이다. 나머지는 목조와 조적조이다.
82 『디지탈창원문화대전』 「아파트」 참조. http://changwon.grandculture.net/Contents?local=changwon&dataType=01&contents_id=GC02201692
83 제24회 마산시통계연보(마산시, 1988), 본문 이전에 실린 「통계도표목록」 중 주택 참조. 당시 주택면적은 302,222㎡였다.
84 『제33회 마산시통계연보』(마산시, 1997), pp.252~253.
85 마산시사편찬위원회, 『마산시사 제3권 정치와 행정』(마산시사편찬위원회, 2011), p.486.
86 『제29회 마산통계연보, 1993』(마산시, 1993), pp.64~65; 300~303에 의거하여 작성.
87 2014년 마산지역 목욕탕은 161개(합포구 86개, 회원구 75개)였다. 1990년대에 비해 줄어든 것을 알 수 있다. 그 이유는 가정욕실, 찜질방, 온천, 스포츠센터 등의 증가에 있었다. 『경남도민일보』 2014년 9월 25일.
88 「시가지계획령세칙, 道令으로 공포」, 『동아일보』 1936년 4월 23일자.
89 「무너진 목욕탕 굴뚝」, 『동아일보』 1960년 2월 20일자.
90 「매연굴뚝 개수령」, 『매일경제』 1971년 11월 3일자.
91 「51개 매연굴뚝 개수령」, 『경향신문』 1973년 4월 9일자.
92 「탕객 2명 목욕탕 굴뚝 부너져」, 『동아일보』 1960년 2월 20일자. 서울의 한 목욕탕에서 굴뚝이 무너져 욕객 2명이 중경상을 입었다는 기사이다.
93 「굴뚝서 추락사」, 『경향신문』 1963년 3월 8일자.
94 「본지 기사에 대한 私刑사건」, 『경향신문』 1964년 9월 26일자.
95 「굴뚝 위서 자살기도」, 『경향신문』 1969년 11월 14일자.
96 이승호, 『한국의 기후&문화 산책』(푸른길, 2009), 인터넷 ebook 참조. http://www.bookrail.co.kr/view/product_detail.asp?co_id=N0912053
97 「부산시내 목욕탕 건물에 높은 굴뚝이 있는 이유는?」, 네이버 지식인 검색어 「목욕탕 굴

뚝」 참조.
98 「마산소방서, 목욕탕 굴뚝 철거 중 추락사고 구조」, 『내외일보』 2014년 7월 30일자.
99 1968,1969,1970년도의 총계는 각각 『제6회 통계연보 1970』(마산시, 1970),pp.118~119 및 『제7회 통계연보 1971』(마산시, 1971), pp.108~109에 의거하여 작성하였다. 이 기록에 따르면 『상공명감』과 약간 다른 수치를 보여주고 있는데, 1963년(도표의 괄호안)에는 20개, 1964년에 19개, 1965년에 19개, 1966년에 19개, 1967년에 20개, 1968년에 22개이다. 1968년의 수효는 양측 자료가 모두 같으나 1963년의 경우는 시 통계가 4개 더 많다. 양측의 기록에는 장단점이 있는바, 시통계의 경우에는 연도별 변화를 세세하게 기록한 반면, 목욕탕의 위치나 명칭, 설립연월일, 주인 등의 항목이 빠져 있다.
100 「마산5」, 『한국지형일람도』 4289(1956) 발행
101 완월동사무소는 1992년 11월 24일에 완월동 12-23번지(완월동 11길 6)으로 이전하였다. '완월동사건립기념」비(1992.11.14 건립) 참조.

제3부 원마산 주변지역의 변화와 신마산 사회의 형성

1. 20세기 마산 상남동 지역에서 전개된 사회변화와 근대교육의 여러 양상

1   여기서 말하는 동아시아적 맥락이란 18세기 전후에 농촌의 중심지에서 발전한 도시의 특성을 마산이라는 도시에 적응시켜 보는 것이다. 예컨대 18세기 중국의 강남지역 도시에서는 인구의 증가와 집중, 다양한 상품의 등장과 시장의 발달, 외부 지역과의 네트워크 강화, 독특한 문화발전, 상인층의 형성과 엘리트화, 인적 교류의 확대 등이 진전되면서 그 이전과는 다른 형태로 도시화가 진전되었던 것이다. 말하자면 초기 근대(early modern)의 양상이라고 볼 수 있는 현상이 도시지역에서 발전하고 있었던 셈이다. 윌리엄 로 지음, 기세찬 옮김, 『하버드 중국사 청, 중국 최후의 제국』(너머북스, 2014), pp.224~236. 마산의 경우 이미 18세기 중엽에 도심지의 성립과 조창의 개설, 그에 따른 시장과 상인층의 출현, 동해 및 서해안 항구도시와의 교역, 도시공간의 기능적 분할, 포구 문화의 형성 등에서 그 맹아가 보인다고 할 수 있다. 필자는 이를 근대 초기의 도시화 라고 규정해 보았다. 유장근, 「근대 도시 마산에 대한 인문학적 성찰」, 경남대학교 인문과학연구소 주최 『근대도시 마산』 학술발표회(경남대학교, 2011.11.18.), pp.1~10.

2　상남동은 1997년에 인근의 교원동 일대를 포섭하고 본래의 상남리 일부를 합포동에 떼어주면서 노산동으로 바뀌었다. 여기서 말하는 상남동은 노산동으로 개명하기 이전의 지명이다.
3　민긍기 역주, 『역주 창원부읍지』(창원문화원, 2005), pp.47~48.
4　같은 책, p.48.
5　같은 책, p.48.
6　같은 책, pp.48~49.
7　같은 책, p.49.
8　서울대학교 고전간행회편, 『戶口總數』(서울대학교 출판부, 1972년 영인본), p.226. 호구총수에(1789) 따르면, 창원부 인구는 부내면 4,386, 남면 6,059, 서면 7,898, 북면 5,056, 동면 6,053호구였다. 이에 대한 분석은 옥한석, 「마산시 경관의 형성과정에 관한 연구」(서울대학교 대학원 석사학위논문, 1982), p.28.
9　여기서 말하는 도시화라는 개념은 18세기 중엽에 청나라에서 전개된 초기 근대의 양상을 상징한다. 도시는 인구가 결집되는 곳이었고, 문화의 생산지였으며, 생산과 소비를 연계시켜주는 공간이었고, 국가 권력이 지역사회에서 작동하는 곳이기도 하였다. 수잔 나퀸·이블린 로스키 지음(정철웅 옮김), 『18세기 중국사회』(신서원, 1998), pp.95~107. 조창이 설립되던 1760년의 마산포에서 이러한 양상이 보인다. 그 점에서 18세기 중엽의 마산포도 초기 근대의 양상을 띠면서 발전하고 있었다고 할 수 있다.
10　松岡美吉山·溝口秀次郎, 『躍進馬山の全貌』(馬山名勝古蹟保勝會, 1941), p.14
11　高須瑪公·長田純 編述, 『馬山現勢錄』(馬山:南鮮日報社, 1929), pp.98~99.
12　『躍進馬山の全貌』, p.14.
13　유장근 등편, 『걸어서 만나는 마산이야기』(마산:리아미디어, 2010), pp.109~112.
14　『동아일보』 1921년 4월 25일자. 7월 3일자, 9월 5일자, 10월 13일자 등 참조.
15　조선총독부 발행, 『마산– 대정8년(1919)년 수정측도』(육지측량부, 1919).
16　서상주, 「마산시 인구에 관한 지리학적 고찰」, 경희대학교 교육대학원 지리교육전공 석사논문(1977), pp.28~29.
17　마산상공회의소, 『74마산상공명감』(마산상공회의소, 1974), p.31.
18　박영주, 「기업과 공장의 흔적을 찾아서」, 유장근 등편, 『노산동 명품마을 만들기 스토리텔링 자원발굴 연구조사 보고서』(국토교통부, 창원시, 2013.11), pp.141~158. 이에 따르면 상남동에는 일제 강점기에 마산조면을 비롯하여 최소한 6개, 해방 이후로는 삼성라디에타와 협동정미소, 일신공업사 등 중대형 공장을 비롯하여 10, 기계 금속 전자 40곳, 장유양조 9곳, 도정제분 4곳, 메리야스, 섬유 14곳, 제과점, 식료품, 국수공장 15곳, 제재소 4곳, 운수업 3곳, 비누화장품 3곳, 연탄공장 7곳, 성냥공장 5곳, 목욕탕8곳, 병의원 조산원 12곳, 가발 피혁공장 6곳, 돌 및 벽돌공장 4곳, 토목 및 건축 7곳, 인쇄소 6곳, 숙박업소 10곳, 기타 13곳 등 186개의 각종 산업 및 편의시설들이 들어서 있었다.
19　박계순 씨는 당시 이 공장에서 일하던 분이었다. 2013년 8월 19일, 상남동 경로당에서 인터뷰.

20 박영주, 위의 논문, pp.142~153.
21 상남동은 1990년대 말에 이르러 다시 변모하게 된다. 오랜 역사를 가진 상남동과 교원동이 합해져 노산동이라는 새로운 동명이 탄생하게 된 것이다. 당시 마산시는 행정 통폐합을 통해 행정의 효율성을 높이고자 하면서 작은 규모의 동들을 통폐합하였던 것이다. 그 결과 상남동의 상당 부분과 교원동의 일부를 통합하여 새로운 노산동이 탄생하였으나, 기실 상남동의 원조나 다름없는 옛 상남리 일대는 합포동에 편입되어 행정상 이질적인 공간으로 변모하게 되었다. 예컨대 상남동의 상징이었던 상남초등학교는 합포동에 속하게 되었고, 또한 예전의 마산상업학교가 위치하고 있던 곳 역시 합포동에 강제 배속되었다. 이 때문에 1997년의 동 통폐합은 적어도 상남동의 입장에서 볼 때, 역사성과 공간성을 고려하지 않는 방식이었다고 생각된다.
22 현재 성호초등학교는 1901년을 개교년으로 잡는데, 이는 오류일 가능성이 높다. 대한제국 정부에서는 1900년 2월 24일자로 李弼求를 '창원항공립소학교 교원'으로 임용하였으며(『승정원일기』 140책, 고종 37년 1월 28일 신미 기사 참조), 같은 해에 개항한 군산에서도 이미 1899년에 '옥구항공립소학교'를 개설하였으므로(『독립신문』 1899년 9월 13일자에 "한필슈 옥구항 공립 소학교 교원을 임 고"라는 기사가 있다), 마산포의 경우도 이에 해당된다는 것이다. 이 자료는 마산사를 연구해온 박영주 연구원(경남대학교 가라문화연구소 비상임연구원)이 찾은 것이다.
23 문창교회 100년사 편찬위원회 편, 『문창교회 100년사』(서울: 한국장로출판사, 2001), p.77.
24 앞 책, pp.76~77.
25 유장근, 『근대중국의 지역사회와 국가권력』(신서원, 2004), pp.83~114.
26 창신중·고등학교, 창신대학 공편, 『창신학교 90년사』(창신중·고등학교, 창신대학, 1998), p.80.
27 앞 책, pp.79~80.
28 『창신학교 90년사』, pp.98~99.
29 유장근, 「일제 시대 창신학교 관련 신문기사의 유형과 특징」, 『가리문화』 26집(2014.10), pp.105~123.
30 유장근, 「노산동의 역사와 교육 및 종교의 발전양상」, 유장근 등편, 『노산동 명품마을 만들기 스토리텔링 자원발굴 연구조사 보고서』(국토교통부·창원시, 2013.11), pp.25~36.
31 구마산역 개설에 관한 소식은 『日本國官報』 제8090호(메이지 43년(1910) 6월 11일), 「철도원고시」 제53호. 아래의 기술에서 볼 것처럼 창신학교의 상남동 교사 개교는 구마산역 개설 이후일 것이다.
32 김형윤, 『마산야화』(태화출판사, 1973), pp.57~59.
33 유장근, 「일제 시대 창신학교 관련 신문기사의 유형과 특징」, pp.120~121.
34 『창신학교 90년사』, p.98.
35 지태영 지음, 『울며 씨를 뿌린 자들』(대학기독교교육협회, 2003), pp.86~87.

36　조호연 지음, 『마산시체육사』(마산시, 2004), pp.30~31.
37　유장근편, 『노산동 명품마을 만들기 스토리텔링 자원발굴 연구조사 보고서』, pp.254~257.
38　『동아일보』 1921년 11월 2일자.
39　『동아일보』 1921년 3월 19일자.
40　『동아일보』 1921년 5월 29일자.
41　마산상고 70년사 편찬위원회, 『마산상업 70년사』(마산, 1992), pp.42~43.
42　『동아일보』 1922년 11월 20일자.
43　당시 기성회 멤버는 회장 김병선, 부회장 손덕우, 총무 옥기환 김태권, 재무 구성전 김치수, 서기 김제환, 經議長 이용재, 평의원 김태오, 정태호, 황갑주, 하성오, 김달순, 서광원, 정덕필, 임진유, 김원유, 김봉규 등 18명이었다. 『동아일보』 1921년 3월 19일자.
44　『躍進馬山の全貌』, p.108.
45　유장근 등편, 『걸어서 만나는 마산이야기』(리아미디어, 2010), pp.204~206.
46　마산상고 70년사 편찬위원회, 앞 책, pp.42~44.
47　고석규, 『근대도시 목포의 역사 공간 문화』(서울대학교 출판부, 2004), pp.195~196.
48　『동아일보』 1922년 3월 29일자.
49　『매일신문』 1929년 2월 16일자. 1929년의 모집인원은 제1학년 50명, 입학자격은 수업연한 6년의 보통학교 졸업자 또는 금년 3월 졸업할 자, 동등 이상의 학력있는 자로 정하고 있다. 원서제출은 3월 9일까지, 입학시험은 3월 11-14의 나흘간이며, 기타는 학교에 문의하라고 되어 있다.
50　마산상고 70년사 편찬위원회, 같은 책, p.43.
51　『동아일보』 1935년 4월 11일자.
52　마산상고 70년사 편찬위원회, 같은 책, p.143.
53　마산상고 70년사 편찬위원회, 위의 책, p.144.
54　『매일신문』 1929년 3월 13일자.
55　1939년의 마산상업 5년제 갑종학교 승격운동 시, 앞에서 언급한 마산조면공장에서 1만원을 희사하였던 것도 마산상업학교와 지역내 일본기업과의 우호적인 관계를 잘 보여주는 예일 것이다. 『동아일보』 1939년 3월 21일. 반면 이 조면공장은 1920년대에 분진과 소음 등의 이유로 창신학교와 끊임없는 갈등을 일으켰다. 유장근, 「일제 시대 마산 창신학교 관련 신문기사의 유형과 특징」, pp.134~135.
56　이 학교를 비롯한 마산지역의 고등공민학교에 대한 연구는 이영옥, 「마산지역 고등공민학교의 역사적 고찰」(경남대학교 대학원 역사학과 석사논문, 2014), pp.2~55 참조.
57　국가기록원 관리번호 BA0236555, 『선화고등공민학교설폐인가철』. 기록물의 생산기관은 경상남도 교육위원회 학무국 사회체육, 생산연도는 1966년, 보존기간은 영구로 설정되어 있다. 이 기록물의 색인목록에는 총페이지(126쪽), 생산연월일(66.8.22~83.6.19), 수신(마산교육장, 교육감, 내부결재, 서무과장 등이다), 발신(교육감, 마산교육장등), 그리고 제목은 1)

고등공민학설립인가 신청서 전달, 2) 공등공민학교 설립인가에 대한 조사, 3) 신원조사의
뢰 및 회보, 4) 고등공민학교 설립인가, 5) 마산선화고등공민학교 폐지인가 신청서 전달, 6)
고등공민학교 폐지인가 신청서류 보완제출, 7) 고등공민학교 폐지에 따른 현지조사(복명
서), 8) 고등공민학교 폐지인가 신청서류 보완제출, 9)선화고등공민학교폐지(안), 10) 교육
위원회 심의 및 의결 사항 통보, 11) 선화고등공민학교 폐지 인가 등이다. 곧 11건의 서류로
구성되어 있다.

58 http://cafe.daum.net/masansunhwa 참조.
59 『경향신문』, 1967년 2월 1일자.
60 국가기록원 관리번호 BA0236555, 『선화고등공민학교설폐인가철』, 「인가증」.
61 이영옥, 앞 논문, p.11.
62 전광수, 「정부 수립기의 사회교육 법제화 과정 분석」, 『평생교육연구』 18-2(2012), pp.131~151.
63 전광수, 같은 논문, p.141.
64 국가기록원 관리번호 BA0236555, 『선화고등공민학교설폐인가철』, 「의견서」.
65 이영옥, 앞 논문, p.15.
66 박영주, 「기업과 공장의 흔적을 찾아서」, 유장근 등편, 앞 책, pp.141~158.
67 국가기록원 관리번호 BA0236555, 『선화고등공민학교설폐인가철』, 「의견서 첨부 사진」 참조.
68 이영옥, 앞 논문, p.20.
69 국가기록원 관리번호 BA0236555, 『선화고등공민학교설폐인가철』, 「고등공민학교 위치 변경승인 및 학교위치변경 신청」.
70 인터넷 카페 「마산선화중학교」, 「운동장」 방 참조. http://cafe.daum.net/masansunhwa
71 국가기록원 관리번호 BA0236555, 『선화고등공민학교설폐인가철』, 「고등공민학교 폐지에 따른 현지조사 및 장학회 정관변경 등기」, 1983년 4월 1일.
72 2013년 9월. 의창구 팔용동 삼진빌딩 내 'Electoronics Consulting'에서 면담.
73 「희망 주는 부부교사」, 『경향신문』 1966년 12월 1일 및 「태평양 건너온 훈훈한 겨울온정」, 『동아일보』 1976년 11월 13일자. 대창고등공민학교 위치는 마산합포구 화영동 5번지이다. 현재 경남대학교 체육관 후문 앞의 만날재 도로 부근이다.
74 국가기록원 관리번호 BA0236555, 『선화고등공민학교설폐인가철』, 「고등공민학교 설립인가에 대한 조사서」.
75 호주선교사회에서 문을 연 마산여자야학교는 창신과 호신학교의 교실을 이용하여 수업을 진행하였고, 1939년에 창신학교가 폐교될 때까지 모두 17회의 졸업생을 배출하였다. 교과목은 성경, 수신, 조선어, 산수와 양재, 가사 등이었다. 유장근, 「노산동의 역사와 교육 및 종교의 발전 양상」, 유장근 등편, 앞 보고서, pp.28~29.

2. 대한제국 시기 마산포 지역의 러시아 조차지 성립 과정과 각국공동조계 지역의 도시화

1   森山茂德, 『근대한일관계사연구 - 조선식민지화와 국제관계』, 김세민 역(현암사: 1994), p. 195.
2   이 주제에 대한 최근의 연구는 다음의 자료를 참조하라. 현광호, 『大韓帝國의 對外政策』 (신서원: 2002).
3   김의환, "朝鮮을 둘러싼 近代 露日關係 硏究," 『아세아연구』11, no. 3 (1968), pp. 213~293 ; 손정목, "馬山의 開港-露日兩國의 醜惡한 角逐場", 『도시문제』 11·12 (1976), pp. 61~95; 이지우, "開港期 馬山浦 租界地의 설정에 관하여-특히 露·日의 角逐相을 中心으로", 『가라문화』4 (1986), pp. 67~95; 김봉렬, "馬山의 開港과 反外勢抗爭," 『경대사론』 10집 (1997), pp. 161~193.
4   원마산에 대한 도시사적 연구는 이규성·허정도, 「20세기초 原馬山 도시공간의 복원적 연구」, 『建築歷史硏究』 제9권 제1호, 통권22호(2000. 3·6월), pp.27~45 참조.
5   『馬山浦事件 關聯 日本 海軍大臣官方書類(秘)(1900~1901)』 미국의회도서관(11)NT(C) NO.178. 이 문서는 1900년 3월 무렵에 러시아 해군이 남포 일대에 관심을 두었을 때 일본군 측에서 이를 탐지하고 난 다음에 작성한 것으로서, 이 지도도 그 당시에 제작되었다.
6   조차는 군사적인 이용을 포함한다는 점에서 거주 및 통상을 목적으로 하는 조계와 차이점을 가지고 있다. 손정목은 조차지를 "어떤 나라가 다른 나라의 영토의 일부를 빌리고 빌린 나라에서 그 지역내의 사법·입법·행정을 관장하고 군대를 주둔시키는 등 독점적 배타적 관할권을 가지는 것"을 말한다고 정의 내리고 있다. 손정목, 앞의 논문, pp.80~81.
7   Сандулов Ю. А.(Сос.), История России Россия и Восток (СПб.: Издательство "Лексикон", 2002), pp. 672~673. 물론 한국에 대한 러시아인들의 관심이 이 무렵에 일게된 것은 아니었다. 러시아는 이미 16세기 중반부터 우랄산맥을 넘어 아시아 방향으로 빠른 속도로 영역을 확대하기 시작하였고, 1860년의 베이징조약을 통하여 마침내 연해주 지방을 통하여 조선과 국경을 맞대기에 이르렀다. 마침 이 무렵부터 러시아는 특히 근동 지방과 동아시아 지역에서 영국과 본격적으로 제국주의적인 경쟁관계에 돌입하게 되었는데, 한국도 그 목표에서 예외가 아니었다. 더구나 아시아국가들 가운데에는 예외적으로 근대화에 성공한 일본까지 한국과 만주를 대상으로 한 제국주의적인 쟁탈에 가세함으로써 러시아는 한국에 대하여 적극적인 관심을 표명할 수밖에 없었다.
8   Пак Чон Хё, Русско-японская война 1904~1905 гг и Корея (Москва: Издательская фирма "Восточная литература" РАН, 1997), pp. 52~53.
9   최덕규, "러시아 해군성과 마산포 (1894~1905)," 『한국시베리아학보』 창간호 (1999 가을), pp. 115~116; Пак Чон Хё, Русско-японская война 1904~1905 гг и Корея, p. 53.

10 이 조약의 내용에 대해서는 다음 자료를 참조하라. 김용구, 『세계외교사』 (서울대학교출판부, 1997), p. 395.
11 Пак Чон Хё, Русско-японская война 1904~1905 гг и Корея, pp. 50~51.
12 최덕규, "러시아 해군성과 마산포 (1894~1905)," pp. 122~123.
13 최문형은 이 시기에 러시아가 한국민족의 거센 저항에 부딪힘으로써 불가피하게 한국에서 후퇴하였다거나 旅順과 大連을 조차하기 위한 흥정으로서 후퇴하였다는 견해에 대하여 반론을 펴고 있다. 최문형, 『列强의 東아시아 政策』 (일조각, 1979), pp. 35~36.
14 김상민, "馬山浦의 開港과 各國共同租界의 成立에 關한 硏究", (석사학위논문, 경남대학교 대학원, 2001), pp. 36~37.
15 РГИА(Российский Государственный Исторический Архив), ф. 560, оп. 28, д. 785, л. 64.
16 Ibid.
17 諏方史郎 『馬山港誌』 (朝鮮史談會, 1926), pp. 43~44.
18 유추해보건대 스가그리오가 수여 받은 것은 垈契와 地契인 듯하다. 이 문장은 다음 논문들에서도 비슷한 형태로 인용되어 있지만, 무엇을 "수여" 혹은 "전달"했는지는 여전히 명확하게 명시되어 있지는 않다. 김의환, 앞의 논문, p. 220; 손정목, 앞의 논문, p. 63; 이지우, "앞의 논문, p. 69.
19 http://www.masan.go.kr(마산시 인터넷 홈페이지). 5월 1일은 개항일로 알려진 탓인지 1979년부터는 "마산 시민의 날"로 기념되고 있다.
20 김봉렬, "馬山의 開港과 反外勢抗爭," 『경대사론』, p. 167. 개항일과 관련하여 정식으로 공동조계장정이 조인되기 전인 이 시점에 과연 일본영사관 마산분관이 마산 조창 건물에 설치되어 있었지만, 이 건물에 대한 이용이 적법하냐는 점은 여전히 논란거리가 될 수 있다고 말할 수 있다.
21 개항이란 기본적으로 다수의 외국을 대상으로 통상이나 교류를 허용하기 위하여 토지나 시설이용권 등을 부여해 주는 법적인 조치임을 감안한다면, 마산포의 개항일은 스가그리오와 실무적인 절차가 진행된 5월 1일이라기보다는 각국공동조계장정이 조인된 6월 2일이 더 타당성을 지니고 있다고 볼 수 있다. 외부대신의 지휘 감독을 받아 항내의 일체 사무를 주관하는 의무를 지닌 감리에 관한 「각항 시장감리서 관제와 규칙에 대하여」가 비준 반포된 것도 5월 1일이 아니라 5월 4일이다. 『高宗實錄』 高宗 36년 5월 4일조.
22 파불로프는 대한제국 정부에 휴가를 떠난다고 했지만, 자신의 마산포행을 말하지는 않았다. 『高宗實錄』 高宗 36년 4월 29일조.
23 김의환, 앞의 논문, p. 229; 손정목, 앞의 논문, p. 67; 이지우, 앞의 논문, p. 77; 김봉렬, 앞의 논문, p. 170.
24 표지판의 내용이 무엇이었느냐에 대해서는 위에 적었다시피 의견이 분분하다. 그렇기는 하지만, 1,000본이나 되는 표지판을 보았다는 기록은 부산주재 일본영사대리로 있던 中村巍가 마산에 체류 중이던 일본 순경 두 사람의 말을 인용했을 때 처음 나온다. 손정목, 앞

의 논문, p.93. 그렇다면 "1,000본"이란 말은 러시아인들을 경계하고 있던 일본인들이 러시아인들의 무모함과 공격성을 강조하기 위하여 과장했을 가능성이 있다고 할 수 있겠다.

25　РГИА, ф. 560, оп. 28, д. 785, л. 64.

26　김봉렬, 앞의 논문, p.171. 파블로프는 일본인 토지구매인 하사마에 대하여 주목하고 그에 대하여 입수한 정보를 다음과 같이 기록해놓고 있다. "이보다 얼마 전에 나는 세밀한 조사를 벌인 결과 일본인 하사마가 벌이는 활동의 실질적인 성격을 파악하였고, 그가 이곳의 일본 정부 대표들과 맺고 있는 관련성을 보여주는 정보를 얻을 수 있었다. 내가 수집한 정보에 따르자면, 공식적으로 하사마는 얼마 전에 생긴 일본 기선회사인 "오사카기선회사"의 직원이다. 이 회사는 특히 한국의 개항지들 사이에 기선 연락망을 구축하는 사업, 그리고 한국에서 다른 온갖 상공업과 관련된 사업을 벌이고 있다. 영향력 있는 많은 일본 정치가들이 이 회사의 고위 간부로 있음을 볼 때, 이 회사는 ── 필경 일본 정부의 몇몇 관리의 특별한 후원을 받고 있을 것이다." РГИА, ф. 560, оп. 28, д. 785, л. 81.

27　Пак Чон Хё, Русско-японская война 1904~1905 гг и Корея, p. 54.

28　Ibid., pp. 54~55.

29　Ibid., p. 55.

30　РГИА, ф. 560, оп. 28, д. 785, л. 65.

31　베르스타는 미터법이 시행되기 전에 러시아에서 사용되던 거리 단위로서 약 1.067 킬로미터에 해당된다.

32　우흐톰스키에 대해서는 다음 자료를 참조하라. Schimmelpenninck van der Oye, D., Toward the Rising Sun: Russian Ideologies of Empire and the Path to War with Japan (Illinois: Northern Illinois Univ. Press, 2001), pp. 42~60.

33　РГИА, ф. 560, оп. 28, д. 785, л. 66.

34　당시에 러시아인들은 이 만을 아트킨손만이라고 불렀다.

35　РГИА, ф. 560, оп. 28, д. 785, л. 67.

36　최덕규, "러시아 해군성과 마산포 (1894~1905)," p. 131. 최덕규는 이런 해군성의 입장을 "旅順港과 마산포간의 정책 우선권을 둘러싼 논쟁"으로 해석하였지만, 우리가 보기에 티르토프가 말한 "한반도 남부"는 율구미와 가포 등을 포함한 마산포가 아니라 거제도에 가까운 남포였다.

37　РГИА, ф. 560, оп. 28, д. 785, л. 69.

38　당시에 러시아에서 사용되던 율리우스력으로는 3월 17일이다.

39　이 협정의 원문을 위해서는 다음 자료를 참조하라. Министерство Инностранных Дел, Сборник Договоров и Дипломатических Документов по делам Дальнего Востока 1895~1905 гг. (СПб, 1906), pp. 392~395.

40　율리우스력으로는 5월 22일이다.

41　김용욱, "馬山浦 滋福洞・月影洞 및 栗九味의 土地事件 ─ 露國單獨租界를 中心으로,"

『법사학연구』 6 (1981), pp. 208~211.

42 栗九味(또는 栗仇味)는 밤구미라고도 불렀는데, 이 지역은 현재 마산시 가포동(당시에는 칠원군 구산면 소속)에 위치한 국립마산병원으로부터 문화방송 송신소에 이르는 바다쪽으로 돌출한 지역에 해당된다. 돝섬쪽으로 향한 율구미의 끝은 "이시미곳"이라고도 불렸다.

43 Пак Чон Хё, Русско-японская война 1904~1905 гг и Корея, p. 58; РГИА, ф. 560, оп. 28, д. 785, л. 81~82.

44 РГИА, ф. 560, оп. 28, д. 785, л. 80.

45 李鴻章은 1897년에 러시아가 어떤 경우에도 한국 영토를 점령하지 않을 것이라는 약속을 영국에 전달함으로써 영국군이 거문도에서 철수하는 데 중재역할을 한 바 있다.

46 그렇지만 러시아 언론의 보도는 마산포에서의 러시아의 조치를 점령으로 확대 해석하는 데 찬성하지 않았다. 그에 따르자면, 마산포에서는 러시아가 단지 저탄고와 선박의 정박지를 건설할 권리만을 획득했을 따름이라는 것이다. 뿐만 아니라 개항지인 마산포에서 러시아가 획득한 이런 권리는 영국과 다른 국가들이 중국과 한국의 개항지에서 얻을 수 있는 권리 이상도, 이하도 아니었다. 그 외에도 러시아 언론은 어떤 국가가 타국 영토를 점령할 때에는 국기를 게양하고, 행정조직을 만들고, 항구 및 점령지의 방어를 강화하는 권한이 부여되는 법이라는 점을 지적했다. 그러나 러시아는 이런 권리 중 어느 것도 얻지 않았고, 단지 貯炭庫 및 선박 정박지만을 얻었을 따름이라는 것이다. "Россия и Корея," Правительственный Вестник, 1900. 8. 5.

47 Пак Чон Хё, Русско-японская война 1904~1905 гг и Корея, p. 58.

48 그동안 대부분의 마산포 관련 연구서에서는 각국공동조계지에 위치한 러시아 외교건물이 "영사관"이라고 나온다. 그렇지만 이 건물은 러시아의 외교편제상 정식으로는 "부영사관"이었다. 제정 러시아 후기의 러시아 외교편제에 따르자면, 외교 활동의 비중에 따라 "총영사", "영사", "부영사"가 구분되었다. 가령 마산포에 부영사관 설치가 논의되던 1900년에는 다른 지역에서도 외교공관 설치가 활발하게 논의되고 있었다. 그에 따르자면, 바그다드와 부쉬르에는 총영사관, 알렉사드르, 바소르, 비톨리, 하르푸트 등지에서는 영사관, 아드리아노플, 바야지드 증지에서는 부영사관 설치가 논의되고 있었다. 당연히 각각의 공관의 총책임자의 등급과 할당된 예산은 차이가 났다. 5급 문관인 총영사가 책임을 맡기로 된 총영사관 설치가 논의되던 기관의 소요예산은 18,000루블로부터 16,500루블이 요청되었다. 또 영사관에는 6급 문관인 영사의 책임하에 12,000루블로부터 10,500루블 정도의 예산이 신청되었다. 마산포와 같은 부영사관 설치가 논의되던 아드리아노플의 소요예산은 5,250루블, 그리고 바야지드의 경우에는 6,000루블이 요청되었는데, 최고 책임자의 등급은 7급으로 마산포의 경우와 동일하였다. РГИА, ф. 1149, оп. 13, ед. no. 119, л. 1. 그렇지만 개항 당시에 마산포에 거주하던 사람들은 이곳의 러시아 부영사관에 대해 굳이 "副"字를 붙이지 않고 관례상 "러시아 영사관"이라고 칭했을 가능성은 크다고 하겠다.

49 율리우스력으로는 3월 24일이다.

50 율리우스력으로는 5월 19일이다.
51 РГИА, ф. 565, оп. 4, д. 14468, л. 8.
52 율리우스력으로는 1월 1일이다.
53 김용구, 앞의 책, p. 431.
54 Пак Чон Хё, 앞의 책, p. 59.
55 최문형, 『한국을 둘러싼 제국주의 열강의 각축』(지식산업사, 2001), p. 207에서 재인용.
56 율리우스력으로는 11월 19일이다.
57 그레고리우스력으로는 10월 30일이다.
58 РГИА, ф. 417, оп. 1, д. 2619, л. 10–11.
59 Пак Чон Хё, Русско-японская война 1904~1905 гг и Корея, pp. 59~60.
60 안중근, 「동양평화론」, 최원식·백영서 엮음, 『동아시아인의 '東洋'인식: 19~20세기』(문학과지성사, 1997), pp.206~207.
61 『昌原報牒』 5, 1905년 보고서 4호.
62 『昌原報牒』 5, 光武 9년 3월분 교섭안건.
63 『昌原報牒』 5, 보고서 46호.
64 『昌原報牒』 5, 보고서 33호.
65 金容旭, 「馬山租界考」, 『馬山市史 –史料集–』, 第1輯(마산시, 1964), p.52.
66 許正道, 「近代期 馬山의 都市變化過程硏究 –開港부터 解放까지–』(울산대학교 박사학위논문, 2002), p.50. 사실상 이 조계지 중 적지 않은 부분은 해방 때까지 '개발'되지 않은 채로 남아 있었다.
67 『昌原報牒』 5, 질품서 제74호.
68 『昌原報牒』 5, 광무 9년 11월 8일자 보고
69 『昌原港案』 1, 보고 제21호(광무 10년 6월 19일).
70 金容旭, 「馬山租界考」(2, 完), 『법학연구』 7(1964), pp.286~288.
71 金容旭, 「馬山浦租界考」(1), pp.211~218.
72 『昌原報牒』 5, 보고서 49호, (광무 9년 7월 22일).
73 『昌原報牒』 5, 보고서 50호(광무 9년 7월 29일).
74 『昌原報牒』 5, 보고서 12호.
75 『昌原港案』 1, 보고서 7호(광무 10년 4월 4일).
76 姜昌錫, 「統監府 연구 –理事廳의 組織과 性格을 중심으로–」, 『釜山史學』 제13집(1988), p.33.
77 朴慶龍, 「統監府 理事廳 연구」, 『韓國史硏究』 제85집(1994), pp.110~111.
78 『昌原港案』 1, 보고서 제79호 (광무 9년 12월 9일).
79 『朝鮮王朝實錄』 高宗實錄 43년 3월 31일.
80 『昌原港案』 1, 질품서 제50호, (광무10년 11월 15일).

81 『昌原港案』1, 보고서 18호(광무 10년 6월 9일).
82 姜昌錫, 「統監府 設置 이후의 韓國官僚層 硏究」, 『釜山史學』 제35집(1998), p.23.
83 『昌原港案』1, 보고서 34호, (광무 10년 1월~6월 봉급잡급, 청비 교접비 여비 봉하명세서).
84 『칭원보첩』 5, 보고서 30호(광무 9년 5월 22일).
85 『昌原報牒』 5, 보고서 제40호.
86 『昌原報牒』 5, 질품서 제75호(광무 9년 11월 13일).
87 『昌原報牒』 5, 보고서7호.
88 박경용, 앞의 논문, p.107.
89 『昌原報牒』 5, 광무 9년 3월분교섭안건.
90 『昌原港案』 1, 부본제14호 (광무10년 5월7일).
91 손정목, 『한국개항기 도시사회경제사연구』(일지사, 1992), p.313.
92 『昌原報牒』 5, 보고서 2호 (광무 10년 1월 3일).
93 昌原港裁判所判事玄學杓, 「質稟書 제10호」, 愼鏞廈編, 『司法稟報』 제11책(아세아문화사, 1997), pp.351~368.
94 『皇城新聞』, 大韓 光武 9년 4월 20일자.
95 諏方史郎, 앞의 책, p.70. 諏方史郎의 책에는 위의 『사법품보』와는 약간 달리 기술되었다. 境警部가 겨울 휴가를 얻어 咸安郡境에서 사냥을 하던 중, 近珠驛(오늘날의 석전동 일대이다. 閔肯基, 『昌原都護府圈域地名硏究』(경인문화사, 2000), pp.317~318 참조)의 한 客舍에서 투숙하던 중 밤에 9명의 습격을 받아 얼굴 등에 중경상을 입고 수렵총구를 모두 빼앗겼다고 하였다. 韓日 양국의 순경이 범인을 수색한 끝에 약 8개월 만에 함안읍내에서 그들을 체포하였다고 한다. 그러나 『사법품보』나 『관보』에 따르면 약 두달이 지난 1905년 2월에 체포되었고, 4월에 처형되었던 것으로 보인다. 이 사건은 전후 맥락으로 보아 항일운동의 성격이 짙다.
96 김형윤에 의하면 이들은 모두 마산교도소에서 다리를 부러뜨려 처형장으로 끌고와 舊江堂山(곧 마산왜성 아래 산호동의 당산 나무 부근. 필자주) 아래에서 처형하였으며 일부 아녀자들은 너무 참혹하여 실신하거나 탈분脫糞하였다고 기록하였다. 김형윤, 「일경부의 피습」, 『마산야화』(태화출판사, 1973).
97 강창석, 「통감부 설치 이후의 한국관료층 연구」, p.124.
98 창원군청, 『창원군지』(창원군, 1994), p.553. 1906년 일본영사관이 이사청으로 바뀌었고, 같은 해 9월 24일 창원감리서도 폐지되었다. 이 때 창원군은 다시 창원부로 개편되었는데 그 때까지 사용되던 감리서 청사를 부청사로 사용하였다. 여기서 창원부청으로 사용된 이 건물은 이전의 마산창 관아 건물이다.
99 諏方史郎, 『馬山港誌』(馬山: 朝鮮史談會, 1926), pp.15~18.
100 최영준, 「개항기 인천의 도시화와 경관의 변화」, 최영준저, 『국토와 민족생활사』(한길사, 1997), pp.377~419.

101 김태웅, 「대한제국기 군산의 객주와 개항문제」, 역사학회 창립 50주년 기념 역사학 국제회의 편, 『역사 속의 한국과 세계』(서울대, 2002), pp.182~183.
102 김동철, 「근대 식민지 도시 부산의 형성과 발전」, 『역사 속의 한국과 세계』, pp.163~164.
103 McGee, The Southeast Asian City (New York, 1967), pp.69~72.
104 溫振華, 「二十世紀初之臺北都市化」(臺灣師範大學 歷史研究所 博士論文, 中華民國 75年 1986), p.300.
105 한상술, 「마산의 근대건축에 관한 연구」(경남대학교 대학원 석사논문, 2000), pp.94~96; 허정도, 「근대기 마산의 도시변화과정 연구」, p.66 참조.
106 해운항만청, 『港灣建設史』(해운항만청, 1978), p.246.
107 馬山府 編纂, 『馬山府勢一覽』(馬山府, 1912), pp.164~169.
108 平井斌夫·丸貫政二, 『馬山と鎭海灣』(馬山: 濱田新聞店, 1911), pp.91~94.
109 平井斌夫 등, 앞의 책, pp.中3~中4.
110 마산상공회의소, 『마산상공회의소백년사』(마산, 2000), p.143.
111 社團法人鐵道建設業協會, 『日本鐵道請負業史』(明治編)(同協會, 1967), p.463.
112 金儀遠, 「일제하의 한국 도시계획」, 『도시문제』, 통권195호(1982), p.23.
113 『昌原報牒』 5, 보고서 8호.
114 『昌原報牒』 5, 광무9년 2월 朔 교섭안건.
115 『昌原報牒』 5, 보고서 1호, 昌原港 査官 姜元魯.
116 『昌原報牒』 5, 보고서 51.
117 『昌原報牒』 5, 보고서 8호.
118 『昌原報牒』 5, 보고서 37호(광무 9년 6월 9일).
119 『昌原報牒』 5, 보고서 58호(광무 9년 8월 14일 홍학표).
120 『昌原港案』 1. 보고서 2호(광무 10년 2월 25일).
121 손정목, 앞의 책, pp.107~108.
122 諏方史郎, 『馬山港誌』(朝鮮史談會, 1926), p.75.
123 平井斌夫 外, 앞의 책, p.98.
124 平井斌夫 外, 앞의 책, pp.96~121.
125 '근대 일본'이란 '위생국가'로 표상 된다고 말 할 수 있다. 일제가 대만이나 조선과 같은 식민지에 이를 강요한 것은 당연한 일이었다. 이에 대해서는 阿部安成, 「傳染病豫防の言說-近代轉換期の國民國家·日本と衛生-」, 『歷史學硏究』 686호(1996.7), pp.15~31 참조.
126 『馬山府勢一覽』(1912년), p.177.
127 이에 대한 논의는 조형근, 「식민지체제와 의료적 규율화」, 김진균·정근식 편저, 『근대주체와 식민지 규율권력』(문화과학사, 1997), pp.170~221 참조.
128 諏方史郎, 앞의 책, p.69.
129 金容旭, 「馬山浦租界考」(1), p.215.

130 『馬山府勢一覽』(1912년), p.179.
131 『昌原報牒』 5, 보고서 81호(광무 9년 12월 24일).
132 上原 榮, 『鄕土の調査』(馬山, 1910)에 수록.
133 『昌原報牒』 1, 감리보고 제7호(광무 3년 7월 5일)
134 박주언, 「근대 마산의 일본식 淸酒 酒造業 연구」(경남대학교 대학원 사학과 석사논문, 2013), p.35.
135 『마산상공회의소백년사』, p.129.
136 平井斌夫 외, 앞의 책, pp.63~77.
137 조인성, 「開港期 馬山浦 租界의 설정과 주민의 저항」, 『加羅文化』 제4집(1986), p.108.
138 平井斌夫 등, 앞의 책, pp.82~84.
139 河世鳳, 「1910~30년대 동아시아 市場에서의 大阪製品 對 東京製品」, 『東洋史學硏究』 제67집(1999), pp.147~148.
140 문은정, 「20세기 전반기 馬山地域 華僑의 이주와 정착」, 『大丘史學』 제68집((2002.8), pp.165~167.
141 諏方史郞, 앞의 책, pp.62~63.
142 이 불교 종파는 이미 부산 개항 직후인 1877년에 부산 별원을 설립하였다. 강영한, 「일본 불교의 조선침투 과정과 한국의 불교개혁운동」, 『종교연구』 14집(1997), pp.168~170.
143 曹洞宗의 다케다武田範之와 종교적 침략에 대해서는 최병헌, 「일제의 침략과 불교 –일본 曹洞宗의 武田範之와 圓宗–」, 『韓國史硏究』 제114집(2001), pp.93~114.
144 平井斌夫 外, 앞의 책, pp.151~154.
145 『馬山府勢一覽』(1912년), p.159.
146 강영한, 위의 논문, p.171.
147 추산동이 자리한 騶山, 곧 還珠山에는 과거에 산제당이 있었으며, 이런 정황으로 미루어 보아 전통 시대에 한국인들의 종교적 공간이었다고 생각된다. 그리고 오늘날에는 뛰어난 경치 때문에 문신미술관과 마산시립박물관이 들어서 있다. 또 무학산 자락 중에서 직접 바다와 맞닿아 있는 산이기도 하다. 산과 바다의 경계선에 몽고정이 있다.
148 『馬山府勢一覽』(1912년), pp.160~161.
149 이 마산심상고등소학교의 고등과가 후에 마산중학교(현 마산고등학교)로 병합된다.
150 『마산부세일람』(1912년), pp.146~149.
151 金亨潤, 『馬山野話』(마산: 도서출판 경남, 1996), p.61.
152 諏方史郞, 앞의 책, pp.70~71.
153 金亨潤, 앞의 책, pp.25~27.
154 諏方史郞, 앞의 책, p.62. 『마산상공희의소백년사』, p.127에도 관련 기록이 있지만, 諏方史郞의 책에 실려 있는 것을 옮겨놓은 정도다.
155 강창석, 「통감부 연구 –이사청의 조직과 성격을 중심으로–」, p.38.

156 諏方史郎, 위의 책, p.62.
157 香月源太郎,『韓國案內』(東京 : 靑木嵩山堂, 1902), pp.311~312. 香月源太郎은 개항했던 해인 1899년의 戶數와 人口가 각각 35戶, 103人이라고 기록하고 있다. 위의 표는 平井斌夫의『馬山と鎭海灣』에 수록되어 있는 것인데 자료의 일관성을 위해 平井斌夫의 것을 인용한다.
158 당시 공동조계지는 일본정부와 러시아 계통의 서구 자본이 치열하게 경쟁한 탓에 고가로 경매되었다. 김상민, 앞의 논문, pp.58~63.
159 조인성, 앞의 논문, p.107.
160 제1단계는 개항 직후, 제2단계는 청일전쟁과 러일전쟁이 붐을 탄 시기, 제3단계는 러일전쟁과 을사조약 이후, 그리고 제4단계는 합방 이후를 지칭한다. 이현종,『韓國開港場硏究』(일조각, 1975), pp.176~180.
161 손정목,『한국개항기도시사회경제사연구』, p.174.
162 허정도,「근대기 마산의 도시변화과정 연구」, pp.133~134.
163 溫振華, 앞의 논문, pp.135~136.
164 香月源太郎,『韓國案內』, p.322.
165 손정목, 앞의 책, pp.380~385.
166 홍경희,『한국도시연구』(경북대학교 사범대학 지리교육과, 1979), p.12.
167 諏方史郎, 앞의 책, pp.62~117.
168 高橋孝助・古廄忠夫 編,『上海史』(東方書店, 1995), p.126. 상하이에서 일본거류민단은 행정권이 없이 외무성의 감독아래 활동하는 자치조직이었다.
169 박경용, 앞의 논문, pp.129~130.
170 平井斌夫의 인구 표와 차이가 약간 있지만 그대로 인용한다.
171 『마산상공회의소백년사』, pp.127~128.
172 香月源太郎, 앞의 책, pp.317~318.
173 高崎宗司,『植民地朝鮮の日本人』(岩波書店, 2002), p.7.
174 박찬승,「서울의 일본인 거류지 형성과정」,『사회와 역사』, 통권 제62집(2002), pp.92~93.
175 『馬山府勢一覽』(1912년), pp.8~9.
176 高崎宗司, 앞의 책, pp.97~100.
177 유인선,「싱가포르 150년사(1819~1969)」,『亞細亞硏究』제36권 제2호(1993), pp.8~16.**제**

1. 일제 시대 마산 창신학교 관련 신문기사의 유형과 특징

1   이 글은 창신학교 설립 100주년 기념 학술 세미나 '일제 강점기 창신학교의 항일민족운동'(3.15아트센터, 2008. 9. 17)에서 발표된 요지를 바탕으로 쓰여졌다. 당시 이 준비를 위해 경남대학교 대학원 기록관리학팀의 문현주, 어정숙, 송은주, 박순천 등이 자료 수집과 정리에서 애써 주었다.
2   홍순권, 『근대도시와 지방권력: 한말. 일제하 부산의 도시 발전과 지방세력의 형성』(선인, 2010).
3   고석규, 『근대도시 목포의 역사 공간 문화』(서울대학교출판부, 2005).
4   유장근 · 허정도 · 조호연, 「대한제국 시기 마산포 지역의 러시아 조차지 성립과정과 각국 공동조계 지역의 도시화」, 『경남대학교 인문논총』 제16집(2003).
5   유장근, 「20세기 마산 상남동 지역에서 전개된 사회변화와 근대교육의 여러 양상」, 『대구사학』 제122집(2016.2), pp.83~126.
6   『창신90년사』('창신90년사」편찬위원회, 1998), pp.80~81.
7   『부산일보』 1915년 5월 5일.
8   배병욱, 「일제 시기 釜山日報社長 아쿠타가와 타다시(芥川正)의 생애와 언론활동」, 『석당논집』 52호(2012), pp.1~42.
9   강명숙, 「일제 시대 제1차 조선교육령 제정과 학제개편」, 『한국교육사학』 제31권 제1호(2009.4), pp.5~32.
10 『창신90년사』, p.80.
11 『동아일보』 1921년 5월 22일자.
12 『동아일보』, 1926년 8월 23일자.
13 마산상고 70년사 편찬위원회, 『마산상업 70년사』(마산, 1992), p.41.
14 『동아일보』 1926년 12월 1일자.
15 『조선일보』 1937년 8월 19일. 특집 '老都 마산의 신발전상'.
16 『창신 60년사』, (창신중 고등학교, 1969), pp.27~29.
17 위의 책, pp.301~302.
18 『창신60년사』에는 당시 이은상 씨가 창신학교에서 맡은 직책을 「동문회 고문」으로만 기록해 놓았다. 위의 책, pp.282~283 참조.
19 『동아일보』 1921년 5월 22일자.
20 『동아일보』 1922년 5월 24일자.
21 『창신 60년사』, p.279.

22 『동아일보』 1924년 5월 24일, 『조선일보』 1924년 5월 24일자.
23 『동아일보』 1925년 5월 24일.
24 『동아일보』 1925년 2월 21일자.
25 『조선일보』 1924년 11월 29일자
26 『창신 60년사』, p.86.
27 조호연편, 『마산시 체육사』(마산시, 2004), pp.29~31.
28 『창신학교 60년사』, pp.87~90.
29 『동아일보』, 1926년 5월 15일자 및 5월 19일자.
30 『동아일보』, 1921년 3월 27일자.
31 『동아일보』, 1927년 3월 26일자.
32 『동아일보』 1929년 3월 25일자, 『중외일보』 1929년 3월 25일자.
33 『동아일보』 1930년 3월 23일자.
34 『동아일보』, 1932년 3월 23일자.
35 『동아일보』 1933년 3월 21일자.
36 『동아일보』, 1934년 3월 31일자.
37 『동아일보』 1933년 1월 7일자.
38 『동아일보』, 1934년 2월 13일자.
39 문옥표, 「일본관광의 사회조직: 단체여행의 역사와 문화」, 『국제지역연구』 6-1(1997), pp.115~116.
40 임성모, 「1930년대 일본인의 만주 수학여행」, 『동북아역사논총』 제31호(2011), pp.157~185.
41 『조선일보』 1923년 10월 27일자.
42 『동아일보』 1923년 5월 3일 및 10월 10일자.
43 『동아일보』 1926년 5월 31일자.
44 한용진, 「경성학당(京城學堂)에 관한 연구」, 『한국교육사학』 26-2(2004), pp.267~293.
45 정성인, 「노동야학 출신 청년노동자 3.1운동 주역」, 『경남도민일보』 2010년 11월 30일.
46 『동아일보』 1920년 6월 17일, 1921년 3월 3일, 4월 25일, 4월 27일, 7월 3일, 9월 5일, 10월 14일자.
47 야구기사는 『동아일보』 1922년 4월 14일자. 자전거와 마라톤 대회는 엄복동의 우승으로 끝난 1923년 5월 28일의 전조선자전거 겸 마라손대회였다.
48 『동아일보』 1927년 5월 20일자.
49 『동아일보』, 1937년 10월 15일자.
50 『중외일보』, 1928년 6월 8일자.
51 창신학교는 1930년대 초에 공식적으로 개교일을 1906년으로 삼고 있었다.
52 이승기, 『마산영화 100년』, (마산문화원, 2009), pp.57~89.
53 『동아일보』, 1921년 7월 18일자.
54 『동아일보』 1933년 6월 21일자. '마산독자영화, 매월 1일 1회 무료'. 1935년 4월 4일, '마산기

념영화성황'.

55 『창신 60년사』, pp.71~72.
56 『창신 60년사』, pp.76~78.
57 위의 책, pp.296~299.
58 『매일신보』, 1921년 6월 25일자.
59 『매일신보』 1920년 7월 7일자.
60 『매일신보』 1920년 10월 30일자.
61 『동아일보』 1921년 11월 2일자.
62 『동아일보』 1927년 11월 14일자.
63 『동아일보』 1927년 11월 23일자.
64 『조선일보』 1927년 11월 19일자.
65 『중외일보』 1928년 6월 8일자.
66 『동아일보』 1928년 6월 21일자.
67 『중외일보』 1928년 7월 13일.
68 『중외일보』 1928년 8월 2일자.
69 『마산시사』(마산시, 1997), pp.935~936.
70 『창신학교 60년사』, p.101. 이 기술은 『창신학교 90년사』(창신중학교, 창신고등학교, 창신대학, 1998), p.133에서도 답습되었다.
71 『동아일보』 1930년 11월 2일자.
72 『동아일보』 1931년 3월 6일자.
73 『동아일보』 1922년 3월 3일자.
74 『동아일보』, 1923년 7월 22일자.
75 『창신학교 90년사』, pp.131~135.
76 『마산상업 70년사』, pp.40-41.
77 『동아일보』 1923년 12월 11일.
78 『조선일보』, 1924년 1월 25일자.
79 『동아일보』 194년 3월 6일자자.
80 『조선일보』 1924년 11월 29일자.
81 『동아일보』 1925년 2월 21일자.
82 『조선일보』 1926년 2월 23일자.
83 『동아일보』 1926년 10월 14일자.
84 『중외일보』 1927년 1월 5일.
85 문창교회 100년사 편찬위원회, 『문창교회 100년사』(한국장로교출판사, 2001), pp. 106~107. 독립교회는 창동 소재 중앙감리교회였으며, 이는 2001년에 마산합포구 해운동으로 이전하였다.
86 『창신학교 90년사』, p.134.

87 『동아일보』 1934년 2월 13일.
88 마산에서 태어난 일본인 한국사 연구자 하타다 다카시旗田巍는 구마산의 미션계고등보통학교가 학생의 스트라이크로 폐교가 되었으며, 일본인 선생도 쫓겨났고 보통학교에서도 생도의 스트라이크가 있었다고 들었던 사실을 기록하고 있다. 폐교의 원인이 신사참배에 있는 것이 아니라 스트라이크 때문으로 알려진 것이다. 총독부 탓이 아니라 학생들 탓으로 돌린 셈이다. 旗田巍, 「私の朝鮮體驗」, 『朝鮮と日本人』(勁草書房, 1983), p.325.
89 정병준, 「호주장로회 선교사들의 신학사상과 한국선교(1889~1942)」(한국기독교역사연구소, 2007), pp.310~312.
90 정병준, 「이분법을 넘어서: 호주장로교 선교사들의 통전적 선교이해와 한국선교에 대한 공헌, 1889~1942」, 『한국기독교역사연구소소식』 제70호(2005), p.16.
91 호주선교사회는 1947년에 다시 한국에 돌아와 마산에서 선교 및 사회활동을 하다 1972년에 폐쇄하였다. 유장근, 「노산동의 역사와 교육 및 종교의 발전 양상」, 『노산동 명품마을 만들리 스토리텔링 자원발굴 연구조사 보고서』(국토교통부·창원시, 2013), pp.31~34.
92 『동아일보』 1920년 8월 2일자.
93 이귀원, 「1920년대 전반기 마산지역의 민족해방운동」, 『지역과 역사』 1(1996), pp.7~34 및 『창신 60년사』 고등과 졸업생 명단을 대조하여 확인.
94 『동아일보』, 1921년 4월 20일자.
95 『동아일보』 1920년 9월 23일자.
96 『동아일보』 1921년 7월 16일자.
97 이귀원, 앞의 논문, p.13.
98 『동아일보』, 1925년 2월 12일자.
99 허정도, 앞의 책, pp.484~485.
100 오늘날의 노산동으로서, 삼성라티이터 공장이 있던 자리이다. 현재 공장터는 옛 모습대로 남아 있다.
101 高須瑪公·長田純, 『馬山現勢錄』(馬山現勢錄刊行部, 1929), pp.98~99.
102 '일제 강점기 건축물', 인터넷 카페 〈사랑해요 부산〉 http://cafe.naver.com/sarangbs/275 참조.

2. 창원 진전 출신 이교재의 독립운동과 상해 임시정부

1 창원군 진전면이라는 행정구역명칭은 1914년의 행정구역 개편 이후의 일이다. 조선시대의 지명은 경상도 진해현 서면 대곡리이다. 이 글에서는 이교재가 주로 활동하였던 1910년대 이후의 지명인 창원군 진전면 오서리를 사용한다.

2   변지섭, 『경남독립운동소사』(삼협인쇄, 1966), pp.176~178.
3   변지섭의 『경남독립운동소사』는 많은 이들이 활용을 하지만, 더러 구체적인 사실에서 착오를 보인다고 비판을 받았다. 예컨대 합천군 초계면 3.1운동 서술에서 4월 5,6일경 창원의 변상태가 초계를 심방하면서 4월 20일에 시위가 일어났다고 하지만, 초계 시위는 3월 21일에 일어난 까닭에 전후 관계가 맞지 않는다는 비판을 받았다. 가회면의 주도자도 정확하지 않다(이정은, 「경남 합천의 3.1운동」, 『한국독립운동사연구』 3(1989), pp.234~235·238 참조).
4   공훈전자사료관 독립유공자 공적조서, 검색어 '이교재'.
    http://e-gonghun.mpva.go.kr/user/ContribuReportList.do?goTocode=20001
5   삼진독립운동사편찬위원회, 『삼진독립운동사』(동위원회, 2001), p.234.
6   창원지방법원 마산지원 등기계 발행, 『폐쇄등기부 증명서』 고유번호 1901-1996-359486, 2017년 10월 21일 발행.
7   진전면과 오서리라는 행정구역명의 탄생은 1914년의 행정 구역 개편 이후의 일이다. 창원군 진서면과 진주군의 양전면이 통합되어 창원군 진전면으로, 서면에 있는 다섯 개 마을을 통합하여 오서리가 되었다고 한다(디지털창원문화대전 오서리 참조). 그러나 1872년에 편찬된 『진해현지』에는 서면 10개리 중에 월안리, 탑동리, 회동리, 대곡리가 각각 병기되어 있으며, 1992년에 펴낸 『창원 웅천 진해부읍지』의 「진해현지편」에는 진전면 13개리 중에 오서리가 있으나 이에는 竹谷, 虎山, 月安, 塔洞, 檜洞, 牛色 등의 마을이 포함되어 있다(금란계편집위원회, 『창원 웅천 진해부읍지』, pp.4-8). 그러므로 죽곡(혹은 대곡)이 언제 동대와 서대로 나누어졌는지, 또 우색과 호산이 언제, 왜 빠져나갔고, 오서리라는 행정명이 탄생하였는지는 좀 더 검토가 필요한 사항이다. 우색은 현재 울빛재 아래쪽에 있는 마을이다.
8   진전면지편찬위원회, 『진전면지』(동위원회, 2001), p.31. 이 수치는 약간 줄기는 했지만 현재에도 비슷하다(동대리 이장 권오익과의 인터뷰, 2018.4.12. 동대마을회관).
9   『星州李氏文烈公派譜』 권지2, (대구: 고전출판사, 1991), p.825. 물론 이 족보는 1990년대에 편찬된 것이라서 이교재의 거주지를 곡안으로 기록하였다.
10 이 이름은 김형윤의 기행문에 출현한다(H생, 「삼진기행, 이교재선생 묘지전배기(2)」, 『마산일보』 1954년 4월 15일).
11 태순의 자녀인 한철수는 창원에 소재한 고려철강의 회장이자 현재 창원상공회의소 회장을 맡고 있는 사람이다. 이태순은 2019년 11월 28일에 사망하였다(1928-2019). p.380.
12 이들은 19세기에 진해현의 행정치소가 있던 동면에는 한 명도 살지 않았다. 동면에는 김해 김씨와 완산 이씨가 대성이었다(武田幸男, 『學習院大學藏 朝鮮戶籍大帳の基礎的研究 －19世紀, 慶尚南道鎮海縣の戶籍大帳をじて－』, 學習院大學東洋文化研究所, 1983, p.56).
13 朝鮮總督府, 『朝鮮の聚落(後篇)』(1933), p.862.
14 전주 최씨들이 집거하고 있는 고성군 하일면 학동에서도 문중 자산을 비교적 빈곤한 동

족에게 유리하게 소작토록 하고, 그 수익은 문중 자산 이용법 및 동족 구제 시설, 조상제사 비용으로 충당하고 일부는 적립하였다(朝鮮總督府, 『朝鮮の聚落(後篇)』, p.881).

15 朝鮮總督府, 『朝鮮の聚落(後篇)』, pp.878~879.
16 진전면에는 일암리의 誠久祠 경내의 道山書堂(草溪卞氏 문중), 오서리 동대에 있는 景行齋(安東權氏 문중), 오서리 서대(회동이 맞음. 필자주)에 있는 龜川精舍(密城朴氏 문중), 오서리 탑동에 있는 西溪精舍(安東權氏 문중) 등이 있었으며, 20세기에도 근곡리의 慕遠堂(善山金氏 문중), 평암리 미천의 棲巖亭(昌寧曺氏 문중), 임곡리의 石愚堂(檜山黃氏 문중) 등이 있었다(『진전면지』, p.141).
17 朝鮮總督府, 『朝鮮の聚落(後篇)』, 「寫眞編 沿河部落 慶尙南道 昌原郡 鎭田面 五西里 東大洞 安東權氏部落」 참조.
18 權五翼, 『素波閑墨』(소파 권오익박사 환력기념논문집간행회, 1965), pp.94~98.
19 정상환은 1921년에 백산무역에 640주의 주식을 투자하였다(『디지털창원문화대전』, 권영조 참조).
20 부산일보 특별취재팀, 「민족혼 심은 산 교육자, 성재 권오봉」, 『백산의 동지들』(부산일보사 기획출판국, 1998), p.58. 여기서 1898년이라고 한 것은 흥화학교가 그 해에 신문에 학생 모집 공고를 내고 자격과 개학일자 등을 공고한 것에 기반하여 이렇게 추정한 것은 아닐까 한다(리진호, 「사립흥화학교와 양지교육」, 『향토서울』 55(1999), p.91). 백산 안희제도 1906년에 신학문을 배우기 위해 상경했고, 처음 1년 정도 흥화학교에서 수학한 적이 있다. 권오봉과 안희제가 동문이었던 셈이다(박정선, 「권환의 초기문학과 진전의 문화환경」, 『어문논총』 77-0호(2018.12), p.153). 흥화학교의 교육과정과 변화 및 교사진에 대해서는 김형목, 「사립흥화학교(1898~1911)의 근대교육사상 위치」, 『백산학보』 50, (1998)과 정영희, 「사립흥화학교에 관한 연구」, 『실학사상연구』 13(1999)도 참고 된다.
21 그가 재학 중 혹은 이수 직후라고 말해지는 1899년에 당시의 교사 중에는 이중화와 임진수가 보이지 않고 김규식의 이름도 없다. 김규식과 임진수가 교사로 있던 시기는 1906년 전후였다(리진호, 「사립흥화학교와 양지교육」, pp.93~94).
22 박정선은 1910년 10월에 설립은 했으나 미인가 상태로 운영되다가 1914년에 정식으로 인가를 받은 것이 아닐까라고 보았다(박정선, 「권환의 초기문학과 진전의 문화환경」, pp.139~141).
23 1925년의 6년제 전환에 대해서는 「순회탐방(488) - 도처에 양전옥답 산물이 풍부(9)」, 『동아일보』 1927년 11월 20일자.
24 「권영조 씨 별세, 완월동 자택」, 『마산일보』 1955년 3월 13일자.
25 박정선, 「권환의 초기문학과 진전의 문화환경」, p.151.
26 이병철, 앞의 글, p.58. 삼진독립운동사편찬위원회, 「권오봉선생비문」, 『삼진독립운동사』, 2001, pp.88-89. 고성군 독지가 李鎭坰, 오덕군, 허종택, 이진기 등 4명은 자비부담으로 각처에 유학한 학생을 도왔으며, 또 이진기가 파송한 유학생 安太元에게는 매월 20원씩

을 보내어 일본의 山口縣고등상업학교에 다니도록 하였다. 자택에는 배둔공립보통학교 학생 4명의 의식을 전부 담당하는 등 교육에 많은 투자를 한 인물이었다(『동아일보』 1920년 7월 3일자 및 1921년 4월 26일자 참조).

27 「개인정구대회 −창원에서 개최」, 『동아일보』 1928년 8월 5일자.
28 박정선, 「권환의 초기문학과 진전의 문화환경」, p.146.
29 박정선, 「권환의 초기문학과 진전의 문화환경」, p.151.
30 권오익, 「나의 학창시절」, 『소파한묵』, p.95.
31 「순회탐방(488) −도처에 양전옥답 산물이 풍부(9), 『동아일보』 1927년 11월 20일자. 1921년에 양촌리의 양전학교와 연합운동회를 개최하였는데, 경행학교 학생 약 150명과 양전학교 학생 약 50명이 참여하였다고 한다(「양교 연합대운동」, 『동아일보』, 1921년 10월 23일자). 1921년 당시에도 여전히 큰 규모의 학교였던 것이다.
32 권오익, 「나의 학창시절」, 『소파한묵』, pp.94~95.
33 권오익, 「나의 학창시절」, 『소파한묵』, pp.94~95.
34 조호연편, 『마산시체육사』(마산시, 2004), pp.29~31.
35 朝鮮總督府, 「朝鮮の聚落」下編, 「寫眞編 書堂 慶尙南道 昌原郡 鎭田面 五西里 東大洞 安東權氏書堂」참조.
36 이동언, 「안희제의 교육구국운동」, 『국학연구』 5(2000), pp.43~45.
37 권대웅, 「조선국권회복단연구」, 『민족문화논총』 9(1988), pp.164~165.
38 이는 함안 칠원지역에서 일어난 최초의 독립만세시위가 교회와 교인을 중심으로 전개된 것과 대비된다(이정은, 「경남 함안군 3.1독립운동」, 『한국독립운동사연구』 27(2006.12), pp.105~106.
39 이성철, 『경남지역 영화사 −마산의 강호 감독과 창원의 리버티니우스』(호밀밭, 2015), pp.31~76.
40 부산일보 특별취재팀, 「민족혼 심은 산 교육자, 성재 권오봉」, p.58.
41 부산일보 특별취재팀, 「민족혼 심은 산 교육자, 성재 권오봉」, p.59.
42 변지섭, 『경남독립운동소사』, p.176.
43 慶尙南道 警察部, 『慶南高等警察府高等警察關係摘錄 1919~1935』(1936), p.39.
44 「진전교육회 출범」, 『동아일보』, 1921년 5월 6일자.
45 진전면사무소, 『大正 7年度부터 犯罪者名簿』 3冊中 제1호, 18번, 이 자료를 찾아준 고성군 기록연구사 김상민 선생에게 감사한다.
46 이장렬, 『권환 문학 연구』(경남대학교 대학원 박사학위논문, 2004), p.10.
47 국사편찬위원회 한국사 데이터베이스, 조선총독부 및 소속관서직원록 1920년 지방관서〉경상남도〉부군도〉창원군.
48 박정선, 「권환의 초기문학과 진전의 문화환경」, pp.149~150.
49 『공훈전자사료관 독립유공자 공적조서−변우범』 참조.

50 이종흡 외,「4.3 삼진의거 연구」,『가라문화』 21 · 22(2009), pp.106~107. 이러한 양상은 합천에서도 유사하였다. 예컨대 3월 23일의 삼가 시위는 군내의 가회, 삼가, 백산면 등이 중심이었고, 지역 내의 지주와 유지, 자산가의 지원 아래 이루어졌다(이정은,「경남 합천의 3.1운동」,『한국독립운동사연구』 3(1989.11), pp.247~248).
51 변지섭,『경남독립운동소사』, p.176.
52 문서제목,「騷擾에 關する件(第7報)」, 문서철명,『大正8年 騷擾事件에 關する道長官報告綴 7冊內の7』, 문서번호,『慶南地親第491號朝鮮總督府 內秘補 1358』, 국사편찬위원회 한국사데이터베이스.
53 大正 8年(1919)『執行原簿』(大邱覆審法院), 국가기록원 관리번호 CJA0016752. 그러나 공훈전자사료관의 독립유공자 정보에는 "삼일운동 때 경남북 일대에 선전문 배부 피체되어 3년 복역(진주형무소)"로 기술되어 있다. http://e-gonghun.mpva.go.kr/user/ContribuReportList.do?goTocode=20001 "경남북 일대"라는 부분도, 3년 복역이란 부분도 사실과 부합하지 않는다.『한국민족문화대백과사전』의「이교재」항에도 "3.1운동이 일어나자 경상남도 경상북도 일대에서 독립선언서를 배부하다가 일본경찰에 붙잡혀 진주형무소에서 3년간 복역"하였다고 기술하였는데 이 역시 오류이다.
54 출판법 위반의 구체적 내용은 '제1항 國交를 저해하고 政體를 붕괴케 하거나 국헌을 문란시키는 문서 및 도서를 출판했을 때는 3년 이하의 役刑에 처한다. 제2항 외교 및 군사의 기밀에 관한 문서 및 도화를 출판했을 때는 2년 이하의 역형에 처한다' 등이었다(장신,「삼일운동과 조선총독부의 사법 대응」,『역사문제연구』 18(2007), p.146).
55 김창록,「제령에 관한 연구」,『법사학연구』 26(2002), pp.109~171.
56 한승연,「제령을 통해 본 총독정치의 목표와 조선 총독의 행정적 권한 연구」,『정부학연구』제15권 제2호(2009), pp.180~183.
57 최고 2년형으로 제한되어 있는 기존의 보안법을 보완하기 위해 만들어진 이 법은 제1호 정치의 변혁을 목적으로 다수공동하여 안녕질서를 방해하거나 또는 방해하려는 자는 10년 이하의 징역 또는 금고에 처한다. 제2조 전조의 죄를 범한 자가 발각 전에 자수하였을 때는 그 형을 감경 또는 면제한다. 다만 내란죄에 해당하는 자는 제령제7호를 적용하지 않는다. 제3조 본령은 제국 밖에서 제1조의 죄를 범한 제국신민에게도 이를 적용한다(장신,「삼일운동과 조선총독부의 사법 대응」, 150~152쪽). 내란죄를 적용한 시위는 48인 사건, 안성사건, 의주사건, 수안사건 등이었다. 이는 주재소를 습격 방화하거나 관공서를 파괴, 공문서 집기류를 훼손한 행위, 일본인 상점을 부수거나 호적원부와 기물을 파괴하는 등의 행위였다(장신,「삼일운동과 조선총독부의 사법 대응」, pp.155~156).
58 장신,「삼일운동과 조선총독부의 사법 대응」, pp.144~146.
59 장신,「삼일운동과 조선총독부의 사법 대응」, pp.145~148.
60 「윤상태신문조서」,『한민족독립운동사자료집 99권–삼일운동과 국권회복단』, 국사편찬위원회 한국사데이터베이스 http://db.history.go.kr/id/hd_009_0040_0080_0140 참조.

61 진전면 소장, 『범죄인명부』 이교재항, 이 명부는 『삼진독립운동사』, p.252에도 게재되어 있다.
62 진전면 소장, 『범죄인명부』 이병수항: 『삼진독립운동사』, p.267.
63 「獨立宣言事件의 控訴公判急轉直下로 事實審問에, 問題의 核心인 '公訴不受理'은 自歸水泡」, 『동아일보』, 1920년 9월 21일자.
64 『민주중보』 제1034호(7권) 1949년 4월 29일자. 이곳에 실린 명단은 沈倫, 金義植, 南海, 咸陽 金守東, 洪源轍, 徐錫天, 孫吉童, 朴洙東, 統營 金宜錫, 洪鍾濟, 宋孟守, 朴○漢, 馬山 金浩鉉, 高昇柱, 卞甲섭, 金英煥, 洪斗益, 卞相福, 李基鳳 등이다.
65 이때 체포된 인물 중 삼진의거 때 일본헌병의 일원으로 독립운동가들에게 총을 쏘았던 심의경이 포함되어 있다. 62세였던 그는 함안군 법수면 자택에서 체포되었다. 같은 죄로 체포된 인물 중에 진동면 고현의 송도에 사는 金尙圭도 포함되어 있다.
66 인터넷 국가보훈처 독립유공자 공훈록, 관리번호 31950.
67 인터넷 「공훈전자사료관, 독립유공자 공적조서」
http://e-gonghun.mpva.go.kr/user/ContribuReportList.do?goTocode=20001
68 H생, 「삼진기행, 이교재선생 묘지전배기(3)」, 『마산일보』, 1954년 4월 16일자.
69 이들은 『범죄인명부』에 들어있지 않기 때문에 최종적인 형명이나 형기를 알 수는 없으나 이병수와 같았을 것이라 생각한다.
70 「창원소요판결, 징역 1년 이하」, 『매일신보』, 1919년 5월 29일자 기사에 인명 朴和烈, 甘泰舜, 具在均, 薛灌銖, 裵龍文, 曹潤鎬, 孔道守, 張相五, 金相鎭, 金世元, 沈相璘, 申甲先, 曹喜舜, 史致洪, 金道根, 李大鎬, 金斯文, 金介同, 孔仕千, 金昌實, 崔介同, 申壽鉉, 安相錫, 金瀅源, 崔世植, 趙鏞晉, 徐鎔守, 金南守, 許鎭, 權寧祚, 權寧震, 權五奎, 權泰濬, 白承仁, 盧秀?, 朴淳祚, 金鍾顥, 權五成, 李敎瑛 등의 이름이 보인다.
71 H생, 「삼진기행, 이교재선생 묘지전배기(3)」, 『마산일보』, 1954년 4월 16일자.
72 국가기록원 독립운동관련판결문
http://theme.archives.go.kr/next/indy/viewIndyDetail.do?archiveId=0001166622&evntId=&evntdowngbn=N&indpnId=0000145848&actionType=det&flag=4&search_region=
73 김효정, 「韓末 民立 師範學校의 設立과 敎育救國運動」(서울대학교 대학원 사회교육과 역사전공 석사논문, 2015.2), p.31.
74 H생, 「삼진기행, 이교재선생 묘지전배기(3)」, 『마산일보』, 1954년 4월 16일자.
75 변지섭, 『경남독립운동소사』, p.177.
76 김희곤, 「임시정부 시기의 대한민국 연구」(지식산업사, 2016), pp.114~115.
77 김희곤, 『대한민국임시정부Ⅰ - 상해시기』(독립기념관 한국독립운동사연구소, 2008), pp.18~51.
78 송성안, 「자산 안확과 마산」, 『경남의 역사와 사회연구』(경남대 경남지역문제연구소,

2004) 참조.

79 송성안, 「자산 안확과 마산」, p.280.
80 권대웅, 「조선국권회복단연구」, p.164.
81 권대웅, 「조선국권회복단연구」, pp.160~163.
82 김봉열, 「마산 삼진의거의 3.1운동사적 고찰」, 『경남의 역사와 사회연구』, p.239.
83 김희곤, 『대한민국임시정부 I - 상해시기』, p.80.
84 통영시사편찬위원회, 『통영시지』 1(통영시사편찬위원회, 2018), p.534. 서상호는 이 지역의 독립운동가인 박성숙의 처남이었다. 박성숙은 또 이교재의 내종형제였다.
85 변지섭, 『경남독립운동소사』, p.188. 김관제는 경남 창원군 동면 무점리 51번지 출신으로 1920년 5월경에 있었던 의열단 폭탄 밀송 사건 관련자로 체포될 당시 김해군 김해면 남문통에서 한의원을 개업하고 있었다(『高等警察要史』, 국사편찬위원회 『일제침략하한국36년사』 5권 1920년 7월 31일 의열단원 곽재기 이성우 등 26명). 이후 김관제는 대구로 이사하여 復陽堂이란 한약방을 경영하면서 독립운동을 계속하였다. 김도형 외 지음, 『근대 대구 경북 49인』(혜안, 1999), pp.136~138.
86 송성안, 「자산 안확과 마산」, p.280.
87 이순상은 마산공립보통학교(현 성호초등학교) 1회 졸업생으로 1911년 3월에 창신학교 교사로 부임하였다(송성안, 「자산 안확과 마산」, p.270).
88 이병철, 「다시 쓰는 인물독립운동사, 백산의 동지들 9, 성재 권오봉」, 『부산일보』 1995년 10월 18일자; 삼진독립운동사편찬위원회, 「권오봉선생비문」, 『삼진독립운동사』, pp.88~89.
89 변지섭, 『경남독립운동소사』, pp.111~113.
90 독립운동사편찬위원회, 『독립운동사자료집』 9(임시정부사 자료집)(독립유공자 사업기금운용위원회, 1975), p.155.
91 인터넷 공훈전자사료관 독립유공자 공적조서, 검색어 윤현진.
92 「이순상신문조서(제1회)」, 『한민족독립운동사자료집』 7(국권회복단), 국사편찬위원회 인터넷판 참조.
93 독립운동사편찬위원회, 『독립운동사자료집』 9, pp.77~81.
94 한시준, 「정정화의 생애와 독립운동」, 『사학지』 47(2013.12), pp.137~141.
95 김희곤, 『대한민국임시정부 I - 상해시기』, pp.192~198.
96 마산지방검찰청 통영지청, 『형사사건부』 1-1(1923), 국가기록원 관리번호 CJA0018428, 대구복심법원, 『형사공소사건부』(1924,대정 13년), 국가기록원 관리번호 CJA0016075.
97 慶尙南道警察部, 『高等警察關係摘錄 -1919년~1935년-』(1936, 소화 11년), p.39.
98 마산지방검찰청 통영지청, 『형사사건부』 1-1(1923)에 의거하여 작성.
99 『동아일보』, 1921년 8월 27일자.
100 통영청년단에 대해서는 김상환, 「1920년대 통영지역 청년운동과 '김기정 징토운동」, 『역사와 경계』 91(2014.6), pp.191~229, 정갑섭, 「통영청년단 1~3」, 『한산신문』 1993년 7월

22~8월 5일. 일제시기 통영의 3.1운동에 대해서는 김상환, 『일제시기 통영의 3.1독립운동과 민족운동의 전개』(도서출판, 제일, 2005) 참조.
101 통영시사편찬위원회, 『통영시지』 1, p.566.
102 『조선총독부 관보』 제548호 1914년 6월 1일 10면, 휘보-조사 및 보고-위생. 그의 주소는 용남군 동면 북문동으로 되어 있다.
103 경성종로경찰서장 발신, 「주식회사 중외일보사 창립총회의 건」, 「사상문제에 관한 조사서류」, 국사편찬위원회 국내 항일운동자료 경성지방법원 검사국문서, 1928년 11월 24일. http://db.history.go.kr/id/had_138_0720
104 김보한, 「김보한의 문화칼럼-진산 이찬근을 찾다」, 『한산신문』 2009년 9월 4일자.
105 『통영시지』 제1권, p.576. 설립준비위원으로 박세홍도 들어있다. 박세홍은 통영지회 조사연구부에 소속되어 있었다.
106 그는 통영수산고등학교 교장을 역임하였고, 시와 글씨에 능해 통영출신의 시조 시인인 김상옥의 정신적 스승이었다고 하였으나 한국전쟁 시기에 보도연맹사건으로 처형당하였다(블루버드 블로그, 「통영별곡 51-초정 김상옥 거리를 아시나요? 4」 참조).
107 『통영시지』 1, pp.518~519.
108 『통영시지』 1, pp.524.
109 김상현, 「나의 삶 나의 통영- 박형균 하동집이 왜 하동집이냐 하면…」 인터넷 통영인뉴스 (http://www.tyinnews.com/), 2019.2.21., 「박형균 -2 백석, 윤이상, 통영현악4중주단. 『통영인뉴스』 2019.2.28. 『성주이씨문열공파세포』 권지2.186.
110 한철수 마산상공회의소 회장 증언. 2017년 9월 8일 오후 마산상공회의소장실.
111 창원지방법원 마산지원 등기계, 「건물등기부」, 고유번호 1901-1912-162796, 2017년 10월 24일 발행. 이 주소는 박진형의 주소였다.
112 대구복심법원, 「형사공소사건부」, 국가기록원관리번호 CJA0016705.
113 『진전면 범죄인명부』 18번 참조.
114 이현희, 「임시정부 수립 이후의 독립투쟁과 서대문형무소」, 『백산학보』 70(2004.12), p.1014. 이 글에는 서대문형무소에 수감된 독립투사 명단에 이교재가 포함되어 있으나, 그 전거는 제시하지 않았다.
115 이 글에서는 '임명장'보다 '위임장'이라는 용어를 사용한다. '경상남북도상주대표'에게 독립운동과 관련한 여러 가지 중요한 사항을 위임한 까닭이다.
116 여기서 문서는 상위개념, 문건은 하위개념이다. 다시 말해 문서는 범위가 넓고, 문건은 정해진 서식이나 규범에 맞춰 작성된 것으로, 기관의 규정 업무에 따라 생산된 기록물을 말한다(松世勤(中國人民大學 檔案學科), 「文書, 文件與公文有區別麽?」, 『檔案時空』 1986年 01期, pp.42~43). 따라서 '이교재임정문서'라는 의미는 임정에서 독립운동을 위해 생산하여 이교재에게 건넨 문건의 조합이라는 뜻을 가지며, 각각의 문건은 그 문서에 포괄된다고 하겠다.

117　H생, 「삼진기행, 이교재선생 묘지전배기(2)」, 『마산일보』, 1954년 4월 15일자.
118　「32년 만에 주인 찾는 감사장」, 『동아일보』, 1963년 3월 16일자.
119　허만기는 허만정의 오기일 것이다.
120　'대호'는 실명이 아니라 '대효'의 오기로서 5형제의 효도를 통칭하는 칭호라고 한다. 문원만이 대효의 대표로서 이 문서를 찾아간 것이다. 남평문 씨의 이름이 조금 복잡한데, 임정에서 조문을 보낸 문장지는 문영박의 호이며, 아래에 나오는 문원만은 문영박의 다섯 아들 중에서 둘째인 시채의 가내 호칭이다(문영박의 손자인 문태갑의 증언이다. 2019년 3월 18일의 통화).
121　여기서 말하는 양 경남지사는 1961년 8월 25일부터 1963년 12월 16일까지 재임한 양찬우 지사를 말한다.
122　이 편지는 달성의 남평 문씨 세거지의 인수문고에서 보존하고 있는 것이다. 이곳에는 2017년 9월 12~13일, 2018년 9월 28일에 세 차례 방문하였다. 이 편지와 두 개의 문건은 2017년 9월 13일에 확인하였다.
123　「상해격발문」과 「이교재위임장」은 문원만이 붓글씨로 베껴 놓았다고 전해 주었다. 문건을 보여준 문태갑 선생에게 감사드린다.
124　이상화와의 면담은 2017년 9월 27일 마산의 이디야 커피집에서 있었다. 그는 부친께서 동아대학교 총장에게 기증하였다고 말하였다.
125　관련자료는 두 가지로서 1)분류번호: 74-4, 품명: 대한민국임시정부특발, 2) 분류번호: 동아대 003776-00000, 명칭: 대한민국임시정부특발. 후자는 박물관이 부민동으로 이사할 때 새로 작성한 것이라고 관계자가 말해 주었다.
126　이 문건은 그 중요성이 문화재청에 의해 인정되어 2020년 2월 6일 문화재청고시 제2020-8호에 의거, 국가등록문화재 등록번호 774-1, 774-2, 774-3으로 지정되었다.
127　문화재청에서는 이 이동녕의 이름이 쓰여진 부전지 형태를 '소봉투'로 명명하면서 국가등록문화재 등록번호 774-3에 포함시켰다.
128　이 문건은 2019년 3월부터 창원시립마산박물관에 전시되고 있다. 한 액자 속에 들어있는 이 문건은 유족들이 이를 보관하기 위해 배접하는 과정에서 하나의 문건으로 인식하였을 것이라 짐작한다.
129　「특발, 기원4264년·대한민국 13년 10월 3일. 대한민국임시정부 상해, 본국경북달성 문대효 애전」. 달성화원 인수문고 소장.
130　「大邱高等係員出動 文永樸富豪突然檢擧 사건내용은 중대시된다고 四時間의 家宅搜索, 삼월일일 압두고 예비검속인듯」, 『동아일보』, 1929년 3월 3일자: 한국향토문화전자대전 '문영박 [文永撲]'(『디지털달성문화대전』 대구광역시 달성군)에는 1927년으로 기재되어 있다. 오류다.
131　김종서, 「남평문씨(南平文氏) 수봉정사(壽峯精舍) 수백당(守白堂)과 하겸진(河謙鎭)의 '수봉정사기(壽峰精舍記)'」, [문헌과해석] 발표회 논문(2017년 12월 22일), pp.1~3과 무정부주

의운동사편찬위원회, 『한국아나키즘운동사 전편: 민족해방투쟁』(형설출판사, 1978), p.127.

132 문영박의 손자인 문태갑은, "조부가 큰 부자라고는 할 수 없지만, 군자금을 많이 냈다는 말이 주변에 돌았다"고 하였다(2017년 9월 12~13일 양일간, 대구시 달성구 화원읍 남평문씨 세거지에 거주하는 문태갑 선생 방문 면담).

133 문희응 씀, 『仁興錄 -南平文氏與世居地』(규장각, 2003), p.114.

134 최필숙, 『일제 강점기 미리벌의 분노와 희망』(밀양독립운동사연구소, 2017), pp.240~241.

135 최필숙, 『일제 강점기 미리벌의 분노와 희망』, pp.239~246.

136 「본국경남창녕 성낙문선생 귀하」라는 수신처만이 다르다. 동아대학교 석당박물관 소장. 참고로 특발문에는 성낙문의 한자 이름이 '成洛文'으로 되어 있으나 창녕 성씨 족보나 당시의 언론 및 관보에는 모두 '成樂文'으로 표기되어 있다. 동일인이라 볼 수 있다.

137 허만정에게 보낸 특발문은 앞서 언급한 『동아일보』에만 소개되었을 뿐 소재나 내용을 알 수 없었다. 이를 알기 위해 2018년 9월 28일에 지수면 승산리에 있는 허만정 본가에 찾아갔지만 현재 그 후손이 부재 중이어서 특발문의 소재를 확인할 수 없었다.

138 『조선총독부 관보』 제3890호, 1940년 1월 12일자.

139 『朝鮮銀行會社要錄(1925年版)』, 東亞經濟時報社. 국사편찬위원회 한국사데이터 베이스 「한국근현대회사조합자료」 참고. http://db.history.go.kr/item/level.do?levelId=hs_001_1925_08_14_0180

140 「주식회사 중외일보사 창립총회의 건」, 『사상문제에 관한 조사서류 5』(京種警高秘 제15854호, 1928년 11월 24일), 국사편찬위원회 한국사데이터베이스 국내항일운동자료 경성지방법원 검사국 문서.

141 김동수 기자, 「진주시 지수면 '향토사' 面誌(면지)발간 추진위 구성」, 『한국장애인신문/KJB방송』, 2010년 6월 20일자.

142 「보주청년회 부흥기념식 성황, 사무실 낙성식도 거행」, 『중외일보』, 1926년 12월 28일자.

143 임정 시절 김구는 "연구실행한 정책이 있으니 편지정책이다… 임시정부의 현상을 극진 설명하고 동정을 구하는 편지를 써서 엄군(항섭), 안군(공근)에게 피봉을 써서 우송하는 것이 유일의 사무"라고 할 만큼 편지를 중요시하였다(김구 지음/도진순 탈초 교감, 『정본 백범일지』(돌베개, 2016), p.397). 국내에는 우편으로 전하지 않고 개인에게 밀봉하는 방식으로 전달하려고 했던 것 같다.

144 이상화 소장 「상해격발」 참조.

145 허성진, 「백범도 존경했던 독립운동가, 이교재」, 『마산 창원 역사읽기』(불휘, 2003), p.145. 김구 선생이 진전면 이교재 선생의 묘소를 참배한 때는 1946년 9월 17일이다. 진전면 임곡리 이교재묘 비석 참조.

146 김희곤, 『임시정부 시기의 대한민국 연구』(지식산업사, 2015), p.403.

147 김희곤, 『임시정부 시기의 대한민국 연구』, p.529.

148 당시 국내에서도 만주사변이 발생하자 반전격문을 뿌리고 이 전쟁을 그치라고 나선 활

동이 있었다. 박성숙의 친구이자 경성제대 학생이었던 신현중이 이 일을 주도하였다가 체포되었는데, 이듬해 8월에 이른바 치안유지법과 출판법 위반으로 19명이 재판에 회부되었다. 신현중은 가장 많은 3년형을 받았다. 이른바 '경성대반제동맹활동'이었다(박태일, 『한국 근대문학의 실증과 방법』(소명, 2004), pp.41~42). 이에 대한 세밀한 분석은 박한용, 「일제강점기 조선 반제동맹 연구」(고려대학교 대학원 사학과 박사논문, 2013), pp.162~172.

149 이봉창이 상해를 떠나 거사를 위해 동경으로 간 날짜는 1931년 12월 17일이었고 거사를 위해 준비하던 기간에는 임정 부근의 여관에 머물렀다(김구, 『정본 백범일지』, p.400). 이교재가 상해를 떠나기 전후의 시기와 중첩된다.

150 H생, 「삼진기행, 이교재선생 묘지전배기(3)」, 『마산일보』, 1954년 4월 16일자.

151 「죽헌 이교재 열사, 32주기 추도회, 4월 17일」, 『마산일보』, 1961년 4월 1일자.

152 변지섭, 『경남독립운동소사』, p.178. 그러나 문대효, 성낙문 등 부호가를 역방하면서 군자금을 모집하다가 피검되었다는 기술은 사실과 맞지 않는다. 각종 문건이 세상에 드러난 이후의 사실을 과거에 소급하였기 때문이다. 이교재는 문영박의 본가나 성낙문을 방문하지 못한 채 사망하였다.

153 「이교재 씨 영면, 신유년통영사건으로 옥고 후 신음 중」, 『동아일보』, 1933년 3월 1일자.

154 김구/도진순 주해, 『백범일지』(돌베개), p.417.

155 창원지방법원 마산지원 등기계, 「건물등기부」, 고유번호 1901-1912-162796. 2017년 10월 24일 발행.

156 가와자키는 함안군의 일본인 토지소유 중 11,197평으로 전체 25,305평 중 약 44%를 차지한 지주였다(이정은, 「경남 함안군 3.1독립운동」, pp.122~123).

157 박희형은 통영에 있는 하동집 박진영의 장손이고 통영군자금사건에 연루되었던 박성숙의 조카이다. 통영사연구회 회장 박형균의 증언에 따른다. 박형균은 박희형(영)의 아들이다 (2019년 4월 1일 인터뷰).

158 김수실은 이교재의 모친이었다. 이교재의 손부인 조혜옥의 증언에 따른다(2019년 3월 27일 인터뷰).

159 H생, 「삼진기행, 이교재선생 묘지전배기(2)」, 『마산일보』 1954년 4월 15일자.

각 논문의 출처

제1부 마산의 근대성 성찰
근대 도시 마산에 대한 인문학적 성찰
⇒ 경남대학교 인문과학연구소, 2011년 가을전국학술대회, 『근대도시, 마산』(마산 경남대학교, 2011.11.18.) 발표논문.

제2부 전통의 지속과 새로운 물결
1. 마산 무학산 서원골 일대의 다종교 현상과 그 역사적 의미
⇒ 경남대학교 가라문화연구소, 『가라문화』 제24집(2012).
2. 식민지 위생시설에서 다기능의 생활공간으로 – 마산지역 목욕탕의 1백년 역사
⇒ 경남대학교 가라문화연구소 『가라문화』 제27집(2015).

제3부 원마산 주변지역의 변화와 신마산 사회의 형성
1. 20세기 마산 상남동 지역에서 전개된 사회변화와 근대교육의 여러 양상
⇒ 대구사학회, 『대구사학』, 122집(2016).
2. 대한제국 시기 마산포 지역의 러시아 조차지 성립 과정과 각국공동조계 지역의 도시화
⇒ 경남대학교 인문과학연구소, 『인문논총』 16집(2003).

제4부. 식민지배에 대한 저항과 그 양상들
1. 일제 시대 마산 창신학교 관련 신문기사의 유형과 특징
⇒ 경남대학교 가라문화연구소, 『가라문화』 26집(2014).
2. 창원 진전 출신 이교재의 독립운동과 상해 임시정부
⇒ 한국민족운동사학회, 『한국민족운동사연구』 99집(2019. 6)

색인

1760년대의 도시 구조 17
1906년 261
1906년의 사숙 창설 265
1909년 설 260
25년의 역사 280
2층 구조 119
3년제 을종 168
3년제 을종 상업학교 172
3할 전후 248
4.3삼진의거 328
4.3의거 322
47세 355
6,000%의 증가율 142
8명의 교사 183
8의사 327
가족탕업 120
가지하라 겐지로 94
가포 203
각국공동조계장정 199
각국공동조계지 192
강상휴 335
강호 319
개교기념식 267

개량적 방식 28
개항장 폐쇄 246
객주 19
거류민단법 248
거류민단법시행규칙 248
거제도 전역 202
거제도의 중요성   194
건국기념일건국대책건의안 350
건립 주체 266
경남독립운동소사 310
경남선 157
경상남북도 상주대표 340
경상도읍지 153
경성제국대학 13
경성학당 학도 274
경제통론 172
경행재 315
경행학교 315
고급화된 위생시설 145
고등과 243
고등보통학교 승격운동 292
고등보통학교로의 승격문제 285
고리대 249

고운대 60
고현의거 322
공개된 문화행사 268
공공성 결여 37
공동목욕탕 101
공동탕업 120
공민학교 178
공소불수리 326
공신당 59
공업 250
공중목욕의 시대 92
공중목욕장업법 109
공중목욕탕 82
공중위생관리법 123
관공리와 교원 250
관상 연합의 지배 세력 38
관해정 42
광무개혁 189
광산사 273
교남의 일대 항안 220
교남교육회 318
교리 위배 298
교명을 창신 260
교방리 46
교방천 44
교사 강제퇴직 286
교육간담회 304

교육의 상남동 시대 175
교통국 333
교풍회 34
구마산역 131, 156
구마산역전 상남야 169
구세군 184
국권회복단 318
국권회복운동 318
군사행동방해자 230
군산의 조계지 24
군자금 357
굴뚝 쌓는 기술의 발전 140
굿당 52
권영조 322
권영한 328
권오봉 316
권오익 319
권환 319
균의 집합소 105
극단적인 개발 36
근대 문명의 발전 양상 274
근대 문물의 전파자 308
근대교육 160
근대교육의 초기 양상 175
근대식 도시 경관 172
근대양품 219
근대적 문명시설의 견학 271

색인 **401**

근대적 위생국가관 234
근대적인 경관 176
금룡사 42, 70
기도와 굿 52
기도처 51
기독교 기도원 79
기독교적 계몽교육 176
기부금품모집취제규칙위반 329
기자 250
기자신앙 56
긴츠부르크 남작 205
김구 352
김기성 331
김병린 67
김병선 263
김시겸 63
김여학의 체포 283
김이건 20
김인택 180
김종원 335
김지관 163, 262
김형윤 30, 340
김형철 31
꽃의 도시 27
나베시마 게이지로 216
나병환자들의 목욕탕 출입 105
나카무라 다카시 200

낙산사 70
남녀공학제 162
남녀의 성비 247
남방유일의 학교 264
남철공사장 273
남포 203
남형우 332
내서소교 분교장 299
노동야학 32
노동야학교 305
노동인력 공급 179
노력 251
농업 251
농촌지대와 접경 149
니시다양조장 226
다기능 공간 134
다종교적 전통 43
다종교적 현상 42
단군어천절 283
대공온천 93
대구헌병마산분견소 222
대동청년단 318
대외 교류 300
대정 8년 제령 제7호 및 출판법위반 324
대종교 321
대창 184
대창고등공민학교 185

대한국의사 347
대한국춘추지옹 347
대한제국 189
더러운 사회 144
도솔암 70
도시빈민층의 교육열 149
도시사의 관점 16
도시사의 범주 16
도시화 21
도시화의 상징 143
도쿄제품 240
도쿠나가 고이치 102, 234
독립운동의 방법 352
독립운동자금 모금 352
독립운동자금을 제공 352
독립파 287
독서숙 260
독서숙 161
독서숙의 개조 265
돌격연습 318
동경제국대학 13
동경해상보험주식회사 239
동대 마을 312
동래온천 88
동래온천장 272
동마산의 탄생 36
동마산의 탄생 110

동맹휴학 282
동명보육원 직영탕 114
동아시아 13
동아시아 근대의 중요 지표 21
동아시아의 근대사에 있어서 중국의 위상 14
동아시아적 맥락 148
동아일보 259
동아일보 견학 273
동청철도 209
동청철도 부설권 획득 195
동화극 279
돝섬과 금돼지 설화 60
두 배 이상 증가 115
두민 김정균 230
두바 소프 196
러시아 부영사관 226
러시아 조차지 192
러시아의 마산포 정책 191
러시아의 외교 정책 190
러시아의 토지구입건 199
러시아인 소유의 호텔 212
러일간의 각축 190
런던중국특보 206
로젠 · 니시 협정 196
뤼순항 195
마금산 온천 102
마라톤대회 158

마산 거주 조선인들의 대축제 278
마산 백년의 화복 58
마산 소년 야구대회 276
마산 창신학교 풋볼 300
마산곡물주식회사 238
마산과 진해만 244
마산구락부 31
마산구락부 운동장 157
마산국자주식회사 155
마산권 출신 173
마산금융주식회사 238
마산독립교회 297
마산병원 227
마산부청 25
마산사회의 종교적 멘탈리티 80
마산상업학교 32, 149
마산상업학교의 교과목 172
마산선의 개통 156
마산세관 226
마산소년 야구대회 158
마산수산주식회사 238
마산심상소학교 161
마산야구 33
마산여자실업학교 264
마산여자야학교 185
마산역 24, 227
마산역 227

마산우편국 226
마산의 공업지대 179
마산의 명승 63
마산의 아나키스트 30
마산일보 340
마산조면공장 제면부 155
마산지방법원 227
마산지역 목욕탕 82
마산포 18
마산포 조계지 191
마산포교소 241
마산포교회 163
마산포부영사관 설치 207
마산포에서의 토지 구입 197
마산포의 조계에서 철수 211
마산포의 초기 근대화 21
마산항지 198
마산현세록 156
마산흥업저축조합 304
마코토 요우 95
만선수학여행' 프로그램 272
만주사변 353
많은 내왕객 131
망곡회 282
매연굴뚝 139
매일신보 259
맹호은 267, 298

명도석 31
명문탕 93
명호탕 98
목아령체조 269
목욕 서비스 131
목욕과 문명 86
목욕물 96
목욕업 87
목욕요법 84
목욕장업이 세분화 120
목욕탕 27
목욕탕 설치 100
목욕탕 업자 27
목욕탕도둑 106
목욕탕의 공공성 101
목욕탕의 굴뚝 82, 138
목욕탕의 굴뚝 138
목욕탕의 불결함 105
목조잔교 228
무교 51
무교 취향관 87
무불적 사제 57
무역상 249
무학로의 신설 48
무학산 인문학 43
무학산기도원 79
문명 선구자 281

문벌 314
문서전달 352
문영박 343
물 좋은 마산 44
물의 기운 54
물품 이동 131
미경매지 213
미마시 쿠메키치 217
미수미다 지몬사 242
민간 종교 42
민족간 차별 103
민족문화의 요람 167
민족운동 282
밀양 박씨 312
밀양의 황상규에게 보내는 추조문 345
바다의 기운 54
박성숙 335
박세홍 335
박진영 338
박희형 338
반광민 335
반냇들 127
반침략전쟁 353
방역단 33
방형의 주거지 225
배달유치원 32
배중세 331, 333

백범일지 355
백산상회 331
백운사 70
번개시장 131
범죄인 명부 321
벚꽃의 도시 27
베베르·고무라 각서 190
변상태 331
변지섭 310
변호사 250
병식체조 269
보습과 243
보행사 70
복수사 281
복음농업실습학교 260, 271
복음농학원 271
복합목욕탕업 120
부남리 153
부산감옥 마산분감 227
부산세관 마산출장소 198
부산세관장 스가그리오 198
부산일보 260
부업장려회 314
북마산 23
북마산경찰관파출소 156
북마산역 131
북면온천 102

불완전한 도시사회 254
비밀스런 독립조직 352
비인격적인 형태 36
빈민여성 178
사립 노동야학교사 168
사립마산병원 234
사립의신여학교 263
사립학교령 163
사립흥화학교 316
사숙제도 266
사실을 왜곡 252
사우나탕업 120
사찰 경관 69
사카이 마쓰타로 223
사회세력 38
사회적 독지 178
사회주의사상 30
산수의 기운 45
산신당 53
산신신앙 42
산의 기운 54
산제당 58
산지 개간 21
산파 250
삼성라디에터 159
삼진노동공제회 322
삼진의거의 특징 322

상공업 도시 251
상남동 255번지 170
상남동 31-1 177, 184
상남동 64-1 181
상남동의 변경성 153
상남동의 산업화와 도시화 156
상남동의 역사 148
상반탕 98
상사요항 172
상업 종사자 250
상업계 인력 176
상업부기 172
상업영어 172
상업지식 168
상업화 21
상해 격발문 341
상해 임시정부 330
상해가정부의 밀명 335
상해격발 350
상해사변 353
생태환경의 변화 21
서대마을 312
서리 주사 김병철 213
서본원사 241
서비스 250
서상호 332
서상환 332

서석천 327
서어나무 58
서울주재 러시아공사관 200
서원골 개발 49
서원골의 경관 49
서원골의 기도처 53
서원골의 생태환경 48
서원골의 종교 다원화 79
서정규 327
서학사 70
석봉암 70
석불암 70
석탄 공급 97
선산 김씨 322
선화고등공민학교 149
선화고등공민학교 부설 유치원 181
선화고등공민학교 폐지(안) 182
선화여자고등공민학교 176
선화중학교 176
선화출신 184
설립인가에 대한 조사서 180
설재창가 94
성낙문 특발문 345
성낙문 348
성덕암 42, 70
성주 이씨 322
성주이씨문열공파보 313

세 종류의 설립연도 260
세력확대 추구 194
세브란스 병원 관사 333
소금탕 99
소매잡상 249
소모프 216
소지품의 도난사건 105
소코프 203
송내온천 93
송조선가 19
수송수단 219
수좌 280
수출자유지역 110
수학여행 271
순검의 증원 220
순노동자와 상인 250
순수한 한국인 사회 186
순회전도대 302
술의 도시 27
숭광학교 275
스와 시로우 244
습합 75
시민 운동장 276
시민운동회 158
식민도시의 성격 23
식민주의의 유산 38
식민지 위생 90

식민지 위생제도 90
식민지 위생체제 33
식민통치기구 23
신도수 73
신도 56
신동공사 23, 216, 226
신라의 고적 272
신마산 17
신마산의 달동네 185
신마산지역의 도시화 224
신사 226
신사참배 거부 297
신월리 235
신종 도둑 103
신체의 청결 101
신탕 92
심상 고등 소학교 227
심상과 243
심상원 327
십자바위 79
아관파천 190
아나키스트 사조 30
아동연설 279
안동 권씨 312
안확 167, 269
안희제 331
알레르기 반응 211

알렉세예프 제독 195
알렉세예프-쩡치 협약 209
액체연료 138
앵지밭골 44
앵탕 93
앵화탕 93
앵화탕의 구조 96
야간 여학교 177
야구부 269
약수암 70
약탕목욕업 96
양덕리 152
양로온천 92
양조업 237
양품점 239
엄복동 33
여관가를 형성 228
역전목욕탕 131
연료 97
연안 매립 21
연통제 333
영남읍지 152
영남지선철도회사 229
영일동맹 211
영화회 279
예창기작부 251
오동탕 99

오서부업장려회 회장 322
오염의 증가 140
오처탕 99
옥기환 263
온천욕 102
와병 중에 사망 355
완월 소교 분교장 299
완월리 235
외국의 문물 23
외부견학 271
외부대신 박제순 197
요리와 음식점 250
용궁 53
용마산 152
용왕단 78
용왕당 77
용주암 70
우대입학 171
우리의 학교 32
우리학교 308
운동과 해외 교류 300
운동회가 중시 275
원각사 42, 70
원동무역 32
원마산 23
원마산의 주변 149
원수의 수질 123

색인   **409**

원족 형태 271
월남망국사 318
월영대 60
웨슬레고등공민학교 184
위생국가로 전환 90
위생도시 234
위암 장지연 63
유교 42
유년필독 317
유불도 삼교의 혼합 74
유상곡수 66
유선의 구적 65
유선적 공간 68
유성일 262
유일의 한국인사립학교 308
유정당 20
유지 연락 352
유현명승 66
유흥건물 226
육군중포병대대 222
윤봉길 의거 354
윤현진 332
율구미 192
율구미호약 205
은일과 휴식과 치유 80
음악회 279
의미 있는 공간 188

의사 250
의신여자고등공민학교 178
의신여학교 32
의신유치원 32
의열단의 창립자 348
의화단 난 208
이교재 310
이교재 체포 323
이교재경상남북도 상주대표 위임장 343
이교재 씨 영면 355
이교재의 고모 338
이규철 263
이규현 230
이극로 167
이륭양행 333
이병수 327
이봉창 의거 354
이상소 263
이석주 31
이세창 양복점 333
이순상 331
이승규 262
이시영발 김관제 편지 345
이우식 321
이윤재 167
이인 338
이일래 283

이정순 313
이중광 350
이찬근 335
이토오 히로부미의 마산 방문 224
이형재 331
인구 이동 157
인구의 증가 21
인력거가 수입 231
인력거꾼 232
인력거영업취체규칙 232
인삼탕 95
일련종 241
일반목욕장업 120
일본 불교 241
일본 영사관 23
일본군의 군령 222
일본식 묘제 227
일본식 오락업 243
일본영사관 마산분관 198
일본영사관 226
일본의 도시 사회 251
일본이 일괄 매수 216
일본인 공동묘지 227
일본인과 협력관계 28
일본인의 직업 24
일본인회 244
일본전관 거류지 192

일자형 직선 도로 225
일중대사변 351
임대 250
임시정부 발행 9개 문건 339
입학식 267
자복포 192
자산리 235
자유업종 123
자치행정기관 248
잡업 250
장군도 55
장군동 일대 24
장군바위 55
장군천 44
장기적인 여행의 형태 272
장로파 287
장작창고 97
저탄고 205
저항과 해양의 이미지 16
저항의 상징 308
전관 거류지 213
전교원 이교재 320
전국자전거 경기 158
전당포 238
전선축구대회 158
전통불교 42
전통적인 공간 175

전형적인 한국인촌락 235
정규중학 183
정미업 237
정법사 32, 70
정원길 등 9명을 체포 223
정정화루트 334
정체 상태 246
정태오 263, 305
정토종 포교소 241
제1차 조선교육령 261
제2차 개항과 근대화 36
제3차 근대화 36
제공 249
제비산 남쪽 자락 181
제비산 선화 182
제비산 일대 151
제빵소 205
제설혼합주의 74
조계지 23
조동종 포교소 241
조선기기 155
조선망국사략 318
조선인의 목욕 87
조선일보 259
조엄 20
조완구·김구발 김관제·윤상태 태조 편지 345
조운선 19

조일탕 99
조차지 204
조창 17
졸업식 267
졸업식 행사 270
종교인 250
종합성 목욕탕 121
주기철 목사 79, 299
주변적 시각 14
주산 172
주조업 237
주항철도 반장 216
중앙마산 17, 24
중앙동 24
중앙지향성 15
중외일보 259, 337
증기탕업 120
지역 사회의 군사화 221
지역사회의 기부 303
직업분류표 249
진영농장 26
진전공립보통학교 316
진전교육회 320
진전면 오서리 310
진주형무소 323
진해 군항 설치 246
질병 예방의 방법 84

징역 4년 338
차이나 타운 35
창부업 243
창신 · 의신 연합대운동회 277
창신90년사 260
창신학교 30
창신학교 초기의 교과과정 166
창원 감리 213
창원감리 이재익 217
창원감리서 198
창원군 외서면 회원리 회산교 동편 294
창원항공립소학교 161
창의비 327
천리교 마산포교소 241
천신단 53
철냉온천 89
철도 합숙소의 목욕탕 99
철도부지 222
청락탕 111
청산리 승전보 배포 29
청주공장 27
체조 167
체조과목 269
초계 변씨 322
초기의 도시화 17, 21
초기의 의병 224
초지일관 356

최대의 항구 시설 17
최동락 282
최신형 신당 59
최영조 282
최초의 매축 요구 217
추조문 341
축구부 269
축구시합 301
치병효과 102
콜레라 33
탁주공장 28
탕옥영업취체규칙 90
태각암 42
태평양전대 195
토목건축청부업자 233
토목사업 붐 233
토목업자 250
토지 수용 229
통영 군자금 모금 사건 330
통영군자금 모금사건 관련자 335
통영청년단 336
특발문 341
특수목욕장업 120
파블로프 199
평양학도운동 274
피난도시로서의 마산 47
하사마 후사타로 200

하야시 곤스케 200
하자마 후사타로 26
학교 연합체 309
학봉 능선 43
학부모회 287
학부형 간친회 303
학생대운동회날 268
학생폭력 289
학예회 279
한강 정구 64
한국이주 3단계 246
한국인 도시사회 164
한국철강 부지 202
한문 167
한상동 목사 299
한일합섬 110
한증막업 120
한철수 338
한태련 263
항민 손덕우 230
항일민족주의 운동 28
해안 매립 25
해안지대의 기후 특성 140
해양신앙 42
핵심적인 공공 공간 164
허만정 348
허목 67

형사사건부 335
호신학교 260, 269
호신학교생 맹휴 288
호주 선교사 손안로 162
호주선교회 30
혼합된 사회 187
홍재갑 263
홍태출 313
화상 35
화장장 227
화적들 223
환서좌 243
환주산 태극기 게양 사건 29
환주상 43
황갑주 263
회계서원의 지원 315
회원서원 42
회원천 44
휴양의 도시 27
흑인의 설움 280
히라이 요시오 244
히로 세이죠 230

불휘 인문학 총서

마산의 근대사회
- 전통의 지속과 새로운 물결 -

처음 펴낸 날   2020년 5월 30일
지은이   유장근

펴낸이   김리아
펴낸곳   불휘미디어
         제567-2011-000009호
         경상남도 창원시 마산합포구 오동동10길 87
         (055) 244-2067
         (055) 248-8133
         E-mail: 2442067@hanmail.net

ISBN   979-11-88905-53-9 93910

책값은 뒷표지에 있습니다.

*이 책은 창원상공회의소 한철수 회장의 재정지원에 의해 출판되었다. 이에 감사를 드린다.